KB262663

한국민사법제사연구

日帝의 韓國慣習法調査事業과 民事慣習法

한국민사법제사연구

日帝의 韓國慣習法調査事業과 民事慣習法

내일을여는지식 법 13

韓 國 民 事 法 制 史 研 究

한국민사법제사연구

日帝의 韓國慣習法調査事業과 民事慣習法

윤대성 지음

KSI 한국학술정보㈜

　세월이 무상함을 다시 느끼지 않을 수 없다. 이 책이 처음 세상에 나온 지 벌써 10여 년이 되었다. 이 책은 당초 1991년도 교육부 지원 한국학술진흥재단 자유공모과제 학술연구조성비의 지원에 의하여 완성된 결과인 「日帝의 韓國慣習法調査事業에 관한 硏究」[1]를 중심으로 그 이후에 발표한 후속 연구[2]를 함께 엮어서 1997년에 한 권의 책으로 발간하였던 것이다.

　이번에 한국학술정보(주)에서 이 책의 복간을 쾌히 수락하여 초판에서 미진하였던 부분을 수정하여 발간하게 되었다.

---

1) 「日帝의 韓國慣習法調査事業에 관한 硏究」(1991년도 교육부 지원 한국학술진흥재단의 자유공모과제 학술연구조성비에 의한 연구), 『재산법연구』, 제9권 제1호(한국재산법학회, 1992), 37~72면.

2) 「日帝의 韓國慣習調査事業과 民事慣習法」, 『논문집』, 제13권 제1호(창원대학교, 1991), 65~108면; 「日帝의 韓國慣習調査事業과 傳貰慣習法」, 『한국법사학논총』(박병호 교수 환갑기념논문집 Ⅱ)(박영사, 1991), 331~347면; 「『韓國不動産二關スル調査記錄』의 硏究: 日帝의 初期的 韓國慣習調査事業(1905-1910)에 의한 不動産慣習法의 分析」, 『논문집』, 제14권(창원대학교, 1992), 107~142면; 「日帝의 初期的 韓國慣習調査事業과 不動産立法」, 『사법의 제문제』(경허 김홍규 박사 화갑기념논문집)(삼영사, 1992), 95~131면; 「日帝의 韓國慣習法調査事業에 의한 商慣習法의 分析」, 『상사법의 기본문제』(해암 이범찬 박사 화갑기념논문집)(삼영사, 1993), 58~87면; 「日帝의 韓國慣習法調査事業에 의한 雇傭慣習法의 分析」, 『노동법과 사회정의』(정파 배병우 박사 화갑기념논문집)(지학사, 1994), 87~99면; 「日帝의 韓國慣習法調査事業에 의한 共同所有慣習法의 分析」, 『현대민법의 과제와 전망』(남송 한봉희 교수 화갑기념논문집)(도서출판 밀알, 1994), 941~953면; 「日帝의 韓國慣習法調査事業에 의한 賣買慣習法의 分析」, 『채권법에 있어서 자유와 책임』(김형배 교수 화갑기념논문집)(박영사, 1994), 478~498면; 「日帝의 韓國慣習法調査事業에 의한 相隣關係慣習法의 分析」, 『私法學의 再照明』(송촌 박영우 교수 화갑기념논문집)(한림원, 1994), 177~201면; 「日帝의 韓國慣習法調査事業에 의한 代理慣習法의 分析」, 『家族, 社會, 法의 變動』(혜당 고정명 교수 강단 35주년 기념)(교문사, 1995.2), 423~434면; 「日帝의 韓國慣習法調査事業에 의한 土地用益權慣習法의 分析」, 『現代民法의 展望』(범주 서영배 박사 화갑기념)(경상대학교 법학연구소, 1995.2), 317~347면; 「日帝의 韓國慣習法調査事業에 의한 多數當事者債權關係慣習法의 分析」, 『民事 裁判의 諸問題(上)』(송천 이시윤 박사 화갑기념)(박영사, 1995. 10), 314~331면 등.

첫째로, 기본적인 연구 주제인 일제의 한국관습법조사사업에 관한 연구가 연구 기간의 제약으로 충분한 검토가 되지 않은 부분을 수정 보완하였다.

둘째로, 기본적인 연구 이전 또는 이후에 발표한 후속 연구가 각각 하나의 논문으로 완성되는 과정에서 서로 통일을 기하지 못하였던 것을 전체적으로 통일을 기하였다. 특히 인용 자료, 서술 방식, 자료 분석의 일관성 등에 있어서 통일을 기하였다.

셋째로, 초판에서는 한자가 많았으므로 독자들의 난해함을 해소하기 위하여 한자를 가급적 줄이고 한글로 수정하였다. 그러나 인명, 원문의 용어 등은 본래의 한자에 의하여 그 의미를 전달하도록 하였다.

넷째로, 참고문헌을 보완하고 사항색인을 붙임으로써 독자 또는 연구자의 편의를 돕도록 하였다.

이 책이 처음에 지방에 있는 창원대학교 출판부에 의하여 출간이 되었음에도 국내뿐만 아니라 외국의 도서관 등에서 주문이 있는 것을 보고 너무나 놀라지 않을 수 없었다. 이번에 복간이 됨으로써 많은 독자 또는 연구자들이 손쉽게 만날 수 있을 것으로 본다. 왜냐하면 한국학술정보(주)에서 인터넷 송출을 통하여 보급을 할 계획이기 때문이다.

처음에 기획한 바와 같이 『한국민사법제사』라는 하나의 체계서를 완성하지 못한 채 초판을 수정하는 정도에서 복간을 하게 되었음을 밝혀 둔다. 그러나 앞으로 다른 연구자들에 의한 더욱 훌륭한 연구를 기대하면서 그 기초를 제공하였다는 데 그저 만족하고자 한다.

2009년 3·1절
지은이 씀

» 초판 서문

인간은 역사적인 존재이다. 인간이 이루고 있는 사회도 역사적인 것이 아닐 수 없다. 우리나라는 오랫동안 역사 속에서 부침을 거듭하면서 오늘에 이르렀다. 그 가운데 우리나라가 일본제국주의에 의하여 식민통치를 받은 것은 씻을 수 없는 시련이 아닐 수 없다. 일본제국주의가 우리나라를 식민통치하기 위하여 그 기초사업으로 전개한 한국관습제도조사사업은 우리의 오랜 정신적인 유산을 개조하기 위한 것이었다. 특히 우리나라의 민사관습법을 일본 민법에로 동화시키기 위한 끊임없는 일본제국주의의 노력은 끝내 법에 있어서 일본법과의 일치를 가져왔던 것이다.

이미 일본제국주의는 제2차 세계대전에 의하여 종말을 맞았고, 우리나라는 광복이 된 지 어언 반세기를 넘겼다. 그럼에도 불구하고 일본제국주의가 우리에게 남겨 놓은 정신적인 상흔은 그대로 굳은살이 되어서 아직도 그 아픔을 잊은 채 살고 있는 것이다. 지금 지나간 과거의 아팠던 일을 그저 감정으로만 대할 것은 아니다. 우리는 일본제국주의가 남겨 놓은 그 흔적을 하나하나 이성적으로 지우고 그 위에 우리의 역사를 회복하여야 비로소 세계화를 이루게 될 것이다.

　이와 같은 배경에서 저자는 1990년 9월 21일 한국법사학회 제13회 학술발표회에서 일제의 한국관습조사사업에 관한 연구의 필요성을 발제한 이후에 한국학술진흥재단의 연구비 지원에 의하여 이에 관한 연구에 전념할 기회를 갖게 되었다. 이를 계기로 국내 법학자들의 환갑이나 고희를 기념하는 논문집에 계속하여 발표를 할 수 있었다. 그러나 역사의 흐름 속에서 이미 그 흔적인 자료마저 사라져 버렸거나 우리의 법의식 속에 녹아들어서 분별마저 할 수 없는 것이 많으므로 어려움이 있었다. 이와 같은 현상은 오랜 일본제국주의의 식민통치에 잘 길들여진 탓도 있을 뿐만 아니라, 광복의 기쁨에 충만하려는 동안에 전란을 겪으면서 우리의 것을 복원하여 새롭게 발전시키려는 노력을 할 여유마저 없었던 탓도 있기 때문이라고 본다. 그러한 세월의 흐름 속에 일본제국주의에 의한 상흔은 우리에게 기정 사실로 쉽게 인식되어 버리고 말았던 것이다. 이것은 무너진 문화유산의 파편들을 모아서 원상으로 회복하는 과정을 필요로 한다. 이러한 중대한 일을 지방에서 한낱 배움의 길에 있는 사람 혼자로서는 감당하기 어려움을 솔직히 고백하지 않을

수 없다. 그럼에도 불구하고 일본제국주의에 의한 한국관습법조사
사업에 의하여 우리나라의 민사관습법으로 밝히고 있는 재산법적
민사관습법에 한하여 훌륭한 선행연구를 바탕으로 나름대로 밝혀
보려고 노력을 하였으나, 아직도 부족한 점이 많고 앞으로의 연구
에 기대하면서 한국민사법제사연구의 한 조각으로 감히 세상에 내
놓게 되었다. 이를 계기로 하여 앞으로 독자의 질정을 받아서 그
영역을 넓혀 가면서 한국민사법제사를 완성할 것임을 다짐한다.

　이와 같은 조그만 연구결과를 세상에 내놓게 됨에 있어서 한국
법사학회 박병호 전 회장을 비롯한 회원 여러분과 한국학술진흥재
단에 감사를 드리지 않을 수 없다. 그리고 연구 분야의 특수성으로
시장이 좁음에도 불구하고 기꺼이 출판을 맡아 준 창원대학교 출
판부에 깊은 감사를 드린다.

1997년 12월 25일
윤대성

» 목 차

제1편

總說

제4장 '朝鮮民事令'의 施行에 의한 慣習調査와 民事慣習法

제2편
日帝의 韓國慣習法調査事業에 의한 民事慣習法의 內容分析

제5장 『韓國不動産ニ關スル調査記錄』의 硏究: 日帝의 初期的 韓國 慣習法調査事業(1905～1910)에 의한 不動産慣習法의 分析

제6장 日帝의 初期的 韓國慣習法調査事業과 不動産立法

제7장 代理慣習法의 內容分析

제13장 賣買慣習法의 內容分析

제14장 雇傭慣習法의 內容分析

제3편

結論

제1편

總 說

제1장 序 說

제1. 緖言

　우리나라의 근대사에 있어서 일본제국주의의 한국 통치는 여러 측면에서 연구 검토됨으로써 재평가가 이뤄지고 있지만, 법제사에 있어서는 아직도 철저한 연구가 이뤄졌다고 할 수 없다. 특히 사법사(私法史)에 있어서 그동안 신분법의 분야에서는 부분적이나마 고유법과의 관계에서 일제하의 법의 근대화라는 문제와 관련하여 개별적인 관습법을 검토하거나 연구를 함으로써 어느 정도의 연구 실적이 이뤄졌지만, 재산법의 분야에서는 그렇지 못함으로써 재산법의 법원(法源)으로서의 민사관습법을 연구함에 있어 과연 일제의 관습조사사업에 의한 결과가 신분법에서와 같은 문제가 되는 것이 없는가에 의문을 갖게 한다. 이러한 의문을 해결하기 위하여 일제의 한국관습법조사사업에 관한 연구를 통하여 재산법사에서 이미 고정화되어 버린 역사적 경과에 대한 도그마(dogma)로부터 해방을 하기 위한 시도로서 이 연구를 하게 된 것이다.

　그리고 일제의 한국관습법조사사업을 연구함으로써 이미 고정화된 재산법 영역의 법원으로서의 민사관습법에 대한 분석과 검토를 통하여 그 사업의 결과를 재평가함과 아울러 새로운 인식을 갖게 될 것이다. 특히 일제가 한국에서 어떠한 재산법적인 민사관습법을

어떻게 조사하였고, 이 조사된 관습을 어떻게 관습법으로 인정하였
는가에 대한 연구를 통하여 오늘날 한국에서 재산법적인 민사관습
법으로 인정하고 있는 것에 역사적 발전의 경과를 올바르게 인식
할 수 있을 것이다. 따라서 일제의 한국 통치에 있어서 전개한 관
습법조사사업의 결과가 일제시대를 거치는 동안 이미 한국의 민사
관습법으로 고정화되어서 오늘날에도 이를 우리의 관습법으로 인
식하고 있는 것에 대한 재평가를 통하여, 우리나라의 민사법제사에
있어서 재산법적인 민사관습법의 법제사적 단절을 극복하기 위해
서도 이 연구는 필요하다고 본다.

일제의 한국관습법조사사업은, 한국정부시대에 통감부를 설치하
고 한국정부의 내각에 부동산법조사회를 설치하여 사업을 실시한
이후 한일합병이 되어서 조선총독부시대에 이어져 계속된 사업이
었으므로 시대적으로는 구한국 말부터 일제가 패망할 때까지를 연
구대상으로 하게 된다. 그리고 그 내용에 있어서는 재산법적인 민
사관습법에 관한 것에 국한한다. 따라서 일제의 한국관습법조사사
업을 담당한 기관을 기준으로 할 때에는, 한국정부시대의 부동산법
조사회 및 법전조사국이 조사한 관습, 조선총독부시대의 조선총독
부 취조국, 참사관실 및 중추원에서 조사한 관습이 연구대상이 된
다. 그러나 이 사업의 결과를 중심으로 할 때에는, 부동산법조사회
가 부동산법에 관한 조사를 한 내용의 것과 법전조사국에서 시작
하여 조선총독부 취조국에 이어진 『慣習調査報告書』에 나타난 재
산법적인 민사관습법에 관한 내용 및 조선총독부 참사관실에서 중
추원에 이어진 '鮮民事令'의 시행 이후에 이뤄진 조사의 내용인
재산법적인 민사관습법이 대상이 된다. 그러므로 일제의 한국관습

법조사사업이 시간적 경과에 따라서 달라지는 배경을 중시하면서 그 사업의 결과인 재산법적인 민사관습법을 분석 검토하는 것을 내용으로 한다. 이를 요약하면, 1) 일제의 한국관습조사사업에 관한 개요, 2) 근대적 부동산소유권의 확립을 위한 관습조사와 그 내용인 재산법적인 민사관습법, 3)『慣習調査報告書』등에 의한 재산법적인 민사관습법 및 4) 일제의 한국관습법조사사업이 재산법적인 민사관습법에 미친 영향으로 전개할 수 있다. 그러나 여기에서는 1) 일제의 한국관습법조사사업에 관한 개요를 제1편 총설로 하고, 2) 일제의 한국관습법조사사업에 의한 개별적인 민사관습법의 내용에 관한 분석을, 제5장 『韓國不動産ニ關スル調査記錄』의 연구: 일제의 초기적 한국관습법조사사업(1905~1910)에 의한 부동산관습법의 분석을 비롯하여 제15장 상관습법의 내용 분석에 걸쳐서 제2편 일제의 한국관습법조사사업에 의한 민사관습법의 내용 분석에서 다루고자 한다. 끝으로 3) 결론으로서 일제의 한국관습법조사사업이 우리나라의 재산법적인 민사관습법에 어떠한 영향을 미쳤는가를 중심으로 한 재검토를 제3편 결론에서 다루고자 한다.

그러므로 이 연구는 일제에 의한 한국관습법조사사업에 관한 것으로서, 일제지배기라는 한 시대에 걸쳐서, 이는 시대적으로 보면 두 시대에 걸친 것—통감부시대(統監府時代: 韓國政府)와 총독부시대(總督府時代)—과 같지만, 결국 일제의 지배라는 단대적인 것이므로 통시적으로 다룰 수 없다. 그러나 때로는 전 시기에서 결정된 법령 등이 일제의 지배기에도 공통하는 것이 있으므로 이러한 경우에는 이를 인용하여 설명하지 않을 수 없다. 그것은 시대적인 변화를 혼동한 것이 아니다. 또한 이 연구는 역사적 접근에서 주로 이용되는 문헌조사방법을 중심으로 한다. 나아가서 문헌을 중심으로 내용분석방법을 원용하고자 한다. 문헌 및 자료로서는 일제지배기에 간행된 관찬문헌이나 자료가 많으나 이들의 대부분은 식민통치의 효율성을 설명하기 위한 것으로 주의를 하여 다루지 않을 수 없다.

제2. 日帝의 韓國慣習法調査事業에 관한 槪要[1]

우리나라도 다른 민족과 같이 원시적 생활을 하던 시대부터 오늘에 이르는 동안 법문화의 변천이 있었다. 그럼에도 불구하고 종래 우리 사회는 오랫동안 패쇄적 상태에 있었으므로 우리의 자발적 법문화에 대하여 별로 알고자 하는 실질적 필요가 없었다.

한편 일본은 1868년 명치유신(明治維新)에 의한 새로운 정부를 수립하고 중앙집권체제를 구축하였으나, 1873년 공포된 '지조개정법'(地租改正法)의 시행과 징병제의 실시에 따른 지도층 내부의 분열은 1873년 10월 '정한론'(征韓論)을 둘러싸고 일어났다.[2] 일본

---

1) 일제의 한국관습법조사사업에 대한 개요를 기록한 주요문헌으로서, 朝鮮總督府 中樞院, 『朝鮮舊慣制度調査事業槪要』(京城 : 朝鮮總督府, 1938)가 있다. 이것은, 중추원 전경 등 사진 3매를 앞에 삽입하고, 범례 1면, 목차 6면, 서언 3면, 제1장 한국정부시대 17면, 제2장 조선총독부시대 39면, 제3장 중추원시대 131면 및 적요연표 20면으로서 국판 총 217면으로 되어 있다. 앞으로의 인용은 성균관대학교 장서본에 의한다. 그 밖의 문헌으로서는, 구병삭/정문길, 「일제식민지하의 한국사회법제사연구」, 『문교부연구보고서』, 제22집(1970); 박병호, 「법제 면에서 본 일제의 통치방식」, 『신동아』, 9월호(1971.9); 한국사회과학연구협의회, 『일제식민정책자료목록』(1979); 이희봉, 「한말법령소고」, 『학술원논문집』(인문사회과학편), 제19집(대한민국학술원, 1980); 신용하, 『조선토지조사사업연구』(서울 : 지식산업사, 1982); 김운태, 『일본제국주의의 한국통치』(서울 : 박영사, 1988); 윤대성, 「전세권법의 연구」, 박사학위논문, 성균관대학교 대학원, 1987.12; 동, 『한국전세권법연구』(서울 : 삼지원, 1988); 정종휴, 『韓國民法典の比較法的研究』(東京 : 創文社, 1989); 윤대성, 「일제의 한국관습조사사업과 민사관습법」, 『논문집』, 제13권 제1호(창원대학교, 1991.6); 박병호, 「법치주의 실현에의 역사적 교훈」, 『법제연구』, 창간호(한국법제연구원, 1991.12), 윤대성, 「일제의 한국관습법조사사업에 관한 연구」, 『재산법연구』, 제9권 제1호(한국재산법학회, 1992) 등이 있음.

정부는 아직 미숙한 자본주의를 빨리 제국주의로 발전시켜서 그 국력의 시험장을 한국으로 잡았다.[3] 그러나 일본제국주의[4]도 그 세력을 팽창함에 있어서 식민통치의 목적이 다른 식민주의에서와 같이 인적, 물적 자원의 수탈과 특정지역의 전략적 이용에 있었으므로,[5] 그 인적 자원의 효과적 이용에서나 식민제국의 국내통치에 있어서 식민지 주민들의 사회, 문화, 역사에 대한 이해가 필요하였던 것이다.[6]

이와 같이, 일본제국주의는 한국을 지배하기 위하여 그 기초사업으로 한국의 관습과 제도 등을 조사하여 왔지만, 한국에 대한 보호정치를 하게 된 이후부터 한국의 관습법조사사업이 본격적으로 논의되었던 것으로 보인다. 즉, 민법전제정파와 일본법강행파와의 대립을 들 수 있다.[7] 이와 같은 논의의 발단은 1905년 11월에 체결된 '을사조약'에 의하여 한국의 외교권이 박탈되고 통감에 의한 정치가 실시된 뒤인 1907년 7월에 '한일신협약'을 다시 체결함으로써, 그 제2조의 "한국정부의 법령의 제정 및 중요한 행정상의 처분은 미리 통감의 승인을 거칠 것"이라는 규정에 의하여 한국정부의

---

2) 피터 두으스/김용덕 역, 『일본근대사』(서울: 지식산업사, 1983), 83~94면.

3) 피터 두으스는, "러일전쟁 후 일본 식민지 획득의 주된 관심은 한반도에 있었다."고 지적하고 있다. 피터 두으스/김용덕 역, 상게서(1983), 206면.

4) 김운태, 전게서(1986), 19~89면에서 '일본제국주의 식민정책의 특성'에 관하여 상론하고 있음.

5) 김운태, 상게서(1986), 46~57면; 박현수, 「일제의 침략을 위한 사회, 문화 조사활동」, 『한국사연구』, 제30호(1980), 445면.

6) 특히 군사적 목적에서의 일본의 조사사업은 1872년부터 만주와 한국에 군인을 파견하여 군사정보에 중점을 두었으나, 청일전쟁을 전후하여서는 일본은 인접한 민족과 지역에 대한 조사를 목적으로 결성된 단체들에 의한 조사활동이 전개되었다. 이에 대한 자세한 내용은, 박현수, 전게논문(1980), 447~456면.

7) 이에 대하여 상세한 것은, 정종휴, 전게서(1989), 90~91면; 이상욱, 「한국상속법의 성문화 과정」, 박사학위논문, 경북대학교 대학원, 1986.12, 30~31면.

입법권이 통감부에 위양됨에서 비롯되었다. 통감부의 민사에 관한 입법을 위한 전제 작업으로서 한국의 민사관습을 조사하지 않을 수 없다는 것이 민법전제정파의 주장이었다.[8] 그러나 일본의 국내에서는 한국에 있어서 독립된 민법전의 제정을 반대하면서 일본 민법의 강제적용을 극력 주장하는 사람들인 일본법강행파가 있었다.[9] 이러한 논의가 있었지만, 초대 통감인 伊藤博文은 민법전제정파의 의견을 지지하여 梅謙次郎의 민사관습조사 및 민사법의 입법을 추진시켰던 것이다.

이와 같이 일제에 의한 한국관습법조사사업은 초대 통감인 伊藤博文이 민법전제정파의 의견을 지지하여 시작되었지만, 한일합병 이후에도 계속된 일제가 한국을 지배하기 위한 기초사업이었다. 따라서 이 사업의 시대구분을 어떻게 하느냐의 문제는 법제사의 다른 영역에서와 마찬가지로 문제가 아닐 수 없다. 이에 대하여, 李熙鳳 교수는, 우리나라의 법제 면에서의 시대구분을, 고대의 관습

---

8) 민법전제정파의 대표적 인물인 梅謙次郎은, "첫째 어느 국가에도 민법은 존재하는바, 한국에도 있지만 성문으로 되지 않았으므로 이를 성문법으로 하지 않으면 안 되며 더구나 종래의 나쁜 내용을 개정하기 위하여서도 민법전의 편찬이 필요하며, 둘째 영사재판권을 철회하기 위하여 문명국과 유사한 것을 만들 필요가 있다."(동, 「韓國の法律制度に就で(下)」, 『東京經濟雜誌』, 제1514호(1909.10), 10면)는 것을 이유로 들어서, 한국인에게만 적용할 민사법전의 제정이 필요하다는 것을 강조하였다.

9) 어느 익명의 필자는, "梅 교수라는 자가 조선의 법전을 조사하면서 부질없이 휴지처럼 쓸모없는 구법전을 인정하여 이것이 곧 조선의 구관습이니 문헌이니 하며 존중하는 오류에 빠지고 있다. …… 이러한 휴지에 얽매이는 우를 범하지 말고 우리의 진보된 공정한 민법을 당당하게 전부 강행해야 한다."(「朝鮮の法典調査」, 『東京經濟雜誌』, 제1346호(1906.7), 107면)고 주장하였다. 이러한 부정적인 여론을 인식한 梅 교수도, "세간에는 왕왕 말을 퍼뜨리는 자가 있어 한 번 병합되면 지금 우리가 종사하고 있는 한국의 입법사업은 쓸모없이 되는 것처럼 말한다."(동, 「韓國の合併論と立法事業」, 『國際法雜誌』, 제8권 제9호(1910), 739면)고 하였다. 그리고 梅 교수 자신도, "새로 기초하는 민법은 오로지 한국인만을 위한 것이어야 한다. …… 토지제도만은 일본인이나 한국인, 나아가서 외국인에게도 공통된 것이 되지 않으면 안 된다."(동, 전게논문(1909.10), 10면)고 함으로써, 한국에서 일본인의 경제적 진출을 보장하고 일본의 한국지배가 보다 용이하도록 하고자 하는 것에는 다름이 없었다고 할 것이다. 정종휴, 전게서(1989), 91면 참조.

법시대, 신라 통일기 이후 갑오경장 이전의 조선시대까지의 율령시대, 갑오경장 이후 한일합병까지의 한말법령시대, 일제하의 제령시대, 해방 후 미군정하의 제령과 미군정법령과의 병용시대, 대한민국수립 후의 대한민국법령시대로 구분하고, 다시 한말법령시대를 청일전쟁 후 갑오 을미 양년간의 경장시대(1894～1895), 병신 고종 아관파천 시부터 을사조약 체결 시까지의 복고경향의 정체시대(1896 - 1905), 을사조약 체결 시부터 한일합병 조약 체결 시까지의 통감부시대(1905～1910)의 3기로 구분하고 있으므로,[10] 통감부시대(1905～1910) - 제령시대(1910～1945)로 구분할 수 있다. 그러나 조선총독부 중추원이 발간한 『朝鮮舊慣制度調査事業槪要』의 시대구분에 의하면, 한국정부시대(통감부시대; 1905～1910) - 조선총독부시대(1910～1915) - 중추원시대(1915～1945)로 구분되고 있다.[11] 이 연구에서는 일제가 한국에서 관습법조사사업을 어느 기관에 의하여 어떻게 진행하였으며, 그 결과가 어떠한 민사관습법으로 되었는가의 분석을 통한 검토에 중점을 두고자 하는 것으로, 일응 『조선구관제도조사사업개요』의 시대구분에 따르고자 한다.

따라서 이에 의한 일제의 한국관습법조사사업에 대한 개요를 보면, 1) 한국정부시대(통감부시대: 1905～1910)에는, 일제가 한국에 통감부를 설치하고 그들에 의한 새로운 정치를 시행함에 있어서

---

10) 이희봉, 전게논문(1980), 153～154면; 최종고, 전게서(1982), 31면.

11) 이의 시대구분은, 조사사업의 주체와 조사사업의 내용의 변화에 따른 구분으로 파악된다. 윤대성, 「일제의 한국관습조사사업과 민사관습법」(1991.6), 68면 이하 참조. 그러나 일본제국주의의 한국침략사에 대한 시대구분에는 여전히 논의의 여지가 있다. 신용하, 「일본식민통치기의 시대구분문제: 식민지 상업자본주의론」, 『한국근대사론 Ⅰ』(서울: 지식산업사, 1977) 및 독립기념관 부설 한국독립운사연구소, 『한국근대사에서 일제의 침략논리와 실상』, 학술 심포지엄 자료(1992.8.12.) 등 참조.

먼저 법률제도를 정리하는 것이었다. 그 첫 번째 사업이 토지제도의 확립을 위하여 한국에서의 부동산에 관한 조사에 착수한 것이다. 즉, 일제는 "당시 한국에 있어서 경제 상태는 심히 유치하여 아직 토지경제의 시대를 벗어나지 못하고 있다. 부동산은 인민의 가장 중요한 혹은 유일한 재산임에도 불구하고, 이의 권리에 관한 아무런 법제를 볼 수 없다. 토지를 매매하거나 혹은 저당을 하는 경우에 있어서도 인민은 오직 구습에 의하여 문기(文記)라는 사문서인 토지매도증을 철한 것을 주고받음으로써 권리의 이전 설정을 표시하는 데 지나지 않기 때문에 위조문기가 성하게 유통하여 권리관계의 분쟁이 끊이지 않아서 재산의 안전이 없고 권리의 보장이 불확실함을 면치 못한다. 또한 가옥을 목적으로 한 담보권의 관습에 있어도 그 실행의 절차가 확실하지 않다."[12]는 것을 들었다. 그러나 일제가 통감부를 설치한 직후에 '조선토지조사사업'을 계획하여 한국에서 일본 자본의 토지 점유를 보장하려 한 것이었다고 할 것이다.

이와 같은 부동산에 관한 특별관습을 조사하기 위하여 통감부는 한국정부에 부동산법조사회[13]를 설치하였다. 이 부동산법조사회는

---

12) 조선총독부 중추원, 『조선구관제도조사사업개요』(1938), 5면. 이와 같은 일제의 관점은, 윤대성, 「일제의 초기적 한국관습조사사업과 부동산입법」, 『사법의 제문제』(경허 김홍규 박사 화갑기념 Ⅱ)(서울: 삼영사, 1992), 97~101면 및 신용하, 전게서(1982), 24면에서 보는 바와 같이, 당시 한국에서는 외국인의 토지소유가 법률에 의하여 금지되었고, 지주의 토지사유권은 이미 확립되었지만 관습상의 경작권이나 도지권 등이 지주의 권리와 함께 병존함으로써 외국인(일본인)이 토지를 점유하거나 매입함에 있어서 경작인에 의한 제약이 따랐고, 토지의 상품화를 높이기 위하여 종래의 입안(立案)이나 문기(文記) 등은 만족스러운 것이 아니었다. 따라서 일제가 필요로 하는 것은 이와 같은 요소를 제거하여 일본인의 토지 점유 등에 의한 자유로운 처분권의 완전한 법률적 보장과 그 목적물을 명확히 문서화하는 것이 절실하였음에서 비롯한 것이다.

13) 부동산법조사회는, 초대 통감인 伊藤博文의 추천에 의하여 梅謙次郎을 회장으로 하고, 당시 度支部 司稅局長인 李健榮 외 7명을 위원으로 임명하여 의정부(議政府, 內閣)에 설치되었다는 기록(조선총독부 중추원, 『조선구관제도조사사업개요』(1938), 5면)이 있다. 이에 대하여, 부동산법조사회는 1906년 7월 13일에 '토지소관법기초위원'을 임명하였던 것을 다음

설치된 뒤 1년 남직한 활동을 하고서 그 결과를 간행하였다. 즉, ①
1906년 8월에 출판된 『韓國不動産ニ關スル調査記錄』, ② 1907년
3월에 출판된 『韓國不動産ニ關スル慣例 第一綴』, ③ 1907년 6월에
출판된 『韓國不動産ニ關スル慣例 第二綴』, ④ 1907년 6월에 출판
된 『韓國ニ於ケル土地ニ關スル權利一班』 및 ⑤ 출판일자가 불명
하지만 1907년경에 출판된 『韓國土地所有權ノ沿革ヲ論ス』 등이
있다. 한편 부동산법조사회는 입법사업을 하였다. 특히 초기적 조사
활동이 끝난 뒤에 나온 토지 등에 관한 민사입법으로서 '土地建物
의賣買交換讓渡典當에관한件' (1906.10.16.), '土地家屋證明規則'
(1906.1.26.), '土地家屋證明規則施行細則' (1906.11.2.), '土地家屋
典當執行規則' (1906.12.26.) 및 '土地家屋典當執行規則施行에관
한細則' (1907.1.29.) 등을 들 수 있다. 이 부동산법조사회에 이어서
한국정부는 민법, 형법, 민사소송법, 형사소송법 및 부속법령의 기안
을 목적으로('法典調査局官制'[14] 제1조) 1907년 12월에 법전조사국
을 설치하고자 하였다. 이 법전조사국은 1908년에 설치되어,[15] 부동
산법조사회에 이어서 조사문제 206문을 작성하여 관습조사를 하고,
그 조사의 진척에 따라서 일부는 법령으로 기안을 하였다.[16] 그 활

날인 7월 14일에 부동산법조사회로 대치됨으로써 설치를 보았다는 주장이 있다(정긍식, 「한
말법률기초기관에 관한 소고」, 『한국법사학논총』(박병호 교수 화갑기념 II)(서울: 박영사,
1991), 259면). 그리고 위원의 임명에 대해서도 한국정부 측의 위원과 통감부 측의 위원이
서로 다르게 보고되고 있는 점은 좀 더 조사되어야 할 것이다.

14) 이 '법전조사국관제'는 1907년(융희 원년) 12월 23일 칙령 제61호로 공포되어 1908년 1월
1일부터 시행되었다. 이 법에 의하면, 법전조사국은 내각총리대신의 감독 아래에 두고, 위원장
1인을 칙임관대우로 하고, 위원 약간 명을 칙임 혹은 주임관대우로 하며, 사무관을 전임 1인
을 주임으로, 사무관보를 전임 10인을 주임 혹은 판임으로, 번역관보를 전임 8인을 판임으로
구성토록 하였다. 위원장은 위원 중에서 기초위원 1인 혹은 수인을 임명할 수 있도록 하였다.

15) 위원장에 韓昌洙, 위원에 俞星濬을 비롯하여 5명을 임명하였다. 특히 유성준의 경력과 업적
에 대해서는, 최종고, 『한국법학사』(서울: 박영사, 1990), 232~248면.

동의 대표적인 것으로는, 『韓國慣習調査報告書』,[17] 『不動産法調査要錄』[18] 등의 간행과 '民刑訴訟規則'(1908.7.13.), '土地家屋所有權證明規則'(1908.7.16.), '民事訴訟期限規則'(1908.7.23.), '土地家屋所有權證明規則施行細則'(1908.7.25.) 및 '民籍法'(1909.3.4.) 등의 입법을 들 수 있다.

2) 조선총독부시대(1910~1915)에는, 1910년 8월 22일에 '한일합병조약'이 조인되고 같은 해 9월 30일에 칙령 제356호로 조선총독부에 취조국을 설치하여 법전조사국의 사무를 계승시킴으로써 한국의 구관습 및 제도를 조사하는 것이 시작되었다. 즉, '조선총독부취조국관제'[19]에 의하면, "취조국은 조선총독에 속하여 조선에 있어서 각종의 제도 및 일체의 구관습을 조사하고, 총독이 지정하는 법령의 입안 및 심의를 하고, 법령의 폐지 개정에 대하여 의견을 구신하는 사무를 관장한다."(제1조)고 함으로써, 취조국은 한국의 제도 및 관습을 조사하고 법령의 입안 및 심의 나아가서 법령의 폐지 개정에 관한 의견까지 낼 수 있는 기관으로서, 합병 이후 일제의 한국관습법조사사업은 확장되어 관습뿐만 아니라 제도까지도

---

16) 조선총독부 중추원, 『조선구관제도조사사업개요』(1938), 15면.

17) 이 조사보고서는 법전조사국이 한국의 관습조사를 마친 후에 한일합병으로 법전조사국이 폐지됨에 따라서 전임 법전조사국 위원장인 倉富勇三郎이 『韓國慣習調査報告書』라 하여 寺內 총독에게 보고되었고, 법전조사국의 잔무정리로 편찬되어서 총독부시대에 간행된 것이지만, 그 내용은 통감부시대에 이뤄진 것이다. 윤대성, 「일제의 한국관습조사사업과 민사관습법」(1991), 84~85면.

18) 이 책은 부동산법조사회가 1906년부터 1907년까지 한국의 전역에 걸쳐서 부동산에 관한 법제 및 관습을 조사한 『韓國不動産ニ關スル調査記錄』 등 여러 기록류를 집합 요약한 것으로, 국판 총 53면으로 1908년에 법전조사국에 의하여 출판되었다. 조선총독부 중추원, 『조선구관제도조사사업개요』(1938), 20면.

19) 이 칙령은 칙령 제356호로 1910년 9월 30일에 공포되어서 같은 해 10월 1일부터 시행되었다. 조선총독부 중추원, 전게서(1938), 21~22면.

조사하게 되었다.[20] 이와 같은 취조국의 방대한 조사계획에도 불구하고, 취조국에서 조사한 것으로는 지방제도, 소작관례, 수리의 설비 등에 관한 사항에 그쳤고,[21] 통감부시대의 법전조사국에서 1908년부터 1910년까지 조사하여 한국의 민상사관습의 요강을 편찬한 것은 그 후 1911년부터 1912년까지 조사를 하여 이를 정정 보충하여 한국에 시행할 민법의 편찬 자료에 제공하고자 『慣習調査報告書』[22]를 간행하였다. 그러나 조선총독부 취조국에서의 조사계획은 대단하였지만 아무것도 완결을 보지 못한 채 참사관실로 넘어갔다. 그것은 1912년 4월에 있은 '조선총독부관제'의 개정으로 취조국이 폐지되고 종래 취조국에 속하였던 사무의 일체가 참사관실로 이관되었기 때문이다.[23] 참사관실에서의 관습조사는, 당초 일제의 한국 관습법조사사업의 목적과는 달리, 먼저 민사에 관한 관습을 조사하기로 하고 따로 법제조사세목(法制調査細目) 및 관습조사세목(慣習調査細目)을 작성하여, 전적조사(典籍調査)와 실지조사(實地調査)의 두 가지의 방법에 의하고, 한국에 존재하는 특종의 관습을 밝히는 것을 그 취지로 하였다.[24] 이와 같이 '조선민사령'에 의하여 관

---

20) 그 '조사항목'을 보면, 토지제도, 친족제도, 면 및 동의 제도 등 18개의 사항으로, 민사관습법조사에 국한하지 않고 그 밖에 사회, 경제, 문화 등 여러 제도에 관한 조사를 목적으로 하였음을 알 수 있다. 조선총독부 중추원, 전게서(1938), 23~25면.

21) 조선총독부 중추원, 전게서(1938), 25면. 그러나 그 결과를 등사판으로 발간하여 관계 부국(部局)의 참고에 쓰이도록 하였다지만, 그것이 어떠한 내용이었는지 확인되지 않고 있다.

22) 이 『관습조사보고서』를 조선총독부 취조국이 1912년에 공간함으로써, 앞서 통감부시대의 법전조사국에서 조사한 민상사관습을 정정 보충하여 완결 지은 것이라 할 것이다. 여기에서 일제의 한국관습법조사사업의 계속성을 확인할 수 있다.

23) '조선총독부관제' 중 개정이 1912년 3월 27일 칙령 제22호로 공포되어서 같은 해 4월 1일부터 시행을 보았다. 그 내용을 보면, 조선총독부관제 제14조에 "참사관은 조선에 있어서 제도 및 구관의 조사를 담당한다."는 1항을 신설 개정한 것이다. 조선총독부 중추원, 전게서(1938), 33~34면.

24) 이와 같은 관습조사의 방침이 바뀐 것은 일제에 의하여 한국에 '조선민사령'이 제령 제7호로

습의 적용이 허용되는 범위에서 조사사업이 전적조사와 실지조사
가 이뤄져서, 실지조사(출장조사)에 의한 보고서가 123책이었고, 전
적조사에 의하여 발취한 조사 자료가 83책에 이르게 되었다.[25] 따
라서 일제의 한국관습법조사사업은 한일합병 이후 조선총독부로
이관되어서 처음에는 취조국에서 종래의 조사범위를 확대하였으나,
참사관실로 넘어가면서 '조선민사령'의 시행에 의한 제한된 민사관
습법의 조사가 이뤄졌던 것이다.

　3) 중추원시대(1915～1945)에는, 일제가 1915년 5월에 '조선총독
부관제' 및 '조선총독부중추원관제'의 개정에 의하여 구관습 및 제
도에 관한 조사를 참사관실에서 중추원으로 이관함으로써, 중추
원[26]은 사법에 관한 관습의 조사를 완결하고 이를 편찬할 것, 넓게
오래 내려오는 제도를 조사할 것, 행정상 및 일반에게 참고 될 풍
속 습관을 조사하여 편성할 것을 관습조사방침으로 하여,[27] 일제의
한국관습법조사사업을 수행하였다. 즉, 이와 같은 방침에 따라서
1915년 말에 구관습조사와 관련된 사업으로 『조선반도사』(朝鮮半
島史)의 편찬에 착수하였고, 1916년에 다시 반도사 편찬의 부대사
업으로 『조선인명휘고』(朝鮮人名彙攷)(뒤에 『조선인명사서』로 개

　　1912년 3월 18일에 공포되어서 같은 해 4월 1일부터 한국에 있어서 민사기본법으로 시행
　　되고 있었기 때문으로 본다. 조선총독부 중추원, 전게서(1938), 34～38면.

25) 조선총독부 중추원, 상게서(1938), 40면.

26) 중추원은 당초 한일합병으로 폐관이 된 한국정부의 대신과 중요 관리를 우대하거나 구한국인
　　지배층을 회유하기 위한 총독의 자문기관에 불과하였다. 그러나 1915년 4월 30일에 칙령
　　제62호로 '조선총독부중추원관제' 제1조 제2항을 "……조선총독은 중추원으로 하여금 한
　　국에 있어서 구관 및 제도에 관한 사항을 조사하도록 함"으로 신설 개정하여 공포일로부터
　　시행함으로써, 조선총독부의 소속관서로서 총독의 자문기관에 지나지 않았던 중추원이 이후
　　일제의 한국관습법조사사업을 담당하게 되었다.

27) 중추원은 1915년 7월 寺內 총독의 결재를 받아서 이 방침을 세웠던 것이다. 조선총독부 중
　　추원, 전게서(1938), 61면.

칭)의 편찬에 착수하였다. 또한 1918년에는 '구관심사위원회'를 설
치하고, 1919년에는 조선사회사정조사를 개시하였고, 1920년에는『조
선지지』(朝鮮地志)의 편찬에 착수하였으며, 1921년에는 부락조사를
시작하였다. 그리고 '구관및제도조사위원회'(舊慣及制度調査委員
會)를 설치하고(1924년 말에 폐지), 다시 같은 해에『日韓同源史』
의 편찬에 착수하였다. 이 가운데 중추원의 구관습조사는, 처음에
는 조선총독부 참사관실시대의 방침을 답습하여 조사하였지만,
1921년에 이르러서는 민사관습, 상사관습, 제도, 풍속으로 나눠서
조사를 구분하고 각각 조사항목을 편성하여 조사를 진행하는 것으
로 하여서 조사를 속행하였다.[28] 그러나 일제가 1931년 9월에 만
주사변을 계기로 중국 대륙에의 침략을 개시함으로써 한국은 병참
기지로서의 역할을 강요받게 되었다. 더욱이 1932년 3월에 만주국
이 수립되면서 한국에서는 소위 '내선일체'(內鮮一體), '황민화'(皇
民化)의 민족말살정책을 강화함으로써,[29] 일제의 한국관습법조사사
업은 실질적으로 이 무렵부터 지지부진하게 되었다. 즉, 일제의 한
국관습법조사사업은 궁극적으로 일제의 민족말살정책으로 귀결되
어서 1945년 8월에 일제의 멸망으로 종지부를 찍었다.

---

28) 한편 법전조사국, 취조국 및 참사관실 시대에 착수하여 미완성되어 중추원으로 넘어온 것을
    계속하여 이를 완결시켰다. 조선총독부 중추원, 상게서(1938), 62면.
29) 김운태, 전게서(1986), 417〜418면.

제2장 近代的 不動産所有權의 確立을 위한 慣習調査와 民事慣習法

제1절 不動産法調査會와 不動産에 관한 慣習調査

일제의 통감부는 한국정부의 의정부(내각)에 부동산법조사회를 설치하고, 그 회장에 梅謙次郎을 위원에는 당시 탁지부 사세국장인 李健榮 외 7명을 임명하였다.[1] 이 '부동산법조사회'가 한국에서의 부동산에 관한 관례조사를 한 것은, 부동산법의 제정을 위하여 부동산 물권에 관한 필요한 사항을 한국의 모든 지방에 걸쳐서 짧은 시일에 그 대강을 밝히기 위한 '특별관습조사'인 것으로, 1906년 7월에 경성 이사청에서 시작하여 각 지방을 출장하여서 회장인 梅가 질문을 한 것에 대하여 각 지방의 이사관, 관찰사 및 부윤이 응답한 것을 기록하는 방법에 의하였다.[2] 이 조사에는 보좌관 中山成太郎이 보좌하고, 보좌관보 川崎萬歲가 집필을 하고, 위원 石鎭衡[3]이 통역을

---

1) 조선총독부 중추원, 『조선구관제도조사사업개요』(1938), 5면.

2) 조선총독부 중추원, 『조선구관제도조사사업개요』(1938), 6면; 부동산법조사회, 『韓國不動産ニ關スル調査記錄』(1906.8), 1~3면. 여기서 인용한 것은 조선총독부 도서관 장서본에 의한 것이다.

3) 石鎭衡은 1877년 9월 서울에서 출생, 1899년에 일본 동경의 화불법률학교(법정대학의 전신)를 입학 1902년에 졸업하고, 1904년에 군법국 주사로, 1905년에 의정부 부동산법조사국의 위원으로 있다가 보성전문학교의 강사로 초빙되었고, 법관양성소 강사와 법률기초위원회 위원으로 촉탁되었으며, 변호사시험 위원으로 임명된 바도 있었다. 최종고, 「한국의 法律家像: 石鎭衡」, 『사법행정』(1984.5) 및 동, 『한국법학사』(서울: 박영사, 1990), 92~93면.

맡았다. 조사를 한 곳은 경성 이사청, 인천 이사청, 개성부, 평양 관찰부, 평양 이사청, 수원 관찰부, 대구 관찰부, 부산 이사청 및 마산 이사청으로서, 5개 이사청과 3개 관찰부 및 1개 부(府)였다. 조사의 일정을 보면, 1906년 7월 23일에 경성 이사청에서 조사를 실시한 후[4] 각 지방순시는 7월 26일에 경성(京城)을 출발하여 인천에 도착하여 시작되었고,[5] 27일에 경성으로 돌아와 28일에는 개성에 도착하고, 29일에 평양에 도착하고, 31일에 경성에 돌아와서 8월 1일에 수원에 도착하고, 2일에 대구에 도착하고, 3일에 부산에 도착하고, 5일에 마산에 도착하여, 6일에 경성에 돌아옴으로써 조사를 마쳤다.[6] 이 조사에서의 조사사항은 10개 항으로 나누고 제1항은 다시 10개의 세목으로 나눠서 이뤄졌다.[7] 이와 같은 일제의 한국관습법 조사사업에 있어서 최초의 결과가 『韓國不動産ニ關スル調査記錄』으로, 부동산법조사회에 의하여 국판 89면으로 발간되었다.

한편 한국에 있어서 토지, 건물의 관례에 대하여 앞의 梅謙次郎이 시도하였던 조사를 모방하여, 1906년에 보좌관보 川崎萬歲가 조사를 하였다. 즉, 그 조사대상의 지역은 충청남도의 직산, 천안,

---

4) 부동산법조사회, 『韓國不動産ニ關スル調査記錄』(1906), 5면.

5) 이 조사사업의 개시일에 대하여 보면, 조선총독부 중추원, 『조선구관제도조사사업개요』(1938), 6면에는 1906년 7월 26일로 되었고, 김효진 교수(동아대)는 『황성신문』 1906년 7월 27일자에 따르면 7월 27일이라고 주장하지만(岡孝, 「書評, 鄭鍾休, 『韓國民法典の比較法的研究』」, 『創文』, 308호(東京: 創文社, 1990.2), 24면), 그러나 앞의 주 4)의 조사기록을 보면 경성 이사청에서 1906년 7월 23일에 조사를 실시하였음을 확인할 수 있다. 그렇다면 지금까지의 논의는 모두 정확을 잃은 것이 아닐 수 없다.

6) 일제의 보고서 등은 부동산법조사회의 조사기간은 짧았지만 보다 정확을 기할 수 있었다고 하고 있지만, 과연 어느 정도의 정확을 기하였을까의 의문을 갖게 한다.

7) 이 조사사항에 대해서는 이 연구주제와 중요한 관계가 있으므로 뒤에서 상세히 검토될 것이다. 이에 대한 상세한 것은, 윤대성, 「『韓國不動産ニ關スル調査記錄』의 연구: 일제의 초기적 한국관습조사사업(1905～1910)에 의한 부동산관습법의 분석」, 『논문집』, 제14권(창원: 창원대학교, 1992. 7), 111～115면.

온양, 신창, 예산, 홍주, 대흥, 청양, 정산, 공주, 노성, 은진 등 12군과 황해도의 금천, 서흥, 황주 등 3군과 평안남도의 삼화부 자족방, 중화, 강동, 성천, 온산, 자천, 강서, 용강 등 1부 7군 중 1방을 돌아다니면서 조사하여 기록하였다. 그 조사방법은 각 부윤, 군수, 군주사, 면장, 서기 등의 응답을 모두 기록한 것이다. 그 내용은 부동산법조사회가 만든 조사사항과 동일하며, 조사사항에 이어서 응답을 상세히 기록한 것으로, 이 조사서는 『韓國不動産ニ關スル慣例 第一綴』이라 하여 국판 76면으로 1907년 4월에 부동산법조사회에 의하여 출간되었다.[8]

또한 제1철의 속편으로 촉탁 平木勘太郎에 의하여 조사를 한 것이다. 즉, 그 조사방법은 제1철과 동일한 질의응답에 의하였으나, 조사대상의 지역을 황해도의 안악, 재령, 해주, 신천, 문화, 은율, 풍천, 송화, 장연, 장련, 연안, 백천 등 12군으로, 이 조사에서의 응답자는 각 군수, 군주사, 세무주사, 은행 취체역 등으로 세무관계자와 금융관계자의 응답을 조사한 것이 특색이다. 이 조사서는 『韓國不動産ニ關スル慣例 第二綴』이라 하여, 국판 144면으로 1907년 6월에 부동산법조사회에 의하여 출간되었다.[9]

그 밖에 보좌관 中山成太郎이 남한 지방을 출장하여 조사 보고한 것으로, 『韓國ニ於ケル土地ニ關スル權利一班』이 국판 총 83면으로, 1907년 6월에 부동산법조사회에 의하여 간행되었다.[10] 그리

---

8) 조선총독부 중추원, 『조선구관제도조사사업개요』(1938), 9면.

9) 조선총독부 중추원, 『조선구관제도조사사업개요』(1938), 10면.

10) 이 조사서는 앞의 조사서와는 달리 총 7장으로 나눠서 체계적으로 논술한 것이 특색이며, 각 항목에 있어서 유럽서구의 법제와 이미 이를 수용한 일본의 법제에 의한 법적 관점을 서술하고 한국의 민사관습에 특이한 점을 지적하는 방법으로 서술하고 있다. 특히 법률용어에 있어서도 일본이 서구의 법제를 수용하는 과정에서 번역한 것이 그대로 쓰이고 있음을 볼 수

고 촉탁 平木勘太郞이 집무의 여가를 이용하여 삼국사기(三國史記), 문헌비고(文獻備考), 대전통편(大典通編), 대전회통(大典會通), 육전조례(六典條例) 등 토지소유권에 관한 문헌조사에 의한 자료에 의하여 한국의 토지소유권에 관한 역사적 고찰을 한 것으로, 『韓國土地所有權ノ沿革ヲ論ス』이 국판 총 67면으로 부동산법조사에 참고로 하기 위하여 부동산법조사회에 의하여 간행되었다.[11]

이와 같이 일제가 한국에서의 근대적 부동산소유권의 확립을 위한 관습조사를 부동산법조사회에 의하여 실시하였다. 이 부동산에 관한 특별관습조사사업이 일제의 초기적 한국관습법조사사업으로 이후의 관습법조사사업에 미친 영향이 컸음을 알 수 있다.

제2절 不動産慣習法의 分析[12]에 의한 民事慣習法

제1. '調査事項'[13]과 『調査事項說明書』[14]의 分析

우선 일제가 설치한 부동산법조사회 회장인 梅가 1906년 7월 23일

있다. 윤대성, 「일제의 한국관습조사사업과 민사관습법」(1991), 76면.

11) 이의 출판일은 정확히 알 수 없지만, 1907년경으로 추측하고 있다. 조선총독부 중추원, 『조선구관제도조사사업개요』(1938), 13면.

12) 일제의 초기적 한국관습법조사사업에 의한 부동산관습법의 분석에 관한 것은, 윤대성, 「『韓國不動産ニ關スル調査記錄』의 연구: 일제의 초기적 한국관습조사사업(1905~1910)에 의한 부동산관습법의 분석」(1992)에 의함.

13) 부동산법조사회, 『韓國不動産ニ關スル調査記錄』(1906.8), 1~3면; 조선총독부 중추원, 『조선구관제도조사사업개요』(1938), 6~8면.

14) 부동산법조사회, 『조사사항설명서』(1906. 9), 1~16면. 이 설명서는 梅謙次郞이 '조사사항'에 대하여 하나하나 설명을 한 것을 항목별로 정리한 것으로서, 서문 1면, 본문 16면인 국판 총 17면으로 부동산법조사회에서 1906년 9월에 간행하여 배부한 것이다. 여기에서 인용하는 것은 神戶高等商業學校(현 神戶大學) 도서관의 소장본에 의한다.

경성 이사청에서 첫 조사를 실시한 그 다음 날인 같은 해 7월 24일에
배포한 '調査事項'의 내용을 보면 다음과 같다.

一. 土地에 관한 權利의 種類, 名稱 및 그 內容. / 1. 人民의 土地所有權을 認定하는지 않는지. 2. 土地所有權의 制限 및 負擔. 3. 國家는 어떠한 條件으로 人民의 土地所有權을 徵收할 수 있는가. 4. 所有權은 土地의 上下에 미치는지 않는지. 5. 土地의 疆界에서 雙方 所有者의 權利의 限界. 6. 共有地의 處分 및 管理에 관한 慣習. 7. 借地權의 種類, 名稱 및 그 內容. 특히 建物所有者의 權利. 8. 地役權이 있는지. 만약 있으면 그 種類 및 效力. 9. 入會權이 있는지. 만약 있으면 그 種類 및 效力. 10. 質權, 抵當權의 設定條件 및 效力. / 二. 官民有 區分의 證據. / 三. 國有와 帝室有와의 區別如何. / 四. 土地臺帳 또는 이에 類似한 것이 있는지. 만약 있으면 그 帳簿에는 어떠한 事項을 記載하는지. / 五. 土地에 관한 權利의 讓渡는 모두 自由로운가. 또 그 條件, 節次如何. / 六. 地券 및 家券이라는 것이 있다고 들었는데 이는 어떠한 土地, 어떠한 建物에 대하여 存在하는가. 또 그 沿革 및 記載事項如何. / 七. 土地의 疆界는 언제나 分明한지 아닌지. 만약 分明하지 않은 것이 있다면 同一한 土地에 대하여 二人 이상이 同一한 權利를 主張하는 境遇가 적지 아니할 것이므로 이 境遇에는 어떠한 標準에 의하여 正當한 權利者를 定하는가. / 八. 土地의 種目은 어떻게 이를 나누는가. 日本의 例는 田, 畑, 宅地, 山林, 原野 等. / 九. 土地丈量의 方法如何. / 十. 이상 各項에 대하여 市街地와 其他와 다른 것이 있으면 그 差異. 기타 地方에 따라서 慣習이 다른 것이 있으면 그 區別.

이와 같은 '조사사항'에서 보는 바와 같이, 일제는 한국에서의 토지소유권을 중심으로 토지용익권과 토지담보물권에 관한 관습법 조사를 주요한 조사내용으로 하고, 그 밖에 토지의 소유형태, 토지 대장, 토지에 관한 권리의 양도와 지권 및 가권, 토지의 경계, 토지의 종목 및 토지측량의 방법 등에 관하여 조사하고자 하였음을 알 수 있다. 특히 한국에 있어서 토지의 사소유권이 어떻게 존재하는가에 중점을 두었음을 알 수 있다.[15]

이 '조사사항'에 대하여, 부동산법조사회 회장인 梅는 조사위원을 모아 놓고 각 조사항목에 관한 설명을 하였고, 그 설명의 요록을 각 관계 관청이 참고하도록 배부하였다. 이것이『調査事項說明書』이다. 이『조사사항설명서』에 의하면, 부동산법조사회 회장인 梅가 한국에 있어서의 토지에 관한 어떠한 관습법을 어떻게 조사하려고 하였는가를 알 수 있다.[16] 이를 요약하면, 제1항에서 토지에 관하여 어떠한 권리가 존재하는가, 그 권리의 명칭, 성질 및 효력 등의 내용, 범위에 대하여 먼저 조사할 중요한 항목이라고 하면서 이 항목을 다시 세목으로 구별하여 말한다면 제1목에서 제10목과 같다고 함으로써,[17] 토지에 관한 권리를 조사하는 것이 중요함을 지적하고 있다. 그리고 그 각 세목을 설명함에 있어서 일본과 유럽 문명국의 법률을 들어서 일본 민법의 법률개념에 의하여 설명하고 있음은 주목하여야 한다.[18] 한편 제2항에서는 토지는 관유지와 민유지의 구별이 있으며, 관유지는 국가 또는 제실의 소유에 속하는 토지를 말하고, 민유지는 개인 또는 지방자치단체의 소유에 속하는 토지를 말한다면서 그 구분이 명확하지 않다면서, 한국에서도 적어도 개인의 토지소유권을 인정하는 이상 토지의 관유와 민

---

15) 한국에서의 토지사소유권에 관한 논의는, 그 후 일제의 관변학자에 의하여 논의되었던 것에 대하여 최근에 한국 학자에 의하여 재검토되고 있다. 최근에 대한제국시대의 토지제도에 관한 공동연구로, 김홍식 외,『大韓帝國期의 土地制度』(서울: 민음사, 1990)가 나왔으며, 그 밖에 기존의 사회경제사적 연구를 통한 논의는 많은 집적을 보았다. 이와 같은 논의의 발단은 곧 일제의 부동산관습법조사에서 비롯한 것으로 볼 수 있다.

16) 이『조사사항설명서』에 관한 자세한 분석은, 윤대성,「『韓國不動産二關スル調査記錄』의 연구」(1992), 112∼115면; 동,「일제의 초기적 한국관습조사사업과 부동산입법」(1992), 104∼111면.

17) 부동산법조사회,『조사사항설명서』(1906.9), 본문 1면.

18) 부동산법조사회,『조사사항설명서』(1906.9), 1∼12면.

유를 구별하는 것은 물론이겠지만, 그 증거는 어디에 있는가라고 묻고 있다.[19] 이 설명에서 보는 바와 같이, 梅는 한국에서도 개인의 토지소유권(토지사소유권)이 이미 인정되고 있음을 전제로 하였다는 것을 주목하여야 한다. 제3항에서는 근래 공법 관념의 발달에 따라서 군주국에 있어서 국가의 경제와 제실의 경제를 분명히 구별하는 예에 따라서 토지에 대해서도 관유지를 다시 국유와 제실유로 나눈다고 하면서, 한국에서도 이 구별을 인정하는지 않는지, 만약 이를 인정한다면 무엇에 의하여 양자를 구별하는가, 그 표준을 알고자 하는 것이라고 설명하고 있다.[20] 제4항에서는 토지대장이라 함은 토지의 소재, 면적, 지목, 소유자 등에 관한 필요한 사항을 기재하는 공부를 말하고, 문명 각국에서는 이를 제정한 것이 많다면서, 한국에서도 이와 같은 공부 또는 이에 유사한 것이 있는지, 만약 있으면 그 장부의 기재사항 등은 어떠한가를 묻고 있다.[21] 제5항에서는 일본에서도 유신 전에는 토지의 영대매매(永代賣買)를 금하였고 또 현재에도 토지에 관한 권리에 대하여 그 권리의 소재를 명백히 하기 위하여 권리의 이전을 확고히 하기 위하여서 이 양도에 대하여 등기 등의 형식을 필요로 하고 있다면서, 한국에서도 토지에 관한 권리의 양도는 모두 자유로운가, 또 그 양도를 하는 쪽에서는 일정한 조건, 절차 등을 요하는가, 예컨대 토지의 매매에 대하여 지권(地券)의 교부 또는 문기(文記)의 작성을 요하는가와 같은 것이 없는가를 상세히 알고자 한다고 설명하였다.[22] 제6항에

---

19) 부동산법조사회, 『조사사항설명서』(1906.9), 12면.

20) 부동산법조사회, 『조사사항설명서』(1906.9), 13면.

21) 부동산법조사회, 『조사사항설명서』(1906.9), 13면.

22) 부동산법조사회, 『조사사항설명서』(1906.9), 13~14면.

서는 한국에서는 지금 지권(地券) 및 가권(家券)의 제도가 있는 것 같으며, 이 지권 및 가권은 어떠한 토지, 어떠한 건물에 대하여 발급하는지 또 지권 또는 가권제도의 연혁은 어떠한지와 함께 지권 및 가권에 기재할 사항은 어떠한지를 조사하고자 한다고 설명하였다.[23) 제7항에서는 토지의 경계가 불명확한 것은 어느 국가에서도 자주 볼 수 있는 사실이고 특히 한국에서 그 사실이 많다고 들었는데 이 경우에 그 경계를 정하는 표준은 어떠한지 특히 경계가 불명하기 때문에 2인 이상이 하나의 토지에 대하여 서로 하나의 권리를 주장함이 적지 않을 것이며 그러한 때에 어떠한 표준에 의하여 정당한 권리자를 정하는가, 이에 관하여 한국에서 종래 관행된 기준이 있으면 이를 알고 싶다고 설명하였다.[24) 제8항에서는 일본의 예를 든 것처럼 한국에서도 반드시 이에 유사한 토지의 종목이 있으면 그 상세를 알고 싶다고 설명하였다.[25) 제9항에서는 한국에서 토지의 면적을 측량함에 어떠한 방법을 쓰고 있는가에 대하여 종래의 관행을 알고자 한다고 하였다.[26) 마지막으로 제10항에서는 이상 각 항에 대하여 지방에 따라서 다소 관습이 다른 것이 있으면, 특히 시가지와 다른 지방과의 다른 것이 많을 것이므로, 한국에서

---

23) 부동산법조사회, 『조사사항설명서』(1906.9), 14면. 그러나 한국에서는 1893년에 漢城府에서 처음으로 家券을 발급한 이후 점차 다른 도시에서도 발급함으로써 家契制度가 도입되었으며, 1900년에 가계의 양식을 개정하였고, 1906년에 '家契發給規則'을 제정하여 경성, 개성, 인천, 수원, 평양, 대구, 전주 등에 시행되고 있었으므로, 한국의 가계 및 지계제도가 일본의 지권, 가권재도의 영향을 받은 것인지, 또는 같은 제도인지는 검토되어야 할 것으로 본다. 그렇다면 梅가 설명한 것은 일본의 지권 및 가권제도를 말한 것이므로 그 조사사항의 전제부터 잘못된 것이 아닐 수 없다. 윤대성, 「일제의 한국관습조사사업과 민사관습법」(1991), 78~79면.

24) 부동산법조사회, 『조사사항설명서』(1906.9), 15면.

25) 부동산법조사회, 『조사사항설명서』(1906.9), 15면.

26) 부동산법조사회, 『조사사항설명서』(1906.9), 15면.

도 그 차이가 있을 것으로 믿으니 답안에 이를 명백히 함을 요한다
고 설명하였다.[27)

제2. 不動産法調査會 會長인 梅謙次郎의 法律觀과 그 影響

일제의 초대 통감인 伊藤博文은 한국에서의 부동산관습조사를
奧田義人[28)에게 의뢰하였었다. 그러나 奧田은 '명치민법'(明治民
法)의 기초자 중 한 사람인 梅謙次郎을 추천함으로써, 梅는 1906년
7월에 한국정부의 법률고문으로 부임하게 되었다. 梅는 한국정부의
법률고문으로 부임함과 함께 부동산법조사회의 회장으로 취임함으
로써, 한국에서의 부동산관습조사를 최초로 실시하게 된 것이다.

梅謙次郎은 1860년 7월 24일에 번의(藩醫)의 차남으로 태어나서
1874년 가을에 일가가 상경을 하였지만 가세가 매우 빈한하여 다
음 해 3월에 동경외국어학교에 입학을 하였으나 야점(夜店)에서 잡
화를 파는 등의 아르바이트를 하지 않을 수 없었다. 1880년 2월에
동경외국어학교 불어과를 수석으로 졸업하고, 바로 사법성 법학교
(司法省 法學校)의 정칙 2기생에 보결 입학을 하여 4년간의 연찬
을 끝내고 1884년 7월에 수석으로 졸업을 하였다. 이를 계기로
1885년 12월에 문부성으로부터 법학연구를 위한 프랑스 유학을 허

---

27) 부동산법조사회, 『조사사항설명서』(1906.9), 16면.

28) 奧田義人은 문부성 총무장관의 자리를 짧은 기간에 그만둘 때에도 伊藤에게 梅를 추천한
일이 있으며, 더욱이 한국법률조사를 처음으로 자기에게 요청하였지만 스스로 단념하고 梅를
추천한 것으로 알려지고 있다. 동, 「故梅博士追悼演說」, 『雄辯』, 제11호(1910), 82면 이
하. 그러나 이 발언에 대하여, 東川德治, 『博士梅謙次郎』(1917), 182면은 이론(異論)을
인용하고 있다. 그럼에도 불구하고, 정치가 伊藤博文과 법률가 梅謙次郎은 한국의 식민통
치에 있어서 끊을 수 없는 관계에 있었음을 알 수 있다. 岡孝, 「明治民法と梅謙次郎：歸
國100年を機にその業績を振り返る」, 『法學志林』, 제88권　제4호(東京：　法政大學,
1991.3), 22면 및 주 76) 77) 78) 참조.

락받아서 리용 대학 법학부에서 수학을 하게 되었다.

프랑스 리용 대학에서 약 2년 8개월의 노력을 한 결과는 박사학위논문인 「화해론」(和解論)으로 결실을 맺었다. 1889년 7월에 梅는 이 논문으로 최우수의 평가와 포상을 받게 되었고, 일본인으로서는 최초로 프랑스에서 법학박사 학위를 받았다. 그는 이 논문에서, 다시 독일 민법 제1초안(1888.10)이 공포된 뒤이므로, 일본에서 보아소나드(Boissonade, M.G., 1825~1910)가 기초한 민법초안[29]을 면밀히 검토할 수 있었다. 그는 이때에 민법전의 본질 내지 일본 민법이 가져야 할 모습을 생각하였을 것이다. 더욱이 리용 대학을 마친 뒤에 梅는 독일 베를린 대학에서 수학을 하게 되었으며, 이무렵 독일에서는 독일민법 제1초안이 공포되고 길케(Gierke, Otto von, 1841~1921)에 의하여 유명한 독일 민법 제1초안에 대한 비판이 발표되었다. 그는 여기에서 당시 독일의 새로운 민법전 편찬에 접할 수 있는 기회를 가졌던 것이다.

1880년 8월 9일에 梅가 일본으로 귀국할 당시 일본에서는 보아소아드(Boissonade) 구민법의 일부가 1890년 4월에, 나머지는 같은 해 10월에 공포되어서, 그 전체가 3년 후인 1893년 1월부터 시행될 예정이었으나, 구상법이 1890년 말 제1회 제국회의에서의 대논쟁 끝에 그 시행이 연기됨에 따라서, 이에 힘을 얻은 연기파는 동경법학원(東京法學院: 中央大學의 전신)―그 창립자, 강사의 대부분은 동경대학의 영미법 법학사였음―을 중심으로, '구관무시'(舊慣無視)한 민법전의 시행연기운동이 확산되었다. 이에 대항하여 프

---

29) Boissonade, M.G., *Projet de Code Civil pour l'émpire du Japon accompagné d'un commentaire par M.G. ve Boissonade*, tome 1 - 4(Tokio: ⅩⅫ annee de Meiji, 1889) 참조.

랑스법계의 화불법률학교(和佛法律學校)와 명치법률학교(明治法律學校: 明治大學의 전신)가 중심이 되어서 즉시 단행을 주장하고, 그를 위하여 법치협회(法治協會), 명법회(明法會)를 1891년 12월에 결성하였다. 梅는 단행파의 기수로서 활약을 하였다. 1892년 5월에 '민법전시행연기법안'이 의회에 제출되었을 때에 '법전실시단행의 견'을 발표하여 대항하였으나, 결국 연기파의 승리로 돌아갔다. 그 결과 명치정부가 구민법의 수정작업을 하기 위하여 1893년 봄에 연기파의 穗積陳重, 富井政章과 함께 단행파에서 梅가 기초위원으로 선임되어서 '명치민법'(明治民法)의 기초를 하였다. 이어서 법전 조사회에서도 梅는 비록 소수파일지라도 예리한 선견을 보였던 것이다. 그의 열성적인 법전기초 활동은 명치민법의 제정에 절대적인 역할을 한 것으로 지적되고 있다.[30] 특히 梅는 정부위원으로 민법전 제정에 참여하여, 지주적 토지소유의 확립을 통하여 상품소유권으로서의 사적 토지소유권을 법제화함에 있어서 토지의 용익관계를 임대차제도에 한정하려 했던 것이다.[31]

또한 梅는 민법기초에 있어서 비교법으로, 전통적 견해는 독일 민법(초안)의 영향을 받아서 이뤄졌다는 것에 대하여, 프랑스 민법의 영향을 받은 보아소나드(Boissonade) 민법의 수정이라는 점을 강조하여 프랑스 민법의 영향을 받았다는 것이 지적되고 있지만,[32]

---

30) 이와 같은 梅의 법학수학과정 및 그의 입법활동에 대하여, 최근의 연구로서 岡孝(法政大學 敎授),「梅謙次郎著書及び論文目錄: その書誌學的研究」,『法學志林』, 제82권 제3, 4 합병호(제659호)(東京: 法政大學, 1985), 137~214면; 동,「明治民法と法政大學: 歸國百年を紀念して」,『法政』(東京: 法政大學, 1991), 21~29면 등이 있다. 岡 교수는 1989년 3월 9일부터 17일까지 한국을 방문하여 梅의 관습조사 등 한국에서의 활동을 조사하고 자료를 수집하고자 저자를 만난 일이 있다. 그 결과는 그의 논문,「明治民法と梅謙次郎」(1991) 가운데 '梅先生の韓國における立法活動'(21~26면)으로 다루고 있다.
31) 渡邊洋三,『土地, 建物の法律制度(上)』(東京: 東京大學出版會, 1970), 91~111면.

독일 민법의 그늘에 숨겨졌던 스위스 법에 실로 많은 영향을 받았음이 새로이 지적되고 있다.[33]

이와 같은 梅는 법전논쟁과 명치민법의 제정과정에서 민법전의 제정에 앞서 관습조사의 필요성을 절실히 갖게 되었으며, 초대 통감인 伊藤博文의 추천에 의하여 법률고문으로 한국의 법률개혁을 맡으면서도 민법전제정파로서 한국에서의 입법 작업에 종사하면서 입법의 전제로서 한국의 민사관습을 조사하여야 한다는 입장을 가졌던 것이다.[34]

그러나 그의 입법사업은 반대에 부딪쳤다. 그럼에도 불구하고 梅는 여름과 겨울 휴가를 이용하여 한국에 와서 입법사업을 추진하였으며, 그는 "새로 기초한 민법은 오로지 한국인만을 위한 것이어야 한다. …… 토지제도만은 일본인이나 한국인, 나아가서 외국인에게도 공통된 것이 되지 않으면 안 된다."[35]고 함으로써, 입법에 의한 차별성과 한국에 일본인의 경제적 진출을 보장하고 일본의 한국 지배가 용이하도록 하려는 것이었음을 알 수 있다. 이와 같은 그의 법률관은 한국의 부동산에 관한 관습조사에 있어서 '조사사

---

32) 星野英一, 『民法槪論 Ⅰ(序論 總則)』(東京: 良書普及會, 1971), 18~19면.

33) 岡孝, 「明治民法と梅謙次郎」(1991), 15면.

34) 梅는 "첫째 어느 국가에도 민법은 존재하는바, 한국에도 있지만 성문으로 되지 않았으므로 이를 성문법으로 하지 않으면 안 되며 더구나 종래의 나쁜 내용을 개정하기 위하여서도 민법전의 편찬이 필요하며, 둘째 영사재판권을 철회하기 위하여 문명국의 법전과 유사한 것을 만들 필요가 있다."(동, 「韓國の法律制度に就で(下)」, 『東京經濟雜誌』, 제1514호(1909.10), 10면)는 이유를 들어서, 한국인에게만 적용할 민사법전의 제정이 필요하다는 것을 강조하였다. 그러나 이와 같은 민법전 제정에 반대하는 입장(일본법강행파)에 의한 부정적 주장이 있었다. 이러한 부정적 여론을 의식한 梅는 "세간에는 왕왕 말을 퍼뜨리는 자가 있어 한번 병합되면 지금 우리가 종사하고 있는 한국의 입법사업은 쓸모없이 되는 것처럼 말한다."(동, 「韓國の合併論と立法事業」, 『國際法雜誌』, 제8권 제9호(1910), 739면)고 하였다.

35) 梅謙次郎, 「韓國の法律制度に就で(下)」(1908.10), 10면.

항’의 선정과 『조사사항설명서』의 설명에 그대로 나타났던 것이다. 그리고 그것은 그 이후에 진행된 일제의 한국관습법조사사업에 있어서 기본적 방향으로 작용하였던 것이다.[36]

제3. 『韓國不動産二關スル調査記錄』[37][38] 등의 分析과 民事慣習法

일제의 초기적 한국관습법조사사업의 결과로 나타난 이들 조사보고서 등에 의하면, 주로 토지에 대한 권리의 종류, 명칭 및 그 내용에 대한 관습법을 조사한 것이었다. 즉, 첫째로 토지에 대하여 사적 소유권을 인정하는가에 있어서 토지의 사적 소유권이 이미 오래 전부터 인정되었음이 전제되었고, 이에 대한 제한 및 부담으로 어떠한 것이 있는가를 조사하였으며, 그와 같은 토지의 사적 소유를 전제로 하고 국가가 필요에 의하여 징수하고자 할 때에 어떠한 조건으로 하는가를 조사하였다. 또한 토지의 사적 소유권의 범위와 토지 경계에 있어서 인접한 토지소유권의 권리의 한계는 어떠한가에 대하여 조사를 하였다. 둘째로 이와 같이 토지의 사적 소유권을 전제로 하고, 나아가서 공유지의 처분 및 관리에 관한 관습

---

36) 梅의 한국관습법조사사업에 참여하였던 淺見倫太郎은 이미 조사한 민사관습에 대하여 "그 전부가 대부분 우리의 현행법 가운데 민상사사항을 다시 굽는 것을 보는 것 같아서 조선에는 종래 우리 민법 가운데서와 동일한 관습을 가진 것으로 인정함과 같다. ……"(동, 「朝鮮法系ノ歷史的研究」, 『法律協會雜誌』, 제39권 제8호(1921), 33면)고 회고하면서 은근히 기뻐하였던 것을 보면, 일제의 한국관습법조사사업이 한국의 관습법과 일본의 현행법과의 일치를 위한 필요에서 진행되었음을 알 수 있다.

37) 부동산법조사회, 『韓國不動産二關スル調査記錄』(1906)과 이에 대한 연구인 윤대성, 「『韓國不動産二關スル調査記錄』의 연구: 일제의 초기적 한국관습조사사업(1905－1910)에 의한 부동산관습법의 분석」(1992), 116～142면 참조.

38) 부동산법조사회, 『韓國不動産二關スル慣例 第一綴』(1907.4) 및 동, 『韓國不動産二關スル慣例 第二綴』(1907.6), 동, 『韓國二於ケル土地二關スル權利一班』(1907.6)과 동, 『韓國土地所有權ノ沿革ヲ論ス』(1907) 등에 관한 것으로는, 윤대성, 「일제의 한국관습조사사업과 민사관습법」(1991), 75～77면.

을 조사하였다. 셋째로 토지의 용익권으로서 차지권의 종류, 명칭 및 내용과 지역권의 종류 및 효력, 입회권의 종류 및 효력 등을 조사하였다. 넷째로 토지의 담보권으로서 질권, 저당권의 설정조건 및 효력에 대한 관습을 조사하였다.[39] 이와 같은 일제의 초기적 한국관습법조사사업은 일제가 '명치유신' 이후에 지조개정(地租改正)을 통하여 토지소유권의 확립[40]을 하고, 한편으로 토지담보법의 새로운 시대로의 재편성을 하면서,[41] 소작제도를 지주적으로 형성했던[42] 경험을 바탕으로 하여, 한국에서의 토지소유권을 확립하고 이를 통하여 당면한 문제인 일제의 자본에 의한 한국에서의 토지소유권을 법적으로 보장받기 위한 부동산입법을 하고,[43] 토지의 사적 소유권을 확립하여 앞으로의 토지조사사업을 통한 일제의 식민통치의 기반을 조성하기 위한 과도적 입법을 위한 것으로 이뤄졌던 것이다. 특히 일제의 초기적 한국관습법조사사업을 주도하였던 梅謙次郎은 명치민법의 제정에 있어서 정부위원으로 참여하여, 지주적 토지소유의 확립을 통하여 상품소유권으로서의 사적 토지소유권을 법제화함에 있어서 토지의 용익관계를 임대차제도로 한정하려 했던 것은,[44] 한국부동산관습법을 조사함에 있어서도 크게 작용하

---

39) 윤대성, 「『韓國不動産ニ關スル調査記錄』의 연구」(1992), 116～132면; 그 박에 川崎萬歲가 1906년 梅가 조사한 지역 이외의 지역을 조사대상으로 조사한 것을 철한 부동산법조사회, 『韓國不動産ニ關スル慣例 第一綴』(1907.4) 및 이의 속편으로 平木勘太郎이 조사한 것을 철한 부동산법조사회, 『韓國不動産ニ關スル慣例 第二綴』(1907.6)과 부동산법조사회, 『韓國ニ於ケル土地ニ關スル權利一班』(1907) 등의 조사된 부동산관습법도 동일한 입장이었다.

40) 福島正夫, 「地租改正と土地所有權の確立」, 『日本資本主義の發達と私法』(東京: 東京大學出版會, 1988), 210～226면.

41) 福島正夫, 상게서(1988), 228～235면.

42) 福島正夫, 상게서(1988), 238～246면.

43) 윤대성, 「일제의 초기적 한국관습조사사업과 부동산입법」(1992), 129면 이하.

였음을 알 수 있다. 이와 같은 일제의 초기적 한국관습법조사사업의 기본입장은 中山成太郎 보좌관이 남한 지방을 출장하여 조사 보고한 『韓國ニ於ケル土地ニ關スル權利一班』[45]에 체계적으로 정리되고 있다. 그 내용을 목차에 따라서 보면 다음과 같다.

제1장 韓國人의 權利觀念 // 제2장 土地 // 1. 土地의 意義, 2. 一筆의 觀念, 3. 集合地의 觀念, 4. 土地의 定着物의 觀念, 5. 土地面積의 表示, 6. 土地의 種目 // 제3장 土地에 관한 權利 // 제4장 土地所有權 // 제1절 總說, 제2절 土地所有權의 限界 (갑)當然의 限界 (을)公法上의 限界 (병)相隣者의 制限, 1. 權利의 濫用이 許容되지 않는 것, 2. 境界의 近傍에서 隣地間의 制限, 제3절 土地所有權의 取得 및 喪失 제1. 所有權의 取得 (갑)土地所有權의 原始的 取得方法 1. 起耕, 2. 時效, 3. 添付 (을)土地所有權의 承繼的 取得方法 1. 讓渡, 2. 相續, 제2. 所有權의 喪失 1. 目的物의 喪失, 2. 抛棄 // 제5장 土地用益權 // 제1절 地上權, 제2절 地役權, 제3절 債權的 借地權 제1. 賭地, 제2. 併作 // 제6장 土地에 관한 擔保權 // 제1절 典當 제1. 抵當, 제2. 不動産質, 제2절 權賣 // 제7장 文記 // 1. 賣買의 文記, 2. 典當의 文記 (1) 抵當의 文記 (2) 流質契約附帶抵當의 文記 (3) 不動産質의 文記, 3. 權賣의 文記, 4. 賭地 또는 併作의 文記, 5. 貰家의 文記

등으로 되어 있다.

이 조사서의 구체적인 내용을 살펴보면, 각 항목에 있어서 유럽 서구의 법제와 이미 이를 수용한 일본의 법제에 의한 법적 관점을 서술하고 한국의 민사관습법에 특이한 점을 지적하는 방식으로 서술하고 있다. 그 내용 면에 있어서는 梅에 의하여 조사된 내용을 바탕으로 하고 있지만, 법률용어에 있어서는 일본이 서구의 법제를 수용하는 과정에서 번역하여 사용한 것을 그대로 쓰고 있으므로,

---

44) 渡邊洋三, 『土地, 建物の法律制度(上)』(東京: 東京大學出版會, 1970), 83~87면.
45) 이 조사보고서는 부동산법조사회에서 1907년 6월에 국판 총 83면으로 간행되었다.

실제의 관습법과의 용어법에 불일치를 발견할 수 있다. 이와 같은 용어법의 불일치로 梅가 관습조사를 하는 과정에서도 질문자와 응답자 사이에 인식하고 있는 개념의 차이로 통역[46]이나 보충응답[47]에 의하여 이뤄졌던 것이다. 이것은 전근대적인 민사관습법에 대하여 서구의 근대법적인 법 개념을 분석 도구로 사용한 것에 비롯한 것이다. 여기에서 현실로 존재하는 관습과 조사된 관습과의 사이에는 개념상 일치될 수 없으며, 조사에 의하여 재구성된 관습법이 되고 말았다는 점을 들 수 있다. 즉, 일제의 초기적 한국관습법조사사업에 의한 한국의 민사관습법은 본래의 모습보다도 일제에 의하여 주관화된 관습법이 되고 말았다 하지 않을 수 없다.

이와 같이 일제의 초기적 한국관습법조사사업이 토지소유권에 관한 민사관습법을 중심으로 토지의 근대적 사적 소유권을 확립하는 것을 그 주된 목적으로 하였음에도, 조사과정에서는 공법적인 사항까지를 같이 조사함으로써 사법과 공법에 관한 관습 내용이 혼합되었음을 알 수 있다. 이것은 그 후의 부동산 입법에서 사법과 공법이 섞여서 규정되고 실체법과 절차법을 구별 없이 규정하는 것으로 되었다.[48]

결국 일제의 초기적 한국관습법조사사업은 한국의 토지제도를 근대적 토지소유권으로 재구성하기 위한 것이었다고 할 수 있다.

---

46) 부동산법조사회, 『韓國不動産ニ關スル調査記錄』(1906), 24, 32~33면.

47) 부동산법조사회, 상게서(1906), 32~33, 52, 72면.

48) 이에 대한 상세한 내용은, 윤대성, 「일제의 초기적 한국관습법조사사업과 부동산입법」(1992), 130면.

제3장 『慣習調査報告書』 등에 의한 民事慣習法

제1절 『慣習調査報告書』의 刊行經過와 日帝의 民事慣習法調査

제1. 法典調査局의 民事慣習法調査와 『慣習調査報告書』의 刊行

일제의 통감부시대에 한국정부는 1907년 12월에 부동산법조사회
에 이어서 민법, 형법, 민사소송법, 형사소송법 및 부속법령의 기안
을 목적으로('法典調査局官制'[1] 제1조), 1908년에 법전조사국을
설치하였다. 법전조사국에서는 조사활동을 함에 있어서 각 조사원
이 많은 관습의 취사선택에 혼미를 피하기 위하여 '관습조사문제'
(慣習調査問題)를 206문으로 작성하고, 각 문항에 대하여 조사에서
주의할 사항을 상세히 적어서 이를 조사원이 소지하도록 하였다.
이 법전조사국의 조사활동은 1908년 5월부터 민, 상사 관습조사에
착수하여 1910년 9월에 법전조사국이 폐지될 때까지 이뤄졌다.[2]

---

1) 이 '법전조사국관제'는 1907년(융희 원년) 12월 23일 칙령 제61호로 공포되어 1908년 1월
   1일부터 시행하였다. 이 규정에 의하면, 법전조사국은 내각총리대신의 감독 아래에 두고, 위원
   장 1인을 칙임관대우로 하고, 위원 약간 명을 칙임 혹은 주임관대우로 하며, 사무관을 전임 1인
   을 주임으로, 사무관보를 전임 10인을 주임 혹은 판임으로, 번역관보를 전임 8인을 판임으로
   구성하도록 하였다. 위원장은 위원 중에서 기초위원 1인 혹은 수인을 임명할 수 있다. 그리하여
   위원장에 韓昌洙, 위원에 俞星濬을 비롯하여 5명을 임명하였다.

2) 조선총독부 중추원, 『조선구관제도조사사업개요』(1938), 18~19면. 법전조사국이 1910년 9월
   에 폐지된 것은 1910년 8월 22일에 한일합병조약이 조인됨으로써 한국정부와 통감부가 그
   막을 내리고 일제의 식민지인 한국에 총독부시대가 도래하였기 때문이다. 그러나 법전조사국이
   폐지될 무렵에 이미 관습조사의 대개가 완성에 가까운 상태에 있었다.

법전조사국의 폐지에 따른 잔무정리와 함께 조사보고서의 편찬을 같은 해 10월부터 시작하여 12월에 탈고함으로써, 전임 법전조사국 장인 倉富勇三郎이 『慣習調査報告書』라 하여 寺內 총독에게 보고함과 함께 인쇄에 부쳐서 일반에 배포함으로써 집무에 참고토록 하였다.[3] 이로써 일제에 의한 한국관습법조사사업의 결과인 민사관습법이 『韓國慣習調査報告書』의 간행에 의하여 처음으로 보고되었다.

제2. 朝鮮總督府 取調局의 民事慣習調査와 『慣習調査報告書』의 刊行

1910년 8월 29일에 한일합병이 이뤄짐으로써 한국정부에 속하였던 모든 관청은 조선총독부에 소속하는 관서로 간주하여 이를 존치하였다. 특히 잔무정리를 위하여 같은 해 9월 30일에 칙령 제356호로 조선총독부에 취조국을 설치하여 법전조사국의 사무를 승계시킴으로, 일제의 조선총독부에 의한 구관습 및 제도를 조사하는 것이 시작되었다.[4] 취조국은 한일합병이 이뤄진 결과 한국의 구제도 및 관습 등을 조사할 필요가 더욱 절실하게 되어서 종래의 조사

---

3) 조선총독부 중추원, 상게서(1938), 19면.

4) 칙령 제356호로 9월 30일에 공포되어서 같은 해 10월 1일부터 시행된 '조선총독부취조국관제'에 의하면, 취조국은 조선총독에 속하여 조선에 있어서 각종의 제도 및 일제의 구관을 조사하고, 총독이 지정하는 법령의 입안 및 심의를 하고, 법령의 폐지 개정에 대하여 의견을 구신하는 사무를 관장하였고(제1조), 취조국에는 장관(칙임), 서기관 전임 2인(주임), 사무관 전임 4인(주임) 및 속, 통역생 전임 12인(판임)을 두고, 조선에 있어서 제도 및 구관에 관한 조사에 종사할 위원 30인 이내를 학식과 명망이 있는 조선인 중에서 조선총독이 임명토록 하였다(제7조, 제8조). 이에 의하여 같은 해 10월 1일 취조국장에 石塚英藏을 임명하고 직원을 임명하였으며, 같은 해 11월 위원에 金敦熙 외 5명을 발령하였다. 조선총독부 중추원, 상게서 (1938), 21~23면.

범위를 확장하였다. 왜냐하면 행정상 각종의 시설에 자료를 제공하고, 사법재판의 준칙이 될 관습법을 조사하여야 하고, 동시에 한국인에게 적합한 법제의 기초를 확립하기 위하여, 한국의 전역에 걸쳐서 각지의 관습을 조사하고 또한 전적(典籍)을 섭렵하여, 제도 및 관습의 연원을 밝혀야 했기 때문이다. 그 '조사사항'을 보면, 토지제도, 친족제도, 면 및 동 제도, 종교 및 사원의 제도, 서방 및 향교의 제도, 양반에 관한 제도, 4색의 기인, 연혁 및 정치상 사회상에 있어서 세력관계, 4례(四禮)제도, 상민의 생활상태, 조선에 있어서 구빈제도, 조선에 행하여진 중요 구법전의 번역, 조선에 있어서 농가경제, 조선의 통치에 참고할 구미 각국의 속령지 및 식민지의 제도연구, 구법전조사국에서의 조사사항의 정리, 지방제도, 관개(灌漑)에 관한 구관습 및 제도, 압록강 및 두만강에 관한 조사, 조선어사전의 편찬 등 18개의 사항으로 되어 있다.[5] 이와 같이 취조국에서의 조사활동은 민사관습조사에 국한하지 않고 그 밖에 사회, 경제, 문화 등 여러 제도에 관한 조사를 목적으로 하였다.

특히 취조국은 한국에서 시행할 민법의 편찬 자료에 제공하기 위하여 구한국정부의 법전조사국에서 1908년부터 1910년까지 조사한 한국의 민상사관습의 요강을 편찬한 『관습조사보고서』를, 그 후 1911년부터 1912년까지 조사를 마치고 이를 정정 보충하여 『관습조사보고서』를 간행하였다.[6] 이에 의하여 취조국의 관습조사활동을 보면, 조사사항의 실지조사를 한 곳으로 경기도 경성(서울), 인

---

5) 조선총독부 중추원, 상게서(1938), 23~24면.

6) 조선총독부 취조국, 『관습조사보고서』(경성: 조선총독부, 1912)는, 발문, 범례, 목차 14면, 본문 404면 및 부록(친족도 등)으로 되어 있다.

천, 개성, 수원, 안성, 황해도 해주, 황주, 평안남도 평양, 진남포, 안주, 덕천, 평안북도 의주, 용천, 강계, 영변, 함경북도 경성, 경흥, 회령, 성진, 함경남도 함흥, 원산, 갑산, 북청, 강원도 춘천, 금성, 원주, 강릉, 충청북도 충주, 청주, 영동, 경상북도 대구, 상주, 안동, 경주, 경상남도 부산, 마산, 진주, 울산, 전라남도 광주, 목포, 제주, 전라북도 전주, 군산, 남원, 충청남도 공주, 예산, 온양, 은진 등이고, 특종사항에 대하여 조사를 한 곳으로는 경기도 여주, 개성, 풍덕, 장단, 파주, 연천, 수원, 황해도 재령, 서흥, 안악, 봉산, 평안남도 평양, 진남포, 포숙천, 평안북도 의주, 용천, 정주, 경상북도 대구, 성주, 경주, 포항, 경상남도 부산, 울산, 밀양, 김해, 용남, 마산, 전라남도 목포, 광주, 나주, 법성포, 순천, 전라북도 전주, 군산, 금산, 충청남도 공주, 강경, 연산 등이었다. 한편 한국 각 지방의 관습을 기초로 하여 한국의 신, 구 법령을 조사하여 참조하였다.

그러나 조선총독부 취조국의 관습조사보고서에 의한 일제의 한국관습법조사사업의 내용은 통감부시대의 법전조사국에 의한 민상사관습 조사의 내용을 정정 보완하는 수준에 그쳤음을 알 수 있다.

제3. 朝鮮總督府 參事官室의 民事慣習調査와 『慣習調査報告書』의 再刊

조선총독부 취조국의 관습조사계획은 대단하였지만, 아무것도 완결을 보지 못한 채 참사관실로 넘어갔다.[7] 참사관실의 민사관습조

---

7) '조선총독부관제' 중 개정이 1912년 3월 27일 칙령 제22호로 공포되어서 같은 해 4월 1일부터 시행을 보았고, 그 제14조에 "참사관은 조선에 있어서 제도 및 구관의 조사를 담당한다."는 1항을 신설 개정함에 따라서 취조국은 폐지되고, 그에 속하였던 사무의 일체가 참사관

사는 '조선민사령'의 시행에 따른 것으로 뒤에서 구체적인 내용을 다루기로 한다. 다만 참사관실은 취조국에서 증보 정정한 『관습조사보고서』를 다시 재간하여 필요에 따라 배부하였다.[8]

제2절 『慣習調査報告書』 등의 分析과 民事慣習法

제1. 法典調査局의 '慣習調査問題'와 '調査要項'의 分析

일제의 통감부시대에 법전조사국이 관습조사활동을 함에 있어서 작성된 '관습조사문제'는 206문으로 되었으며, 이를 편별로 보면 다음과 같다. 즉, 제1편 민법 제1장 총칙 20문, 제2장 물권 30문, 제3장 채권 54문, 제4장 친족 53문, 제5장 상속 23문, 제2편 상법 제1장 총칙 4문, 제2장 회사 1문, 제3장 상행위 11문, 제4장 수형 1문, 제5장 해상 9문으로 도합 206문으로 되었다.[9] 여기에서 제1편 민법에 관한 편별의 구분을 보면, 일본 민법의 편별에 따른 것을 알 수 있다. 즉, 판덱텐 방식인 일본 민법의 편별 방식에 따라서 구분을 하고 있다.

이 '관습조사문제'에 대한 '조사요항'을 보면, "본 편 가운데 부동산법조사회에서 조사한 문제로서 분명한 것이 적지 않지만, 또한 관습이 아닌 것으로 의문되는 것도 많으므로 만일 그렇게 생각되는 것이면 이를 언급한다."고 하였으며, "한국에 있어서 존재하는

실로 이관되었다. 조선총독부 중추원, 전게서(1938), 33~34면.

8) 조선총독부 중추원, 상게서(1938), 19면.

9) 조선총독부 중추원, 상게서(1938), 17~18면.

것으로 인정되는 관습에 대하여 대개 모든 문제를 망라하였을지라도 만약 본 편에 언급되지 않은 문제에 대하여 참고할 관습이 있음을 발견하면 반드시 이를 조사하며", 또 "법률전문가가 아니면 법률문제와 도의문제와의 구별을 명백히 하는 사람이 적다. 그러므로 조사원은 특히 이 구별에 유의하여 조사할 것을 요한다." 등의 주의사항을 들고 있다.[10]

따라서 법전조사국의 조사활동은 부동산법조사회가 이미 조사한 관습내용을 확인하고 보충하는 것이었음을 알 수 있다. 즉, 부동산법조사회에서 이미 조사한 내용을 '관습조사문제'의 편별에 따라서 분류함으로써 한국의 민상사관습법을 확인하여 그 이동을 밝혀서 한국에 일본 민법을 직접 적용할 수 있는가의 가능성을 탐색한 조사활동으로 볼 수 있다.

제2. 『慣習調査報告書』의 分析과 民事慣習法

이 『관습조사보고서』의 조사항목을 보면, 법전조사국의 '관습조사문제'와 같이 민법에 있어서 총칙 20문, 물권 30문, 채권 54문, 친족 53문 및 상속 23문으로 되었으며, 상법에 있어서는 총칙 4문, 회사 1문, 상행위 11문, 수형 1문 및 해상 9문으로 되어 있다.[11]

여기에서 민사관습법에 해당하는 구체적인 내용을 목차에 의하여 보면 다음과 같다.

---

10) 조선총독부 중추원, 상게서(1938), 18면.

11) 조선총독부 취조국, 『관습조사보고서』(경성: 조선총독부, 1912), 목차 1~14면.

제1편 민법 / 제1장 총칙 / 1. 태아의 권리를 인정하는가, 2. 성년의 정함이 있는가, 3. 정신병자의 행위의 효력 여하, 4. 농자, 아자, 낭비자 등의 행위의 효력 여하, 5. 처의 능력에 제한이 있는가, 6. 주소에 관한 정함이 있는가, 7. 거소에 관한 정함이 있는가, 8. 실종에 관한 정함이 있는가, 9. 법인을 인정하는가, 10. 물(건)의 구별이 있는가, 11. 과실에 관한 정함이 있는가, 12. 격지자 간의 의사표시는 어느 때부터 그 효력이 생기는가, 13. 대리는 어떠한 법률행위에 대하여 이를 인정하는가, 14. 대리인의 행위는 항상 본인에 대하여 직접 그 효력이 생기는가, 15. 대리에는 법정대리와 임의대리의 구별이 있는가, 16. 대리인의 권한을 명정하지 않은 경우에 있어서 그 권한 여하, 17. 대리인은 복대리인을 쓸 수 있는가, 18. 대리권의 소멸원인 여하, 19. 기간의 초일은 이를 산입하는지 않는지, 20. 시효를 인정하는지 않는지 / 제2장 물권 / 21. 물권, 채권 또는 이와 유사한 권리의 구별이 있는가, 22. 토지에 관한 권리의 종류 여하, 23. 권리의 설정, 이전에 대하여 특히 일정한 절차를 할 필요가 있는가, 24. 소위 즉시취득시효 또는 이에 유사한 것이 있는가, 25. 토지, 건물 등의 소유자는 어떠한 권리를 갖는가, 26. 인지자 간의 권리, 의무 여하, 27. 무주의 동산은 선점으로 이를 취득할 수 있는가, 28. 무주의 부동산은 누구의 소유로 돌아가는가, 29. 유실물의 소유자를 알지 못할 때는 누구의 소유로 돌아가는가, 30. 매장물의 소유자를 알지 못할 때는 그 물건은 누구의 소유로 돌아가는가, 31. 공유에 관한 관습 여하, 32. 입회권에 관한 관습 여하, 33. 차지권의 종류 여하, 34. 지상권에 관한 관습 여하, 35. 영소작권에 관한 관습 여하, 36. 지역권에 관한 관습 여하, 37. 유

치권에 관한 관습 여하, 38. 선취특권에 관한 관습 여하, 39. 질권과 저당권과의 구별이 있는가, 40. 질권 및 저당권의 목적 여하, 41. 질권자는 채권의 변제를 받을 때까지 질물을 점유할 수 있는가, 42. 질권자는 변제를 받은 때는 질물에 대하여 어떠한 권리를 갖는가. 만약 저당권과의 차이가 있으면 이를 명기할 것, 43. 질권의 설정에 관한 관습 여하, 44. 질권자는 전질을 할 수 있는가, 45. 제3자가 채무자를 위하여 질권을 설정할 수 있는가, 46. 질권자는 질물의 사용수익을 할 수 있는가, 47. 질권에 존속기간이 있는가, 48. 토지 위에 설정된 질권은 그 위에 있는 건물 및 죽목에 미치는지 않는지, 49. 동일물 위에 2개 이상의 질권을 설정할 수 있는가, 50. 소유자는 저당물을 임대할 수 있는가 / 제3장 채권 / 51. 관습상 이율이 있는가, 52. 중리에 관한 관습 여하, 53. 채무자가 불이행자로 되는 시기 여하, 54. 채무자가 임의로 채무를 이행하지 않을 때는 강제로 이를 이행시킬 수 있는가, 55. 채무자는 기한의 이익을 상실하는 것이 있는가, 56. 금전채무불이행의 제재 여하, 57. 채무불이행의 제재에 관하여 특약을 할 수 있는가, 58. 채권자 또는 채무자의 권리를 대행할 수 있는가, 59. 채권자는 채무자의 행위를 취소할 수 있는가, 60. 채권자 또는 채무자가 수인이 있는 경우에는 각자의 권리, 의무 여하, 61. 불가분채무에 관한 관습 여하, 62. 연대채무에 관한 관습 여하, 63. 보증인의 책임 여하, 64. 보증인이 2인 이상 있는 경우에 각자의 책임 여하, 65. 채권자와 주채무자와의 행위는 그 효력을 보증인에게 미치는지 않는지, 66. 보증인이 변제를 한 때에는 주 채무자에 대하여 어떠한 권리를 갖는가, 67. 보증인이 수인 있는 경우에 그 1인이 전액의 변제를 한 때는

다른 보증인에 대하여 어떠한 권리를 갖는가, 68. 채권은 이를 양
도할 수 있는가, 69. 제3자를 위한 변제는 유효한지 않은지, 70. 受
취증서의 소지인에게 한 변제는 유효한가, 71. 변제의 장소에 관한
관습 여하, 72. 채무자가 변제를 한 때는 채권자에 대하여 수취증
서를 청구할 권리가 있는가, 73. 채무자가 변제를 한 때는 채권증
서의 반환을 받을 권리가 있는가, 74. 채권자가 변제를 받는 것을
거절한 때는 채무자는 어떻게 하는가, 75. 보증인 기타 다른 사람
을 위한 변제를 한 사람은 채권자의 권리를 대행할 수 있는가, 76.
상쇄에 관한 관습 여하, 77. 갱개에 관한 관습 여하, 78. 면제에 관
한 관습 여하, 79. 계약의 신입은 이를 취소할 수 있는가, 80. 쌍무
계약 당사자의 일방은 상대방이 그 채무의 이행을 제공할 때까지
자기의 채무이행을 거절할 수 있는가, 81. 위험문제에 관한 관습
여하, 82. 제3자를 위한 계약의 효력을 인정할 것인가, 83. 계약당
사자의 일방이 그 채무를 이행하지 않은 때는 상대방은 그 계약을
해제할 수 있는가, 84. 증여에 관한 관습 여하, 85. 수부에 관한 관
습 여하, 86. 매매의 비용은 누가 이를 부담하는가, 87. 타인의 물
(건)의 매매에 관한 관습 여하, 88. 매매의 목적물 위에 타인이 권
리를 가짐으로써 매수인이 손해를 받는 때는 여하, 89. 매매의 목
적물에 숨은 하자가 있는 때는 여하, 90. 매매의 목적물의 과실은
누구의 소득으로 돌아가는가, 91. 매수인은 대가의 이자를 지불하
여야 하는가, 92. 매려에 관한 관습 여하, 93. 교환에 관한 관습 여
하, 94. 소비대차에 관한 관습 여하, 95. 사용대차에 관한 관습 여
하, 96. 임대차에 관한 관습 여하, 97. 고용에 관한 관습 여하, 98.
청부에 관한 관습 여하, 99. 위임에 관한 관습 여하, 100. 기탁에

관한 관습 여하, 101. 조합에 관한 관습 여하, 102. 사무관리에 관한 관습 여하, 103. 부당이득에 관한 관습 여하, 104. 불법행위에 관한 관습 여하

등이다.

이와 같은 민사관습법의 내용 가운데 제2장 물권에 속한 항목 21부터 항목 50까지는 梅가 부동산법조사회에 의하여 부동산에 관한 관습조사를 한 내용을 바탕으로 한 것임을 알 수 있다. 다만 부동산법조사회에서의 조사항목보다 세분화되었을 뿐이다. 따라서 『관습조사보고서』의 물권에 관한 민사관습법은 梅에 의한 부동산법조사회의 토지소유권을 중심으로 한 부동산관습법을 정정 보충한 것으로 볼 수 있다.

그 밖의 민사관습법은, 일본의 '명치민법'(明治民法)[12]에 규정된 법률관계의 내용을 받아들여 이를 한국의 관습법으로 확인한 것이라 할 것이다. 즉, 제3장 채권에 속한 항목 51은 명치민법 제404조를, 항목 52는 동 제405조를, 항목 53은 동 제412조를, 항목 54는 동 제414조를, 항목 55는 동 제137조를, 항목 56은 동 제419조를, 항목 57은 동 제420조 및 제421조를, 항목 58은 동 제423조를, 항목 59는 동 제424조를, 항목 60은 동 제427조를, 항목 61은 동 제430조를, 항목 62는 동 제432조 이하를, 항목 63 내지 항목 67은 동 제446조 내지 제465조를, 항목 68은 동 제466조를, 항목 69는 동 제474조를, 항목 70은 동 제480조를, 항목 71은 동 제484조를,

---

12) 明治 29년(1896) 4월 27일 법률 제89호로 공포되어서 명치 31년(1898) 7월 16일 칙령 제123호로 시행된 민법 제1편, 제2편, 제3편의 민법전을 말하는 것이다.

항목 72는 동 제486조를, 항목 73은 제487조를, 항목 74는 동 제494조 이하를, 항목 75는 동 제499조 이하를, 항목 76은 동 제505조 이하를, 항목 77은 동 제513조 이하를, 항목 78은 동 제519조를, 항목 79는 동 제521조를, 항목 80은 동 제533조를, 항목 81은 동 제534조를, 항목 82는 동 제537조를, 항목 83은 동 제540조 이하를, 항목 84는 동 제549조 이하를, 항목 85는 동 제557조를, 항목 86은 동 제558조를, 항목 87은 동 제560조 이하를, 항목 88은 동 제566조 이하를, 항목 89는 동 제570조를, 항목 90 및 항목 91은 동 제575조를, 항목 92는 동 제579조 이하를, 항목 93은 동 제586조를, 항목 94는 동 제587조 이하를, 항목 95는 동 제579조 이하를, 항목 96은 동 제601조 이하를, 항목 97은 동 제623조 이하를, 항목 98은 동 제632조 이하를, 항목 99는 동 제643조 이하를, 항목 100은 동 제657조 이하를, 항목 101은 동 제667조 이하를, 항목 102는 동 제697조 이하를, 항목 103은 동 제703조 이하를, 항목 104는 동 제709조 이하를, 각각 한국에 있어서의 관습법으로 확인하고 있다.

한편 총칙에 속하는 관습법에 대해서도 항목 1은 명치민법 제1조를, 항목 2는 동 제3조를, 항목 3은 동 제7조 내지 제9조를, 항목 7은 동 제22조 내지 제23조를, 항목 8은 동 제25조 내지 제32조를, 항목 9는 동 제33조 내지 제84조를, 항목 10은 동 제86조를, 항목 11은 동 제88조 내지 제 89조를, 항목 12는 동 제97조를, 항목 13 내지 항목 18은 동 제99조 내지 제118조를, 항목 19는 동 제139조 내지 제140조를, 항목 20은 동 제144조 이하를, 각각 한국에 있어서 어떻게 관습법으로 존재하는가를 확인하고 있다.

이와 같이 『관습조사보고서』의 형식적 분석에 의하여 볼 때에, 일제의 초기적 한국관습법조사사업의 기본방향이 처음에는 한국에 적용할 민사입법을 위한 것이었지만, 그 이후 한일합병이 이뤄지면서 일제의 한국관습법조사사업은 한국에 있어서 실재하는 관습법을 그 모습대로 조사하기 위한 것이 아니라 일본의 법률을 직접 적용할 가능성을 확인하는 작업으로 변경되었음을 볼 수 있다. 이것은 『관습조사보고서』의 정정 보충을 통하여 법전조사국에서 조선총독부 취조국으로 이어지는 그 경과에서도 확인될 수 있다. 따라서 일제의 한국관습법조사사업에 의하여 한국의 민사관습법이 일본 민법과의 동화를 위하여 왜곡된 것은 앞으로 『관습조사보고서』의 내용에 관한 실질적 분석에 의하여 더욱 명확히 밝혀질 것이다.[13]

---

13) 항목 96의 임대차에 관한 실질적 분석을 통하여 일제의 한국관습법조사사업에 의하여 우리의 고유한 관습인 '전세'(傳貰)가 왜곡된 것을 밝힌 것으로, 윤대성, 「일제의 한국관습조사사업과 전세관습법」, 『한국법사학논총』(박병호 교수환갑기념 Ⅱ)(서울: 박영사, 1991), 333~340면.

제4장 '朝鮮民事令'의 施行에 의한 慣習調査와 民事慣習法

제1절 '朝鮮民事令'의 施行과 日帝의 制限的 民事慣習調査

제1. 韓日合倂과 '朝鮮民事令'에 의한 日本民法의 强制移植

일제는 한일합병조약을 공포한 1910년 8월 29일에 긴급칙령 제324호로 '조선에 시행할 법령에 관한 건'(明治 44년 3월 25일 법률 제30호)을 공포하였다. 이로써 일제는 한국에 있어서의 정치적 지배에 수반하여 법률적 지배를 위한 최초의 조치를 하였던 것이다. 즉, 긴급칙령 제324호에 의하여 조선총독은 한국에 있어서 입법사항을 규정하는 권한, 즉 제령권을 부여받았다.[1]

조선총독은 제령권이 부여된 2년 후 1912년 3월 18일에 제령 제7호로 '조선민사령'을 공포하였다. 이 '조선민사령'은 일제의 한국식민통치기에 있어서 한국의 민사기본법령이었다. 그 내용 중 한국의 민사관습법에 관련 있는 규정을 보면 다음과 같다. 즉, 제1조에 한국 국민의 "민사에 관한 사항은 본령 기타 법령에 특별한 규정이 있는 경우를 제외하고 좌의 법률에 의한다."고 하고, '좌의 법률'로

---

1) 조선총독의 제령권에 대해서는, 윤대성, 『한국전세권법연구』(서울: 삼지원, 1988), 91~92면.

서 일본의 '민법'(明治 29년 4월 27일 법률 제89호)을 비롯하여 23종의 일본 법령을 들고 있다. 그리고 제10조에는 "조선인 상호간 법률행위에 대해서는 법령 중 공(公)의 질서에 관치 아니하는 규정에 이(異)한 관습이 있는 경우에서는 그 관습에 의홈"이라 하여, 한국인의 상호간에 행하여진 법률행위에는 한국인의 관습에 따르도록 하였다. 또한 제12조에는 "부동산에 관하는 물권의 종류 및 효력에 대해서는 제1조의 법률에 정한 물권을 제하는 외 관습에 의홈"이라 하여, 한국의 부동산 물권에 대해서는 그 종류 및 효력은 일본 민법에 정한 것을 제외하고 한국의 관습에 따르도록 하였다.[2]

이와 같이 '조선민사령'의 시행에 의하여 일본 민법이 강제 이식이 되었고, 따라서 제한된 범위 안에서만 한국의 관습법이 허용되게 되었다.

제2. 朝鮮總督府 參事官室의 民事慣習調査

한편 '조선총독부관제'의 개정에 의하여, 일제의 한국관습법조사사업을 조선총독부 취조국에서 참사관실로 이관하였다. 참사관실은 먼저 민사에 관한 관습을 조사하기로 하고, 따로 법제조사세목과 관습조사세목을 작성하였다. 그 조사방법은 전적조사와 실지조사의 두 가지로 하고, 한국에 존재하는 특종의 관습을 밝히는 것을 그 취지로 하였다.[3] 따라서 '조사문제'의 내용을 보면, 민사관습법에 관한 사항으로, 물권에 관한 사항이 9항 38문, 채권에 관한 사항이

---

2) 이 '조선민사령'의 시행에 대해서는, 윤대성, 상게서(1988), 92~95면.

3) 조선총독부 중추원, 전게서(1938), 34면. 왜냐하면 '조선민사령'의 시행에 의하여 관습의 적용이 인정되는 사항의 범위를 넘을 필요가 없게 되었기 때문이다.

24항 62문으로 되었다. 조사방법에 있어서도 전적조사에 의한 법제조사와 출장조사에 의한 실지조사로 나눴지만, 예산관계로 출장 조사할 곳을 48개소로 제한하고 필요에 따라서 다른 지방을 조사하기로 하였고, 출장조사는 도청 또는 부, 군청에 가서 조사문제에 대한 관습을 대답할 적당한 자를 선발하여 관습과 실례를 청취하는 것으로 하였다. 그러나 민사관습법에 관한 물권, 채권 기타 사항의 조사는 1913년에 착수하였다.[4] 출장조사는 완료를 보지 못한 채 조선총독부 중추원으로 넘어가게 되었다. 참사관실의 방침은 민사관습조사를 마치고 조사서를 부분조사서와 총괄조사서로 편찬할 것으로 되었다. 부분조사서는 법제조사서와 관습조사서로 나누고, 각 사항에 대한 법제와 관습을 명기하고, 총괄조사서는 법제와 함께 관습에 대한 부분조사서를 기초로 하여 기술하고 일본 민법의 순서에 따라서 편찬하기로 하였다.[5] 이와 같은 참사관실의 민사관습조사에 관한 조사보고서는 실지조사(출장조사)에 의한 보고서가 123책이었고, 전적조사에 의한 보고서가 83책에 이르렀지만, 그것은 주로 능력, 친족, 상속, 유언에 관한 것이었다. 따라서 참사관실의 민사관습조사는 재산법적인 민사관습법에 관한 것보다 그 이외의 것으로 제한적인 민사관습조사였다고 할 것이다.

제3. 朝鮮總督府 中樞院의 民事慣習調査

일제는 '조선총독부관제' 및 '조선총독부중추원관제'의 개정에

---

4) 조선총독부 중추원, 상게서(1938), 38~39면.
5) 조선총독부 중추원, 상게서(1938), 38면.

의하여 한국의 구관습 및 제도에 관한 조사사업을 1915년 5월에 조선총독부 참사관실에서 중추원으로 이관하였다.[6] 그러나 당시 구관습 등의 조사사항을 보면, 사법에 관한 부분은 개략 종료되어서 남은 것은 앞으로 계속하여 조사서를 순차로 정리를 하여 마치는 것이었다. 또한 지금까지의 법제와 함께 관습을 분류하고 그 연원 및 변천의 자취를 밝히고 필요한 해설을 붙여서 한국에서의 사법에 관한 기록을 완성하는 것이었다. 그 밖에 제도 및 사법 이외의 관습에 관한 조사에 대하여 다시 계획을 세워서 모든 제도를 조사하여 행정상 또는 일반에게 참고가 될 풍속, 관습을 조사하는 것이었다. 이에 따른 중추원의 관습조사방침을 보면, ① 사법에 관한 관습의 조사를 완결하고 이를 편찬할 것, ② 널리 오래 내려오는 제도를 조사할 것, ③ 행정상 및 일반이 참고할 풍속, 습관을 조사하여 편성할 것이었다.[7]

중추원의 민사관습을 비롯한 구관 조사를 보면, 1915년 처음에는 총독부 참사관실의 방침을 답습하여 조사하였지만, 1921년에 이르러서는 민사관습, 상사관습, 제도, 풍속으로 나눠서 조사를 구분하고 각각 조사항목을 편성하여 조사를 진행할 것으로 하여 조사를 속행하였다.[8] 특히 중추원시대에는 1918년에 '구관심사위원회'

---

6) 중추원은 당초 한일합병으로 폐관이 된 한국정부의 대신과 중요관리를 우대하거나 구한국인 지배층을 회유하기 위한 총독의 자문기관에 불과하였던 것이었으나, 1915년 4월 30일 칙령 제62호로 '조선총독부중추원관제' 제1조 제2항을 "…… 조선총독은 중추원으로 하여금 한국에 있어서 구관 및 제도에 관한 사항을 조사하도록 함"을 신설 개정하여, 공포일로부터 시행함에 따라서 같은 해 5월부터 중추원이 한국의 구관습 및 제도의 조사를 담당하게 되었다.

7) 중추원은 1915년 7월 寺內 총독의 결재를 받아서 이와 같은 방침을 세웠던 것이다. 조선총독부 중추원, 전게서(1938), 61면.

8) 조선총독부 중추원, 상게서(1938), 62면. 한편 법전조사국, 조선총독부 취조국 및 참사관실에서 착수하여 완성되지 못한 채 중추원으로 넘어온 것을 계속하여서 이를 완결시켰다.

(뒤에 '구관 및 제도조사위원회'의 설치로 폐지)를 설치하였고, 1921년에 '구관 및 제도조사위원회'(1924년 말에 폐지)를 설치하여 한국의 구관습 및 제도 등을 심의하였다. 따라서 중추원의 민사관습조사도 제한적인 관습조사에 그쳤음을 알 수 있다.

제2절 朝鮮總督府 中樞院의 民事慣習調査 및 調査書의 刊行과 民事慣習法

제1. 朝鮮總督府 中樞院의 民事慣習調査活動과 民事慣習法

조선총독부 중추원의 민사관습조사활동은 1915년부터 1937년까지의 무려 23년에 걸친 것으로 연대에 따라서 변천이 있음을 알 수 있다. 따라서 중추원의 민사관습조사활동은 조사방침의 변화를 중심으로 하여, 초기의 조사활동과 1923년 이후의 조사활동으로 나눠서 살펴볼 수 있다.

1. 初期의 民事慣習調査活動[9]과 民事慣習法

1915년의 조사활동은 참사관실의 조사방침을 답습하여 전적조사와 실지조사를 하였다. 그 가운데 민사관습법에 관한 것으로서 전적조사를 한 것은 역둔토(驛屯土) 및 각 궁장토(宮粧土)에 관한 사항이었고, 실지조사를 한 것은 특별사항을 조사하기 위하여 합천 이외 12 지방을, 물권, 채권 기타를 조사하기 위하여 강원도 및 함경북도의 관내를 출장하였다. 1916년 이후에도 전년도의 방침에 따

---

9) 조선총독부 중추원, 상게서(1938), 62~66면.

라서 조사하였지만 주로 전적조사를 하고, 이미 조사된 조사보고서를 정리하고, 조사 자료를 편찬하고, 자료가 부족한 것이 있으면 적적조사나 출장조사를 하여 수집하는 것이었다. 이와 같은 민사관습조사활동을 통하여, ① 조사보고서의 편찬을 마친 것으로 민사관습법에 속하는 것으로는, 토지소유권의 연혁, 전당권(典當權), 소작권(小作權), 보증채무 등이었고, ② 자료의 정리를 마친 것으로 민사관습법에 속하는 것으로, 지상권, 지역권, 입회권, 유치권, 선취특권, 연대채무, 채무의 양도, 매매 등이었다.

2. 1923년 이후의 民事慣習調査活動[10]과 民事慣習法

조선총독부 중추원은 1923년 초에 지금까지 참사관실의 방침에 의한 것을 변경하여, '민사관습조사항목'을 새로이 편성하여 앞으로 이 방침에 의하여 민사관습조사를 하도록 하였다. 이 '민사관습조사항목'의 내용을 분석하여 민사관습법에 관한 사항을 보면 다음과 같다.

> 제1장 私權의 主體 // 제1절 人, 제2절 人 이외의 權利의 主體 // 제2장 私權의 客體 // 제1절 物 // 제3장 私權의 得失變更 // 제1절 法律行爲, 제2절 期間, 제3절 時效 // 제4장 物權 // 제1절 所有權, 제2절 地役權, 제3절 入會權, 제4절 留置權, 제5절 先取特權, 제6절 典當權, 제7절 永小作 類似한 特種小作 // 제5장 債權 // 제1절 總說, 제2절 債權의 目的, 제3절 債權의 效力, 제4절 債權의 保全, 제5절 多數當事者의 債權 및 債務, 제6절 債權의 讓渡, 제7절 債務引受, 제8절 債權의 消滅, 제9절 契約

등 이었다.

---

10) 조선총독부 중추원, 상게서(1938), 62〜74면.

이와 같이 중추원의 '민사관습조사항목'은 민사관습법의 편별을 대체로 일본 민법을 모방하고 이에 한국에서의 특종사항을 참작하여 입안한 것임을 알 수 있다. 이와 같은 일제의 한국관습법조사사업의 기본적 방향은 梅에 의한 부동산법조사회의 부동산관습법조사 이후 한일합병이 되고서 조선총독부 취조국의『관습조사보고서』에 이어졌고,[11] 1923년 이후 중추원의 민사관습조사활동에 의하여 일제는 지금까지 한국에서 전개한 관습조사사업의 결과를 민사관습법에 있어서 완전히 일본 민법과 동화시키는 작업으로 전환하였다고 할 수 있다.[12] 따라서 1933년부터 중추원의 민사관습조사활동은 일본 민법이 적용되는 사항에 대하여 조사를 중지하고, 현재 관습법으로서 적용되고 있는 사항에 대해서만 조사하는 것으로 바뀌었다.

제2. 舊慣審査委員會, 舊慣及制度調査委員會의 民事慣習法審議[13]와 民事慣習法

조선총독부는 중추원에 1918년 9월 26일 '구관심사위원회'를 설치하여 지금까지 행하여진 구관습 조사의 내용을 심의토록 하였고, 다시 1921년 1월에 구관습 조사의 방침을 바꾸고 새로이 계획을 세움에 따라서 구관습 등의 조사를 심의하기 위하여 '구관급제도조

---

11) 앞의 주 3) 이하의 본문 참조.

12) 이에 대한 상세한 내용은, 윤대성, 「일제의 한국관습조사사업과 민사관습법」(1991), 98면 이하.

13) 일제가 중추원에 '舊慣審査委員會' 및 '舊慣及制度調査委員會'를 설치하여, 일제가 전개한 한국관습조사사업의 결과인 민사관습을 심의하여 취사선택함으로써 민사관습법으로 인정한 것에 대하여 상세한 내용은, 윤대성, 「일제의 한국관습조사사업과 민사관습법」(1991), 100～103면.

사위원회'를 설치하였다.

먼저 '구관심사위원회'는 1918년 11월 21일에 제1회 심사위원회를 개최한 이후 제7회의 개최가 있었으며, 처리한 사항은 모두 9개항이었다. 이 심사위원회에서 심의 처리한 사항 중 민사관습법에 관한 사항으로는, ① 개간도지, ② 대동군 내의 원도지, ③ 대동군 내의 전도지, ④ 의주 용천 2군에 있어서 원도지, ⑤ 중화군에 있어서 특종소작, ⑥ 중도지, ⑦ 전주군에 있어서 화리도지 등 소작문제에 관한 것이었다. 이 소작에 관한 심의사항은 속 渡邊業志에 의하여 편찬되어서 1930년 3월에 중추원에서 국판 총 189면으로 발간한 『小作に關する慣習調査書』에 수록되어 있다.

그러나 '구관급제도조사위원회'는 1921년 8월에 제1회 위원회를 개최한 이후 제6회의 개최가 있었으나, 모두 민사관습 중 가족법상의 관습에 관한 8건을 심의하고 1924년 12월 25일에 폐지되었다.[14]

제3. 朝鮮總督府 中樞院의 調査書의 刊行과 民事慣習法

중추원은 조선총독부의 예속기관으로 일제의 지배정책이 변화함에 따라서 그 영향을 받음으로써 그 조사활동에도 한계가 있었다. 그 결과 지금까지 조사가 종결된 민사관습에 대하여 조사서를 간행하는 일과 그 밖에 제도에 관한 조사서 및 자료를 출판하는 일이 주요사업이 되었던 것이다.

이와 같은 조사서의 간행 가운데 민사관습법에 관한 대표적인 것은 『民事慣習回答彙集』 및 『小作に關する慣習調査書』 등을 들

---

14) 1924년 12월 25일 조선총독부 훈령 제43호 참조.

수 있다.

1. 『民事慣習回答彙集』[15]의 分析과 民事慣習法

한국에서는 그동안 『경국대전』의 체제에 의한 법제가 행하여졌지만, 민사관계에 있어서는 아직도 그 불비와 관습의 불명확으로 갑오개혁 이후의 사회의 변천이나 정치의 추이에 따라야 할 필요가 컸던 것이다. 특히 실제의 민사분쟁을 해결함에 있어서 불명확한 민사관습이 문제가 되었다. 이러한 사정 속에서 1909년 2월에 京城抗訴法院 民事部에서 관습조사의 조회가 처음으로 있었다. 그 이후 재판소뿐만 아니라 그 밖의 관청에서도 조회가 있어서, 조선총독부 취조국, 동 참사관실을 거쳐서 중추원에 이르기까지 이와 같은 조회에 회답을 한 것이 1933년 9월에는 무려 324건에 이르렀다. 이 것을 연차로 보면, 1909년 8건, 1910년에 12건, 1911년에 28건, 1912년에 22건, 1913년에 36건, 1914년에 32건, 1915년에 32건, 1916년에 35건, 1917년에 30건, 1918년에 11건, 1919년에 6건, 1920년에 16건, 1921년에 13건, 1922년에 12건, 1923년에 10건, 1924년에 3건, 1925년에 2건, 1926년에 2건, 1929년에 5건, 1930년에 5건, 1931년에 1건, 1932년에 2건, 1933년에 9월까지 1건으로 되었다. 이 가운데 민사관습법에 관한 사항을 살펴보면 다음과 같다.

제1편 총칙 // 제1장 인 / 제2절 능력 4건 / 제2장 법인 39건 / 제3장 물 32건 / 제4장 법률행위 / 제1절 총칙 11건 / 제6장 시효 / 제2절 취득 시효 1건 // 제2편 물권 // 제1장 총칙 14건 / 제2장 점유권 1건 / 제3장

---

15) 이 『민사관습회답휘집』은 1909년 2월 이후 관습조사의 조회에 대한 회답을 조선고등법원 野村調太郎과 喜頭兵― 두 판사에 의하여 정리 편찬하여 중추원에서 1933년 12월 25일에 국판 총 700여 면으로 출간한 것이다.

으로 되어 있다.

이와 같이 『민사관습회답휘집』의 형식적 분석에 의하여 보더라도 일제의 한국관습법조사사업이 한국에 있어서 근대적 토지소유권의 확립을 통한 토지의 개인적 소유권의 확보와 토지이용권의 정비에 있었으므로 이로 인한 민사분쟁이 많았음을 알 수 있다. 그것은 물권에 관한 사항 120건 중 소유권에 관한 사항이 92건으로 78.7퍼센트를 차지하고 있음에서도 알 수 있다.

더욱이 일제는 재판소 등의 민사관습의 조회에 대한 회답을 함에 있어서 조선총독부의 예속기관인 취조국, 참사관실 및 중추원에 의하여 일제의 한국관습법정책에 합치되도록 왜곡시켰음이 지적되고 있다.16) 앞으로 이의 실질적 분석에 의하여 더욱 명백하여질 것으로 본다.

2. 『小作に關する慣習調査書』 등의 分析과 民事慣習法

먼저 『小作に關する調査書』를 보면, 이는 민사관습조사서의 일부로서, 조선총독부 참사관실 및 중추원의 직원이 오랜 시간에 걸쳐서 출장 수집한 자료에 의하여 1918~1919년의 '구관심사위원

---

16) 정종휴, 『韓國民法の比較法的研究』(東京 : 創文社, 1989), 114면; 윤대성, 『한국전세권법연구』(1988), 94~95면.

회'의 심의를 거쳐서 편찬된 것이다. 그 내용을 분석하면, 總說 / 小作의 沿革·種類 / 普通小作 / 特種小作으로 나눠서 각 절목으로 서술하면서 그 출전을 밝히고 있다. 그러나 이 조사서는 전적에 치중하여 기술한 것이기 때문에 소작관계가 지방에 따라서 그 조건이 너무 다르고 그 관계도 천차만별이므로 보통으로 행하여지는 것을 기술하고, 특종소작에 대해서는 이미 판명된 것을 기술한 것이다.

이와 함께 소작관습에 대한 실지조사에 의한 조사서인 『朝鮮の 小作慣習』[17]을 분석하면,

> 제1장 總說 // 제1절 耕地面積, 제2절 農家戶口, 제3절 農家經濟, 제4절 小作爭議 // 제2장 小作의 種類 // 제1절 小作制度의 沿革, 제2절 普通의 小作方法, 제3절 特殊한 小作方法 // 제3장 小作契約 // 제1절 契約의 締結, 제2절 小作의 期限, 제3절 小作地에 대한 制限, 제4절 契約의 解除 // 제4장 小作料 // 제1절 小作料의 種類, 제2절 小作料의 納入, 제3절 小作料, 제4절 小作料의 負擔 // 제5장 小作地의 管理 // 제1절 管理人의 種類, 제2절 管理人의 報酬·權限, 제3절 舍音의 弊害 // 結論

으로 되어 있어, 비교적 체계적인 조사서로 볼 수 있다.

이와 같이 일제는 한국관습법조사사업을 전개함과 함께 '조선토지조사사업'[18]을 전개한 결과 한국에 있어서 토지용익관계의 특수한 형태인 토지제도를 소작제도로 재편함에 따른 소작쟁의를 일으

---

17) 이는 조선총독부 촉탁 善生永助에 의하여 편찬되어, 조선총독부 중추원에 의하여 1929년에 국판 총 256면으로 출간되었다.

18) 일제의 '조선토지조사사업'에 관한 연구로서, 신용하, 『조선토지조사사업연구』(서울: 지식산업사, 1982)에 수록된 3편의 논문은 종래의 논의에 대하여 새로운 조명을 하고 있다. 최근의 연구로서는, 이철우, 「토지조사사업과 토지소유법제의 변천」, 『한국법사학논총』(1991), 349~370면.

키게 하였던 것이다. 이와 같은 사회적 경제적 문제에 대응하기 위
하여 일제의 한국관습법조사사업은 한국의 소작제도를 조사하는
것으로 옮겨졌음을 보여 준다.

제2편

日帝의 韓國慣習法調査事業에 의한 民事慣習法의 內容分析

제5장 『韓國不動産ニ關スル調査記錄』의 研究:
日帝의 初期的 韓國慣習法調査事業(1905~1910)에
의한 不動産慣習法의 分析

제1절 『韓國不動産ニ關スル調査記錄』의 解題

우리나라에서도 조선시대의 17세기 무렵에 중국을 통한 서구법의 소개가 있었으며, 그 후 1880년대에는 일본을 통한 서구법이 다시 소개되기에 이르렀으나, 아직까지 지배층에서는 이와 같은 서구법의 무비판적 수용에 대하여 비판적이었다. 그럼에도 불구하고 후기 실학파 내지 개화파에서는 서구법의 수용에 대하여 긍정적이거나 적극적인 태도를 보여 왔다. 이와 같은 상황 속에서 1894년의 '갑오개혁'을 기점으로 서구법의 수용이 본격적으로 이뤄지게 되었다. 그러나 이 무렵에 일제는 한국 침략의 의도를 실현하기 위한 특별기관인 군국기무처를 한국정부에 설치하여 개화정책을 추진토록 하였던 것이다. 그 다음 해인 1895년 1월 7일에 『홍범14조』(洪範十四條)를 선포하고, 개혁을 단행하기에 이르렀다. 이러한 변혁의 와중에서 최소한 자율적인 입법기관으로서 '법정법률기초위원회'(法定法律起草委員會), '권설법률기초위원회'(權設法律起草委員會) 및 '군법기초위원회'(軍法起草委員會) 등이 설치되어서,[1] 소위 근대적 법률개혁을 하였던 것이다. 그러나 이와 같은 한말법령시대[2]는, 청일전쟁 후 갑오 을미 양년에 걸친 경장시대(1894~1895)가 있었지만, 병신 고종 아관 파천 시부터 을사조약 체결 시까지는 복고경향의 정체시대(1896~1905)를 맞게 되었던 것이다. 다시 을사조약 체결 시부터 한일합병조약 체결 시까지의 통감부시대(1905~1910)를 맞게 되었다. 일제의 통감부는 한국정부에 '부동산법조사회'를 설치하였다.[3]

이 '부동산법조사회'는 초대 통감인 伊藤博文의 추천에 의하여 梅謙次郎[4]을 회장으로 하고 당시 탁지부 사세국장인 李建榮 외 7명을 위원으로 임명하여 의정부(내각)에 설치되어서,[5] 부동산법의 제정을 위하여 부동산물권에 관한 필요한 사항을 한국의 모든 지방에 걸쳐서 '특별관습조사'를 실시하여 짧은 시일에 그 대강을 밝히려 하였다. 그 결과로 나온 최초의 것이 바로 『韓國不動産ニ關

---

1) 이와 같은 한말의 자율적 입법기관에 대해서는, 정긍식, 「한국 법률기초기관에 관한 소고」, 『한국법사학논총』(박병호 교수 화갑기념 Ⅱ)(서울: 박영사, 1991), 254~258면에서 당시의 관보를 조사하여 밝히고 있다.

2) 이희봉, 「한말법령소고」, 『학술원논문집』(인문사회과학편), 제19집(대한민국 학술원, 1980), 153~154면.

3) 이 '부동산법조사회'는 1906년 7월 13일에 토지소관기초위원을 임명하였던 것을 다음 날인 7월 14일에 부동산법조사회로 대치됨으로써 설치를 보았다는 주장이 있다. 정긍식, 전게논문(1991), 259면.

4) 梅謙次郎에 관한 최근의 연구로서, 岡孝(法政大 敎授), 「梅謙次郎著書及び論文目錄: その書誌學的研究」, 『法學志林』, 제82권 제3·4합병호(제659호)(東京: 法政大學, 1985), 137~214면; 同, 「明治民法と梅謙次郎: 歸國100年を機にその業績を振り返る」, 『法學志林』, 제88권 제4호(東京: 法政大學, 1991), 3~47면; 同, 「梅謙次郎と法政大學: 歸國百年を紀念して」, 『法政』, 4월호(東京: 法政大學, 1991), 21~29면 등이 있다. 岡 교수는 1989년 3월 9일부터 17일까지 한국을 방문하여 梅의 관습조사 등의 활동을 조사하고 자료를 수집하고자 저자와 만난 일이 있었다.

5) 위원의 임명에 대하여 자세한 것은, 정긍식, 전게논문(1991), 259면. 그러나 당시의 사정으로 한국정부 측의 위원과 통감부 측의 위원을 임명함에 있어서 서로 다르게 보고되고 있는 점은 좀 더 조사되어야 할 것이다.

スル調査記録』이다.

이 『韓國不動産ニ關スル調査記錄』은, 그 개언6)에 의하면 (1) 한국에 있어서 부동산에 관한 관례조사에 대하여 회장 梅 박사의 질문에 대한 각지의 이사관, 관찰사 및 부윤의 응답을 기록한 것으로서, 이 조사에 수종한 보좌관 中山成太郎의 보좌, 보좌관보 川崎萬歲의 집필, 위원 石鎭衡의 통역에 의하여 이뤄졌다. 따라서 조사방법은 梅 박사의 질문에 대하여 응답한 것을 기록하는 방법에 의하였다. (2) 조사의 장소는, 경성 이사청, 인천 이사청, 개성부, 평양 관찰부, 동 이사청, 수원 관찰부, 대구 관찰부, 부산 이사청 및 마산 이사청으로, 5이사청, 3관찰부 및 1부로서 앞의 순서에 따라서 기록을 편찬하였다. 다만 인천 이사청에서는 특히 그 기록을 후일의 개편에 미루고 이번에 이를 합철하지 못하였다. 따라서 앞의 각 지방을 대상으로 조사를 하였으나 이 기록에는 인천 이사청의 기록이 빠지게 되었다. (3) 앞의 각 지방 순회는 7월 26일에 경성을 출발하여 인천에 도착하여 시작되었고,7) 27일에 경성으로 돌아와 28일에는 개성에 도착하고, 29일에 평양에 도착하고, 31일에 경성으로 돌아와서 8월 1일에 수원에 도착하고, 2일에 대구에 도착하고, 3일에 부산에 도착하고, 5일에 마산에 도착하여, 6일에 경성에 돌아옴으로써 마치므로 이를 통산하여 12일간이었다. 이 짧은 시일

---

6) 부동산법조사회, 『韓國不動産ニ關スル調査記錄』(1906.8), 1〜3면. 여기에서 인용한 것은 조선총독부 도서관 장서본에 의한 것이다.

7) 이 조사사업의 개시일에 대하여 보면, 조선총독부 중추원, 『조선구관제도조사사업개요』(1938), 6면에는 1906년 7월 26일로 되었고, 김효전 교수(동아대)는 『황성신문』 1906년 7월 27일자에 따르면 7월 27일이라고 주장하지만, 이 조사기록을 보면 경성 이사청에서 1906년 7월 23일에 조사를 실시한 것을 알 수 있다(부동산법조사회, 『韓國不動産ニ關スル調査記錄』(1906), 5면). 그렇다면, 지금까지의 논의는 모두 정확을 잃은 것이 아닐 수 없다.

에 불이 타듯이 더운 혹서를 무릅쓰고 급속히 조사를 마쳤지만 확실히 그 정확을 갖출 수 있었다고 한다. 따라서 조사일정은 경성 이사청에서 1906년 7월 23일에 조사를 개시한 뒤에 지방순회는 7월 26일부터 8월 6일까지 한 것으로 보아야 할 것이다. 그러나 이 짧은 기간에 어느 정도의 정확을 갖출 수 있었는지에 대해서는 앞으로 검토되어야 할 일이 아닐 수 없다. (4) 조사사항은 10개 항으로 나뉘고, 제1항은 다시 10개 목으로 세분하였으며, 이 조사항목을 기록의 앞 장에 실었다. 따라서 이 조사항목을 통하여 일제가 조사하고자 한 한국의 부동산관습법에 관한 사항을 확인할 수 있다. (5) 이 기록 가운데 () 안의 문장은 응답자가 가한 주해이고, [ ] 안의 문장은 집필자가 한 주의로 되어 있다.

이와 같은 조사기록을 내용으로 한 『韓國不動産二關スル調査記錄』은 부동산법조사회에 의하여 국판 89면으로 1906년(光武 10년) 8월에 간행되었다.

제2절 韓國不動産에 관한 ‘調査事項’과 說明

제1. 調査事項

부동산법조사회의 梅 회장이 1906년 7월 23일에 경성 이사청에서 첫 조사를 실시한 그 다음 날인 1906년 7월 24일에 배포한 ‘조사사항’은 다음과 같다.[8]

---

8) 부동산법조사회, 『韓國不動産二關スル調査記錄』(1906.8), 본문 1~3면.

一. 土地에 관한 權利의 種類, 名稱 및 그 內容

1. 人民의 土地所有權을 認定하는지 않는지. 만약 認定하면 어느 時부터 이를 認定하는가

2. 土地所有權의 制限 및 負擔

3. 國家는 어떠한 條件으로 人民의 土地所有權을 徵收할 수 있는가

4. 所有權은 土地의 上下에 미치는지 않는지

5. 土地의 疆界에서 雙方 所有者의 權利의 限界

6. 共有地의 處分 및 管理에 관한 慣習

7. 借地權의 種類, 名稱 및 그 內容. 특히 建物所有者의 權利

8. 地役權이 있는지. 만약 있으면 그 種類 및 效力

9. 入會權이 있는지. 만약 있으면 그 種類 및 效力

10. 質權, 抵當權의 設定條件 및 效力

二. 官民有 區分의 證據

三. 國有와 帝室有와의 區別如何

四. 土地臺帳 또는 이에 類似한 것이 있는지. 만약 있으면 그 帳簿에는 어떠한 事項을 記載하는지

五. 土地에 관한 權利의 讓渡는 모두 自由로운가. 또 그 條件, 節次如何

六. 地券 및 家券이라는 것이 있다고 들었는데 이는 어떠한 土地, 어떠한 建物에 대하여 存在하는가. 또 그 沿革 및 記載 事項如何

七. 土地의 疆界는 언제나 分明한지 아닌지. 만약 分明하지 않은 것이 있다면 同一한 土地에 대하여 二人 以上이 同一한

權利를 主張하는 境遇가 적지 아니할 것이므로 이 境遇에는 어떠한 標準에 의하여 正當한 權利者를 定하는가

八. 土地의 種目은 어떻게 이를 나누는가. 日本의 例는 田, 畑, 宅地, 山林, 原野 等

九. 土地丈量의 方法如何

十. 以上 各項에 대하여 市街地와 其他와 다른 것이 있으면 그 差異, 其他 地方에 따라서 慣習이 다른 것이 있으면 그 區別

제2. 調査事項에 관한 說明[9]

부동산법조사회 梅 회장은, 조사위원을 모아 놓고 '조사사항'에 대하여 설명을 하였으며, 그 설명의 요록을 참고하도록 각 관계 관청에 배부하게 되었다.[10]

이 『조사사항설명서』에 의하여 조사사항에 관한 설명을 보면, 조사하고자 하는 내용에 대하여 자세히 알 수 있다. 즉, 제1항에서, 토지에 관하여 어떠한 권리가 존재하는가, 그 권리의 명칭, 성질 및 효력 등의 내용, 범위에 대하여 먼저 조사할 중요한 항목으로서 이 항목을 다시 세목으로 구별하여 말한다면 제1목에서 제10목과 같다고 설명함으로써,[11] 토지에 관한 권리에 대하여 조사하는 것이 중요함을 지적하였다. 제1목은 개인의 토지소유권이 한국에서 인정되고

---

9) 부동산법조사회, 『調査事項說明書』(1906.9), 1~16면. 이 설명서는 梅 회장이 '조사사항'에 대하여 하나하나 설명을 한 것을 항목별로 정리한 것으로서, 서문 1면, 본문 16면인 국판 총 17면으로 부동산법조사회에서 1906년 9월에 간행하여 배부한 것이다. 여기에서 인용하는 것은 神戸高等商業學校(현 神戸大學) 도서관의 소장본에 의한다.

10) 부동산법조사회, 상게서(1906), 서문.

11) 부동산법조사회, 상게서(1906), 본문 1면.

있는지 않는지가 한국에서의 토지에 관한 권리를 밝히는 데 있어서 먼저 조사를 요하는 것이므로, 한국의 현상이 이미 토지소유권을 인정한다면 어느 시대부터 이를 공인하기에 이르렀는가에 대하여 명확한 조사를 바란다고 하였다.[12] 제2목에서는 토지소유권이 토지에 관한 권리 중 가장 중요한 권리일지라도 공익을 위하여 여러 제한 및 부담이 있음을 일본 및 유럽 문명국의 법률에서 볼 수 있다고 설명을 하면서, 한국에서 이미 토지소유권을 개인에게 인정하였다면 그 토지소유권에 관하여 법령 또는 관습에 의한 약간의 제한 또는 부담이 존재하지 않는가 질문을 하고, 토지소유권의 제한이라 함은 토지의 소유권 위에 가해진 권리행사의 억제를 말하는 것으로 그 예로서 광업법 삼림법의 규정을 들어서 설명을 하고, 또 토지소유권의 부담이라 함은 토지소유권에 대하여 토지에 수반하여 가해지는 적극적인 의무를 말하는 것으로 지조(地租)와 같은 것이 주요한 것이고 하천 연안의 토지소유자가 연안 도로의 수선비를 부담하는 것이 있으면 그 하나의 예가 된다고 설명하였다.[13] 제3목에서는 개인에게 토지소유권을 인정하더라도 공익상 필요가 있으면 개인으로부터 그 소유권을 징수할 권리가 없으면 실로 지장이 있게 되므로 일본 및 유럽 문명국의 법률은 거의 인정하고 있는데 한국에서도 이에 해당하는 것이 있을 것이므로 인민으로부터 토지소유권을 징수할 때에 어떤 조건이 있는가, 특히 국고 기타에서 반드시 보상금을 지급하는지를 조사하는 것이라고 설명하고 있다.[14] 제4목에서는 토

---

12) 부동산법조사회, 상게서(1906), 1~2면.
13) 부동산법조사회, 상게서(1906), 2~3면.
14) 부동산법조사회, 상게서(1906), 3면.

지소유권이 미치는 범위에 대하여 일본 및 유럽 문명국의 법률을 들어서 설명하고, 한국에서도 토지소유권이 지상 또는 지하에 미치는 관례가 있으면 어떠한 범위에서 행하여지는가를 조사하도록 설명하였다.[15] 제5목에 대해서는 토지의 경계에서는 서로 접한 토지소유자가 접촉함으로써 그들 사이에 권리의 행사로 충돌 또는 분쟁이 생길 우려가 있다면서, 문명국의 법률이 상린자 상호의 이익을 참작 안배하여 상린자 간에 적당한 권리행사의 한계를 두는 것이 보통이라고 설명하고, 한국에서는 이에 관한 법령의 규정이 있는지 또 법령의 규정은 없을지라도 관습상으로 상린자의 권리 행사에 대한 제한이 있는가를 조사할 사항이라면서 일본 법률의 예를 들고 있다.[16] 제6목에서는 공유지에서 토지소유권이 1인에게 전속되지 않고 수인에게 속함으로써 그 권리를 행사함에 있어서 권리자 상호의 이해가 저촉된다면서, 일본 및 유럽 문명국의 법률은 이에 관하여 명확히 규정하고 있지만, 한국에서는 그 현상이 어떠하며 또 법령에 아무런 규정이 없으면 관습에 따라서 그 준거로 하는 것이 없는가를 물으면서, 예를 들고서 그 처리에 관한 예규, 관습 등이 이 항목의 조사사항이라고 설명하였다.[17] 제7목에서는 토지의 이용에 관한 권리로서 차지권에 관한 장황한 설명을 하고 일본 및 유럽 문명국의 차지권을 언급하고서, 한국에서 어떠한 종류의 것이 있는지, 그 명칭은 어떠한지, 그 권리들의 내용, 범위는 어떠한지 등을 알 필요가 있으므로, 건물소유를 위한 차지권은 토지 관행에 의하여 다

---

15) 부동산법조사회, 상게서(1906), 3~4면.

16) 부동산법조사회, 상게서(1906), 4~5면.

17) 부동산법조사회, 상게서(1906), 6~7면.

르게 발달하는 것이 적지 않으므로 차지권 가운데 중요한 것으로서 특히 이 항목 중에 들어서 그 조사를 하여 밝혀야 한다면서, 일본의 법률이 인정하는 지상권, 영소작권, 임차권 및 사용차권의 정의를 설명하고 있다.[18] 제8목에서는 지역권은 한 토지의 편익을 위하여 다른 토지를 사용할 필요가 있기 때문에 그 발생이 있는 것으로서 이 권리가 없으면 토지의 이용은 매우 불편이 많다고 설명하고, 한국에서는 이러한 권리가 있는지 만약 있으면 어떠한 종류의 지역권인지 또는 그 효력은 어떠한지가 이 항목에서 조사할 사항이라면서, 지역권에 속하는 관망권, 급수권 및 통행권을 그 예로서 들고 있다.[19] 제9목에서는 입회권은 주로 산림, 원야에 대하여 존재하는 권리로서 그 모습은 여러 가지이지만, 다수의 사람이 일정한 산림, 원야에 들어가서 어떤 목적의 범위 내에서 토지를 사용하고 또는 이를 수익하는 권리이며 이 권리는 관습에 따라서 자연히 발달한 것이 많지만 때로는 계약에 의하여 인정된 것이 없지 않다면서, 한국에서도 이러한 권리는 각 지방에 있는지, 만약 있으면 그 종류는 어떠한지, 그 모습은 어떠한지, 그 효력은 어떠한지를 이 항목에서 조사할 사항이므로 이 항목에 대해서는 지방에 따라서 관습이 다른 것이 많을 것이라고 설명하였다.[20] 제10목에 대해서는 질권, 저당권은 채권을 담보하기 위하여 토지 또는 건물 위에 설정하는 권리로서, 이 양자의 구별은 질권에서는 채권의 담보로 한 부동산을 권리자에게 교부하는 데 있으므로, 부동산을 채권의 담보 목적으로 제공

---

18) 부동산법조사회, 상게서(1906), 7~9면.
19) 부동산법조사회, 상게서(1906), 9~10면.
20) 부동산법조사회, 상게서(1906), 10~11면.

하는 점은 양자가 동일하고 채권이 기한에 이르러 변제되지 않는
때는 채권자는 곧 그 목적인 부동산 위에 권리를 실행하며 방법 및
절차에 따라 부동산을 처분하여 채권의 변제를 받을 수 있는 것이
라고 설명하고, 한국에서도 이러한 권리는 반드시 존재할 것으로 믿
지만, 과연 질권 저당권의 구별이 있는지 또 그 권리의 내용 및 그
권리의 종류, 내용 등을 밝히는 것을 중점으로 하지만 가령 질권과
저당권이 다르더라도 동일한 목적인 관습이 있으면 함께 이를 살필
필요가 있다고 설명하고 있다.21) 한편 제2항에 대해서는 토지는 관
유지와 민유지의 구별이 있으며, 관유지는 국가 또는 제실의 소유에
속하는 토지를 말하고, 민유지는 개인 또는 지방자치단체의 소유에
속하는 토지를 말한다면서 그 구분이 명확하지 않다면서, 한국에서
도 적어도 개인의 토지소유권을 인정한 이상 토지의 관유와 민유를
구별하는 것은 물론이겠지만 그 증거는 어디에 있는가 묻고 있다.22)
제3항에서는 근래 공법 관념의 발달에 따라서 군주국에 있어서 국
가의 경제와 제실의 경제를 분명히 구별하는 예에 따라서 토지에
대해서도 관유지를 다시 국유와 제실유로 나눈다고 하면서, 한국에
있어서도 이 구별을 인정하는지 않는지, 만약 이를 인정한다면 무엇
에 의하여 양자를 구별하는가, 그 표준을 알고자 하는 것이라고 설
명하고 있다.23) 제4항에 대해서는 토지대장이라 함은 토지의 소재,
면적, 지목, 소유자 등에 관한 필요한 사항을 기재하는 공부를 말하
고, 문명 각국에서는 이를 제정한 것이 많다면서, 한국에서도 이와

---

21) 부동산법조사회, 상게서(1906), 11~12면.

22) 부동산법조사회, 상게서(1906), 12면.

23) 부동산법조사회, 상게서(1906), 13면.

같은 공부 또는 이에 유사한 것이 있는지, 만약 있으면 그 장부의 기재사항 등은 어떠한가를 묻고 있다.[24] 제5항에서는 일본에서도 유신 전에는 토지의 영대매매를 금하였고 또 현재에도 토지에 관한 권리에 대하여 그 권리의 소재를 명백히 하기 위하여 권리의 이전을 확고하게 하기 위하여서 이 양도에 대하여 등기 등의 형식을 필요로 하고 있다면서, 한국에서도 토지에 관한 권리의 양도는 모두 자유로운가, 또 그 양도를 하는 쪽에서는 일정한 조건, 절차 등을 요하는가, 예컨대 토지의 매매에 대하여 지권의 교부 또는 문기의 작성을 요하는가와 같은 것이 없는가를 상세히 알고자 한다고 설명하였다.[25] 제6항에 대해서는 한국에서는 지금 지권 및 가권의 제도가 있는 것 같으며, 이 지권 및 가권은 어떠한 토지, 어떠한 건물에 대하여 발급하는지 또 그 지권 또는 가권 제도의 연혁은 어떠한지와 함께 지권 및 가권에 기재할 사항은 어떠한지를 조사하고자 한다고 설명하였다.[26] 제7항에 대해서는 토지의 경계가 불명확함은 어느 국가에서도 자주 볼 수 있는 사실이고 특히 한국에서 그 사실이 많다고 들었는데 이 경우에 그 경계를 정하는 표준은 어떠한지, 특히 경계가 불명하기 때문에 2인 이상이 하나의 토지에 대하여 서로 하나의 권리를 주장함이 적지 않을 것이며 그러한 때에 어떠한 표준에 의하여 정당한 권리자를 정하는가. 이에 관하여 한국에서 종래 관행된 기준이 있으면 이를 알고 싶다고 설명하였다.[27] 제8항에 대해서는 일본의 예를 든 것처럼 한국에서도 반드시 이에 유사한

---

24) 부동산법조사회, 상게서(1906), 13면.
25) 부동산법조사회, 상게서(1906), 13~14면.
26) 부동산법조사회, 상게서(1906), 14면.
27) 부동산법조사회, 상게서(1906), 15면.

종목이 있으면 그 상세를 알고 싶다고 설명하였다.[28] 제9항에 대해서는 한국에서는 토지의 면적을 측량함에 어떠한 방법을 쓰고 있는가에 대하여 종래의 관행을 알고자 한다고 하였다.[29] 마지막으로 제10항에 대해서는 이상 각 항에 대하여 지방에 따라서 다소 관습이 다른 것이 있으면, 특히 시가지와 다른 지방과의 다른 것이 많을 것이므로, 예컨대 한국에서도 그 차이가 있을 것으로 믿으니 답안에는 이를 명백히 함을 요한다고 설명하였다.[30]

이와 같은 梅 회장의 조사사항에 대한 설명을 통하여 일제의 초기적 한국관습조사사업에 의하여 어떠한 관습을 조사하고자 하였는가를 확인할 수 있다. 즉, 관습조사의 내용은 토지에 대한 사유권(私有權)을 중심으로 기타의 권리가 일본의 그것과 어떻게 다르게 존재하는가에 중점을 둔 것임을 알 수 있다.

제3절 不動産慣習法의 内容分析[31]

제1. 土地에 대한 權利의 種類, 名稱 및 그 内容에 관한 慣習法

1. 土地의 個人所有權에 대한 認否

(1) 京城理事廳: 토지는 거주에 따라서 5종으로 구별되며, 첫째

---

28) 부동산법조사회, 상게서(1906), 15면.

29) 부동산법조사회, 상게서(1906), 15면.

30) 부동산법조사회, 상게서(1906), 16면.

31) 여기에서 다루는 부동산관습법의 내용은, 부동산법조사회 梅 회장이 1906년 7월 23일 오전 11시에 개시하여 오후 1시 30분에 종료한 경성 이사청에서 조사사항을 질문한 것에 대하여 이사관 浦彌五郎이 응답한 내용을 비롯하여, 같은 해 7월 28일 오후 6시에 개시하여 8시 5분에 종료한 개성부 부윤 韓永源이 응답한 내용, 같은 해 7월 30일 오전 10시에 개시하여

는 각국 거류지, 둘째는 전관거류지, 셋째는 잡거지, 넷째는 거류지 또는 잡거지 밖 10리 이내의 토지, 다섯째는 일반지이다.[32] 개인의 토지소유권은 일반으로 인정하고 있음이 납세의 사실에 의하여 확보되고, 황무지를 개간한 자 또는 황무지에 건물을 지은 자는 스스로 소유권을 취득한 뒤에 이르러 진정한 소유자가 나타난 때에는 소유권은 진정한 소유자에게 복귀되어서 개간한 자는 영소작권, 건축한 자는 지상권을 취득하게 된다. 이와 같은 개인의 토지소유권이 인정된 연대는 분명하지 않다고 한다.[33]

(2) 開城府: 질문에 앞서 "토지에 대해서는 소유권을 비롯하여 기타 지상권, 영소작권 등 여러 권리가 있으며 각국은 모두 유사한 것이 일반이나, 한국에서도 이들의 권리를 인정하는지 또는 인정하면 그 내용 등은 어떠한지. 이것이 본 항의 문제로 너무 광범하여 다시 항목을 10개로 세분하여 조사하는 것이다."고 설명을 하고 있다.[34] 그리고 소유권은 사권 중 가장 큰 것이지만 한국에서도 토지에 대하여 이 권리를 인정하는지 만약 인정하면 어느 시대부터 인정하였는지의 질문에 대하여, 고래의 관습에 따라서 처음부터 인정

오후 0시 30분에 종료한 평양 관찰부 관찰사 李容疇 및 군수 李重玉이 응답한 내용, 같은 해 7월 30일 오후 5시 30분에 개시하여 6시에 종료한 평양 이사청 이사관 菊地武一 및 통역관 多田 桓이 응답한 내용, 같은 해 8월 1일 오전 10시 45분에 개시하여 오후 0시 40분에 휴식하고 다시 3시에 시작하여 4시 50분에 종료한 수원 관찰부 군수 李完鎔이 응답한 내용, 같은 해 8월 3일 오전 9시 40분에 개시하여 11시 40분에 종료한 대구 관찰부 군수 朴重陽이 응답하고 경시 飯田章이 같이 있으면서 응답을 보충한 내용, 같은 해 8월 4일 오전 9시 40분에 개시하여 11시 35분에 종료한 부산 이사청 이사관 有吉明이 응답한 내용 및 같은 해 8월 5일 오후 5시 45분에 개시하여 7시 25분에 종료한 마산 이사청 이사관 三增久米吉이 응답하고 경부 境喜明이 옆에서 응답을 보충한 내용에 충실히 따른다.
32) 부동산법조사회, 『韓國不動産ニ關スル調査記錄』(1906.8), 5면.
33) 부동산법조사회, 상게서(1906), 5~6면.
34) 부동산법조사회, 상게서(1906), 13면.

된 것 같고, 어떤 토지가 자기의 소유라는 생각이 충분히 인민 사이에 있다면서, 살우인(殺牛人 = 일본의 穢多)[35]은 토지의 소유주가 될 수 없고, 가옥을 소유하는 것만을 허용한다고 한다.[36]

(3) 平壤觀察府: 각국의 연혁에 비춰 보면, 오래전에는 인민의 토지소유권이라는 것을 인정하지 않았고, 토지는 모두 국가의 소유에 속하였지만, 문화가 발전하면서 점차 인민에게 토지소유권을 허여하기에 이르렀다. 한국에서는 어느 시대부터 인민의 토지소유권을 인정하였는지의 질문에 대하여, 인민의 토지소유권은 개벽 이래 인정되었다고 한다.[37]

(4) 平壤理事廳: 이사관은, 토지 건물에 관한 문기 중에 '所有'라든가 '有함'이라는 문자가 기입되어 있다고 평양관찰부의 응답을 보충하고 있다[제6항과 함께].[38]

(5) 水原觀察府: 역사상으로 보아서 옛날은 인민의 토지소유권을 인정하지 않았고 토지는 모두 국유였지만, 점차 각인이 소유하여 매매 또는 대차 등을 할 수 있게 된 것 같다고 한다.[39]

(6) 大邱觀察府: 토지소유권은 개벽 이래 존재하는 것으로 생각한다.[40]

(7) 釜山理事廳: 토지소유권은 옛날부터 인정되어서 문기에도 오래전의 것이 있다.[41]

---

35) 소를 잡는 사람을 일컫는 것으로서, 백정과 같은 천민을 말하는 것 같다.
36) 부동산법조사회, 전게서(1906), 13~14면.
37) 부동산법조사회, 상게서(1906), 25면.
38) 부동산법조사회, 상게서(1906), 35면.
39) 부동산법조사회, 상게서(1906), 38면.
40) 부동산법조사회, 상게서(1906), 52면.
41) 부동산법조사회, 상게서(1906), 63면.

(8) 馬山理事廳: 소유권이 분명하게 인정된 최초는 각 지방의 결수와 인구의 정도를 헤아려서 각 호에 분여된 것 같다.[42]

2. 所有權의 制限 및 負擔

(1) 京城理事廳: [세목 3과 함께] 이전에는 민유지(民有地)를 정부가 사용하고 아무런 보상도 주지 않았더라도 인민에게는 아무런 불복을 할 수 없었지만, 지금은 공용징수가 모두 유상이고 경인선 부설 시와 같이 모두 지대를 지불한다. 아무튼 이전에도 관아를 건축하기 위하여 징수하는 경우에 상당한 배상금을 주었다. 부담은 주로 조세로서 종래 보통 상납하여 왔다.[43]

(2) 開城府: 토지소유권의 제한이라 함은, 예컨대 자기의 소유지에서 사금이 나오고 있으면 자기의 소유지 내의 산출물이지만 스스로 자유롭게 채굴할 수 없는 것 같은 것을 말하고, 부담이라 함은 주로 납세이지만 그 밖에 자기의 소유지에 연결된 도로를 수선하는 의무 등을 말한다는 '설명'을 붙이고 있다. 이에 대하여 사금은 평안도에서 산출되고 옛부터 지금까지 그 토지의 소유자이더라도 자유롭게 채굴함을 허용하지 않았다. 전답에는 반드시 납세의무가 있고 이전에는 대부분 쌀이나 벼로 납세하였지만, 오늘날에는 금전으로 환산하여 한다. 수확 내에서 먼저 납세의무를 이행하고 잔여를 지주와 소작인이 절반하는 관습이 있다. 납세는 지방에 따

---

42) 부동산법조사회, 상게서(1906), 73면. 이에 대하여, 소유권은 일본 민법의 정의와 동등하여 사용, 수익, 처분의 3요소로 이뤄지고, 다만 처분권에는 사소한 흠이 있다. 箕子에 비롯하여 李氏(朝鮮)에 이르러 이를 개정하여 인구의 비율에 따라서 전답을 나눠서 급함으로 비로소 인민의 소유를 인정하였지만, 점차 전매의 방법이 행하여짐으로써 오늘에 이르는 오백 년의 오랜 관습이 되었다고 '답안'을 붙이고 있다.

43) 부동산법조사회, 상게서(1906), 6면.

라서 다소 보합을 달리하여 경상도 전라도와 같은 곳은 1결(結)에 8관[貫은 負, 卜, 口와 같음]의 수확을 납부하여야 하고, 1결(結)의 수확은 대개 15석(石)이다. 1두(斗)는 3승(升) 5합(合)으로서, 3승 5합을 20합으로 하면 벼 1표(俵, 섬)가 된다. 한국의 7합(合)은 일본의 1승(升)으로서 7두(斗)는 1표(俵)에 해당한다. 토지에 따라서 이중으로 납세하는 것이 있다. 원래 한국에서는 황무지를 개간하여 경작하는 자는 5년간 무세로 6년째에 개간지에 대한 소유권이 확정되어 납세의무를 생기게 하는 관습이지만, 이 경우에 한 개인의 명목으로서 이를 스스로 취득한 소유권의 효력이 박약하기 때문에 궁가(宮家)의 명의를 빌려서 소유권의 안전을 갖추고 그 감사의 뜻으로 수확 내에서 상당한 할보(割步)를 바치고 이와 함께 한편으로 정식으로 납세를 함으로써 이중의 의무를 부담하는 것이 된다. 개성에 목청전(穆淸殿)이 있어서 항상 폐하의 존영을 걸어 두고 이 목청전의 주변 공지에 인민이 경작을 하여 전각의 수리 등의 비용을 상납하는 관습이 있어서 그 수확에 대하여 정식으로 납세의무가 없다. 인삼은 포민이 이를 심어서 성숙하면 내장원 삼정과에서 일단 이를 취상하여 쪄서 홍삼으로 정제하고, 품질이 불량하여 홍삼에 이르지 못하는 것은 백삼으로 남아서 인민의 소득으로 돌아가는 것으로 정하였지만, 인삼밭에 대해서는 보통의 결세를 납부하고 인삼을 심으면 특히 납세를 하지 않는다. 1결(結)은 100부(負)이고, 1부(負)는 10속(束)이다. 개성에서는 가옥에 대하여 납세의무가 없다.[44]

(3) 平壤觀察府: 금속 같은 것은 자기의 소유지 내에 있더라도

마음대로 채굴할 수 없다. 부담은 주로 납세의무로서, 수전(水田)은 1일경(日耕)에 대하여 8부(負)이고, 전(田)은 1일경(日耕)에 6부(負)의 수확을 납부하여야 한다[제8항, 제9항 참조]. 자기의 가옥 앞에 통하는 도로를 수선하는 것 같은 의무가 있다.45)

(4) 平壤理事廳: 이사관은, 이곳에서 병영(兵營)을 건축할 때에 부지를 매수함에 지주 등이 쉽게 응낙하지 않았고, 비교적 다액의 보상을 주었다[제1항 세목 3과 함께]고 하고, 통역관은, 유세인 토지에는 반드시 토지대장(量案)이 있어서 민유인 것을 증명함에 족하고[제2항, 제4항과 함께], 전답이 진전(陳田)으로 변할 때에는 지주는 군수에게 제출하고 군수는 탁지부에 이첩하여 납세의무를 면제받게 되며[제2항과 함께], 전답에 결과 일경(日耕)의 호칭이 있어서 [결(結)]은 징세상으로 부르고, [일경(日耕)]은 지면상으로 불리기 때문에 양전의 결은 면적이 좁고, 악전의 일경은 세액이 적어서, 이곳의 1결은 대개 10일경으로서 1일경은 10보가 된다[제4항과 함께]고 하였다.46)

(5) 水原觀察府: 먼저 인민의 소유지에서 사금이 산출되고 있으면 소유자가 자신이 마음대로 채굴하는 것을 허용하고 있는지 또는 자기의 집터 내에 변소를 설치할 때에 그 위치에 대하여 경찰로부터 간섭을 받는지의 질문에 대하여, 자기의 소유지 내일지라도 정부의 허가가 없으면 마음대로 채굴할 수 없다. 또 변소를 설치함에 대해서는 경찰의 간섭이 있을 뿐 아니라 그 위치에 대하여 이웃으로부터 고장이 주장되기도 한다. 도로의 수선을 하는 경우에 그

---

45) 부동산법조사회, 상게서(1906), 25면.
46) 부동산법조사회, 상게서(1906), 33~40면.

도로에 접한 토지의 소유자가 비용을 부담하는지의 질문에 대하여, 연도의 수선을 하는 때는 토지소유자가 그 비용을 부담하는 것이 일반이고, 납세의무는 물론 존재한다. 그 밖에 아무 부담이 없는가의 질문에 대하여, 그 밖에 부담이 있는 것으로 안다. 조세에 표준이 있는지의 질문에 대하여, 토지를 상, 중, 하 또는 1, 2, 3, 4, 5, 6의 등급으로 구별하여 수확의 다소, 품질의 양부에 따라서 납세액에 차이가 있고, 징세의 방법은 복(卜)수에 의한다. 복(卜)이란 무엇인가의 질문에 대하여, 결(結)과 같은 뜻으로서 1복(卜 또는 1結)은 100부(負), 1부(負)는 10속(束)이다. 조세는 개개의 인민에 따라서 각각 징수하는지의 질문에 대하여, 어느 때는 1촌(村)의 결(結)을 묶어서 납부하고, 어느 때는 각인이 개별로 납부하고 있어서 일정하지 않다. 군(郡) 아래에 면(面)이 있고, 면마다 리원(里員)이 있어서 주로 징세의 일을 취급한다. 이곳의 지주는 대부분 경성에 거주하여서 전답을 관리하기 위하여 이곳에 지배인을 상주시킨다. 이 지배인이 소작인으로부터 쌀과 보리를 받아들여서 납세의 일을 계산한다.[47]

(6) 大邱觀察府: 먼저 자기의 소유지에 있는 금속을 자유로이 채굴할 수 있는지의 질문에 대하여, 정부의 허가를 받는 것이 필요하다. 부담은 어떠한지의 질문에 대하여, 주된 것은 결세(結稅)이다. 결(結)의 수량에 정함이 있는지의 질문에 대하여, 면적 1만 척(尺)을 1결(結)로 하고, 100부(負)의 수확을 하는 것을 1등지(等地)라 하고, 2등지는 85부, 3등지는 70부, 그렇게 15부씩 체감하여 6등에 이른다. 연도(沿道)의 토지소유자에게 도로를 수선할 의무가 있는

47) 부동산법조사회, 상게서(1906), 38～40면.

지의 질문에 대하여, 전답이 도로에 접하여 있으면 주로 소작인이 수선의무를 부담한다.[48]

(7) 釜山理事廳: 소유권의 제한은 거의 없는 것 같다. 조세의 부담에 대하여 일본인과 한인 사이에 경중의 차가 있어서 일본인 중에 불복하는 자가 많아서 속히 개정을 요하는 것이다. 지방세가 있는지의 질문에 대하여, 호포전(戶布錢)으로서 일본의 戶數割과 같은 것이 있고, 가옥의 양부에 따라서 그 액에 차등이 있다.[49] 거류지 1리(한국 리정 10리) 밖의 군(郡)들은 취지를 달리한다. 절영도(絶影島)에서는 5년마다 군수가 와서 조세를 징수하고 있다. 연도(沿道)의 토지소유자가 도로의 수선을 부담하는 것 같은 것이 있는지의 질문에 대하여, 농사의 여가에 대(隊)를 만들어서 길을 수선하는 관습이 있고, 업무량에 따라서 촌(村)의 어느 누구에게 품을 주기도 한다.[50]

(8) 馬山理事廳: 먼저 자기의 소유지에서 금속을 자유로이 채굴할 수 있는지의 질문에 대하여, 정부의 허가를 얻는 것을 요한다. 부담은 어떠한가의 질문에 대하여, 2, 3년 전까지 방어사(方御使)라는 것이 있어서 조세를 징수하였지만, 그 후 1, 2년 전까지 다시 운전사(運轉使)라는 자가 있어서 조세를 받아 한강을 거슬러 경성에 상납하였다. 그 무렵 금과 벼를 반분씩 징수하였지만 실제 경성에 도달한 것은 10분의 2 정도에 지나지 않았고, 대부분은 난파선의 이름 아래 이원(吏員)이 회입하였다고 한다. 오늘날은 면장(면장

---

48) 부동산법조사회, 상게서(1906), 53면.

49) 이러한 것들에 대해서는 외무성이 발간한 『한국사정』(157면)에 상세히 기록되었으니 이를 열람하라고 하였음. 부동산법조사회, 상게서(1906), 64면.

50) 부동산법조사회, 상게서(1906), 63〜64면.

은 촌을 합한 것의 위에 세워져 자치제에 속함) 또는 도수가 징수하여 군수에게 납부하는 관습에 따라서 1결에 대하여 논은 1관문, 밭은 4관문이다. 지방세 같은 것은 있는지의 질문에 대하여, 호세(戶稅)라는 것이 있다고 하였다.[51]

3. 國家의 個人土地所有權의 徵收條件

(1) 京城理事廳: 앞의 세목 2와 함께 응답[52]하였다.

(2) 開城府: 정부가 관아 등을 건축하는 경우에는 인민이 소유하는 토지를 마음대로 취득할 수 있고 이에 대하여 정부가 보상한다. 만약 보상액에 대하여 정부와 인민 간에 협의가 이뤄지지 않는 때에는 정부가 전단으로 결정한다.[53]

(3) 平壤觀察府: 정부는 시가보상을 하고서 인민의 토지를 징수할 수 있다. 이곳의 풍경궁(豊慶宮)을 신축할 때에도—제실관계이지만—시가로 인민의 가옥을 징수하였다. 시가로 대상(代償)할 때에는 인민으로서 토지의 징수를 거절하는 자가 없다. 정부는 반드시 시가 이상의 보상을 해 주는 것이 통상이며 시가의 반액이나 3분의 1이라는 저렴한 보상을 하는 것은 없다.[54]

(4) 平壤理事廳: 앞의 세목 2와 함께 응답[55]하였다.

(5) 水原觀察府: 정부에서 필요시에는 언제든지 인민의 토지를

---

51) 부동산법조사회, 상게서(1906), 74 - 75면. 한편 지상에 상사(納凉臺와 같은 것)를 두는 것을 금하였고, 부담은 전답 모두 1결에 대하여 8관이고(응답과 달라서 의문이 있음. 개성부 동목 참조), 산림에는 모두 조세되지 않고 원야에는 유무가 일정하지 않다는 '답안'을 붙이고 있다.

52) 부동산법조사회, 상게서(1906), 6면 참조.

53) 부동산법조사회, 상게서(1906), 16~17면.

54) 부동산법조사회, 상게서(1906), 26면.

55) 부동산법조사회, 상게서(1906), 33~34면 참조.

징수할 수 있고 이에 대하여 시가를 보상한다. 시가는 누가 결정하
는가의 질문에 대하여, '거간'(居間)이라는 자가 있어 이를 결정한
다. 인민 상호간의 토지매매에 대해서도 거간이 가액을 결정함이
통상이다.56)

(6) 大邱觀察府: 토지징수에 반드시 보상이 있고, 그 액은 시가
에 의하는 것이 통상이지만 지방관이 촌장 등을 소집하여 이를 정
하는 경우가 적지 않다.57)

(7) 釜山理事廳: 관이 인민의 토지를 징수할 때는 유상인가의 질문
에 대하여, 그렇다. 경부철도의 포설과 같은 것이 실례로 대개 1평에
대하여 1전 5리부터 2전까지를 주었고 지금은 10전에 이른다.58)

(8) 馬山理事廳: 국가가 토지를 징수하는 경우는 반드시 유상일
지라도 제실이 취상하는 경우에는 때로 무상인 것이 있으며 이미
명안궁(明安宮)에 의하여 인민의 토지를 무상으로 취상한 것이 있
다. 또 가덕궁(加德宮)에서 양(梁)을 취상하여 의친왕, 영친왕의 어
수허비에 충당한 것이 있다.59)

4. 土地所有權의 範圍

(1) 京城理事廳: 자기 집의 옥근(屋根)이 인가(隣家)의 마당에 돌
출하는 등이 있더라도 이의를 하지 않지만, 지하의 것은 분명하지

---

56) 부동산법조사회, 상게서(1906), 40면.

57) 부동산법조사회, 상게서(1906), 53면.

58) 부동산법조사회, 상게서(1906), 64면.

59) 부동산법조사회, 상게서(1906), 75~76면. 한편 국가가 인민의 토지를 징수하는 것은 공도
개설의 필요가 있는 경우에 한하고, 그 대상은 보통의 가격보다 저렴한 것을 군아에서 지불
함이 통상이다. 대상금은 죄인의 벌금, 속금 등을 모은 것에 의하여 지출하고 있다. '화천'(化
川)이라는 말이 있는데 전답이 변하여 천(川)을 이룬 것을 말하는 것으로, 공도에 사용할 전
답에 대하여 이 호칭을 붙여서 결세를 감한다는 '답안'을 붙였다.

않더라도 1척(尺)이나 2척 정도의 침입은 분쟁의 문제가 되는 것 같다.[60]

(2) 開城府: 인가(隣家)의 옥근(屋根)이 마당으로 나와 돌출한 때는 고장을 신청하여 어느 정도의 대상(代償)을 청구할지라도, 수목의 지엽이 떨어지는 것은 있더라도 다툼이 생기지 않는다.[61]

(3) 平壤觀察府: 갑(甲) 가옥의 처마가 이웃한 을(乙)의 경내에 돌출한 때는 갑은 을의 토지의 일부를 매취함을 요하고, 또 갑이 을의 지하에 침입하여 공작 등을 하였을 때에는 을에 대하여 상당한 대상(代償)을 하는 것을 요한다. 이 일은 고서 가운데 기재되어 있다.[62]

(4) 平壤理事廳: 이에 대하여 언급하지 않는다.

(5) 水原觀察府: 인가(隣家)의 경내에 자기의 가옥의 처마가 나오거나 또는 타인의 토지 아래에 구덩이(穴)를 파더라도 지장이 없는가의 질문에 대하여, 지장이 생긴다고 생각한다.[63]

(6) 大邱觀察府: 인가(隣家)의 경내에 처마가 튀어나와도 지장이 없는가의 질문에 대하여, 나온 것에 지나침이 있는 때는 고장이 주장된다. 타인의 토지 아래에 구덩이를 파더라도 지장이 없는가의 질문에 대하여, 전답에 대해서는 이의를 주장하는 사람이 없더라도 가옥의 토대인 장소에 대해서는 이의를 주장하는 사람이 많다.[64]

(7) 釜山理事廳: 집을 건축할 때에 이웃 토지 위로 처마가 나와

---

60) 부동산법조사회, 상게서(1906), 6~7면.
61) 부동산법조사회, 상게서(1906), 17면.
62) 부동산법조사회, 상게서(1906), 26면.
63) 부동산법조사회, 상게서(1906), 40~41면.
64) 부동산법조사회, 상게서(1906), 54면.

도 좋은가의 질문에 대하여, 고장이 주장된다. 이웃 토지 아래에 구덩이를 파더라도 좋은가의 질문에 대하여, 이로써 다툼이 있다는 것을 들었다.[65]

(8) 馬山理事廳: 인가(隣家)의 토지 위로 처마를 내보내더라도 지장이 없는가의 질문에 대하여, 지장이 없다.[66]

5. 土地境界에 있는 土地所有者의 權利의 限界

(1) 京城理事廳: 고지에서 자연히 흘러오는 물은 저지에 거주하는 자가 이를 막을 수 없다. 대지통행권을 인정한 전답 등에 통하는 도로를 폐색하는 공사를 할 수 없음이 통상이다. 아무래도 경성에서는 대지를 갖지 않은 사람의 주거장소에는 반드시 통로를 설치한다. 원래 도로에 대한 관념은 비교적 발달하여 거주하기 위하여 산 위에 외국인이 집을 짓는 경우 한인의 소유지에 마음대로 통로를 만들더라도 아무런 이의를 하지 않는다. 2층 이상에서 내려다보는 것을 매우 싫어하므로 이를 할 수 있는 것으로는 학교의 건축을 하는 것이 있다. 만약 한인 동지에게 타인의 실내를 들여다볼 수 있는 창을 냈을 때에는 곧 파괴하여야 하고, 그렇지만 가리개를 했을 때에는 방해되지 않는다.[67]

(2) 開城府: 한국인 특히 부인은 기거장소를 타인에게 보이는 것을 매우 싫어하므로 인가의 창 등이 관망에 적합하게 만들어진 때에는 이에 대하여 반드시 고장을 청구하고 눈가리개를 하는 정도

---

65) 부동산법조사회, 상게서(1906), 64~65면.

66) 부동산법조사회, 상게서(1906), 76면. 한편 '광업조례'의 제정 전에는 금속을 채굴하여 타인의 지하에 이르는 때는 지주와 협의를 할 것을 요하였다는 '답안'을 붙였다.

67) 부동산법조사회, 상게서(1906), 7~8면.

로는 납득하지 않는다. 한국에서도 일찍이 2층의 가옥이 있었지만 2층은 가장 관망에 적합하여 부인의 성정에 반하므로 점차 폐한 것 같다. 경계선에 접하여 건물을 건축할 수 있다. 고지에서 자연히 흘러오는 니수(泥水) 등은 저지에 거주하는 자가 이를 간과하는 습속은 없지만 정도에 따라서 꺼리고 있다. 근린자가 용수를 급수함은 매우 자유롭다. 대지(袋地)는 오늘날 분명하지 않다.[68]

(3) 平壤觀察府: 경계선에 접하여 건물을 짓는 것에 대하여 특히 정함은 없더라도 서로 상당한 공지를 두는 것이 통상이다. 한국의 가옥은 거의 처마가 넓고 뻗어나서 인지에 빗물이 쏟아져 내리는 것이 있고, 이를 피하기 위하여 서로 지척(地尺: 토지를 측량하는 척도)으로 3척 정도의 공지를 두고서 가옥을 짓는다. 가옥을 축조함에 있어서 대부분 장벽을 설치함으로써 관망을 방지하며, 특히 눈가리개(目隱)를 하는 것이 필요하며, 만약 2층 이상을 건축함에 있어서 인가의 부인 거옥(居屋)을 관망할 염려가 있는 때는 창을 설치할 수 없다. 대지(袋地)의 지주가 위요지 위에 통로를 설치함은 무상으로 하는 것이 상례이다. 고지에서 자연히 흘러오는 물은 저지에 거주하는 자가 이를 막을 수 없다. 경계선에 장벽을 설치하는 때는 상린하는 자가 자기 비용을 분담한다. 갑, 을의 상접한 경작지 사이에 관개를 위하여 구거(溝渠)가 지나가고 있는 때는 갑, 을의 지주는 교대로 격년에 그 구거를 준설하며 일체 비용을 부담한다.[69]

(4) 平壤理事廳: 이에 대하여 언급하지 않았다.

---

68) 부동산법조사회, 상게서(1906), 17~18면.
69) 부동산법조사회, 상게서(1906), 26~28면.

(5) 水原觀察府: 갑(甲) 소유지의 상대방으로부터 을(乙)의 소유
지에 해를 미치고 있으면 상린자는 서로 주의를 하지 않은 것이 아
닌가의 질문에 대하여, 인지자가 해를 가하는 상대방이 있는 때는
충고로써 이를 멈추게 하는 것이 상례이고, 만약 충고를 받아들이
지 않는 때는 관(官)에 소(訴)하여 제할 수 있다. 인가의 우수(雨水)
가 자가의 부지에 낙하하는 때는 어떠한가의 질문에 대하여, 제지
할 수 있다. 집을 건축할 때에 경계선에서 떨어져야 할 것을 요하
는가의 질문에 대하여, 지금 분명하지 않지만 어느 정도의 거리를
두는 것을 요한다고 생각한다. 경계선에 일방이 담을 설치할 때는
다른 일방에 대하여 그 비용의 분담을 청구할 수 있는가의 질문에
대하여, 호의로 나온 때에는 쌍방이 분담함이 상례이지만, 일방이
자기의 이익을 위하여 마음대로 설치할 때는 그 비용을 청구할 수
없다. 타인의 옥내가 보이는 곳에 창이나 연측(椽側)을 설치할 수
있는지의 질문에 대하여, 타인의 내실이 보이는 곳에 설치할 수 없
다. 거리에 따라서 다르지 않는가의 질문에 대하여, 먼 곳에서의
관망에 대해서는 고장을 주장하지 못하지만, 이 경우에는 관망되는
쪽에서 스스로 장벽을 설치함이 상례이다. 접근한 경우에는 눈가리
개를 설치하는가의 질문에 대하여, 이미 되어 있지 않은 때는 쌍방
이 협의하여 장벽을 설치하는 것 같다. 대지에 거주하는 자가 타인
의 토지를 통행할 수 있는가의 질문에 대하여, 위요지(圍繞地)의
소유자가 이의를 주장하더라도 마음대로 통행할 수 있지만, 이미
이뤄진 길을 좁게 하는 것이 필요하다. 이 경우에는 보상을 하여야
하는지의 질문에 대하여, 통로를 넓힐 때는 상금(償金)을 지불하는
것이 상례이다.70)

(6) 大邱觀察府: 장벽 등에 창을 내어서 타인의 안을 보아도 지장이 없는가의 질문에 대하여, 지장이 있다. 멀리 떨어진 곳에서 관망하더라도 안 되는가의 질문에 대하여, 역시 고장이 있고 원래 한국에서는 2층집이 없으며, 또 갑(甲)의 집을 을(乙)의 집보다 높게 건축할 수 없다. 눈가리개를 하는 것은 가능한지의 질문에 대하여, 그렇다. 경계선에 접하여 건물을 축조함에 어느 정도의 여지를 두는 것을 요하는가의 질문에 대하여, 요함이 상례이다. 쌍방의 사정이 좋게 하려고 일방이 경계선에 담을 설치하는 경우는 다른 일방에 대하여 그 비용의 분담을 청구할 수 있는가의 질문에 대하여, 미리 일방의 승낙을 받음을 요하고 당연한 권리로 주장할 수 없다. 개골창을 끼고 있는 전답이 이어져 있는 때에는 이토(泥土)의 준설에 있어서 위에 있는 측의 지주가 그 준설의 비용을 부담하고 있다. 대지(袋地)에 사는 사람은 권리로 이를 위요하고 있는 타인의 토지를 통행할 수 있는가의 질문에 대하여, 통행하는 것이 상례이다.71)

(7) 釜山理事廳: 경계선에 접하여 집을 세울 수도 있는가의 질문에 대하여, 자유롭지만 후에 세우는 자는 미리 그 불합리함을 알았더라도 이의를 할 수 없다. 빗물이 인지에 떨어지더라도 고장이 없는가의 질문에 대하여, 평소 친밀하지 않은 사이에는 다툼이 생긴다. 경계에 접하여 변소를 설치하더라도 방해되지 않는가의 질문에 대하여, 통행에 방해되지 않으면 막지 못한다. 일방이 담을 만드는 경우에 다른 일방에 대하여 그 비용의 분담을 청구할 수 있는가의

---

70) 부동산법조사회, 상게서(1906), 41~42면.
71) 부동산법조사회, 상게서(1906), 54~55면.

질문에 대하여, 석담(돌에 흙을 섞은 것) 이외에는 일방만이 설치하는 것은 없고, 담과 담과의 사이에는 반드시 공지를 두어야 한다. 타인의 집 안을 볼 수 있는 창을 두더라도 지장이 없는가의 질문에 대하여, 남녀 풍속의 관계로 밖에서 집 안을 보는 것을 꺼리고 근린의 사람들로부터 이의를 주장받게 된다. 대지(袋地)에 사는 자는 다른 사람의 토지를 통행할 수 있는가의 질문에 대하여, 위요지의 소유자는 통행을 승낙함이 상례이다.[72]

(8) 馬山理事廳: 타인의 안을 볼 수 있는 창을 내어도 좋은가의 질문에 대하여, 눈가리개를 두면 지장이 없다. 인지에 나뭇가지가 덮치거나 또는 뿌리가 뻗어 나와도 지장이 없는가의 질문에 대하여, 지장이 있다. 경계선에 담을 만드는 자가 이웃에 대하여 그 비용의 분담을 청구할 수 있는가의 질문에 대하여, 집의 뒤쪽 벽은 자신의 것으로 되지 않으므로 앞의 벽만이 자신의 것으로 되는 것 같다. 상, 하의 토지에 이웃하여 사는 경우에 위의 자는 벽을 쌓을 수 있는가의 질문에 대하여, 쌓을 수 있다. 대지(袋地)에 사는 자는 타인의 토지를 통행할 수 있는가의 질문에 대하여, 매우 자유롭고, 이러한 것은 마찬가지로 왕토(王土)의 백성이면 타인의 토지 내일지라도 통행할 수 있다는 생각에 터 잡은 것이다. 그 밖에 다른 일은 없는가의 질문에 대하여, 신분의 차이에 따라서 묘와 묘와의 사이에 100보나 300보의 거리를 두는 것을 요한다.[73]

---

72) 부동산법조사회, 상게서(1906), 65~66면.

73) 부동산법조사회, 상게서(1906), 76~78면. 한편 일본 민법 제235조의 관망에 대하여서는 동일 정신의 관습을 두었고, 제237조의 우물 파기 등에 대해서는 아무런 제한이 없는 것 같다. 고지에서 저지로 흘러내리는 오수가 있으면 저지에 거주하는 자는 둑으로 막지 못한다. 대지의 경작자에게 통로를 제공한 자는 그 대지의 조세를 부담하고 또한 손해배상의 책임이 있다는 '답안'을 붙였다.

6. 共有地의 處分 및 管理

(1) 京城理事廳: 토지의 공유는 보통 인정되고, 공유지의 1인이 독단으로 토지를 처분하였으면 대단한 분의(紛議)를 일으킨다.[74]

(2) 開城府: 공유지로 관유지든지 민유든지 판연하고, 참된 공유지는 대개 묘지에 있으며, 이는 처음에 한 개인의 소유였더라도 대대손손의 번영과 함께 점차 그 친족 간의 공유로 되기에 이른 것으로 이것 때문에 다툼을 생기게 한다. 공유지를 처분하는 때는 모두 다수의 의견으로써 결정된다.[75]

(3) 平壤觀察府: 촌민의 공유지로 여름에 수목이 우거진 장소에 모여들어서 납량(納凉)을 하는 것 같은 습속이 있다. 공유지를 매각하는 때는 촌의 장로의 의견을 참작하여 숙의를 거치는 것이 상례이다.[76]

(4) 平壤理事廳: 이에 대하여 언급하지 않았다.

(5) 水原觀察府: 공유자 중 1인이 헤아려서 공유지를 처분할 수 있는가의 질문에 대하여, 1인이 헤아려서 처분할 수 없더라도 협의하여 1인에게 위임하고 있다.[77]

(6) 大邱觀察府: 공유지가 있는가의 질문에 대하여, 촌중에서 출재급가(＝재산을 출연하여 대금을 지급함)하여 매입한 토지가 있다. 그 토지를 파는 경우에 1인이라도 이론을 주장하는 자가 있는 때에는 매도할 수 없는가의 질문에 대하여, 100인 중 1인이 반대하더라도 매도할 수 없다. 달리 관례는 없는가의 질문에 대하여, 공유인

---

74) 부동산법조사회, 상게서(1906), 8면.
75) 부동산법조사회, 상게서(1906), 18면.
76) 부동산법조사회, 상게서(1906), 28면.
77) 부동산법조사회, 상게서(1906), 43면.

양전이 황폐하여 다시 개간할 경우에 종전의 소유자 100인 중 50인에게 보상을 하여 줘서 중간을 없애고 나머지 50인으로써 공유하는 것이다. 이들은 영구히 수지를 상하든가 하지 않게 된다.[78]

(7) 釜山理事廳: 촌의 소유에 속하는 토지이고, 풀을 베거나 갈대를 채취하는 것이 많고 그 토지를 처분하는 경우는 위원을 두는 것이 상례이다.[79]

(8) 馬山理事廳: 촌유인 산이 있고, 또는 돈을 모아서 함께 전답을 사는 습속이 많으며, 이 전답의 수확은 군수가 교대하는 데 필요한 비용에 충당하고, 또는 살인사건 등이 일어나서 비용을 요하는 때에 지출함을 상례로 한다. 동계는 동년 또는 동 학년의 아동 등을 위해서 합의하여 토지를 공유하여 아동의 비용에 쓴다. 공유지의 관리는 어떠한가의 질문에 대하여, 평소 소임된 자에게 관리를 위탁하고 어느 정도의 보수를 준다.[80]

7. 借地權의 種類, 名稱 및 內容

(1) 京城理事廳: 소유권으로 건물은 주로 토지에 따르고, 따라서 집을 건축하기 위해서 토지는 자유로이 빌리게 된다. 경작에는 지주와 소작인이 있어서 종자의 몫, 수확의 몫 및 납세의 부담을 절반하는 습속이기 때문에 사음(舍音)이 이들을 처리하고 있다. 관

---

78) 부동산법조사회, 상게서(1906), 55~56면.

79) 부동산법조사회, 상게서(1906), 66면.

80) 부동산법조사회, 상게서(1906), 78~79면. 한편 동중전답(洞中田畓), 계중전답(契中田畓)의 두 가지의 공유지를 보면, 이들은 흡사 개인소유의 전답과 같고, 소작인을 정하여 경작을 시켜서 그 수확을 절반하는 것이다. 동중전답은 촌유의 산림에서 산출되는 목재 등을 판 대금을 적립하여 수백 금에 이르러 구입한 것으로 그 수확을 戶數錢의 부담에 지출하고 있다. 계중전답은 일본의 賴母子講과 같고 각자 약간 금을 각출하여 그 이식을 늘려서 수백 금이 되어 구입한 것으로서 그 수확은 관혼상제의 비용에 충당하고 또는 불시의 흉재 등에 쓰인다는 '답안'을 붙였다.

(官)에 대한 직접의 납세의무자는 지주이고 납세의 시기는 3기로 나뉜다.[81]

(2) 開城府: 타인의 토지에 건물을 축조하는 것은 마음대로 하는 것이 상례이며, 차지인이 건물을 양도하는 때는 차지권은 그 건물과 함께 이전한다. 개성 주변은 옛날에 인구가 조밀하지 않기 때문에 인구 번영책으로 토지를 대여하는 자를 벌한 것이 있다고 말한다. 가옥 때문에 분의가 생긴 때는 가주(家主) 쪽에서 토지를 매취하든가 지주(地主) 쪽에서 가옥을 매취하는 방법을 강구하고 있다. 건물이 파괴된 때는 토지는 그대로 소유자에게 반환된다.[82]

(3) 平壤觀察府: 차지권 중에는 소작을 하기 위해서, 또는 건물을 축조하기 위하여 타인의 토지를 사용하는 것이 가장 현저하고, 아무래도 지주에게 협의하여 결정한다. 진전(陳田: 밭이 황폐한 것)이 된 것이 있어 차지인이 이를 개간할 때는 3년간 차지료를 지불할 의무가 없는 것이다. 각별히 친한 사람 사이에는 지주는 가옥을 건축한 자에게 쾌히 토지를 대여하지만, 지주의 형편에 따라서 대여를 거절하더라도 하는 수 없다. 평안도에서는 전답의 수확을 지주와 소작인과 구별하여 취급하는 습속 때문에, 혹은 서로 절반하고, 혹은 지주 3분 소작인 7분 등을 하는 것이 있고, 절반하는 경우는 지주가 납세의무를 부담하고, 3분 7분의 경우는 소작인이 이를 부담한다.[83]

(4) 平壤理事廳: 통역관은, 지상권은 옛날에는 절대적으로 행하

---

81) 부동산법조사회, 상게서(1906), 8면.
82) 부동산법조사회, 상게서(1906), 18~19면.
83) 부동산법조사회, 상게서(1906), 28~29면.

여겨서 어느 토지 위에도 마음대로 건물을 축조할 수 있는 것으로 하였다. 오늘날은 약간 제한되더라도 전답 부근에 비어 있는 황무지 같은 것에 건물을 세우는 것은 여전히 자유롭지만, 그 밖에 일반으로 건물을 위해서 타인의 토지를 사용함은 무상인 것을 원칙으로 한다. 타인의 공지를 차용하는 자는 오랫동안 사용을 계속하는 때는 거의 그 소유주가 되는 것 같다. 타인에게 대여한 토지의 일부가 무너져서 그대로 통로가 된 때는 그 토지를 되돌려받은 뒤에 이르러서도 지주는 이에 대하여 고장을 주장하지 못하고, 그대로 거의 공도(公道)가 되는 것 같다. 소작권은 매우 박약하여 소작인의 소업이 지주의 기분에 맞지 않는 때는 소작권은 즉시 다른 소작인에게 넘어가게 된다.[84]

(5) 水原觀察府: 차지권에 지상권, 영소작권, 차지권, 사용차권 등의 종류가 나뉘어 있는지, 그 내용은 어떠한가의 질문에 대하여, 경작을 위하여 토지를 빌리는 것에는 3종이 있다. 첫째 지주와 소작인이 수확을 절반하여 지주가 조세를 부담하는 것, 둘째 소작인이 수확의 전부를 취하고 지주에게 도세(賭稅: 미리 그 액을 정하여 수확의 다소에 의해서 변경되지 않는 것)를 납부하는 것, 셋째 경작의 연한을 정하여 그 연한 내는 작황의 흉풍에 불구하고 반드시 소작료를 지불하는 것이다. 둘째와 셋째와의 다른 점은 어떠한가의 질문에 대하여, 둘째의 경우는 지주의 형편에 따라서 소작인을 바꿀 수 있지만 셋째의 경우는 약속한 연한 내에 소작인을 바꿀 수 없다. 셋째의 경우는 매년마다 소작료를 내는가의 질문에 대하여, 매년마다 납부하는 습속이 있다. 타인의 토지 위에 가옥을 건

---

84) 부동산법조사회, 상계서(1906), 33~34면.

축한 경우는 어떠한가의 질문에 대하여, 타인의 토지에 집을 건립하는 것은 시가지에서는 어렵고 벽지에서는 쉽다. 벽지에서도 논 위에는 어렵고 밭 위에는 쉽다. 집을 건립한 자는 지주에게 도세(賭稅: 일정한 차임)를 내야 하므로 그 집을 양수한 자는 전자와 마찬가지로 차임을 지불할 것을 요한다. 묘장을 설치한 자에 대하여 지주는 이의를 주장할 수 있는가의 질문에 대하여, 지난 날 양반제도가 성한 때는 신분이 높은 자는 신분이 낮은 자의 토지에 묘장을 설치할 수 있었으나 원래 한인의 묘에 대한 생각이 매우 깊어서 일단 묘장을 설치한 이상 용이하게 무너트릴 수 없기 때문에 지주는 당초에 이의를 주장함이 상례이다. 따라서 묘장에 관한 송사는 대단히 많다.[85]

(6) 大邱觀察府: 관유, 민유를 묻지 않고 공지에 마음대로 집을 세운 자가 있는 경우에 토지소유자는 이의를 주장할 수 있는가의 질문에 대하여, 이의를 주장하여 상당한 대상(代償)을 받음이 상례이다. 그 가옥의 주위 토지에 대해서는 어떠한가의 질문에 대하여, 주위의 토지를 사용하는 경우는 특히 차입하는 계약을 하여야 한다. 집이 무너졌을 때 토지는 곧 소유자에게 돌아가서 차지권이 소멸하는가의 질문에 대하여, [요령을 이해하지 못함]으로 응답이 없다. 타인의 토지에 묘장을 설치할 수 있는가의 질문에 대하여, 지주는 쉽게 승낙하지 않으므로 만약 강제로 설치한 때는 밤중에 은밀히 파내 버리고 있다. 가옥과 토지와의 소유자가 동일한 경우에 가옥을 양도한 때는 토지는 가옥에 부수하게 되는가의 질문에 대하여, 그렇다. 소작료는 어떠한가의 질문에 대하여, 수확의 절반은

---

85) 부동산법조사회, 상게서(1906), 43～45면.

지주에게 납부하는 습속이 있다. 조세는 어떠한가의 질문에 대하여, 이 주변에서는 소작인만이 부담한다.[86]

(7) 釜山理事廳: 사유인 토지에 건물을 세우는 것은 곤란하므로, 일단 승낙을 얻어서 이미 설치된 뒤에도 퇴거를 요구함이 적지 않다. 이와 달리 관유인 토지에 집을 세우거나 또는 묘를 설치할 때 건설자는 토지의 소유주로 될 수 없지만, 절영도(絶影島: 궁내부의 소유)에서 궁지(宮地)를 개간한 때는 5년간 소유권을 취득하여 조세를 납부하였다. 자기의 소유지에 지은 집을 매도하는 때에는 그 터도 집과 함께 이전하는가의 질문에 대하여, 그렇다. 소작인의 일은 어떤가의 질문에 대하여, 수확을 절반하여 지주가 조세를 납부한다. 소작의 기한은 어떠한가의 질문에 대하여, 기한은 없다.[87]

(8) 馬山理事廳: 차지권이 있더라도 일일이 명칭을 붙일 수 없다. 소작의 명칭은 없는가의 질문에 대하여, 오직 '작인'(作人)이라 부른다. 타인의 토지에 마음대로 집을 세운 자는 차임을 지불하면 퇴거를 명할 수 없는가의 질문에 대하여, 신분이 낮은 자에 대해서는 퇴거를 명하고 있다. 백지는 지주의 승낙이 없으면 집을 세울 수 없더라도 전답은 지주의 승낙을 받아서 집을 세울 수 있으며 관유지의 황폐한 곳은 자유롭다. 사인의 소유지에 묘를 세울 수 있는가의 질문에 대하여, 승낙이 있을 것을 요한다. 관유지는 어떤가의 질문에 대하여, 매우 자유로워서 그곳은 이미 묘를 쓴 자의 소유가 된다. 소작료는 절반으로 하는 습속인가의 질문에 대하여, 그렇다.[88]

---

86) 부동산법조사회, 상게서(1906), 56~57면.
87) 부동산법조사회, 상게서(1906), 66~67면.

8. 地役權의 種類 및 效力

(1) 京城理事廳: 우물은 대개 통로 옆에 있어서 급수를 위하여 거의 지역권을 인정할 필요가 없다. 편의를 위해 타인의 토지 위에 통로를 설치하는 것은 자유이며 한 번 설정된 지역은 뒤의 거주자에게 승계된다.[89]

(2) 開城府: 편리를 위하여 타인의 토지를 통행하는 권리를 갖는 자는 그 토지의 소유자가 바뀐 뒤에도 그 통행권을 존속할 수 있는가의 질문에 대하여, 지금은 분명하지 않다.[90]

(3) 平壤觀察府: 용수를 흡취하는 것 같은 경우는 편의로 타인의 토지를 통행할 수 있더라도 반드시 그 통로는 일정하지 않다. 요역지의 지주가 바뀐 때일지라도 통행권은 여전히 존재함을 상례로 하고, 때로는 통로를 폐색하고 있다.[91]

(4) 平壤理事廳: 이에 대하여 언급하지 않았다.

(5) 水原觀察府: 인지의 물을 인수할 수 있는 권리를 갖는 자가 사는 곳을 타인에게 양도한 경우에 양수인은 종전에 통한 이웃 토지의 물을 인수할 수 있는가의 질문에 대하여, 이웃의 승낙을 기다려서 인수할 수 있다. 대지(袋地)와 같이 불편한 장소에 사는 자는 자유로이 타인의 토지를 통행할 수 있는가 또는 이미 통행하고 있는 자의 뒤에 양수받아서 거주하는 사람은 승낙을 할 수 있는가의

---

88) 부동산법조사회, 상게서(1906), 79~80면. 한편 쌀 수확을 절반하고 소작인이 조세를 부담하는 때는 보리는 전부를 소작인의 소득으로 하고, 쌀보리를 함께 절반하는 때는 조세도 역시 절반하는 것이다. 소작은 많은 연한을 정하여 자손에 이르는 것이 있고, 때로는 고의 또는 부주의로 수확을 감한 때는 소작인을 바꾸고 있다는 '답안'을 붙였다.

89) 부동산법조사회, 상게서(1906), 9면.

90) 부동산법조사회, 상게서(1906), 19면.

91) 부동산법조사회, 상게서(1906), 29면.

질문에 대하여, 편리를 위하여 타인의 토지를 통행할 수 있고, 그 사는 곳을 양수한 사람도 같다.92)

(6) 大邱觀察府: 우물이 있는 토지가 매도된 경우에 종래 그 우물의 물을 길어서 살던 자는 계속하여 물을 길을 수 있는가의 질문에 대하여, 집터 안에 있는 음용수를 긷는 것은 매우 자유롭지 않고, 전답을 위하여 저장된 물은 쉽게 사용할 수 있지만 들어오는 것으로 다투기까지 한다. 주택에 왕래하기 위하여 타인의 토지를 통행하는 자는 토지의 소유자가 변경된 경우에도 통행권을 존속할 수 있는가의 질문에 대하여, 보상적으로 존속할 수 있지만 호의적으로 행하여진다.93)

(7) 釜山理事廳: 타인의 땅 안의 우물에서 용수를 흡취하는 자는 그 지주가 바뀐 뒤에도 급수권이 존속할 수 있는가의 질문에 대하여, 존속할 수 있지만 물은 모두 공통으로 쓰게 된다. 가뭄 등의 경우에 물에 대하여 다툼이 생기지 않는가의 질문에 대하여, 아직 다툼이 있음을 듣지 못했다. 편의를 위해서 타인의 토지를 통행할 수 있는 자가 그 사는 곳을 매도한 때에 매수인은 통행권을 승계할 수 있는가의 질문에 대하여, 통행은 매우 자유로운 것 같다.94)

(8) 馬山理事廳: 급수권은 토지소유자의 승낙을 얻어서 행사할 수 있는가의 질문에 대하여, 그렇다. 매우 자유롭다. 편의한 땅에 대하여 통행권이 있는가의 질문에 대하여, 때로는 타인의 마당 한 가운데를 통행할 수 있고 자연스럽게 통행하는 것 같다. 특히 계약

---

92) 부동산법조사회, 상게서(1906), 45면.
93) 부동산법조사회, 상게서(1906), 58면.
94) 부동산법조사회, 상게서(1906), 67~68면.

을 맺어서 통행하는 자가 있는가의 질문에 대하여, 통로를 위해서 계약을 맺는 자가 있다.[95]

9. 入會權의 種類 및 效力

(1) 京城理事廳: 노전(蘆田), 초평(草坪)이라는 것이 있고, 대부분 공유지로서 입회에 비슷한 것 같다. 남산의 땔감 나무 같은 것은 마음대로 입회하여 소취할 수 있다.[96]

(2) 開城府: 관유인 원야(原野) 등에 인민이 입회하여 풀을 베어 내는 것은 허용되고, 이것은 매우 자유롭게 각자가 취하는 순서에 맡긴다.[97]

(3) 平壤觀察府: 다른 마을 사람은 서로 입회하여 그 촌의 소유에 속하는 산림의 나무를 벌목하거나 풀을 베는 습속이 있다.[98]

(4) 平壤理事廳: 이에 대하여 언급하지 않았다.

(5) 水原觀察府: 관유 또는 타촌의 산림에 입회하여 나무를 벌목하거나 풀을 베는 습속이 있는가의 질문에 대하여, 관유지에서는 어느 토지의 인민인가를 묻지 않고 일반으로 풀을 채취할 수 있고, 갑 촌(甲村)에서 을 촌(乙村)으로 새로 와서 사는 자는 을 촌의 산림에 들어가서 수목의 지엽만큼은 채취할 수 있고 또 타촌의 사람이 타촌의 산림에 입회함을 서로 묵인하고 있다.[99]

(6) 大邱觀察府: 절대로 입회하는 습속이 없다.[100]

---

95) 부동산법조사회, 상게서(1906), 81면.
96) 부동산법조사회, 상게서(1906), 9면.
97) 부동산법조사회, 상게서(1906), 19면.
98) 부동산법조사회, 상게서(1906), 29면.
99) 부동산법조사회, 상게서(1906), 45~46면.
100) 부동산법조사회, 상게서(1906), 58면.

(7) 釜山理事廳: 서로 몫을 정하여 관유의 산림, 촌유의 원야에 입회하여 벌목을 하고 또는 풀을 베는 것(이 일이 매우 많다)이 있고, 사유의 산야에 입회하지 않는 것 같다. 갑 촌(甲村)의 산야에 을 촌(乙村)의 사람이 입회할 수 있는가의 질문에 대하여, 입회하는 것이 많고 서로 양보하는 것이 습속이다. 우마(牛馬)를 방목하는 것 같은 입회는 있는가의 질문에 대하여, 이 주변에서는 아무래도 목축은 없다[제주도(英親王 소관) 부근에 있어서 어업입회의 사례에 대하여 기술한 바가 있지만 본 항의 소위 입회에 해당하면 이를 생략한다.].[101]

(8) 馬山理事廳: 산림, 원야의 입회 가운데 원야가 가장 많고, 군과 군과의 경계에 있어서 쌍방의 인민이 서로 풀을 베고 있다. 낙동강의 강 속인 섬에 김해(金海)의 주민이 와서 자주 입회를 한다. 갑 촌(甲村)이 공유하는 원야에 을 촌(乙村)의 사람이 입회할 수 있는가의 질문에 대하여, 섬에서 각 방면의 사람이 와서 입회를 한다. 관유지에 입회하는가의 질문에 대하여, 산림, 원야는 대개 관유지로서 입회가 많다. 한 개인의 토지에도 있는가의 질문에 대하여, 택산인 우선권이 있는 산은 한 개인의 소유일지라도 많은 사람이 입회를 한다. 촌유인 토지에 그 촌의 주민이 입회하는 경우에 결정을 할 수 있는가의 질문에 대하여, 각자가 취하는 순서에 맡겨서 매우 자유롭다.[102]

---

101) 부동산법조사회, 상게서(1906), 68~69면.
102) 부동산법조사회, 상게서(1906), 81~82면. 한편 갑군의 주민은 을군의 원야에 생육하는 풀을 취하여 비료, 연료, 지붕재료 등에 쓰지 않으면 생존에 곤란이 있다. 이것이 입회의 습속을 존재케 하는 이유가 된다는 '답안'을 붙였다.

10. 質權, 抵當權의 設定條件 및 效力

(1) 京城理事廳: 토지를 저당하는 것이 있다. 전당(典當)이라는 말을 쓰고 문기(文記) 또는 지계(地契)를 작성하는 것이 상례이다. 토지의 질입(質入)은 인정된다.[103]

(2) 開城府: 전당(典當)으로 토지를 수당하고 문기를 차입하고서 금전을 빌리고 있다[제6항 말미 참조]. 만약 기한에 이르러서 금전을 반환하지 않을 때는 수당된 토지는 대주에게 취득된다.[104]

(3) 平壤觀察府: 질권, 저당권이 인정된다. 토지를 질입하거나 저당을 한 자는 기한에 이르러 돈을 갚을 수 없는 때는 그 토지는 돈의 대주에게 취득된다. 이 경우에 있어서 권리 이전에 관한 서류를 작성하여야 한다.[105]

(4) 平壤理事廳: 이에 대하여 언급하지 않았다.

(5) 水原觀察府: 질권 또는 저당권이 있는가의 질문에 대하여, 전당(典當)이라는 것이 있다. 문권을 넘겨주고서 돈을 꾸는 습속이 존재할 뿐이다. 문권을 넘겨주는 외에 아무런 조건이 없는가의 질문에 대하여, 경우에 따라서 보증을 세우고 있다. 약정한 기한이 지나서 돈을 돌려주지 않는 때는 전당을 취한 자는 당연히 그 물건의 소유자가 되는가의 질문에 대하여, 기한이 지나더라도 곧 소유자로 될 수 없다. 채무자에게 통고하여 이자를 지불하게 하고 일단 연기한다. 이자의 지불을 거절하더라도 토지의 가액이 차금액보다 넘을 때는 역시 곧 소유자로 될 수 없다. 먼저 토지를 매도하여 지

---

103) 부동산법조사회, 상게서(1906), 9면.
104) 부동산법조사회, 상게서(1906), 19～20면.
105) 부동산법조사회, 상게서(1906), 29～30면.

불할 대여금액만을 취한다.106)

(6) 大邱觀察府: 질권, 저당권이 있는가의 질문에 대하여, 저당의 경우는 문기, 가권, 증문 등을 반드시 차입하는가의 질문에 대하여, 그렇다. 경우에 따라서 관의 증명을 원하면 관은 호의적으로 증명을 하고 있다. 계약기한이 경과한 때는 저당물은 어떻게 되는가의 질문에 대하여, 소유권 자체가 채권자에게 인정함을 상례로 한다. 천 원의 가치가 있는 토지를 3, 4백 원인 저당에 넣은 경우에 기한이 오면 토지를 팔아서 받을 돈을 돌려받고 남은 6, 7백 원은 채무자 스스로 가질 수 있는가의 질문에 대하여, 세금의 체납처분을 받은 경우는 그럴지라도 저당의 경우는 전 토지를 인도함을 상례로 하고, 채무자는 대여금에 대한 초과액을 반환하지 않는 대신에 대여금에 부족액을 추구하지 않는다.107)

(7) 釜山理事廳: 전답의 수확을 대주의 소득으로 돈을 대차하는 것이 있는가의 질문에 대하여, 없는 것 같다. 토지를 저당으로 넣은 때 기한이 돌아와서 반금하지 않으면 토지는 대주에게 취득되는가의 질문에 대하여, 그렇다. 저당에 넣는 때는 구문기를 넘기는가의 질문에 대하여, 그렇다.108)

(8) 馬山理事廳: 토지를 질(質)로 취하여 수확을 이자와 같이 하는가의 질문에 대하여, 토지의 질입은 하지 않는다. 토지를 저당으로 취한 때 돈을 반환하지 않으면 그 토지의 소유권을 취득하는가의 질문에 대하여, 취득하는 것이다. 그 경우에 절차는 있는가의

---

106) 부동산법조사회, 상게서(1906), 46~47면.
107) 부동산법조사회, 상게서(1906), 58~59면.
108) 부동산법조사회, 상게서(1906), 69면.

질문에 대하여, 양안(量案)을 바꾸고 문기를 만드는 것을 요한다. 저당에 넣은 때는 문기를 넘기는가의 질문에 대하여, 그렇다.[109]

제2. 官民有 區分의 證據에 관한 慣習法

(1) 京城理事廳: 양안(量案: 토지대장)이라는 것이 있고, 유조지(有租地)를 등록한다. 사유지에 묘를 설치한 때는 그 장소 및 주위의 토지는 관유로 변하는 습속이지만 묘를 파헤치면 민유로 복귀하게 되고, 이것들은 조세의 유무에 터 잡은 것 같다. 오늘날에는 일본인은 관유로 변한 묘지를 매취하여 소유자로 되고 있다.[110]

(2) 開城府: 인민이 유상으로 토지를 매취한 사실을 민유의 증거로 한다.[111]

(3) 平壤觀察府: 민유지에는 대개 매도증과 같은 서류가 있고 관유지에는 이것을 두지 않아서, 이것이 가장 현저한 구분의 증거가 된다.[112]

(4) 平壤理事廳: 통역관은, 유세인 토지에는 반드시 토지대장(양안: 量案)이 있어 민유임을 증명함에 족하다[제1항 세목2, 제4항]. 명례궁(明禮宮) 소재의 토지와 같이 제실(帝室)에 속하는 것으로서 토지대장에 기재된 것도 있고, 또 향교위전(鄕校位田)과 같이 국유로 간주되어 있는 것으로서 납세의무를 부담하는 것도 있다[제3항,

---

109) 부동산법조사회, 상게서(1906), 82∼83면. 한편 저당의 기간은 100일을 넘지 못한다. 대부금액은 그 가액의 반액으로 한다. 이자는 2분에서 6분까지의 범위 내이다. 이자를 올리는 것은 3번까지 승낙하고 4번째에는 거절한다는 '답안'을 붙였다.
110) 부동산법조사회, 상게서(1906), 10면.
111) 부동산법조사회, 상게서(1906), 20면.
112) 부동산법조사회, 상게서(1906), 30면.

제4항]. 전답이 진전(陳田)으로 변한 때는 지주가 직접 군수에게 제출하여 군수가 탁지부에 이첩하여 납세의무를 면제받는다[제1항 세목2]고 하였다. 이사관은, 진전은 현재 전국에 1만 정(町) 정도가 있다고 한다. 보통 황무지로 부른다[동상]. 이미 관유지로 조사된 것의 명칭을 기록한 것이 있어서 일람할 수 있다[제3항, 제8항].113)

(5) 水原觀察府: 관유, 민유의 구별이 불명한 경우에 다툼이 일어나면 어떠한 증거에 의하여 그 소속을 정하는가의 질문에 대하여, 민유지에는 문기가 있고 관유지에는 문기가 없다. 민유지에는 반드시 문기가 있는가의 질문에 대하여, 그렇다. 다른 구별의 사례는 없는가의 질문에 대하여, 구별의 증거가 불명한 토지에 경작을 한 것이 오랜 세월을 지난 때에는 토지를 그대로 그 사람의 소유에 돌아가는 것이 상례이다.114)

(6) 大邱觀察府: 관유에 역전, 둔전 등이 있고, 관유대장에 기재하여 민유와 구별되며, 이 대장을 둔 관아는 적지 않다. 납세사실은 민유의 증거가 되는가의 질문에 대하여, 그렇다. 민유지 가운데

---

113) 부동산법조사회, 상게서(1906), 34~37면. 한편 '관유지로 조사된 것의 명칭'으로, 馬位田(=본전에서의 수입으로 역마의 사양료에 쓰는 것), 瞻學庫屯田(=본전의 소출로 유생 교육의 비용에 쓰는 것), 雇馬庫屯田(=관찰부에 달린 마필을 사육하기 위하여 관찰부의 비용으로 매입한 것), 戸庫屯(=관찰부의 소역인에게 급여하기 위하여 동부의 비용으로 매입한 것), 津淵壇位田(=하늘 또는 산천 등을 제사하는 곳으로 그 제사료를 공급하기 위하여 설치된 것), 鄕校位田(=향교의 비용에 쓰이는 것), 疏祥宮田(=경성 소상궁의 비용에 쓰기 위하여 동궁에 딸린 것), 陳田(=전답이 황폐한 것), 草場(=황무지를 말함), 西營屯田(=평안도에서 양병의 비용에 쓰이는 것), 軍田(=병역에 갈음하여 각 방리의 비용으로 전지를 매입하여 둔 것)을 들면서, 이들은 栗里坊, 秋乙里坊, 靑龍坊에서 관유지로 인정한 것의 명칭이며, 서영둔군전은 관유로 칭하거나 혹은 민유로 칭하여 일정하지 않지만 한국 고래의 습속에서 보면 이를 관유로 하여도 지장이 없는 것으로 생각된다 하고, 초장 및 진전 중에는 관유이거나 민유로 칭하고 있어 짧은 시일에 조사함은 곤란할 뿐이었으며, 황실의 소용에 대해서도 고래의 관습에 따라서 민유로 징용하더라도 지장이 없다고 생각한다고 붙여 썼다.

114) 부동산법조사회, 상게서(1906), 47면.

양안에 기입되지 않은 것이 있는가의 질문에 대하여, 은결(隱結)이
라는 것이 있고 양안에 빠졌다.[115]

(7) 釜山理事廳: 토지대장에 기재된 토지 또는 납세의무가 있는
토지는 모두 민유이고, 새로이 개간한 토지는 문기도 없고 토지대
장에도 기재되지 않으면 구분이 불명하다. 형제가 서로 다투는 것
같은 경우에 개인의 토지를 관에서 취상하고 있다.[116]

(8) 馬山理事廳: 민유지는 양도할 때마다 전전하는 문기 또는 납
세사실에 의하여 증명할 수 있지만, 국유 왕유인 토지는 증거가 분
명하지 않다. 아무래도 이 무렵 왕유지로서 양안에 기재된 것이 있
고, 둔전, 역전, 궁전 등이 있다. 아무런 증거가 없는 것은 관유로
간주한다. 개인이 관유지에 경작을 하여 5년을 지나면 그 토지를
취득할 수 있는가의 질문에 대하여, 3년을 지나면 가능하다고 말한
다. 은결(隱結)은 중앙정부에서 알지 못한 것이지만 오히려 관유로
간주하는지의 질문에 대하여, 그렇다.[117]

제3. 國有와 帝室有와의 區別에 관한 慣習法

(1) 京城理事廳: 한국사정(외무성 발간)에 상기한 바 있으니 일람
하라.[118]

(2) 開城府: 국유와 제실유와의 구별을 인정한다. 한인은 원래 이
를 구별하는 뜻을 알지 못했다. 역토, 둔전은 옛날에 탁지부에서

---

115) 부동산법조사회, 상게서(1906), 60면.
116) 부동산법조사회, 상게서(1906), 69면.
117) 부동산법조사회, 상게서(1906), 83~84면.
118) 부동산법조사회, 상게서(1906), 10면.

관리하고 지금은 내장원에서 관리한다[전후의 응답이 다른 것 같음].119)

(3) 平壤觀察府: 내장원의 관리에 속하는 각 궁가의 토지 가옥 특히 명례궁(明禮宮) 같은 것은 제실의 소유에 속하고 규장각(奎章閣), 기로소(耆老所) 및 각 군아(郡衙)의 향교위전 등은 모두 국유에 속한다.120)

(4) 平壤理事廳: 앞의 각 응답에 산재되어 있다.

(5) 水原觀察府: 관유에 제실유과 국유의 2종이 있는데 이들은 어떻게 구별되는가의 질문에 대하여, 구별은 명확하지 않다. 국유인 재산이 제실용에 쓰이는 것이 있고 또 제실유인 재산이 국비로 쓰이는 것이 있다. 지금도 혼용하는 모양이다.121)

(6) 大邱觀察府: 역토, 둔토는 제실유에 속한다.122)

(7) 釜山理事廳: 이 주변에는 국유인 토지가 전무한 것 같다. 어느 토지의 소득을 국비에 쓰거나 어느 토지의 수확을 제실용으로 쓰는 것은 없는가의 질문에 대하여, 없는 것 같다. 역토, 둔토의 수확을 국가의 비용에 충당하는 것 같지 않은가의 질문에 대하여, 없는 것 같다. 학전(學田)이라는 것이 있어 그 소득은 학교의 비용에 충당하는 공유로 본다. 사령인 것이 있어 사원의 소유에 속한다.123)

(8) 馬山理事廳: 제실유의 토지는 둔, 역, 궁 3전이므로 이와 민유지를 제한 것이 국유지가 된다. 둔전은 인민의 기부를 모집하여

---

119) 부동산법조사회, 상게서(1906), 20면.
120) 부동산법조사회, 상게서(1906), 30면.
121) 부동산법조사회, 상게서(1906), 47~48면.
122) 부동산법조사회, 상게서(1906), 60면.
123) 부동산법조사회, 상게서(1906), 70면.

주입한 것으로, 옛날에는 군마의 용공을 위하여 있었으나 금년에 탁지부의 소관이 되었다. 역전은 암행어사 기타 대관이 통행할 때에 영송 등의 비용에 제공되었다. 궁전은 부호의 자식에 낭비자가 있어서 가산을 기울게 할 우려가 있으면 토지를 궁가에 헌상하여 가명을 남기고자 하는 데에서 나온 것이다.[124]

제4. 土地臺帳에 관한 慣習法

(1) 京城理事廳: 제2항에서 말한 바와 같은 양안(量案)이라는 것이 있어서 기재사항은 실물(탁지부에 비치)에 대하여 일람하라[양안의 기재방법은 문기, 계권 등의 양식과 함께 이를 일괄하여 상신되어 있음].[125]

(2) 開城府: 양안(측량된 안의 뜻)이라는 것이 있다. 그 유래는 인민이 자기의 소유지인 것을 증명함에 족한 사항을 기재하여 오래된 문서를 관공서에 제출하여서 역원이 이에 의하여 장부를 만든 것으로서 먼저 천자문의 번호를 붙이고 다음으로 장소, 구역, 면적 등을 기재하여 날인한 때는 인민은 이로써 안심한다. 양안이 성립하면 오래된 문서는 쓸데없는 것이 되고, 또 한편으로 양안의 기초는 많은 징세의 대장에 터 잡은 소임을 하는 것으로 실제의 취조를 하는 것이다. 황해도에서는 집도(執賭)라는 역목이 있어 전지의 지주로부터 지배인을 보내어 벼의 소득 정도를 미리 계산하기 위하여 집도가 이를 감정하는 습속이 있다. 이는 미리 수확고를 결

---

124) 부동산법조사회, 상게서(1906), 84~85면.
125) 부동산법조사회, 상게서(1906), 10면.

정하는 것으로서 전지의 매매를 하는 경우에, 친족, 연고자 등이 문기를 위조하여 그 구역 등을 바꾸는 것 같은 간책을 방지하기 위한 것이다. 올봄에 수원 관찰부에서 지방관 회의를 개최한 때 양안의 취조를 함에 오래된 것은 변란 시에 잃어버렸거나 또는 이원이 이익 때문에 일부러 불태운 것이 많아서 지금까지 존속하는 것은 매우 적으며 그러한 고의로 불태운 교활한 이원이 부정한 소업을 행한 흔적을 감추기 위한 것이었다. 양안에 기재된 토지의 면적에 대하여 일본에서는 몇 반(反), 몇 무(畝) 등이라 한 것을 몇 두락(斗落: 몇 斗의 종자를 뿌린다는 뜻)이라 부르고, 경상도에서는 1두락이 50평, 60평, 70평 등으로 다르다. 토지에 대하여 등급은 6종이 있고, 초등, 1, 2, 3, 4등으로 수확의 다소, 품질의 양부에 따라서 나뉜다. 1일경이라 함은 소 1마리가 1일간 경작하는 것에 대한 칭호이고, 대개 1,000평이 된다. 개성에서는 면이 10개가 있고, 면내에는 리 또는 촌이 나뉘어 있어서 리, 촌에 역인이 있어서 자치를 하고 있다[본 항의 응답을 하는 때에 준비한 양안을 제출하라는 지시가 있음].126)

(3) 平壤觀察府: 양안이라는 것이 있어서 '행심'이라고도 부른다. 각 촌에 1책, 각 군아, 관찰부 등에 비치하고, 그 기재사항은 토지의 위치, 세액, 지주 및 소작인의 성명 등이다.127)

(4) 平壤理事廳: 앞의 응답에 산재되어 있다.

(5) 水原觀察府: 양안이라는 것이 있다고 들었는데 그 유래 및 기재사항은 어떤가의 질문에 대하여, 개국 초에 조제된 것으로 생

___

126) 부동산법조사회, 상계서(1906), 20~22면.
127) 부동산법조사회, 상계서(1906), 30면.

각되고, 토지에 따라서는 중도에 바뀐 곳도 있으며, 기재사항은 개간 이후의 연수, 면적, 소유주의 성명 등이다.[128]

(6) 大邱觀察府: 양안이 있으며 매년 개작한다.[129]

(7) 釜山理事廳: 토지대장이 있고, 장소 면적 등을 기재한다.[130]

(8) 馬山理事廳: 각 군아에 양안이 있으며, 군서기가 직접 소관하여 쉽게 볼 수 있다. 양안에 천자문에 따라서 토지의 번호를 붙여서 연호를 달고, 4표(四標: 동은 천, 서는 산, 남은 도, 북은 묘와 같음)를 기입한다.[131]

제5. 土地에 대한 權利의 讓渡에 관한 慣習法

(1) 京城理事廳: 토지 건물의 양도는 자유롭더라도, 소작권의 양도를 함에는 사음(舍音)의 승낙이 있음을 요한다. 종래 일본인은 토지를 매입하는 때에도 문기 또는 문권을 사용하였지만 경성(京城)에서는 가옥에만 한하였다.[132]

(2) 開城府: 토지를 매도하는 때는 촌 역인을 보증으로 세우고 있다. 권매(權賣: 임시로 판다는 뜻)로 토지를 매도하는 때에는 몇 연월 후에 처음 매도한 때와 동일한 대가로 매려(買戾)를 할 수 있다는 특약을 붙이고 있다.[133]

(3) 平壤觀察府: 소유권의 양도는 자유롭지만 그 밖의 권리는 양

---

128) 부동산법조사회, 상게서(1906), 48면.
129) 부동산법조사회, 상게서(1906), 60면.
130) 부동산법조사회, 상게서(1906), 70면.
131) 부동산법조사회, 상게서(1906), 85면.
132) 부동산법조사회, 상게서(1906), 11면.
133) 부동산법조사회, 상게서(1906), 22면.

도할 수 없는 것이 상례이며, 특히 저당권과 같은 것을 문란하게 양도한 때는 벌을 받게 되어 있다. 소유권을 양도한 때는 대개 문기를 교부하는 것이 상례이다.[134]

(4) 平壤理事廳: 통역관은, 인천, 부산에서는 지금 지권(地券)이 발행되어 살더라도 양도의 경우에 서환(書換)을 하지 않는다[제6항과 함께]. 이사관은, 금후 이곳에서 문권을 발행하는 때는 토지와 가옥을 분리하고 있다[동상]고 한다.[135]

(5) 水原觀察府: 소유권 또는 차지권은 영대 양도할 수 있는가의 질문에 대하여, 토지의 처분은 자유롭기 때문에 많은 경우 대금을 받고서 양도되지 않을 때에 토지는 이중으로 납세의무를 부담하게 되어서 거의 수득하지 않기 위하여 그 토지를 포기하고 있다. 포기된 토지는 관유로 되는가의 질문에 대하여, 빈곤한 자는 무세이므로 다시 경작을 하는 것이 상례이고, 관유에 속하는 것은 없다. 그와 같이 새로 경작을 한 자는 진정한 소유자가 되는가의 질문에 대하여, 매매의 경우에는 종래 있던 문기, 문권과 함께 역시 새로운 문기, 문권을 교부하는 것이 상례이고, 모든 방법은 면전에서 하는 것이다. 문기에 지방관이 증인을 하는가의 질문에 대하여, 관리의 증인을 요하지 않는다. 문기를 분실한 경우에는 그 분실을 증명하기 위하여 관에서 관이 입지(立旨)한 것을 교부하는 것이다.[136]

(6) 大邱觀察府: 토지의 영대매매를 하는가의 질문에 대하여, 금하지 않는다. 집을 매도한 경우에 차지권을 갖지 않았더라도 토지

---

134) 부동산법조사회, 상계서(1906), 31면.
135) 부동산법조사회, 상계서(1906), 35면.
136) 부동산법조사회, 상계서(1906), 48~49면.

소유자는 이의를 주장하지 못하는가의 질문에 대하여, 이의를 주장하지 못한다. 소작인은 소작권을 타인에게 양도할 수 있는가의 질문에 대하여, 할 수 없다. 문기는 권리 이전이 있는 때마다 만드는가의 질문에 대하여, 그렇다.[137]

(7) 釜山理事廳: 영대매매를 금지하지 않는가의 질문에 대하여, 금지하지 않는다. 차지권을 양도할 수 있는가의 질문에 대하여, 할 수 있다. 소작권은 어떠한가의 질문에 대하여, 지주의 승낙을 받아서 양도할 수 있다. 저당권의 양도는 있는가의 질문에 대하여, 양도한다.[138]

(8) 馬山理事廳: 토지의 영대매매를 금지하는가의 질문에 대하여, 금지하지 않는다. 매매할 때에 신문기(新文記)를 작성함과 함께 구문기(舊文記)도 넘기는가의 질문에 대하여, 그렇다. 구문기를 분실한 때 또는 처음부터 문기가 없는 때는 어떤가의 질문에 대하여, 군수의 증명을 받는 것을 상례로 한다. 집을 매매할 때 매수인이 그 집의 부지를 사용할 수 있는가의 질문에 대하여, 토지의 사용권도 승계되는 것이다. 소작의 경우는 어떤가의 질문에 대하여, 소작인은 지주의 승낙이 없으면 소작권을 타인에게 양도할 수 없다. 토지를 무상으로 양도한 경우에 문기를 요하는가의 질문에 대하여, 요하는 것으로 생각한다. 자손에게 양도할 때는 어떤가의 질문에 대하여, 문기를 요한다. 다만 장남 차남 등에게 분여한 때는 문기를 작성하지 않는다.[139]

---

137) 부동산법조사회, 상게서(1906), 60~61면.
138) 부동산법조사회, 상게서(1906), 70~71면.
139) 부동산법조사회, 상게서(1906), 85~86면.

제6. 地券 및 家券에 관한 慣習法

(1) 京城理事廳: 각국 거류지에서는 지계(地契) 및 가계(家契)를 발행하고, 잡거지에서는 가계만을 발행하여 지계의 예는 없으며, 거류지 밖 1리(한국 리정 10리) 이내에서는 한국정부가 지계를 발행한다. 이것은 조약으로 특히 위 구역 내에서 외국인의 토지소유권을 인정한 것으로 일반지에서는 한성, 인천, 평양, 대구, 개성, 전주 등에서 가계만을 발행하고(내부령 제2호 가계규칙), 다만 개성은 이전에 재류한 일본인에 대하여 지계를 발행하고 있다.[140]

(2) 開城府: 진려관(震勵官: 민역소)의 보고에 의하면, 부윤이 지계 또는 가계를 발행하고 있다. 인삼밭에 대해서도 지계를 발행하고 표징이라 부른다. 이것은 저당에 넣을 수 있다.[141]

(3) 平壤觀察府: 지권, 가권은 지금까지 없었지만, 이 무렵에는 왕왕 발행된다. 지권에는 국세의 납고, 소작인의 성명, 유실된 때는 계출할 일 등을 기재한다.[142]

(4) 平壤理事廳: 제5항의 응답에서 함께 응답하였다.[143]

(5) 水原觀察府: 이 주변에서는 지권, 가권이 있는 곳은 매우 드물며 보통의 문기도 새로운 개발지에는 없다. 5, 6년 전에 경성에서 지계아문(地契衙門)이라는 것을 설치하여 각 지방의 토지를 측량하였지만 실시에 이르지 못하였다. 가계는 어떤가의 질문에 대하여, 종래 있던 것을 보았다. 재무관이 탁지부에 신청하면 곧 발행되었다.[144]

---

140) 부동산법조사회, 상게서(1906), 11면.
141) 부동산법조사회, 상게서(1906), 23면.
142) 부동산법조사회, 상게서(1906), 31면.
143) 부동산법조사회, 상게서(1906), 35면.

(6) 大邱觀察府: 민유지에는 지권이 있고, 가권은 작년 7월에 처음으로 군아에서 발행했다.[145]

(7) 釜山理事廳: 동래부에서 전부 지권, 가권을 발행하였다. 거류지 부근에는 그렇지 않지만[신식의 지권이 보임].[146]

(8) 馬山理事廳: 개항장 또는 개시장—전관거류지에도 각국 거류지에도—에는 그 당시부터 지권이 있었고, 경성만은 아직 발행되지 않았다. 거류지 밖 1리(한국 리정 10리) 이내는 지권, 가권도 있다. 거류지 밖 1리 이외는 가권은 있어도 지권은 없다.[147]

제7. 土地의 境界에 관한 慣習法

(1) 京城理事廳: 경계의 다툼은 의외로 적지 않고, 분쟁지의 권리자를 정함에 가장 두드러진 표준은 납세를 계속한 것과 현재 경작을 하고 있는 것이 된다.[148]

(2) 開城府: 촌의 공론에 따라서 정당한 권리자를 결정하는 것이 상례이다. 과거 개성에서 일본인과 한인과의 사이에 경계를 인접한 토지에 대하여 서로 양지 전부에 걸쳐서 자기의 소유권을 주장하고 드디어 헌병 둔소에 소를 내기에 이르러 본관도 이를 인정하여 종래 한인에게 속하였던 쪽의 토지를 1평 30원의 대가를 지불하고

---

144) 부동산법조사회, 상게서(1906), 49~50면.

145) 부동산법조사회, 상게서(1906), 61면.

146) 부동산법조사회, 상게서(1906), 71면.

147) 부동산법조사회, 상게서(1906), 86~87면. 한편 지계는 각 개항장, 개시장에서 택지에 한하여 관아에서 발급하고 전답에 대해서는 각자에게 소지할 지계가 없다. 지권의 발급은 지주, 가주 간의 쟁의를 막기 위하여 나온 것이다. 가권은 8년 전(개항당시), 지권은 4년 전에 발급하였던 것이라는 '답안'을 붙였다.

148) 부동산법조사회, 상게서(1906), 12면.

서 일본인에게 매취토록 함으로써 낙찰되었다.[149)

(3) 平壤觀察府: 대개 양안(量案) 또는 문기에 기재된 4표(四標: 동은 산, 서는 천, 남은 로, 북은 하모의 전 등)에 의함을 상례로 한다. 여전히 불분명한 때는 조세의 납고를 표준으로 한다.[150)

(4) 平壤理事廳: 이에 대하여 응답하지 않았다.

(5) 水原觀察府: 갑, 을의 토지가 중합되고 쌍방 모두가 문기 등을 소지하지 않을 때는 어떤 표준에 의하여 소유자를 정하는가의 질문에 대하여, 오랜 소송에 의하여 드디어 분명해진다. 납세액의 다소에 따라서는 소유자를 정할 때는 없는가의 질문에 대하여, 줄(繩)로써 측량하고 양안(量案)에 비춰 보는 등이 있다.[151)

(6) 大邱觀察府: 소유자를 달리하는 토지가 종합된 때는 어떤가의 질문에 대하여, 양안 또는 문기 중의 동서남북의 4표에 의하여 권리자를 정하고, 측량에 의해서도 알 수 있다.[152)

(7) 釜山理事廳: 거의 표준이 없고, 양보나 재정에 의할 수밖에 없다.[153)

(8) 馬山理事廳: 분명한 표준은 없다.[154)

---

149) 부동산법조사회, 상게서(1906), 23면.

150) 부동산법조사회, 상게서(1906), 31면.

151) 부동산법조사회, 상게서(1906), 50면.

152) 부동산법조사회, 상게서(1906), 61〜62면.

153) 부동산법조사회, 상게서(1906), 71면.

154) 부동산법조사회, 상게서(1906), 87〜88면. 한편 그림과 함께 규(珪)와 반(畔)은 혹은 상지(上地)에 붙었다고 하고, 혹은 하지(下地)에 붙었다고 하여 일정하지 않지만, 상지에 소유권의 존재를 인정한 것이 많다. 또 왕년에 낙동강에 변류가 있어서 의령, 함안 두 곳 사이에 격렬한 다툼이 일어나 드디어 의령의 패소로 돌아갔기 때문에 그곳의 부호 중 도산한 것이 5, 6집이 있었다고 한다는 '답안'을 붙였다.

제8. 土地의 種目에 관한 慣習法

(1) 京城理事廳: 가대(家垈: 垈는 敷와 같음), 공대(空垈), 택지, 공지, 수전(水田: 일본의 田과 같음), 전(田: 일본의 畑과 같음), 화전(火田: 原野), 과전(果田), 염전, 작전, 노전, 초평, 목장, 장탄지 등의 종목이 있고, 그 밖에 산림, 원야, 황무지 등의 명칭이 있다.[155]

(2) 開城府: 택지(제1위에 둠), 수전(水田: 일본의 田), 전(田: 일본의 畑) 등의 종목이 있다.[156]

(3) 平壤觀察府: 수전(水田: 일본의 田), 전(田: 일본의 畑), 가대(家垈: 일본의 宅地), 산림, 원야, 평(坪: 원야의 넓은 것), 초장(草場: 풀을 베거나 또는 갈대를 심은 곳) 등의 종목이 있다.[157]

(4) 平壤理事廳: 제2항에서 함께 응답하였다.[158]

(5) 水原觀察府: 수전(水田), 전(田), 산(山), 원야(原野) 또는 진무지(陳蕪地: 수전, 전, 산에 있는 장소), 삼림(森林) 등의 종별이 있다. 염전은 있는가의 질문에 대하여, 수전으로 부른다. 초장은 있는가의 질문에 대하여, 대부분 해변에 있어서 조수의 왕래가 있고 갈대가 나는 것을 볼 수 있다. 초장과 노전과는 어느 이름이 올바른가의 질문에 대하여, 정확하게 볼 때에 초장과 노전과는 다른 것으로서, 초장은 풀(주로 연료가 됨)이 총생하는 장소이고, 노전은 갈대(발을 만듦)가 주로 나는 장소인 것이다.[159]

(6) 大邱觀察府: 수전(水田), 전(田), 화전(火田: 산꼭대기에 있

---

155) 부동산법조사회, 상게서(1906), 12면.
156) 부동산법조사회, 상게서(1906), 23면.
157) 부동산법조사회, 상게서(1906), 31면.
158) 부동산법조사회, 상게서(1906), 34~37면.
159) 부동산법조사회, 상게서(1906), 50~51면.

음), 가대(家岱), 평(坪: 원야) 또는 야(野), 초장(草場: 풀이 자연히 사는 곳), 노전(蘆田: 갈대가 심겨 있는 곳, 우산의 꼴, 敷物의 재료로 쓰이거나 소금을 끓이는 연료로 쓰임), 염전(鹽田) 등이 있다.[160]

(7) 釜山理事廳: 가대(家垈: 택지), 수전(水田), 화전(火田: 새로 개간하여 보리 등을 심음), 노전(蘆田), 염전(鹽田), 초장(草場: 풀을 소나 말에게 먹이고 겨울에는 온돌에 불을 땜), 산(山), 원야(原野) 등의 종목이 있다.[161]

(8) 馬山理事廳: 기지(基地) 또는 기대(基垈) 또는 가대(家垈: 택지), 수전(水田), 전(田), 화전(火田: 아직 두렁 등이 정돈되지 않은 것. 대부분 교맥을 심음), 노전(蘆田), 염전(鹽田) 등으로서, 산림 원야에 대해서는 일정한 명칭이 없다.[162]

제9. 土地測量의 方法에 관한 慣習法

(1) 京城理事廳: 지금의 측량에는 줄(繩)을 끌어 일본의 척도에 따르지만, 옛날에는 장량(丈量)하는 일이라고 말했다.[163]

(2) 開城府: 토지의 측량에는 나무로 만든 척도(尺度)를 쓴다.[164]

(3) 平壤觀察府: 지척(地尺)이라는 것이 있어서 토지를 측량한다. 지척의 7파(把) 반을 10보(步)라 하고 60보(步)를 1일경(日耕)이라 한다.[165]

(4) 平壤理事廳: 이에 대하여 응답하지 않았다.

---

160) 부동산법조사회, 상게서(1906), 62면.
161) 부동산법조사회, 상게서(1906), 72면.
162) 부동산법조사회, 상게서(1906), 88∼89면.
163) 부동산법조사회, 상게서(1906), 12면.
164) 부동산법조사회, 상게서(1906), 24면.
165) 부동산법조사회, 상게서(1906), 32면.

(5) 水原觀察府: 척(尺)이라는 것에는 2종이 있다. 하나는 전(田), 수전(水田)을 측량하고, 다른 하나는 산(山)을 측량하는 것으로, 지척(地尺), 산척(山尺)이라고 부른다. 척(尺)은 어떻게 만드는가의 질문에 대하여, 종이로 만든 끈(紙繩)으로 만든다[?]. 지척(地尺), 산척(山尺)은 어떻게 다른가의 질문에 대하여, 산척(山尺)은 지척(地尺)보다 길다[?].166)

(6) 大邱觀察府: 양척(量尺: 일본의 典尺으로 3尺 3寸에 해당) [나무로 만들어서 매우 조잡한 양척으로 보임]을 사용한다.167)

(7) 釜山理事廳: 대개 눈대중으로 측량한다.168)

(8) 馬山理事廳: 양척(量尺)으로 길이 1미터 되는 것이 있지만, 아직 토지를 측량하였다는 것을 듣지 못했다.169)

제10. 이상 各項에 대한 市街地와 地方의 慣習法

이상 10개 항목의 관습법이 시가지와 지방에 따라서 다른 관습법이 존재하는가의 질문에 대하여, 경성 이사청; 수원 관찰부, 부산 이사청 및 마산 이사청에서는 조사를 생략하였고,170) 개성부와 평양 관찰부에서는 지금 응답하는 것이 어렵다고 하였으며,171) 대구 관찰부는 별로 차이가 없는 것으로 생각한다고 하였다.172) 그리고 평양 이사청에서는 아무런 응답이 없었다.

---

166) 부동산법조사회, 상계서(1906), 51면.
167) 부동산법조사회, 상계서(1906), 62면.
168) 부동산법조사회, 상계서(1906), 72면.
169) 부동산법조사회, 상계서(1906), 89면.
170) 부동산법조사회, 상계서(1906), 12, 52, 72 및 89면.
171) 부동산법조사회, 상계서(1906), 24, 32면.
172) 부동산법조사회, 상계서(1906), 62면.

제6장 日帝의 初期的 韓國慣習法調査事業과 不動産立法

제1절 序說

우리나라의 관습법조사가 최초로 실질적으로 행하여진 것은 구한국 말에 일제가 우리나라에 통감부를 설치하고 우리나라를 통치하게 됨으로써 시작되었다.[1] 그동안에 우리나라의 사회가 오랫동안 폐쇄적 상태에 있었으므로 우리의 자발적인 법문화에 대하여 별로 알고자 하는 실질적 필요가 없었던 것으로 볼 수 있다.

그러나 일제가 1905년 11월에 체결한 '을사조약'에 의하여 한국의 외교권을 박탈하고 통감에 의한 정치를 실시하면서, 초대 통감인 伊藤博文은 한국의 폐정개혁을 통한 통치의 기초를 세우기 위하여 우선 인사법의 정리, 소유권의 확립 및 세법의 정리를 시정방침으로 하였다. 이를 위하여 문화와 풍속이 다른 한국인의 관습을 조사할 필요가 있었다. 따라서 일제는 1906년에 우리나라에 통감부

---

1) 일제는 江華島條約이 체결되기 이전 1872년에 정한론자 西鄉隆盛이 滿洲와 韓國에 군인을 파견하여 조사 작업을 하였고, 또한 花房義質이 한국에 올 때에는 동행한 육군중좌 北村重賴와 소좌 別府晋介를 한국인으로 변장하여 군사정탐을 함으로써, 한국에 대한 군사적 목적에서의 사회·문화조사사업은 벌써부터 있었던 것이다. 朴賢洙,「日帝의 侵略을 위한 社會·文化調査活動」,『韓國史研究』, 제30호, 447~448면. 그러나 우리나라에서의 관습법을 밝히기 위한 관습법조사사업이 실질적으로 행하여진 것은 일제가 통감부를 설치한 이후에 한국정부에 不動産法調査會를 두어 조사활동을 한 것이 최초의 관습법조사라고 할 것이다.

를 설치하고,[2] 그들의 새로운 정치를 시행함에 있어서 초대 통감의 시정방침에 의하여 법률제도의 정리에 착수하였다. 처음에 착수한 것이 바로 부동산법의 제정을 하는 것이었다. 이를 위하여 일본 민법학계의 권위자인 梅謙次郎이 통감의 추천을 받아서 한국정부에 설치된 부동산법조사회의 회장이 되어 특별관습법조사를 개시하였다. 이와 같이 부동산법조사회를 중심으로 우리나라의 부동산에 관한 특별관습법조사가 이뤄진 것이 일제에 의한 초기적 한국관습법조사사업이라고 하겠다.

그러므로 여기에서 다루고자 하는 일제의 초기적 한국관습법조사사업과 부동산입법은 일제가 우리나라에 통감부를 설치하고 식민통치의 기초를 준비하는 과정에서 일제에 의하여 우리나라의 부동산입법을 위한 부동산에 관한 특별관습법조사가 어떻게 실시되어, 그 결과가 어떻게 부동산에 관한 법률의 제정에 영향을 주었는가에 관한 것을 중심으로 하는 것이다. 따라서 시대적으로는 1905년부터 1910년에 걸친 일제의 한국통감부시대라는 단대적인 것에 국한한다. 그러나 이 시기의 전후에 걸친 연속성을 전혀 배제할 수 없는 것은 해당되는 곳에서 통사적으로 다루지 않을 수 없다. 그리고 특히 부동산법의 제정이 당시 한국사회의 경제적 발전에 바탕을 두고서 이뤄진 사법의 변천, 발전이라는 모습으로 이뤄졌는가에 주시하면서,[3] 일제의 초기적 한국관습법조사사업이 입법정책의 관

---

2) 초기의 통감부의 직제와 직원을 보면, 중앙에 統監 외에 總務長官, 農商工務總長, 警務總長 등을 두고, 통감부의 일선기관으로 理事廳을 경성, 부산, 마산 등 12곳에 설치하였다. 金雲泰, 『日本帝國主義의 韓國統治』(서울: 박영사, 1986), 107~108면.

3) 왜냐하면 부동산법의 제정은 일제가 1905년 '을사조약'에 의하여 대한제국을 반식민지의 상태로 만든 직후 계획된 '조선토지조사사업'이 그때까지 일본자본의 토지점유를 저지하는 요소를 제거하기 위하여 이뤄진 것과 그 궤를 같이하는 것으로 볼 수 있기 때문이다. 愼鏞廈, 『朝

점에서 경제에 미친 역작용을 정치와 사법과의 관계로 살펴보고자
한다. 또한 이것은 우리나라에서 최초로 근대적 사법으로서의 부동
산법이 제정됨으로써 근대법과의 초기적인 접촉이 어떻게 이뤄졌
는가를 확인할 수 있을 것이다.

제2절 植民地的 反動期의 經濟現象과 土地所有의 問題

제1. 植民地的 反動期의 經濟現象 [4]

우리나라가 개항을 하기 전에 대외무역의 관계는 북관무역과 왜
관무역을 중심으로 하였다.[5] 그러나 일제는 1875년에 운양호사건
을 일으켰고, 1876년 2월 26일에 한일수호조약을 체결함으로써 한
국에서의 정치적 및 경제적 진출을 법적으로 보장받게 되었다.[6] 이
로 인하여 일제는 대외무역에서 우위를 확립하게 되었다. 특히 일
제의 초기적 교역방법은, 개항장에서 실직한 낭인배들인 상인이 주
로 그들의 섬유제품을 중심으로 소비품을 들여와서 쌀 등 농산물
을 수집하는 것이었다.[7]

鮮土地調査事業硏究』(서울: 지식산업사, 1982), 21~22면 참조.

4) 이는 일제의 한국통감부시대를 포함하여 그 이전 강화도사변의 전후로부터 일제의 조선총독부
시대가 끝나는 때까지를 통틀어서 우리나라의 경제현상을 다루는 의미로 사용되고 있다. 권병
탁, 『한국경제사』(서울: 박영사, 1984), 255면 이하. 그러나 여기에서는 주제에서 다루고자
하는 일제의 한국통감부시대를 전후한 시기에 있어서 우리나라의 경제현상을 일제의 식민정책
과 관련하여 다루고자 한다.

5) 조기준, 『한국자본주의성립사론』(서울: 대왕사, 1985), 94~95면.

6) 이 조약에 의하여 다시 같은 해 8월 24일에 한일수호조약부록(韓日修好條約附錄)과 무역장
정규칙(貿易章程規則)을 체결하였다. 이들을 통틀어서 불평등조약인 강화도조약(江華島條約)
이라고 한다. 이로 인하여 관세조항거론(關稅條項擧論), 부산모두진사건(釜山毛頭鎭事件) 등
무관세파동을 일으켰다. 조기준, 전게서(1985), 100~108면.

한편 일제는 개항장에 제일은행(第一銀行) 등을 진출시켜서 은행권을 발행시키고, 지금(地金)을 반출시켰으며,[8] 우선주식회사(郵船株式會社)와 대판상선주식회사(大阪商船株式會社)와 같은 운수회사를 진출시켰고, 이와 함께 일본 상인의 진출이 증가되었다. 이와 같이 일제는 우리나라에서의 상권을 침탈 장악하였다. 또한 일제는 우리나라의 화폐를 근대적 화폐로 개혁하였고,[9] 한편으로 한국정부의 재정개혁에도 간섭하였다.[10]

이와 같은 일제에 의한 식민지적 반동기에 중요한 것은, 일제의 토지점탈에 의한 반봉건적 식민지토지제도에로의 강제적 재편성[11]을 들지 않을 수 없다. 먼저 초기에 온 일본인의 토지수매에 대하여 살펴볼 필요가 있다. 처음에는 일확천금의 꿈을 가진 일본인들은 대부분 상업이나 고리대금업에 종사하였다. 따라서 강화도조약 이후 청일전쟁까지의 일본인의 토지점탈은 대개 상업이나 고리대금업의 부수적인 소득이거나 일제 관헌의 주둔에 의한 토지약탈에 지나지 않았다. 이를 나눠서 보면 다음과 같다. 그 하나는 거류지에서의 토지임차 및 소유였다. 즉, 1883년 8월 30일에 조인된 '인

---

7) 이러한 교역수법은 개항 직후의 것이었지만, 특히 대판인, 중개인에 의한 거래와 자금의 선대법 등에 의하여 일본상인의 부의 축적과 대판인 등의 축재로 우리나라의 근대화는 저지 말살되고, 식민지적 반동체제로의 길로 들어서게 되었다. 이에 국민적 주체성의 집약적 표상으로 1894년에 농민전쟁이 일어났던 것이다. 권병탁, 전게서(1984), 272~277면, 279~289면.

8) 이에 대한 상세한 내용은, 조기준, 전게서(1985), 120~132면.

9) 화폐개혁에 관한 상세한 내용은, 조기준, 전게서(1985), 193~212면.

10) 재정개혁과 예산편성에 관한 상세한 내용은, 조기준, 전게서(1985), 213~233면.

11) 이는 일제에 의하여 우리나라의 토지제도에 있어서 봉건적인 소유관계를 정립시킨 기반 위에 소작인으로 하여금 토지를 빌려 경작하게 하고, 지주는 소작료를 취득하게 하는 식민지지배체제로 강화한 것을 말한다. 권병탁, 전게서(1984), 300~301면. 그러나 일제의 초기적 토지점탈은 우리나라의 봉건적 토지제도가 장애요인이 되었던 것이다. 이에 대해서는 앞으로 다뤄질 것이다.

천항일본인거류지차입약서'(仁川港日本人居留地借入約書)에 의하여 인천항에 일본인 거류지가 설정되어서 약 7천 평의 토지가 거의 무상으로 일본인에게 영구 대여되었고, 원산항에도 1880년에 거류지가 설정되어서 이에 영구차지권을 얻게 되었다. 그러나 일본인의 증가로 거류지역에서 한국인 상가로의 진출을 위한 토지와 건물의 임차 및 소유가 증대되었다.[12] 다른 하나는 고리대금업에 의한 토지의 소유였다. 외국인의 거류지 밖에서의 토지소유는 금지되었으나, '한영조약'(韓英條約, 1883) 제4조에 의하여 영국인에게 영국조계 이외의 토지나 가옥을 임차 또는 구매를 함에 있어서 조계로부터 10리(한국 리정)를 넘을 수 없도록 한 것을 다른 외국인에게도 적용되는 것으로 해석되어서, 조계 밖에서도 외국인의 토지소유가 확대되었다. 이와 함께 일본인들은 내륙의 도읍에까지 진출하여 상업에 종사함으로써 그곳의 택지나 건물을 임차하거나 소유하게 되었다.

그러나 이러한 토지소유는 단순한 토지매매계약서만으로 족하였고, 소유권의 이전에 구애 없이 토지를 구매하여 소유하였다. 이러한 토지수매는 미곡 수집을 목적으로 이뤄지기도 하고, 고리대의 유질에 의하여 담보물인 토지를 점탈하기도 하였다. 그러나 청일전쟁 이후에는 일제의 대자본가에 의한 토지투자가 적극적으로 이뤄졌고, 일제의 농업이민이 확대되고, 일제의 관권에 의한 토지약탈이 자행되었다.[13] 그 밖에도 군용지 및 철도부설을 빙자하여 일제

---

12) 조기준, 전게서(1985), 139~141면.

13) 일본인의 고리대금업에 의한 토지점탈과 일제의 대토지수매에 대해서는, 조기준, 전게서 (1985), 142~145면, 146~156면.

는 토지를 거의 무상으로 수용하였을 뿐만 아니라 이에 편승한 일본인 토지투기업자가 난무하였던 것이다.[14] 이와 같이 일제는 우리나라에서의 토지점탈을 통한 일본인의 토지소유를 확대하여 나갔던 것이다.

제2. 土地所有의 問題 : 光武量案의 實施와 外國人(일본인)의 土地所有禁止

우리나라는 개항 이후에 외국인의 토지점탈이 확대되고 있음을 막고 광무개혁에 따른 재정확보를 위하여 토지소유의 근대화 방안으로 광무지계사업(光武地契事業, 1898~1904)을 실시하였다.[15] 이 광무양안의 특색은, 양전에 있어서 그 절차와 방식은 종래의 양안 및 입안에 따르고 있으나, 서양의 측량술을 도입하고 근대적 소유권증서라 할 지계제도(地契制度)[16]를 실시한 것이다. 특히 광무양안에서 지계제도의 실시로, 종래의 매매문기와 입안에 의한 토지소유권의 증명이 지계아문에서 광무양안에 의하여 발급된 지계에

---

14) 이에 대한 상세는, 조기준, 전게서(1985), 156~160면 및 권병탁, 전게서(1984), 305~306면의 주 14), 15) 참조.

15) 광무양전지계사업(光武量田地契事業)에 대해서는, 김홍식 외, 『대한제국기의 토지제도』(서울: 민음사, 1990); 조종식, 「大韓帝國의 土地所有權制度」, 『재산법연구』, 제7권 제1호(한국재산법학회, 1990), 256면 이하 참조.

16) 이 지계제도는, 고종 25년 朴泳孝의 상소문에서 지조를 개량함에 地券을 설치하여 이를 외국인뿐만 아니라 내국인에게도 실시하자고 하였으나, 이는 일본에서 明治 초에 地租改正의 일환으로 지권을 발행한 것을 받아들인 것이 아닌가의 의문이 있다. 조종식, 전게논문(1990), 266면에는 이에 대한 언급이 없다. 그러나 福島正夫, 『日本資本主義의 發達과 私法』(東京: 東京大學出版會, 1988), 24~27면에 의하면, 일본은 명치유신을 하고 나서 토지제도에 있어서 봉건적인 제한을 철폐하여 토지의 상품화, 유통성의 증대를 위하여 지권제도를 실시하였다. 그러나 광무양안은 어디까지나 봉건지주층을 중심으로 한 근대화 방안으로 봉건체제의 해체를 위한 것은 아니었다.

의하여야만 토지소유권이 인정되었다. 다만, 종래의 토지소유자에게 그대로 그의 소유권을 인정하는 것을 원칙으로 하였고, 토지대장의 지주에게도 관계(官契)를 발급하여 주었다. 그렇지만 외국인에게는 개항장의 거류지에서만 토지나 가사(家舍)의 임차, 소유를 인정하고 그 밖의 토지소유를 금지하였다.

이와 같이 광무양안의 실시에 따라서 지금까지 종래의 관행대로 사서문서(私署文書)인 토지매매문기만으로 토지를 점탈하여 온 일본인은 그 소유권을 확인할 수 없게 되었다. 이미 대량의 토지를 점탈하여 소유하고 있는 일본인의 토지소유가 법적으로 보호받을 길이 없게 되었다. 이에 일제는 일본인의 토지소유를 법적으로 확보함으로써 불안을 해소하여 그들의 투하자본을 보호하여야 할 문제에 당면하였다.[17)]

제3. 半封建的 植民地土地制에로의 强制的 再編成의 必要와 對策

일제는 일본인들이 한국에서 소유하고 있는 토지에 대한 소유권을 법적으로 보장하는 것이 무엇보다도 시급한 일이었다.[18)] 이를 위한 법적인 뒷받침을 위하여 관계법령을 입법하는 것이 긴요하였다. 또한 앞으로의 식민통치의 기반을 확립하기 위하여 전국적인 토지조사사업[19)]을 계획하였던 것이다. 이와 같은 사정에서 일제는

---

17) 따라서 일제는 우리나라의 봉건적 토지소유관계를 해체하여 이를 반봉건적 식민지토지제도로의 강제적 편성을 통하여 그들의 토지소유를 통한 투하자본의 보호를 서두르게 되었다. 이러한 일제의 식민지정책은 부동산법의 제정, 토지조사사업 등으로 이어지고 있음을 알 수 있다. 이와 같은 생각은 일제가 明治維新法의 생성과정에서도 지조개정 등으로 토지법의 발전을 본 것을 특색으로 하고 있음을 알 수 있다. 福島正夫, 전게서(1988), 23～24면 참조.

18) 신용하, 전게서(1982), 24면.

19) 이를 위하여 구한국정부의 탁지부에 토지조사국을 설치하고, 토지조사의 필요성을 "토지조사

그들의 자유로운 토지투자와 이의 법적인 보장을 받기 위한 노력이 이뤄지게 되었다. 이러한 일제의 노력은 단순히 그들의 토지소유를 보장받기 위한 것에 그치지 않고, 종국에는 한국에서의 반봉건적 식민토지제로의 강제적 재편성을 하기 위한 것이었다. 그 대책의 하나로 일제는 초기적 한국관습법조사사업을 통하여 토지를 중심으로 한 부동산관습법을 조사하였고, 이를 바탕으로 부동산입법을 하였던 것이다.

제3절 初期的 慣習法調査事業의 展開와 不動産慣習法調査의 內容

제1. 不動産法調査會의 設置와 調査活動

일제는 한국통치의 첫걸음으로 한국에서의 부동산에 관한 조사를 실시하였다. "당시 한국에 있어서 경제상태는 매우 유치하여 아직 토지경제의 시대를 벗어나지 못하고 있다. 부동산은 사람의 가장 중요하고 유일한 재산임에도 불구하고, 이의 권리에 관한 아무런 법제를 볼 수 없다. 토지를 매매하거나 저당하는 경우에도 사람들은 오직 옛 습관에 따라서 문기라는 사사로운 문서인 토지매도증을 철한 것을 주고받음으로써 권리의 이전 설정을 표시하는 데 지나지 않기 때문에 위조문기가 성하게 유통하여 권리관계의 분쟁

는 지세부담을 공평하게 함으로써 토지의 개량과 이용을 자유롭게 하여 생산력을 증진시키고
자 하는 데 있다."고 역설하였다. 조선총독부, 『시정보고』(1910), 54면; 권병탁, 전게서
(1984), 308면.

이 끊이지 않아서 재산의 안전이 없고 권리의 보장이 불확실함을 면치 못한다. 또한 가옥을 목적으로 한 담보권의 관습이 있어도 그 실행의 절차가 확실하지 않다."[20]는 것을 들어서, 한국에서의 근대적 부동산소유권제도를 확립하기 위한 것이라고 하였다.

이와 같은 조사활동을 수행하기 위하여 통감부는 한국정부에 부동산법조사회를 설치하였다. 이 부동산법조사회는 梅謙次郎을 회장으로 하고, 당시 한국정부의 탁지부 사세국장인 李健榮 외 7명을 위원으로 임명하여, 한국정부의 의정부(내각)에 설치하였다.[21]

초기의 부동산에 관한 관례조사는 출장조사에 의하였다. 즉, 1906년 7월에 각 지방을 출장하여, 회장인 梅 박사가 질문한 것에 대하여 각 지방의 이사관, 관찰사 및 부윤이 응답한 것을 기록하는 방법이었다.[22] 이 조사에는 中山成太郎이 보좌하고, 보좌관보 川崎萬歲가 집필하고, 위원 石鎭衡[23]이 통역을 맡았다. 이 조사의 조사사항은 다음에서 자세히 다룰 것이지만 10개 항으로 나눴고, 제1항은 다시 10개의 세목으로 나뉘었다. 조사를 한 곳으로는, 경성 이사청, 인천 이사청, 개성부, 평양 관찰부, 평양 이사청, 수원

---

20) 조선총독부 중추원, 『조선구관제도조사사업개요』(1938), 1～2면.

21) 조선총독부 중추원, 상게서(1938), 5면. 그러나 7명의 위원이 어떤 사람들이었는가에 대하여 알 수 없다. 다만, 한국법사학회 제17회 정례발표회(1991.9.28.)의 주제발표자인 정긍식(한국법제연구원 연구원)은 논문 「한말 법률기초기관에 관한 소고」에서, 1906년 7월 13일에 토지소관법기초위원으로 6명을 임명하였고, 다음 날인 7월 14일에 부동산법조사위원회로 대체되었다면서, 보좌관, 보좌관보, 속 등은 모두 일본인이었다고 하였다. 이 논문발표에서도 그 위원들을 밝히지 못하고 있다. 토론에서 박병호 교수는 당시 관직의 변동이 심하여서 그러한 것이라는 의견을 밝혔다. 정긍식, 「한말 법률기초기관에 관한 소고」, 『한국사학논총』(박병호 교수 환갑기념 Ⅱ)(서울: 박영사, 1991), 259～260면.

22) 조선총독부 중추원, 상게서(1938), 6면.

23) 이의 인물고는, 최종고, 「한국의 법률가상: 석진형」, 『사법행정』(1984.5) 및 동, 『한국법학사』(서울: 박영사, 1990), 92～93면 참조.

관찰부, 대구 관찰부, 부산 이사청 및 마산 이사청으로서 5개 이사청과 3개 관찰부 및 1개 부였다. 그리고 조사의 일정을 보면, 1906년 7월 26일 경성을 출발하여 인천에 도착함으로써 시작하여 27일에 경성에 돌아와서 28일에 개성에 도착하였고, 29일에 평양에 도착하였으며, 31일에 경성에 돌아와서 8월 1일에는 수원에서, 2일에는 대구에서, 3일에는 부산에서, 5일에는 마산에서 조사를 하여, 6일에 경성으로 돌아옴으로써 조사를 마치게 되었다.[24] 이와 같이 초기의 관습법조사는 짧은 기간에 일정한 조사사항에 대한 질문과 이에 대한 응답을 기록하는 것에 의한 출장조사였다.

제2. 不動産慣習法調査의 內容

일제가 한국에서 부동산법조사회에 의하여 부동산에 관한 관습법을 조사한 내용은 부동산법조사회가 간행한 몇 가지의 직접자료에 의하여 알 수 있다. 그 가운데 『韓國不動産ニ關スル調査記錄』과 『調査事項說明書』가 기본 자료가 된다. 전자는 1906년 7월에 회장인 梅 박사를 중심으로 초기의 조사활동에 의한 출장조사의 기록으로서, 그 내용은 개언, 조사사항 및 조사기록으로 국판 총 89면이며, 1906년 8월에 간행된 것이다.[25] 후자는 회장인 梅 박사

---

24) 이것은 조선총독부 중추원, 전게서(1938), 6면에 의한 것이다. 이에 의하면, 조사의 개시일이 1906년 7월 27일인 것으로 되어 있다. 그러나 김효전 교수(동아대)는 『황성신문』 1906년 7월 27일자에 따르면 그 개시일이 7월 27일이라고 하므로, 서로 같지 않다. 이에 대한 정확한 것으로는 부동산조사회가 간행한 『韓國不動産ニ關スル調査記錄』(1906.8), 5면을 보면, 1906년 7월 23일에 경성 이사청에서 조사를 실시한 기록이 있는 것으로 보아서 이미 7월 23일부터 개신한 것이라고 하여야 한다. 따라서 조사기간이 종래에는 12일이라고 하였으나, 이에 의하면 15일이 되는 것이다. 그러나 이 조사사업은 여러 가지의 사정으로 다음 해인 1907년 말로 중지되었다.

25) 여기에서 인용하는 것은 조선총독부 도서관 장서본에 의한다.

가 조사위원을 모아 놓고서 행한 설명의 요록으로서, 그 내용은 조사사항에 대하여 항목별 및 세목별로 설명한 것으로 국판 16면이며, 각 관계 관아에 배부하기 위하여 1906년 9월에 간행된 것이다.[26] 그 밖에 출장 조사한 것으로, 『韓國不動産ニ關スル慣例第一綴』[27] 및 『韓國不動産ニ關スル慣例第二綴』[28]과 『韓國ニ於ケル土地ニ關スル權利一班』[29]이 있으며, 문헌조사를 한 것으로는 『韓國土地所有權ノ沿革ヲ論ス』[30]가 있다.

부동산에 관한 관습법조사의 내용은 앞에서 이미 다루었기 때문에, 여기에서는 『조사사항설명서』를 중심으로, 부동산법조사회 회장인 梅 박사가 어떠한 관습법을 조사하고자 하였는가를 살펴보고자 한다.[31]

(1) 토지에 관한 권리의 종류, 명칭 및 그 내용: 梅 박사는, 토지에 관해서는 어떠한 종류의 권리가 존재하고, 그 권리의 명칭은 어떠하며, 그 권리의 성질 및 효력 등의 내용 범위는 어떠한가는

---

26) 여기에서 인용하는 것은 일본 神戸高等商業學校(현 神戸大學의 전신)의 소장본에 의한다.

27) 이 조사서는 보좌관보 川崎萬歲가 1906년에 梅 박사가 시도하였던 조사를 모방하여 이미 조사한 지역 이외의 지역을 조사대상으로 한 조사를 철한 것으로서, 국판 총 76면으로 1907년 4월에 부동법조사회가 출간한 것이다.

28) 이 조사서는 촉탁 平木勘太郎이 제1철의 속편으로 조사한 것을 철한 것으로서, 국판 총 144면으로 1907년 6월에 부동산법조사회가 출간한 것이다.

29) 이 조사서는 보좌관 中山成太郎이 남한 지방을 출장하여 조사 보고한 것으로, 총 7장으로 나눠서 체계적으로 논술한 것이 특색이며, 국판 총 83면으로 1907년 6월에 부동산법조사회가 간행한 것이다.

30) 이 조사서는 촉탁 平木勘太郎이 집무의 여가를 이용하여 토지소유권에 관한 문헌조사에 의한 자료에 의하여 이를 역사적으로 서술한 것으로, 그 내용은 한국의 토지소유권에 관하여 역사적 고찰을 요령 있게 한 것이며, 국판 총 67면으로 1907년 경(출판일은 알 수 없음)에 부동산법조사회가 간행한 것이다.

31) 이 '조사사항'에 대한 설명은, 앞으로 부동산법조사회, 『조사사항설명서』(1906.9), 1면 내지 16면에 걸쳐서, 해당부분의 설명에 의한다.

먼저 조사할 중요한 항목이므로, 이 항목을 다시 세목으로 구별하여 말하면 다음과 같다고 하였다.

① 인민의 토지소유권을 인정하는지 않는지, 만약 인정한다면 어느 때부터 이를 인정하였는가: 梅 박사는, 이에 대하여 토지에 관한 권리는 여러 가지가 있고, 그 가운데 소유권은 가장 중요하고도 우등한 권리로서 가장 완전하게 토지를 지배하는 권리를 이르는 것이다. 따라서 인민의 토지소유권은 어느 나라에서도 처음부터 존재하였던 것이다. 연혁상으로 보면, 토지는 처음에는 국유 또는 크고 작은 단체의 공유에 속한 것이 보통이고, 각인의 토지소유권은 대체로 후세에 이르러 발달한 것이라고 설명하고, 한국의 현상은 어떠한 상태에 있는가와 이미 인민에게 토지소유권을 인정하기에 이르렀는지 아닌지를 한국의 토지에 관한 권리를 밝히는 데 있어서 먼저 조사를 요하는 것이다. 따라서 한국의 현상은 이미 토지소유권을 인정하였다면 과연 어느 시대부터 이를 공인함에 이르렀는가에 대하여 역시 분명하게 조사를 바란다고 하였다.[32]

② 토지소유권의 제한 및 부담: 梅 박사는, 토지소유권은 토지에 관한 권리 중 가장 중요하고도 우등한 권리이지만, 이에 대하여 공익을 위한 여러 가지 제한 및 부담이 있는 것이 보통이다. 이러한 일본 및 구미 문명국의 법률에서 보는 것처럼 한국에서도 이미 토지소유권을 인민에게 인정하였다면, 그 토지소유권에 관하여 법령 또는 관습에 의하여 어느 정도의 제한 또는 부담이 존재하지 않는가라고 의문하면서, 이른바 토지소유권의 제한이라 함은 토지의 소유권 위에 가해진 권리행사의 억제를 말하는 것으로서, 예컨대 '광

---

32) 부동산법조사회, 상게서(1906), 1～2면.

업법'(鑛業法)의 규정에 의하여 소유지 내에서 광물의 자유로운 채굴을 금지하고 또는 '삼림법'(森林法)의 규정에 의하여 소유지 내에서 벌목을 제한하는 것을 말한다고 설명하면서, 한국에서 관습상 공지가 있으면 가옥을 짓기 위하여 토지를 사용하는 것을 거절할 수 없다고 한다면 이것 역시 토지소유권의 제한의 하나이다. 또한 이른바 토지소유권의 부담이라 함은 토지소유권에 대하여 토지에 수반하여 가해진 적극적인 의무를 말하는 것으로서 지조(地租)와 같은 부담이 주요한 것이다. 그 밖에 하천 연안의 토지소유자가 연안 도로의 수선비를 부담하는 것이 있으면 그 한 예가 된다고 설명하였다.[33)]

③ 국가는 어떠한 조건으로 인민의 토지소유권을 징수할 수 있는가: 梅 박사는, 인민에게 토지소유권을 인정하더라도 국가가 공익상 필요가 있다고 인정되는 때는 인민으로부터 그 소유권을 징수할 권리가 있기 때문이며, 이를 실로 막을 수 없지 않는가 의문하면서, 일본 및 구미 문명국의 법률 대부분이 인정하는 것처럼 한국에서도 반드시 이에 해당하는 것이 있을 것이므로 한국에서는 인민으로부터 토지소유권을 징수함에 있어서 어떠한 조건이 있는가, 특히 국고 기타에 의하여 반드시 보상금을 지급하는가, 바로 지급하는가를 조사하도록 설명하였다.[34)]

④ 소유권은 토지의 상하에 미치는지 않는지: 梅 박사는, 토지소유권은 오직 지구의 일부를 이루고 있는 토지의 표면을 지배하는 데 그치는 것이고, 그 권리의 일면은 지하에 미치고 다른 일면은

---

33) 부동산법조사회, 상게서(1906), 2∼3면.
34) 부동산법조사회, 상게서(1906), 3면.

지상의 공간에도 미치는 것으로 일본 및 구미 문명국의 법률에서는 이에 관한 규정이 있음이 보통이라고 설명하고, 이른바 소유권이 지하에 미친다는 것은 토지 표면의 소유자는 당연히 그 지하를 지배권 내에 있는 것으로 하는 것을 말하는 것으로서, 예컨대 지하에 공사를 하는 것같이 표면의 소유자만이 이를 할 수 있고 다른 사람은 이를 할 수 없음을 말하는 것이다(다만, 광물에 관해서는 광업법이 광물국유주의를 취하므로 이의 적용이 없음). 또한 지상에 미친다 함은 토지 표면의 소유자는 그 지면 위의 공간을 당연히 지배하여 타인이 그 공간을 이용하는 것(예컨대, 전선을 통과하는 등)을 제한하는 것과 같다. 만약 한국에서도 토지소유권이 지상 또는 지하에 미치는 관례가 있으면 어떠한 범위에서 행하여지는가를 조사하도록 설명하였다.[35]

⑤ 토지의 강계(경계)에서 쌍방소유자의 권리의 한계: 梅 박사는, 토지의 경계에서는 서로 접한 토지소유자가 접촉함으로써 그들 사이에 권리의 행사로 충돌 또는 분쟁을 생기게 할 우려가 있다면서, 문명국의 법률은 상린자 상호의 이익을 참작 안배하여 상린자 간에 적당한 권리 행사에 한계를 두는 것이 보통이라고 설명하고, 한국에서는 이에 관한 법령의 규정이 있는지 또 법령의 규정은 없을지라도 자연히 필요에 의하여 관습상으로 상린자의 권리 행사에 대한 제한이 있는가를 조사할 사항이라고 설명하면서 이른바 상린자 간에 있어 권리의 한계에 대한 일본 법률이 인정한 예를 들고 있다. 즉, 토지의 경계 및 근처에 담장 또는 건물의 축조 또는 수리, 위요지의 통행, 자연유수의 소통, 계표 등의 설치 및 비용부담,

---

35) 부동산법조사회, 상게서(1906), 3~4면.

건물 축조의 거리, 조망의 제한, 지하 시설의 거리 및 나무뿌리와 가지의 제거 등이다.[36]

⑥ 공유지의 처분 및 관리에 관한 관습: 梅 박사는, 공유지에서 토지소유권이 1인에게 전속되지 않고 수인에게 속함으로써 그 권리를 행사함에 있어서 권리자 상호의 이해가 저촉됨을 면할 수 없다고 하면서, 이 경우 공유지의 처분 및 관리에 관하여 권리자 상호의 이해를 안배하여 그들 사이에 적당한 행사 방법을 정할 필요가 있고, 일본 및 구미 문명국의 법률은 이에 관하여 명확히 규정하고 있지만, 한국에서는 그 현상이 어떠하며 또 법령에 아무런 규정이 없으면 관습에 따라서 그 준거로 하는 것이 없는가. 예컨대, 공유지를 매각함에 있어서 공유자 사이에 이의를 하는 사람이 있는 때에는 어떻게 처리하는가. 공유지를 빌려 주거나 또는 공유지의 비용에 관한 부담 등에 대하여 공유자 사이에 협의가 이뤄지지 않는 때에 어떻게 하는가. 요컨대, 공유자의 의사가 합치되지 않는 경우에 처리에 관한 예규, 관습 등은 이 항목의 조사사항이라고 설명하였다.[37]

⑦ 차지권의 종류, 명칭 및 그 내용, 특히 건물소유자의 권리: 梅 박사는, 토지에 관한 권리 가운데 소유권 다음으로 토지의 이용에 큰 관계를 갖는 것은 차지권이고, 차지권은 소유권과 같이 넓은 범위에 걸쳐 토지를 지배하는 것일지라도 일정한 기간 내에(때로는 무기한의 것이 있음) 토지에 대한 당사자의 협정 또는 그 권리의 성질에 수반된 목적의 범위에서 토지를 사용하는 권리이므로, 이

---

36) 부동산법조사회, 상게서(1906), 4∼6면.
37) 부동산법조사회, 상게서(1906), 6∼7면.

권리는 토지의 이용에 가장 필요한 것으로 소유자 자신이 이를 이용하지 않는 때에는 모두 이 권리의 작용에 의하여 토지를 이용하게 되고, 따라서 이 권리의 발달은 소유권보다 먼저 각국의 풍속, 인정 및 문화의 정도 등에 따라서 여러 가지로 발달하였으며, 한국에서도 토지에 관한 권리에 대하여 토지소유권 다음으로 이 권리를 명확히 할 것이 긴요한 일이며, 차지권은 일본 및 구미 문명국에서도 그 종류가 다양함에 따라서 그 권리의 내용, 범위도 다양하여, 그 권리의 가장 큰 것은 거의 소유권에 유사하고, 가장 작은 것으로 오늘 취득하여 내일 반환하는 것이 있고, 또 대나무의 소유를 위한 것만이 있고, 또는 일체의 사용을 허용하는 것, 또 그 권리의 효력이 오직 당사자 간에 그치고 제3자에게 대항할 효력이 없는 것과 그 효력이 강대하여 누구에게도 대항할 수 있는 것으로 나뉘어 있어서 차지권에 대하여 한국에서 어떠한 종류의 것이 있는지 그 명칭은 어떠한지, 그 권리들의 내용, 범위는 어떠한지 등을 알 필요가 있으므로, 건물 소유를 위한 차지권은 토지 관행에 의하여 다르게 발달하는 것이 적지 않음을 고려할 때 차지권 가운데 중요한 것으로서 특히 이 항목 중에 들어서 그 조사를 하여 밝혀야 한다면서, 일본의 법률이 인정하는 지상권, 영소작권, 임차권 및 사용차권의 정의를 설명하고 있다.[38]

⑧ 지역권이 있는지, 만약 있으면 그 종류 및 효력: 梅 박사는, 지역권은 한 토지의 편익을 위하여 다른 토지를 사용하는 권리로서 그 권리의 성질은 물권에 속하고, 이 권리는 당사자가 임의로 계약에 의하여 설정하는 것으로서, 혹은 통행 혹은 용수 혹은 공사

---

38) 부동산법조사회, 상게서(1906), 7~9면.

혹은 관망 등에 관하여 필요에 따라 다른 토지를 사용하는 것이고, 이 권리는 토지의 이용상 다른 토지를 사용할 필요가 있기 때문에 그 발생이 있는 것으로서 이 권리가 없으면 토지의 이용은 매우 불편이 많다고 설명하고, 한국에서는 이러한 권리가 있는지, 만약 있으면 어떠한 종류의 지역권인지 또 그 효력은 어떠한지가 이 항목에서 조사할 사항이라면서, 지역권에 속하는 관망권, 급수권 및 통행권을 예로서 들고 있다.[39]

⑨ 입회권이 있는지, 만약 있으면 그 종류 및 효력: 梅 박사는, 입회권은 주로 산림, 원야에 대하여 존재하는 권리로서 그 모습은 여러 가지이지만 대강을 말하면 다수의 사람이 일정한 산림, 원야에 들어가서 어떤 목적의 범위 내에서 토지를 사용하고 또는 이를 수익하는 권리로서 이 권리는 관습에 따라서 자연히 발달한 것이 많지만, 때로는 계약에 의하여 인정된 것이 없지 않고, 이 권리의 범위도 역시 여러 가지가 있어서, 그 권리가 큰 것은 주산물의 수익에도 미치는 것이 있으며(예컨대, 산림에 대한 입목벌채권을 갖는 것), 보통은 부산물의 수익을 하는 데 그침으로써 부산물의 수익을 하는 것에 있어서도 그 범위는 역시 일정하지 않다고 하고 또 그 산림, 원야도 입회권자의 공유에 속하기도 하며, 한 개인의 소유에 속한 것도 있다고 한다. 한국에서도 이러한 권리는 각 지방에 있는지, 만약 있으면 종류는 어떠한지, 그 모습은 어떠한지, 그 효력은 어떠한지를 이 항목에서 조사할 사항으로, 이 항목에 대해서는 지방에 따라서 관습이 다른 것이 많을 것이라고 설명하였다.[40]

---

39) 부동산법조사회, 상계서(1906), 9~10면.
40) 부동산법조사회, 상계서(1906), 10~11면.

⑩ 질권, 저당권의 설정조건 및 효력: 梅 박사는, 질권, 저당권은 채권을 담보하기 위하여 토지 또는 건물 위에 설정하는 권리로서, 이 양자의 구별은 질권에서 채권의 담보로 한 부동산을 권리자에게 교부하고 보통 이를 사용, 수익하는 것이지만, 저당권에서는 그 목적물인 부동산을 채권자에게 교부하지 않는 데 있으므로, 부동산을 채권의 담보 목적으로 제공하는 점은 양자에 동일하고 채권이 기한에 이르러 변제되지 않는 때는 채권자는 곧 그 목적인 부동산 위에 권리를 실행하여 방법 및 절차에 따라 부동산을 처분하여 채권의 변제를 받을 수 있는 것이며, 한국에서도 이러한 권리는 반드시 존재할 것으로 믿지만, 과연 질권, 저당권의 구별이 있는지 또 그 권리의 내용 및 그 권리의 설정조건 등은 어떠한지, 요컨대 이 항목에서는 부동산을 신용상으로 이용하기 위해 종래 한국에서 발달된 권리의 종류, 내용 등을 밝히는 것을 중점으로 하지만 가령 질권, 저당권과 다르더라도 동일한 목적인 관습이 있으면 함께 이를 살필 필요가 있다고 설명하였다.[41]

(2) **官, 民有 區分의 證據**: 梅 박사는, 토지에는 관유지와 민유지의 구별이 있으며, 관유지라 함은 국가 또는 제실(帝室)의 소유에 속하는 토지를 말하고, 민유지라 함은 개인 또는 지방단체의 소유에 속하는 토지를 말하며, 이 양자의 구분은 때로 명확하지 않음을 피할 수 없는 것이라고 설명하고, 한국에서도 적어도 개인의 토지소유권을 인정한 이상 토지의 관유와 민유를 구별하는 것은 물론이겠지만, 그 증거는 어디에 있는가라고 묻고 있다.[42]

---

41) 부동산법조사회, 상게서(1906), 11~12면.
42) 부동산법조사회, 상게서(1906), 12면.

(3) 國有와 皇室有와의 區別如何: 梅 박사는, 근래 공법 관념의 발달에 따라서 군주국에 있어서 국가의 경제와 제실의 경제를 분명히 구별하는 예에 따라 토지에 대해서도 관유지를 다시 국유와 제실유로 나눈다고 하면서, 한국에 있어서도 이 구별을 인정하는지 않는지, 만약 이를 인정한다면 무엇에 의하여 양자를 구별하는지 그 표준을 알고자 하는 것이라고 설명하였다.[43]

(4) 土地臺帳 또는 이에 類似한 것이 있는지, 만약 있으면 그 帳簿에는 어떠한 事項을 記載하는지: 梅 박사는, 토지대장이라 함은 토지의 소재, 면적, 지목, 소유자 등에 관한 필요한 사항을 기재하는 공부를 말하고, 문명 각국에서는 이를 제정한 사례가 많다면서, 한국에도 이와 같은 공부 또는 이에 유사한 것이 있는지, 만약 있으면 그 장부의 기재사항 등은 어떠한지를 묻고 있다.[44]

(5) 土地에 관한 權利의 讓渡는 모두 自由로운가, 또 그 條件, 節次 여하: 梅 박사는, 일본에서도 유신(維新) 전에는 토지의 영대매매를 금하였고 또 현재에도 토지에 관한 권리에 대해서는 그 권리의 소재를 명백히 하기 위하여 권리의 이전을 확고하게 하기 위하여서 이 양도에 대하여 등기 등의 형식을 필요로 하고 있다면서, 한국에서는 토지에 관한 권리의 양도는 모두 자유로운가, 또 그 양도를 하는 쪽에서는 일정한 조건, 절차 등을 요하는가. 예컨대, 토지매매에 대하여 지권(地券)의 교부 또는 문기의 작성을 요하는가와 같은 것이 없는가를 상세히 알고자 한다고 설명하였다.[45]

---

43) 부동산법조사회, 상게서(1906), 13면.
44) 부동산법조사회, 상게서(1906), 13면.
45) 부동산법조사회, 상게서(1906), 13~14면.

(6) 地券 및 家券이라는 것이 있다고 들었는데 이는 어떠한 土地, 어떠한 建物에 대하여 存在하는가, 또 그 沿革 및 記載事項 여하: 梅 박사는, 한국에는 지금 지권 및 가권의 제도가 있는 것 같으며, 이 지권 및 가권은 어떠한 토지, 어떠한 건물에 대하여 발급하는지 또 그 지권 또는 가권 제도의 연혁은 어떠한지와 함께 지권 및 가권에 기재할 사항은 어떠한지를 조사하고자 한다고 설명하였다.46)

(7) 土地의 疆界(= 경계)는 언제나 分明한지 아닌지, 만약 分明하지 않은 것이 있다면 同一한 土地에 대하여 二人 이상이 同一한 權利를 主張하는 경우가 적지 아니할 것이므로 이 境遇에는 어떠한 標準에 의하여 정당한 權利者를 정하는가: 梅 박사는, 토지의 경계가 불명함은 어느 국가에서도 자주 볼 수 있는 사실이고 특히 한국에서 그 사실이 많다고 들었는데 이 경우에 그 경계를 정하는 표준은 어떠한지 특히 경계가 불명하기 때문에 2인 이상이 하나의 토지에 대하여 서로 하나의 권리를 주장함이 적지 않을 것이며, 이러한 때에 어떠한 표준에 의하여 정당하게 권리자를 정하는가, 이에 관하여 한국에서 종래 관행된 기준이 있으면 이를 알고 싶다고 설명하였다.47)

(8) 土地의 種目은 어떻게 이를 나누는가, 日本의 例는 田, 畑, 宅地, 山林, 原野 등: 梅 박사는, 일본의 예를 든 것처럼 한국에서도 반드시 이에 유사한 종목이 있으면 그 상세를 알고 싶다고 설명했다.48)

---

46) 부동산법조사회, 상게서(1906), 14면.
47) 부동산법조사회, 상게서(1906), 15면.

(9) 土地丈量(測量)의 方法 여하: 梅 박사는, 한국에서는 토지의 면적을 측량함에 어떠한 방법을 쓰고 있는가, 이에 대하여 종래의 관행을 알고자 한다고 하였다.[49]

(10) 이상 各項에 대하여 市街地와 其他와의 다른 것이 있으면 그 差異는 무엇인가, 그리고 기타 地方에 따라서 慣習이 다른 것이 있으면 그 區別은 무엇인가: 梅 박사는, 이상 각 항에 대하여 지방에 따라서 다소 관습이 다른 것이 있으면 특히 시가지와 다른 지방과의 다른 것이 많을 것이므로, 예컨대 한국에서도 그 차이가 있을 것으로 믿으니 답안에는 이를 명백히 함을 요한다고 설명했다.[50]

이상과 같이, 부동산법조사회의 조사사항 10개 항목의 설정과 그 설명을 통하여, 일제의 초기적 한국관습법조사사업이 어떠한 것이었는가를 확인할 수 있다. 즉, 관습조사의 내용은 토지에 대한 소유권과 기타 권리가 일본의 그것과 어떻게 존재하는가에 중점을 둔 것임을 쉽게 알 수 있다.[51]

일제의 초기적 한국관습법조사사업에 의한 부동산관습법에 관한 조사내용의 개요만을 항목별로 요약하면 다음과 같다.

(1) 토지의 권리에 대한 관습내용: ① 경성 이사청의 三浦彌五郎 이사관은, "토지는 거주에 따라서 5종으로 구별되며, 첫째는 각국 거류지, 둘째 전관 거류지, 셋째는 잡거지, 넷째는 거류지 또는

---

48) 부동산법조사회, 상게서(1906), 15면.
49) 부동산법조사회, 상게서(1906), 15면.
50) 부동산법조사회, 상게서(1906), 16면.
51) 특히 일본인은 한국의 토지면적 단위에 대하여 이해가 어려웠던 것으로 여겨진다고 朴秉濠 교수는 진술하고 있다(1991.9.28.). 그와 같은 진술을 뒷받침 하는 것은 조사항목 제9항에서 토지측량의 방법에 대한 조사를 하고자 한 것으로도 알 수 있다.

잡거지 밖 1리 이내의 토지, 다섯째는 일반지가 된다.”[52]고 하면서, 개인의 토지소유권은 일반으로 인정되며 납세의 사실에 의하여 확보된다고 하였다. 그러나 그와 같은 토지소유권을 인정한 연대는 분명하지 않다고 하였다. 또한 토지를 저당하는 것으로 ‘전당’(典當)이라는 말을 쓰고, ‘문기’(文記) 또는 ‘지계’(地契)를 작성하는 것이 보통이며, 토지의 질입은 인정하지 않는다고 하였다.[53] ② 개성부에서의 질의응답을 보면, 경성 이사청에서와 달리 질의에 앞서 조사사항에 관한 설명을 한 것이 특색이다. 즉, 梅 회장은, “토지에 대해서는 소유권을 비롯하여 지상권, 영소작권 등 여러 가지 권리가 있어서 각 나라가 거의 모두 유사한 것이 보통이지만 한국에서도 이들의 권리를 인정하는지, 만약 인정한다면 그 내용은 어떠한지, 이것이 본 항의 문제로서 너무 광범하므로 다시 항목을 10개로 세분하여 조사하게 된 것이다.”[54]라고 설명을 하고서 질문을 하였다. 이에 대하여 韓永源 부윤은, 토지소유권은 고래의 관습에 따라서 스스로 인정된 것 같고, 어느 토지는 자기의 소유라는 생각이 충분하게 개인 사이에 있다고 하였다. 또한 ‘전당’으로 토지를 수당하고 문기를 받고서 돈을 빌리는 것이 있고, 만약 기한에 이르러 돈을 갚지 않는 때에는 수당된 토지는 대주에게 취득되는 것이라

---

52) 부동산법조사회, 『韓國不動産ニ關スル調査記錄』(1906), 5면. 이 조사는 1906년 7월 23일 오전 11시에 개시하여 오후 1시 30분에 종료한 것으로 기록되어 있는데, 그렇다면 일제의 한국관습법조사사업은 지금까지의 논의와는 달리 이미 1906년 7월 23일부터 시작되었음을 알 수 있다.

53) 부동산법조사회, 상게서(1906), 5~9면.

54) 부동산법조사회, 상게서(1906), 13면. 이 조사는 1906년 7월 28일 오후 6시에 개시하여 동 8시 5분에 종료하였다. 여기에서 유의할 것은 梅 회장의 설명이 갖는 의미이다. 아직 근대적인 법의식이 없는 한국 관원에 대하여 근대적 법 관념을 설명한 것은 이 조사에서의 한계임을 유의하여야 한다. 그리고 이 조사사업이 의도한 것이 무엇인가를 간파하여야 할 것이다.

고 하면서, 진려관(민역소)의 보고에 따르면 부윤으로부터 '지계' 또는 '가계'를 발행한 것이 있고, 인삼밭에 대해서도 지계를 발행하고 이를 '표징'이라 불러 저당을 잡을 수 있다고 하였다.[55] ③ 평양 관찰부의 李容善 관찰사와 李重玉 군수는, 개인의 토지소유권은 개벽 이래 인정되었으며, 정부는 시가의 보상을 하여 주고 개인의 토지를 징수할 수 있고, 경계선에 접하여 건물을 질 때에는 인접지에 빗물이 떨어지는 것을 피하기 위하여 서로 지척(토지측량의 척도)으로 3척의 공지가 있도록 하며, 경계선의 담장을 설치할 때에는 상린자가 각기 그 비용을 분담하는 것이고, 차지권 가운데 소작이 있고 평안도에서는 전답의 수확을 지주와 소작인이 별도로 취득하기도 하고 서로 절반으로 하기도 하고 지주 3분 소작인 7분으로 하기도 한다고 하였다. 따라서 절반으로 하는 경우에는 지주가 납세의무를 부담하고, 3분 7분의 경우에는 소작인이 이를 부담한다고 하였다. 그리고 질권, 저당권도 인정되며, 토지를 질입하거나 저당에 제공한 자는 기한에 이르러 돈을 갚을 수 없을 때에는 그 토지는 돈의 대주에게 취득되고, 이 경우에 권리 이전에 관한 서류를 만들어야 한다고 하였다.[56] ④ 수원 관찰부의 李完鎔 군수는, 역사에 비춰 보면 옛날에는 개인의 토지소유권을 인정하지 않아서 토지는 전부 국가의 소유였지만 점차 각인이 소유하여 매매 또는 대차 등을 하기에 이르렀다고 여긴다고 하면서, 정부가 필요

---

55) 부동산법조사회, 상게서(1906), 13∼23면.

56) 부동산법조사회, 상게서(1906), 24−30면. 이 조사는 1906년 7월 30일 오전 10시에 개시하여 오후 0시 30분에 종료하였으며, 이 조사에서의 통역은 통감부 통역관 多田桓이 맡았다. 이와 같이 일본인 통역에 의한 질의응답에 의한 조사라는 것도 또한 유의하여야 할 점이 아닐 수 없다.

한 때에는 언제든지 개인의 토지를 징수할 수 있고, 이에 대하여 시가를 보상하며 시가의 결정은 '거간'(居間)이라는 자가 이를 결정한다고 하였다. 또한 경작을 위하여 토지를 차용하는 것에는 세 가지가 있으며, 첫째는 지주와 소작인이 수확을 절반하여 지주가 조세를 부담하는 것과 둘째는 소작인이 수확의 전부를 취득하고 지주에게 도세(미리 그 액을 정하고 수확의 다소에 따라서 변경하는 것)를 납부하는 것과 셋째는 경작의 연한을 정하고 그 연한 내에 정황의 흉풍을 불구하고 반드시 소작료를 지급하는 것이라고 하였다. 그리고 '전당'이라는 것이 있어서 문권을 넘겨주고 돈을 차용하는 관습이 있을 뿐이고, 경우에 따라서 보증을 세우기도 한다고 하였다.57) ⑤ 대구 관찰부의 朴重陽 군수는, 토지소유권은 개벽 이래 존재하는 것으로 생각한다고 하면서, 그 토지의 부담은 '결세'(結稅)이며, 결수를 정하는 것은 면적 1만 척을 1결로 하고 1백 부의 수확을 하는 것을 1등지로 하며, 2등은 85부, 3등은 70부, 이렇게 15부씩 체감하여 6등까지 이른다는 것이다.58) ⑥ 부산 이사청의 有吉明 이사관은, 토지소유권은 일찍부터 인정되었고 '문기'라는 것도 이미 이전부터 있었으며, 조세 부담에 대하여 일본인과 한인 사이에 경중의 차가 있어서 일본인 가운데 불복하는 자가 많아서 속히 개정을 요한다고 하였으며, 지방세로서 '호포전'이 일본의 戶數割과 같아서 가옥의 양부에 따라서 그 액에 차등이 있다

---

57) 부동산법조사회, 상게서(1906), 37~46면. 이 조사는 1906년 8월 1일 오전 10시 45분에 개시하여 오후 0시 40분에 휴식을 하고, 동 3시에 다시 개시하여 동 4시 50분에 종료하였다.

58) 부동산법조사회, 상게서(1906), 52~59면. 이 조사는 1906년 8월 3일 오전 9시 40분에 개시하여 동 11시 35분에 종료하였으며, 이 조사에서 경시 飯田晃이라는 일본인이 자리에 있으면서 응답을 보완한 곳이 있다는 점을 유의할 필요가 있다.

고 하였다. 또한 궁내부의 소유인 절영도에서 공지를 개간한 때에는 5년 동안 소유권을 취득하고 조세를 납부하기에 이른다고 하였고, 제주도 부근에는 '어업입회'의 사례가 있다고 하였다.[59] ⑦ 마산 이사청의 三增久米吉 이사관은, 토지소유권이 명백히 인정된 최초는 각 지방의 결수와 인구의 정도를 계산하여 각 호에 분여된 것 같다고 하면서, 지금은 면장 또는 도수가 조세를 받아서 군수에게 납부하는 관습이 있으며, 1결에 전은 1관문, 답은 4관문이라고 하며, 지방세로는 '호세'(戶稅)가 있다고 하였다. 또한 차지권으로는 오직 '작인'(作人)이라는 것이 있고 소작료는 절반으로 한다고 하였다. 산림이나 원야는 모두 관유지로 '입회'(入會)하고, 토지를 질입하지 않으며 토지를 저당하는 경우에는 '양안'을 바꾸는 문기를 작성하여야 하고, 이 문기를 넘겨줘야 한다고 하였다.[60]

(2) 제2항 내지 제10항의 조사사항에 대한 관습내용: 이를 발췌 요약하면, 토지대장으로는 '양안제도'가 있다는 것과 '지권'과 '가권'을 행하고 있으며, 토지의 측량은 '양척'이라는 나무로 만든 자를 사용하고 있다는 것이다. 또한 토지의 종목은 수전(水田), 전(田), 화전(火田: 산꼭대기에 있음), 가대(家垈), 평(坪: 원야) 또는 야(野), 초장(草場: 풀이 자연히 생육하는 곳), 노전(蘆田), 염전(鹽田) 등으로 나누고, 민유지와 관유지의 구별이 인정되고 있다는 것이었다.[61]

---

59) 부동산법조사회, 상게서(1906), 62～69면. 이 조사는 1906년 8월 4일 오전 9시 40분에 개시하여 동 11시 35분에 종료하였다.

60) 부동산법조사회, 상게서(1906), 72～83면. 이 조사는 1906년 8월 5일 오후 5시 45분에 개시하여 동 7시 25분에 종료하였으며, 이 자리에 경부 境喜明이 옆에 있으면서 응답을 보충하였다.

61) 부동산법조사회, 상게서(1906), 20면 이하, 30면 이하, 47면 이하, 59면 이하, 83면 이하.

제3. 不動産慣習法調査의 主觀性

일제의 초기적 한국관습법조사사업은 토지를 중심으로 한 부동산관습법을 조사한 것이었다. 이와 같은 부동산에 관한 조사사업은 부동산법조사회의 회장인 梅 박사가 일본 명치민법의 강행파였으며,[62] 실제로 일본 민법을 제정하는 과정에 참여한 경험[63]을 바탕으로, 한국에서 부동산에 관한 민사관습법이 어떻게 존재하는가를 확인하면서도, 일본 민법이 서구의 근대법을 수용한 것과 다른 것이 무엇인가에 초점을 둔 것 같다. 그와 같은 추측은 梅 박사가 작성한 조사사항의 내용 및 그에 대한 설명을 통하여 가능하다. 그리고 조사과정에서도 자신이 조사사항에 대한 설명을 한 것이라든지 일본인의 통역이나 보충응답에 의한 것에서도 짐작할 수 있다. 또한 梅 박사의 관습법조사사업에 참여했던 淺見倫太郎이 후일에 "그 전부가 대부분 우리의 현행법 가운데 민사사항을 다시 굽는 것을 보는 것 같아서 조선에는 종래 우리 민법 가운데서와 동일한 관습을 가진 것으로 인정함과 같다. ……"[64]고 회고한 것에서도 확인할 수 있다. 이렇게 볼 때에 한국에서의 부동산에 관한 민사관습법을 조사한 것은, 결국 그 존재의 모습대로 객관적인 조사라기보다도 일제의 필요에 의하여 짧은 기간에 걸쳐서 질문자인 梅 박사

---

62) 梅 박사는 프랑스 리옹에서 유학을 하고 독일을 거쳐 귀국했을 때 명치민법의 시행을 놓고 단행파와 연기파의 법전논쟁이 있었으며, 그 가운데 단행파의 기수였다고 한다(岡孝, 「明治民法と梅謙次郎: 歸國100年を機にその業績を振り返る」, 『法學志林』, 제88권 제4호 (東京: 法政大學, 1991. 3), 4면).

63) 梅 박사의 입법가로서의 활동에 대해서는, 岡孝, 상게논문(1991), 3~17면의 「立法家としての梅先生」에서 상론하고 있음. 또한 梅 박사의 서지학적 연구로서는, 岡孝, 「梅謙次郎著書及び論文目錄: その書誌學的研究」, 『法學志林』, 제82권 제3, 4합병호(東京: 法政大學, 1985.3), 137~214면.

64) 淺見倫太郎, 「朝鮮法系ノ歷史的研究」, 『法學協會雜誌』, 제32권 제8호(1921), 33면.

의 지식과 경험에 의하여 주관화된 것으로 볼 수밖에 없다고 할 것이다. 그러나 부동산법조사회의 부동산에 관한 관습법조사가 우리나라에서는 최초로 행하여졌다는 것과 이를 바탕으로 근대적인 부동산입법이 이뤄졌다는 점에서 법제사적인 연구의 가치가 있다고 본다.

제4절 不動産法調査會와 法典調査局의 不動産에 관한 民事立法

제1. 立法機關으로서의 不動産法調査會[65]와 不動産立法

한국정부는 당시 혼란한 토지질서를 정비하기 위하여 1906년 7월 13일에 '토지소관법기초위원'을 임명하였다. 즉, 토지제도에 대해서는 정3품 이원긍, 전 참판 김택을, 법률제도에 대해서는 법부 법무국장인 김낙헌, 정3품 정인흥을 임명하였다.[66] 그러나 같은 해 7월 14일에 부동산법조사회로 대치되어서 그 위원 8명을 임명하였다. 이때에 홍재기가 빠지고 석진형, 김양환, 원응상 등이 교체, 임명되었다가, 다음 해 1907년 6월 16일에 대폭적인 개편이 있게 되었다.

이와 같이 한국정부의 입법기관에 대체되어 부동산에 관한 민사입법을 담당한 부동산법조사회는, 앞에서의 부동산관습법조사에 바탕을 하여 토지 및 가옥에 관한 민사입법을 하게 되었다. 즉, 광무연간(1906~1907)에 토지 등에 관한 부동산민사입법의 내용을 보

---

65) 한말에 있어서의 입법기관에 관해서는, 정긍식, 전게논문(1991), 251~262면.

66) 국사편찬위원회, 『고종시대사 6』, 486면; 정긍식, 상게논문(1991), 259면.

면, 관습법조사사업이 실시되기 전에 '가계발급규칙'(家契發給規則)이 1906년 5월 24일에 내부령 제2호로 시행되었고,[67] 부동산법과는 직접 관련은 없지만 '이식규례'(利息規例)[68]가 같은 해 9월 24일에 시행되었다. 그러나 관습법조사사업의 조사활동이 있은 뒤에는 '토지건물의 매매, 교환, 양여, 전당에 관한 건'이 1906년 10월 16일에 입법, 공포되었고, 이어서 같은 해 10월 26일에 '토지가옥증명규칙'(土地家屋證明規則)이 공포되고, 같은 해 11월 2일에 '토지가옥증명규칙시행세칙'(土地家屋證明規則施行細則)이 공포되고, 같은 해 12월 26일에 '토지가옥전당집행규칙'(土地家屋典當執行規則)이 공포되고, 다음 해인 1907년 1월 29일에 '토지가옥전당집행규칙시행에 관한 세칙'이 공포되기에 이르렀다.

그러면 이와 같은 일련의 부동산입법에 관한 내용을 개별적으로 살펴봄으로써, 일제의 초기적 한국관습법조사사업이 부동산입법에 어떻게 영향을 미쳤는가를 실증적으로 알 수 있을 것이다.

(1) '土地建物의 賣買·交換·讓與·典當에 關한 件'[69]의 과도적 입법: 부동산법조사회의 조사활동 이전에 한국정부에 의하여 '가계발급규칙'의 시행으로 '가계'의 발급이 행하여졌으나 그 시행이 경성, 개성, 인천, 수원, 평양, 대구, 전주 등에 제한되었다. 이

---

67) 이 '가계발급규칙'은, 1893년에 가계발급이 한성부에서 시작된 후에 1900년에 가계의 양식의 개정이 있었고, 1906년에 제정된 규칙이다. 이에 의한 가계제도는 유명무실화된 입안제도에의 복귀를 위한 것이었다. 이의 시행에 따라서 외국인(일본인)의 가옥소유가 제한을 받게 되었다.

68) 이 '이식규례'는, 우리나라의 근대적인 이자제한법의 효시가 되는 것으로 그 내용을 보면 다음과 같다. 즉, 약정이자의 최고이자율은 연 원본액의 10분의 4로(제1조), 이자약정이 없는 경우에는 연 원본액의 10분의 2로 제한하고(제2조), 이자의 총액은 원본액을 초과할 수 없도록 하였다(제3조). 또한 약정이자가 이 규례의 제한을 초과하면 그 초과액은 무효로 하였다(제5조).

69) 이 법률은, 법률 제6호(주의 108)로 1906년 10월 16일에 공포되어 공포일로부터 시행되었다.

규칙의 내용을 보면, 가옥을 소유한 사람이 가계(家契)를 청구하고 자 할 때에는 청구서에 구문권(舊文券)을 첨부하여 한성부나 각 해 당 소관 지방관에게 제출하고, 구문권을 조사한 후에 신계(新契)를 발급하도록 하였다(제1조). 가옥의 매수 시에는 매수인과 중개인(家 僧)이 연서하여 함께 출정하여 전가계(前家契)를 첨부하여 청구서 를 제출하여야 하고(제2조), 가계의 발급은 소관 관청에 비치한 가 계원부와 대조하여 하며, 신축 시에는 그 원부에 등록하여야 한다 (제4조). 한편 가계청구서의 서식을 보면, 가옥의 소재(방·면, 계· 리, 동·사, 통·호)와 가옥의 형태 등(와가 ○간, 초가 ○간, 공대 ○간, 계 ○○간)을 기재하고, 매매가치(대금), 구문권 ○장, 판권 ○장, 입지 ○장을 기재하고, 매도인·매수인·가쾌·보증인을 기 재토록 하였다. 이에 따라서 조선 초부터 약 500년간 시행된 '입 안'(立案) 제도에 갈음하여 '가계'(家契) 제도가 도입되었다.[70]

그러나 부동산법조사회는 조사활동을 끝내고 바로 '토지건물의 매매·교환·양여·전당에 관한 건'을 입법하여 공포일로부터 시 행을 하였다.

이 법률의 내용을 보면 다음과 같다. 즉, ① 토지나 건물을 매 각·양여하거나 교환·전당하고자 할 때에는 소유자가 계권(契券) 과 그 사유를 서면에 밝혀서 토지나 건물 소재지의 이장 및 면장에 게 그 증인을 받은 후에 군수·부윤에게 제출하여 그 인허를 받아

---

70) 이 규칙의 시행에 의한 '가계'의 발급에 대하여, 박병호 교수는 "가옥에 관한 권리의 설정 이 전에 필요한 조건으로 볼 수 없으나, 가계를 소지하지 않는 자는 제3자에 대하여 그 권리를 대항할 수 없었다. …… 가계제도는 한성부 기타 주요 도시에만 국한되었으나 비록 입안에 의 복고였으나, 형식적 절차 면에 있어서는 소유권의 증명보호를 위한 근대적 제도인 점에 있어서 의의가 있다 하겠다."고 설명하고 있다. 박병호, 『한국법제사고』(서울: 법문사, 1974), 74면.

야 하며, 서울(경성)에서는 통수의 증인을 받은 후에 한성 부윤의 인허를 받을 것으로 하였다(제1조). 따라서 토지 건물의 처분 등에 허가주의를 취하였다. ② 인허를 받고자 할 때의 서면에 기재할 사항으로는 토지나 건물의 소재지·토지나 건물의 종류 및 대지의 4표 자호(동서남북) 및 복수 간수나 보수·매매 교환물이나 채권의 표시나 양여의 사실·토지나 건물의 임의 전당이나 임조(＝임대차)의 목적이 된 때는 그 사유·연월일·당사자 및 보증인의 주소지(＝주지)·성명으로 되었다(제2조). 이 기재사항은 당시의 거래관행을 반영하여 목적물의 확정 등을 할 수 있도록 한 것이었다. ③ 그리고 군수·부윤은 등기부를 만들어 비치하고 그의 인허를 할 때에는 제출한 서면의 기재사항을 그 등기부에 기입하여야 했다(제4조). 따라서 이 법의 시행과 함께 한국에 '등기부'가 처음으로 등장함으로써 부동산등기부주의를 채택하였다. 따라서 등기의 열람(제5조), 등기의 말소(제6조), 불실등기의 손해배상 및 형사처벌(제11조 내지 제13조)을 규정하게 되었다. 등기의 효력에 대하여 "등기할 사항을 등기하지 아니한 때는 제3자에 대항하지 못한다."고 함으로써(제7조), 등기를 대항요건으로 하였다. 이것은 일본 민법의 등기제도를 입법한 것으로 볼 수 있다. 한편 토지나 가옥의 공유등기 및 분할등기에 대하여 특별규정(제9조, 제10조)을 둔 것으로 주의를 끌게 한다.

이 법률의 입법적 특징은, 부동산법조사회의 조사활동에 의한 조사항목의 조사내용을 통하여 밝혀진 토지 등 부동산의 개인소유권을 확보토록 함에 있어서 민사관습법[71]을 그대로 반영하면서도, 부

---

71) 조선시대의 말기에 입안제도가 문란하여짐에 따라서 지방에서 관습으로 행하여지던 공증에

동산의 개인소유권을 공시하는 방법에 중점을 둠으로써 앞으로의 입법을 병행하여 규정한 것이라 하겠다. 즉, 부동산등기부주의를 채택하면서 대항요건주의로 한 것은, 梅 박사가 일본 민법의 입법에서 얻은 경험을 그대로 반영한 것으로 보인다. 그러므로 이 법률은 앞으로의 입법을 위한 과도적 입법의 성격을 가진다고 하겠다.

(2) '土地家屋證明規則'[72]의 입법과 證明制度의 도입: '토지가옥증명규칙'은, 토지 가옥의 매매·증여·교환·전당의 경우에 그 계약서에 통수나 동장의 인증을 거친 후에 군수나 부윤의 증명을 받도록 한 것이다(제1조). 이에 의하여 허가주의를 버리고 증명제도를 도입하게 되었다. 증명제도의 도입에 따라 군수나 부윤은 '토지가옥증명부'를 비치하여야 하고(제3조), 이의 열람(제4조, 제5조) 등의 절차를 두었다. 이 증명의 효력은, "증명을 받은 계약서는 완전한 증거가 되며, 다만 그 정본에 의하여 당해 관청에서 곧 시행력을 갖는다."고 함으로써(제3조), 실질적 심사주의에 입각한 공적인 증명력을 갖게 하였다. 이 증명제도에 의하여 종래의 허가주의를 완화시킨 것으로 볼 수 있다.

이 규칙의 주요한 내용은, 외국인이 토지 가옥의 증명을 받는 것을 인정하였다는 점이다. 즉, 당사자의 일방이 외국인으로 증명을 받는 경우에는 일본 이사관의 사증을 받도록 하였으며, 만약 이사관의 사증을 받지 못하면 증명의 효력이 생기지 않는 것이다. 또한 당사자의 쌍방이 외국인으로 증명을 받고자 하는 경우에는 일본

대하여, 박병호, 전게서(1974), 78~80면에 관습상의 공증을 상론하고 있다.

72) 이 규칙은, 칙령 제65호(주의 108)로 1906년 10월 26일에 공포하고(관보 광무 10년 10월 31일) 같은 해 12월 1일부터 시행한 것이다(부칙 제9조).

이사관에게 신청하여 일본 이사관이 먼저 당해 군수나 부윤에게 알려서 '토지가옥증명부'에 기재한 후에 증명하는 것이다(제8조). 이 규정은 실질적으로 외국인(일본인)의 토지소유를 법적으로 허용한 것이며 일제가 일본인의 한국에의 식민을 추진하면서 그들의 투하된 자본을 보호하는 것이 무엇보다도 긴박한 상황에서 나온 것이 아닐 수 없다. 왜냐하면 한국정부가 광무 연간에 '지계아문'(地契衙門)과 '가계아문'(家契衙門)을 설치하여 광무양전사업(1898~1904)에 의한 광무양안을 실시함으로써 외국인(일본인)에 의한 토지소유는 법적으로 보호할 수 없게 되었기 때문이다.[73] 따라서 이 규칙의 시행으로 한국에서 외국인의 토지소유를 금지하여 온 것에 대한 가장 큰 법적인 변혁을 가져온 것이다.

이 규칙의 시행세칙인 '토지가옥증명규칙시행세칙'[74]에 의하면, 이 증명을 받고자 하는 사람은 매매, 증여 및 교환하는 경우에는 2장의 계약서를, 전당하는 경우에는 3장의 계약서를 작성하고, 문기 기타 증빙서류를 첨부하여 먼저 증명을 받은 토지 가옥의 소재지의 통수나 동장에게 제출하여야 하며, 그 수수료 50전을 내야 하고(제1조), 통장 및 동장이 이를 받았을 때에는 계약서의 사항이 사실에 적합한지를 조사하여야 하고, 그것이 적합하다고 인정한 때에는 각 계약서에 인증을 하여 당사자에게 교부하지만, 사실이 적합하다고 인정할 수 없는 때에는 그 이유를 붙여서 거절할 수 있는 것이다(제2조). 그 인증을 함에 있어서 장부를 두고서, ① 토지에는 종

---

73) 종래의 문기만을 가지고 이미 대량의 토지를 점탈하고 있던 일본인들은 불안감에 휩싸여 안절부절못하였던 것이다. 권병탁, 전게서(1984), 306~307면.

74) 이 시행세칙은, 법부령 제4호로 관보 광무 10년(1906) 11월 7일에 공포하여, 같은 해 12월 1일부터 시행되었다(부칙 제16조).

목·소재지명·지번호(자호 등)·면적(복수, 두락, 보수 등) 및 4표를, 가옥에는 종목·소재지명·호번호(통호 등) 및 면적을, ② 당사자의 족적·주소 및 씨명, ③ 인증의 연월일 및 번호를 그 장부에 기재하여야 한다(제3조). 당사자가 앞의 인증을 받은 때에는 즉시 그 계약서의 증명을 받을 토지나 가옥의 소재지를 관할하는 군수나 부윤에게 수수료를 내고 제출하여야 한다(제4조). 군수나 부윤은 계약서를 접수하면 지체 없이, ① 당사자가 정당한 권리자인가, ② 토지 및 가옥에 관한 표시가 사실에 적합한가, ③ 계약 성립에 관하여 착오, 협박 또는 폭행 등의 사실이 있는가, ④ 계약이 허시인가, ⑤ 당사자의 능력에 흠결이 있는가, ⑥ 기타 법률행위의 요건이 흠결하였는가 또는 사실에 부적합한 사항이 있는가를 조사하여야 하며(제5조), 이러한 조사를 할 때에는 당사자, 이해관계인 또는 참고인을 소환하여 신문을 하거나, 실지에 임검 조사를 할 수 있고(제8조), 이와 같은 조사의 결과 계약서가 확실하면 이를 증명하고, 그렇지 않는 때에는 이유를 붙여서 증명을 거절할 수 있다(제6조). 이 증명을 받은 당사자는, ① 증명을 받은 권리가 소멸 또는 이전한 때, ② 증명을 받은 토지 또는 가옥에 관하여 제7조의 토지가옥증명부에 기재한 사항에 변경이 생긴 때에는 그 원인을 기재하고 증빙서류를 첨부하여 이를 신고하여야 하며, 이 신고의무를 위반하여 타인에게 손해를 끼친 때에는 그 손해를 배상할 책임이 있다(제11조).

그러나 외국인이 당사자인 경우에는 일본 이사관으로부터 지조를 받은 군수나 부윤은 즉시 토지가옥증명부에, ① 토지에는 종목·소재지명·번호(자호 등)·면적(복수, 두락, 보수 등) 및 4표를,

가옥에는 종목·소재지명·호번호(통호 등) 및 면적을, ② 매대금·교환물·증여의 조건 및 채권금액·그 환채기일, ③ 당사자 및 보증인의 족적·주소 및 씨명, ④ 기타 계약서 중에 특히 기재할 것으로 인정된 사항, ⑤ 증명의 연월일 및 번호 등을 기재하여야 한다(제7조)고 함으로써, 그 절차를 간소화하였다.

이와 같은 증명제도의 도입에 의하여, '토지가옥증명부'라는 공적인 장부에 의하여 공시를 하도록 하였고, 이른바 실질적 심사주의에 의하여 그 신뢰도를 높였던 것이다.

한편, 이 '토지가옥증명규칙'의 시행에 의한 증명제도의 제정 목적 내지 취지에 대하여, 1906년 11월 9일에 '토지가옥증명규칙시행에관한주의건'[75]이라는 훈령을 공포하였다. 이 훈령에 의하여 토지가옥증명규칙의 적용범위와 종래의 지계 및 가계에 대한 경과조치를 하였다. 즉, 이 규칙은 각 항구의 각국 공동조계지 및 전관조계지를 제외한 한국인 일반에게 시행하고(제8항), 이 규칙의 시행으로 말미암아 종래의 지계 및 가계에 관한 규칙은 폐지되었지만 종래에 발급한 지계 및 가계의 법적 효력은 그대로 존속토록 하였다(제10항). 따라서 이 규칙의 시행에 의하여 한국정부가 시행하였던 지계제도 및 가계제도가 폐지된 것이다.

이와 같이 '토지가옥증명규칙'의 입법 및 시행은, 부동산법조사회가 처음에 입법한 '토지 건물의 매매·교환·양여·전당에 관한 건'에 의하여 과도적으로 채택하였던 '등기부'에서 후퇴하여 '토지가옥증명부'로 지양된 것에 불과하지만, 어디까지나 일본의 법제도

---

75) 이 훈령은, 관보 光武 10년(1906) 11월 12일에 법부대신 이하영이 한성부윤, 각도 관찰사, 각 부윤, 각 군수에게 발한 것이다. 이에 대해서는, 박병호, 전게서(1974), 75～76면.

를 받아들여서 토지 등의 사소유권을 확보하고 이를 바탕으로 외국인(일본인)의 토지소유를 용이하게 함과 더불어 합법화하기 위한 것이었다. 따라서 그 규정형식이나 기술적인 절차에 있어서는 근대적인 경향에 있었지만 그 실질적 내용은 종래의 '입안'과 다름이 없는 것이었다.[76] 따라서 이 규칙의 시행으로 한국정부가 자주적으로 근대적 토지제도를 수립하고 외국인의 토지소유에 의한 토지제도의 문란을 바로잡으려는 노력은 완전히 좌절되고,[77] 오히려 일제는 한국에서의 식민통치를 위하여 일본 자본이 용이하게 토지 등 부동산에 투자를 확대할 수 있도록 그 법적인 기반을 마련하게 된 것이다. 즉, 일제에 의한 반봉건적 식민토지제로의 강제적 편성을 위한 법적 기초를 마련한 것이 아닐 수 없다.

(3) '土地家屋典當執行規則'[78]과 競賣制度의 도입: 한국에서는 일찍이 '전당'(典當)[79]에 의한 부동산담보가 행하여졌다. 그러나 부

---

76) 그러나 곽윤직 교수는, 이와 같은 증명제도는 당시로서는 획기적인 것이었다고 하면서, 무엇보다도 매매 등에 의한 소유권의 변동과 전당이 설정된 경우에만 증명이 가능하고 그 밖의 원인에 의한 소유권의 변동이나 또는 그러한 거래를 함이 없이 동 규칙이 시행되기 전에 이미 권리자로 되어 있는 자의 권리를 증명하지 못하는 결정이 있었다고 지적하였다. 곽윤직, 『부동산등기법』(서울: 박영사, 1987), 49면.

77) 이미 '대한자강회'에서 토지의 거래가 문란한 것을 바로잡고 외국인의 토지소유를 금지하도록 하기 위하여 입법을 건의하여서 입법된 '토지 가옥의 매매·교환·양여·전당에 관한 건'이 '토지가옥증명규칙'의 입법에 의하여 폐지되었고, 외국인(일본인)의 토지소유가 합법화되었으므로 이의 개정을 요구하였던 것을 보아서도 알 수 있다. 또한 광무 10년(1906) 11월에 '토지건물증명규칙'이 일제 통감부의 통령(제42호)으로 우리나라에 시행되었다는 점을 유의하여야 한다. 김희수, 「개화기 부동산에 관한 법률관계 소고」, 『법사학연구』, 제9집(한국법사학회, 1989), 9~13면.

78) 이 규칙은, 칙령 제89호(주의 110)로 1906년 12월 26일에 공포하여, 1907년 2월 1일부터 시행한 것이다.

79) 이 '전당'은, 당사자 간에 채권 채무가 존재하고 그 채권의 담보로서 담보물을 지배하는 물적 담보권으로서, 그 목적물의 지배 상태에 따라서 점유질로서의 전당, 비점유질로서의 전당, 문서질로서의 전당으로 그 형태를 나눌 수 있다. 이와 같은 부동산담보법으로서의 전당에 대해서는, 박병호, 전게서(1974), 93~103면; 김재문, 「조선왕조의 담보제도연구」, 박사학위논문, 동국대학교 대학원(1983) 등에서 상론하고 있음. 특히 점유질로서의 '가사전당'(家舍典

동산법조사회의 조사활동에서 지적된 바와 같이 전당에 의한 부동
산 거래에 있어서 그 법적인 보호가 문제로 되었다. 특히 전당에 있
어서 그 집행절차가 법적으로 보장되어 있지 않은 것을, 이 규칙의
입법에 의하여 전당의 집행절차에 경매제도를 도입한 것이다.

　이 법률의 내용을 보면 다음과 같다. ① 적용의 대상은, '토지가
옥증명규칙'에 의하여 증명된 전당에 대하여 적용한다(제1조). ②
전당의 집행방법은, "토지 가옥을 목적으로 한 전당에 있어서는 채
무자가 채무이행의 기일을 경과하여도 상환치 아니하는 때는 별단
의 계약이 없으면 채권자는 그 전당의 목적인 토지 및 가옥을 경매
할 수 있다."고 함으로써(제3조), 경매에 의한 집행을 법적으로 보
장하였다. 즉, 경매제도를 도입하였다. 한편으로 전당집행에 있어서
유질계약을 허용하였다(제2조). 이 유질계약은 종래의 관습을 입법
한 것이지만 채권자에게 악용될 수 있는 것임에는 틀림이 없다. ③
경매의 조건으로는, 경매를 하기 전에 3주일 이상의 기간을 정하여
경매할 뜻을 채무자에게 통지하고 그 입회를 구할 것, 경매의 목적
인 토지 또는 가옥 소재지에서 2주일 이상 경매의 목적물 및 일시
를 게시 및 공고할 것, 경매의 목적인 토지 또는 가옥 소재지에서
경매할 것, 다만 채무자의 동의를 얻은 때는 다른 곳에서 경매할
수 있음, 경매에는 통수, 동장, 면장 등 공리의 입회를 구할 것, 만
약 이들이 입회를 할 수 없는 때는 정년 이상의 남자 2인으로 입
회케 할 것, 채권자는 경매의 시말서를 작성할 것 등으로 이를 준
수하여야 한다(제4조 내지 제6조). ④ 경매대금의 계산에 대하여,

嘗)으로부터의 전세 관습법의 발달을 실증적으로 연구한 것으로는, 윤대성, 『한국전세권법연
　구』(서울: 삼지원, 1988), 34～83면.

경매를 마쳤을 때에 채권자는 그 경매대금으로부터 채권액 및 경매실비를 공제하여 잔여액을 계산서와 함께 채무자에게 돌려주고, 본국인이 당사자의 일방인 경우에는 경매대금이 채권 및 경매 실비액에 미달하더라도 채권자는 그 미달액을 채무자에게 청구할 수 없지만, 당사자 쌍방이 외국인이면 그렇지 아니하다(제7조)고 하였다. ⑤ 채권자 및 경락인의 지위에 대하여, 채권자가 유질계약에 의하여 전당의 목적인 토지 또는 가옥의 소유권을 취득한 때, 경매에 의하여 그 목적인 토지 또는 가옥을 경락(매득)한 때, 채권자가 제8조(경매 시에 경매신청자가 없거나 경매대금이 채권액 및 경매실비 액에 미달되어서 채권자가 토지 또는 가옥을 취득한 경우)에 의하여 경매의 목적인 토지 또는 가옥을 취득한 때에는 전당의 증명과 동일한 효력이 있다(제9조, 제10조)고 하였다. 즉, 경매의 목적물인 토지 또는 가옥을 취득한 경우에 그 인정을 받도록 하였다. ⑥ 전당집행에 관한 분쟁에 대하여, 원칙적으로 그 목적인 토지 또는 가옥의 소재지를 관할하는 군수 또는 부윤이 재정을 하며, 그러나 채무자가 본국인이고 채권자가 외국인이면 당해 일본 이사관의 동의를 얻어서 재정을 하고, 채무자가 외국인이고 채권자가 본국인이면 당해 군수 또는 부윤의 동의를 얻어서 일본 이사관이 재정을 하며, 채무자 및 채권자 쌍방이 외국인이면 일본 이사관이 재정을 하고 당해 군수 또는 부윤에게 통지하도록 하였다(제11조).

이 법률의 특징을 보면, 증명을 받은 전당은 유질계약이 있는 경우를 제외하고는 반드시 경매절차에 의하여 집행을 하도록 하였다. 또한 경제적 약자인 채무자의 지위를 보호하기 위한 경매절차가 너무 복잡할 뿐만 아니라, 채권자가 외국인(일본인)일 경우에는 전당집행에 대한 분쟁의 재정을 일본 이사관의 동의를 얻어서 하도록 한 것이라든지 채무자가 외국인(일본인)이고 채권자가 본국인일 경우에는 일본 이사관이 재정을 하도록 함으로써 법률절차에 익숙하지 못한 한국인으로서의 전당설정자에게 너무 불리한 것이 아닐 수 없었다.[80] 더욱이 당시 성행하던 악질적인 고리대금업에 의한 경제적 착취가 너무나 가혹하였기 때문에 이 법률의 시행으로 전당을 설정한 채무자가 어느 정도의 보호를 받았는가에 의문이 있다.[81] 그러나 이 법률의 시행에 따라 일제는 한국에서의 고리대금에 의한 투하자본을 유질특약이 없더라도 경매절차에 의하여 회수할 수 있도록 법적인 제도를 마련하였던 것이다.

제2. 立法機關으로서의 法典調査局과 不動産立法

한국정부는 1907년 12월에 부동산법조사회에 이어서 민법·형법·민사소송법·형사소송법 및 부속법령의 기안을 목적으로[82] 법전조사국을 설치하고자 하였다. 따라서 1907년 12월 31일에 법전조사국의 위원으로 崔秉相, 高鼎相, 柳鎭爀과 일본인 平木勘太郎,

---

80) 김병화, 『韓國司法史(중세편)』(서울: 일조각, 1974), 434~435면; 박병호, 전게서(1974), 103면.

81) 당시 악질적인 고리대금업은 외국인(일본인)과 한국인 사이에서뿐만 아니라 일본인 상호간에서도 널리 행하여졌기 때문에, 이 법률을 광무 11년(1907) 2월에 일제 통감부에서는 통감부령 제3호로 일본인에게도 적용토록 하였다. 김병화, 전게서(1974), 435면. 더욱이 법률절차에 익숙하지 못한 한국인으로서의 전당설정자에게 너무나 불리한 것이었다. 박병호, 전게서(1974), 103면.

82) 법전조사국관제 제1조 참조. 이 '법전조사국관제'는 1907년(융희 원년) 12월 23일에 칙령 제61호로 공포되어 1908년 1월 1일부터 시행하였다. 이 규정에 의하면, 법전조사국은 내각 총리대신의 감독 아래에 두고, 위원장 1인을 칙임관대우로 하고, 위원 약간 명을 칙임 혹은 주임관대우로 하며, 사무관을 전임 8인을 판임으로 구성하도록 하였다. 한편 1908년 5월 23일에 공포된 법전조사국의 분과규정에 의하여 조사과에서 법전편찬의 업무를 담당하게 되었다. 이 규정은 1910년 2월 1일에 칙령 제9호로 개정되었다.

山口慶一 등 8명을 임명하고, 다음 해 1월 1일에는 위원장에 법무 차관인 倉富勇三郎을, 위원에 兪星濬,[83] 金洛憲[84] 및 松寺竹雄을, 고문에 梅謙次郎을 각각 임명하였다.[85] 다시 1909년 11월 1일에는 위원장에 통감부 사법청장인 倉富勇三郎을, 위원에 金洛憲, 李始 榮 및 國分三亥 등 일본인 7명을 임명하였다. 이와 같이 위원장 및 위원을 자주 교체하면서 법전조사국은 부동산법조사회의 입법 사무를 승계하여 활동을 하였다.

법전조사국에서는 부동산법조사회의 업무를 승계하여 민사에 관한 관습법에 대하여 일본 민법과의 이동(異同)을 조사하고 1910년 말에 민법의 기초에 착수할 예정이었으나, 한일합병으로 중지되고 말았다. 따라서 당초에 민법·형법·민사소송법·형사소송법 및 부속법령을 기안하려던 것은 기안에도 이르지 못하였거나,[86] 기초는 하였지만 그 성안을 못 하고 폐기된 것도 있다.[87]

그럼에도 불구하고, 법전조사국이 기안한 법령으로, '민·형소송 규칙',[88] '토지가옥소유권증명규칙', '민사소송기한규칙',[89] '토지가

---

83) 兪星濬의 경력과 업적에 대해서는, 최종고, 전게서(1990), 232~248면.

84) 金洛憲의 경력에 대해서는, 최종고, 상게서(1990), 88~89면.

85) 이후에 한국인 2명과 일본인 2명을 추가로 임명하였고, 같은 해 6월 22일에 李始榮, 國分 三亥 등 6명을 임명하였다. 따라서 『조선구관제도조사사업개요』(1938)의 기록에 의하면 위 원장에 韓昌洙, 위원에 兪星濬을 비롯하여 5명을 임명하였다고 하지만, 그 사실은 당시의 관보에서 확인되지 않는다는 주장이 있다. 정긍식, 전게논문(1991), 261면.

86) 한국민의 입법저항뿐만 아니라 李始榮의 입법반대도 있었다고 한다. 『대한매일신보』, 1908년 1월 9일 및 11일자, 7월 17일자.

87) 민사소송법의 기초는 1908년 2월부터 일본 민사소송법을 간략히 하여 전 577조문으로 이뤄 져서 같은 해 7월 1일자로 공포될 예정이었으나, 좀 더 강구할 점이 있어서 그 성안을 보지 못하였다(조선총독부 중추원, 전게서(1938), 16면). 이 초안은 정종휴 교수가 발굴하여 『법사 학연구』, 제10호(한국법사학회, 1989)에 게재되어서 알려지게 되었다.

88) 이 규칙은, 절차법규로서 1895년 4월 29일에 법부령 제3호로 공포 시행된 민사소송절차를 정한 '민·형소규정'이 있었으나, 법전조사국이 기안하여 1908년 7월 13일에 법률 제13호 로 공포하여 같은 해 8월 1일부터 시행되었다.

옥소유권증명규칙시행세칙’ 및 ‘민적법’90) 등이 있다.

여기에서는 법전조사국에서 입법된 부동산에 관한 민사입법인 ‘토지가옥소유권증명규칙’ 및 ‘토지가옥소유권증명규칙시행세칙’에 일제의 초기적 관습법조사사업이 어떠한 영향을 미쳤는가에 대하여 살펴보고자 한다.

(1) ‘土地家屋所有權證明規則’91)의 立案과 所有權의 證明: ‘토지가옥소유권증명규칙’의 시행이 있기 전에 이미 ‘토지가옥증명규칙’이 부동산법조사회의 입법에 의하여 시행되고 있음을 보았다. 그럼에도 불구하고, 왜 법전조사국에서 ‘토지가옥소유권증명규칙’을 입안하여 소유권의 증명제도를 도입하였는가에 주의를 하지 않을 수 없다. 이에 대해서는 다음의 ‘토지가옥소유권증명규칙시행세칙’과 함께 다루고자 한다.

(2) ‘土地家屋所有權證明規則施行細則’92)의 立案과 所有權證明節次: ‘토지가록소유권증명규칙’의 시행에 따른 그 시행세칙을 입안하여 토지 및 가옥의 소유권을 증명하는 절차를 규정하였다.

이와 같이 법전조사국이 ‘토지가옥소유권증명규칙’ 및 ‘토지가옥소유권증명규칙시행세칙’을 입안하여 시행한 것은 무엇 때문인가.

---

89) 이 규칙은, 앞의 민사소송규칙의 시행에 따라서 법률 제20호로 1908년 7월 23일에 공포하여 같은 해 8월 1일부터 시행된 것이다.

90) 이 법률은, 법전조사국이 기안하여 1909년 3월 4일에 법률 제8호로 공포하여 같은 해 4월 1일부터 시행한 것이며, 이 법률의 시행에 따라서 칙령 제61호인 ‘호구조사규칙’은 폐지되었다.

91) 이 규칙은, 법전조사국에서 기안하여 칙령 제47호로 1908년 7월 16일에 공포하여 같은 해 8월 1일부터 시행되었다.

92) 이 세칙은, 법부령 제14호로 1908년 7월 25일 공포하여 같은 해 8월 1일부터 시행되었다.

먼저 '토지가옥소유권증명규칙'의 내용을 그 시행세칙과 함께 살펴보면, 이미 시행되고 있는 '토지가옥증명규칙'의 시행 전에 토지또는 가옥의 소유권을 취득하였거나, 그 시행 후에 매매·증여 또는 교환에 의하지 아니하고 토지 또는 가옥의 소유권을 취득한 토지 또는 가옥의 소유자는 그 소유권을 증명받을 수 없도록 하였다(규칙 제1조). 따라서 '토지가옥소유권증명규칙'의 시행 전에 적법한 원인, 즉 매매·증여·교환·유산의 계수·분산의 영수·가옥의 신축·재판상 확인된 원인 등에 의하거나, 또는 동 규칙의 시행후에 매매·증여 또는 교환을 제외한 적법한 원인, 즉 유산의 계수·분산의 영수·가옥의 신축·재판상 확인된 원인 등에 의하여토지 또는 가옥의 소유권을 취득한 자가 토지가옥소유권증명규칙제1조의 증명을 받고자 할 때에는 신청서 2통을 작성하고 문기 기타 증명서를 첨부하여 증명을 받고자 하는 토지 또는 가옥의 소재지를 관할하는 군수 또는 부윤에게 제출하여야 하며, 이때에 신청자는 수수료로 군수 또는 부윤이 평정한 토지 또는 가옥의 가액의1천분의 2반에 상당한 금액을 납부하여야 한다(세칙 제1조 내지 제3조). 이 신청을 받은 군수 또는 부윤은, 토지 또는 가옥에 대하여토지 또는 가옥의 표시·신청자의 주소·성명·신청한 연월일·신청자는 해당 토지 또는 가옥의 소유자임을 주장하는 이의가 있는자는 속히 군수(혹은 부윤)에게 신고할 취지 등을 2개월 이상 군아또는 부청의 문전에 게시하여야 한다(세칙 제4조). 그리고 군수나부윤은 이 기간이 경과한 후에 신청자의 소유권을 확인할 때는 신청서에 각각 증명을 하여 1건은 신청자에게 교부하고 1건은 문기기타 증빙서류와 함께 보존하며, 증명을 할 자가 아닐 때에는 그 이유를 붙여서 거절한다(세칙 제5조). 그러나 외국인(일본인)이 그 소유권의 증명을 받고자 할 때에는 일본 이사관에게 신청하게 된다(규칙 제3조).

따라서 군수 또는 부윤은 세칙 제5조 제1항에 의한 증명을 할 때와 규칙 제3조에 의하여 외국인의 신청을 받은 일본 이사관의 통지를 받은 때에는 곧 토지가옥증명부에, 토지에는 종목·소재지·명번호(자호 등)·면적(복수, 두락, 보수 등) 및 4표를, 가옥에는 종목·소재지명·호번호(동호 등) 및 면적을 기재하고, 소유자의 주소·족적 및 씨명, 증명의 연월일 및 번호를 기재하도록 하였다(세칙 제6조).

한편 '토지가옥증명규칙' 및 '토지가옥증명규칙시행세칙' 제8조 내지 제14조의 규정을 준용하도록 하였다(규칙 제2조, 세칙 제7조).

이 규칙의 특징을 보면, 이와 같이 법전조사국이 '토지가옥소유권증명규칙'을 입안하여 소유권의 증명제도를 도입한 것은, 무엇보다도 이미 시행되고 있는 '토지가옥증명규칙'이 매매 등에 의한 소유권의 변동과 전당이 설정된 경우에 있어서만 증명이 가능하고, 그 밖의 원인에 의한 소유권의 변동이나 거래 없이 동 규칙의 시행 전에 이미 권리자가 된 자의 권리를 증명할 수 없는 입법의 불비를 보완하기 위한 것이었다.[93] 따라서 이 규칙의 시행으로 이미 시행

---

93) 이러한 입법의 불비는, 전세가 종래 '가계'에 현록을 받음으로써 공증을 받을 수 있는 관례가 소유권과 전당권에 한하여 증명을 받을 수 있는 증명제도에 의하여 빠지게 되었으며, 이를 이유로 일제는 전세를 임대차와 같은 채권관계로 왜곡시켰음은 주의를 할 필요가 있다. 윤대성, 전게서(1988), 115면; 동, 전게논문(1991), 331~347면. 한편 이와 같은 입법의 불비로 '토지가옥증명규칙'의 시행 전에 토지 또는 가옥의 소유권을 가진 자는 그 부동산을 일단 다른 사람에게 매도한 후 다시 그로부터 매수하여 증명을 얻거나, 또는 그 부동산을 일단 다른 사람에게 전당을 하여 간접적으로 그의 소유권의 증명을 받지 않을 수 없게 되었다. 곽윤직, 전게서(1987), 49면.

되고 있는 '토지가옥증명규칙'에 의하여 증명을 받지 못한 토지 또는 가옥의 소유권이 증명받을 수 있게 되었다. 더욱이 외국인(일본인)의 토지 또는 가옥의 소유권을 용이하게 증명받을 수 있도록 한 것은, 토지가옥증명규칙에 의하여 일제가 토지 등의 사소유권을 확립하여 일본인의 토지 등 부동산에 대한 소유권을 보장하려고 한 입법이 불비로 말미암아 이미 그 규칙의 시행 전에 취득한 토지 등 부동산의 소유권을 보장받을 수 없게 되었음을 법적으로 보장하여야 할 필요성이 긴요하였기 때문이다.

제7장 代理慣習法의 內容分析

제1절 日帝의 韓國慣習法調査事業에 의한 代理慣習法의 槪觀

일제의 한국관습법조사사업에 의한 대리관습법에 관한 조사보고서는 『관습조사보고서』가 있고, 한국의 대리관습법에 관한 질의에 대한 회답을 수록한 것으로 『민사관습회답휘집』이 있다. 이들은 일제의 한국관습법조사사업에 의한 민사관습법을 연구함에 있어서 현존하는 주요 자료로 볼 수 있다. 따라서 먼저 이들에 의한 대리관습법의 개요를 살펴보고자 한다.

제1. 『慣習調査報告書』와 代理에 관한 慣習法

일제는 한국관습법조사사업을 실시함에 있어서 '관습조사문제' 206문을 선정하고, 이 가운데 대리에 관한 관습법에 대해서는 [문 13] 내지 [문 18]의 6개 항목에 걸쳐서 제1편 민법 제1장 총칙사항으로 조사하여 보고하고 있다. 즉, [문 13]은, 대리는 어떠한 법률행위에 대하여 이를 인정하는가이고, [문 14]는, 대리인의 행위는 항상 본인에 대하여 직접으로 그 효력이 생기는가이고, [문 15]는, 대리에는 법정대리와 임의대리의 구별이 있는가이고, [문 16]은, 대리인의 권한을 명정하지 않은 경우에는 그 권한은 어떠한가이고,

[문 17]은, 대리인은 복대리인을 쓸 수 있는가 이며, [문 18]은, 대리권의 소멸원인은 어떠한가이다.[1]

이와 같이, 일제는 대리관습법에 대하여 조사하고자 한 관습법의 내용은, 첫째로, 대리가 허용되는 법률행위, 둘째로, 대리행위의 효력, 셋째로, 대리의 종류, 넷째로, 대리권의 범위, 다섯째로, 복대리, 여섯째로, 대리권의 소멸원인 등이었음을 알 수 있다.

제2. 『民事慣習回答彙集』과 代理에 관한 慣習法

이 『민사관습회답휘집』에는 총 324건에 걸친 민사관습법의 조회에 대한 회답을 수록하고 있다.

그 가운데 대리관습법에 관한 것은, [5] 양반이 노복에 의하여 부동산을 매매하는 계약에 관한 건에서, 1) 종래 양반계급에 있는 자가 부동산을 매매하는 경우에는 노명(奴名)으로 문기를 작성하고 이에 구문기를 첨부하여 대금과 상환하여 매수인에게 교부하는 것이고, 2) 부동산 매매를 위하여 노복에게 교부한 패지(牌旨)는 위임장에 지나지 않으며, 3) 패지의 교부를 받은 노복이더라도 특별한 수권(授權)이 없는 한 스스로 계약을 체결하고 대금을 수령하는 권한을 갖지 않는다고 하였다.[2] 한편, [314] 노명(奴名)에 관한 건에서, 옛날 양반가에서 법률행위 또는 소송행위를 하는 경우에 사용한 노명은 항상 1인의 이름을 정하여 사용하였고, 어떤 노명으로 매수한 토지·가옥 등을 매각하는 경우에는 실제 그 노(奴)의 유무

---

1) 조선총독부 참사관실, 『관습조사보고서』(1913), 목차 1~2면.
2) 조선총독부 중추원, 『민사관습회답휘집』(1933), 목차 1면 및 요지색인 12면.

에 불구하고 그 노명으로 매각함을 통례로 하였으며, 이와 같은 경우에 사용하는 노명은 주인의 택호(宅號) 또는 성(姓) 아래에 그 이름만을 쓰는 것이 통례였다고 한다.[3]

이와 같이, 대리관습법에 관한 관습법의 조회와 회답은, 주로 노복의 명의로 법률행위 등이 이뤄진 것에 관한 것임을 알 수 있다.

제2절 代理에 관한 慣習法의 內容分析

제1. 代理가 許容되는 法律行爲에 관한 慣習法

이에 대하여, 『관습조사보고서』는, 대리는 어떠한 법률행위에 대하여 인정되는가, 예컨대 신분상의 법률행위에 대하여 이를 인정하는가, 만약 그렇다면 어떤 행위에 대하여 이를 인정하는가, 또 재산상의 행위에 대하여서도 전적으로 이를 인정하는가, 만약 이를 인정하지 않는다면 그것은 어떤 경우인가를 묻고서,[4] 다음과 같이 보고하고 있다.

1. 代理의 認否

조선의 관습에서는 일찍이 대리를 인정하여 법률행위의 당사자가 스스로 그 행위를 할 수 없어서 타인에게 이를 대행시키는 것은 매우 빈번하고, 따라서 이 경우에서는 대행자의 행위는 본인의 행위와 동일한 효력을 발생하고, 대행자에 대한 상대방의 행위도 역

---

3) 조선총독부 중추원, 상게서(1933), 목차 22면 및 요지색인 13면.
4) 조선총독부 참사관실, 상게서(1913), 44〜45면.

시 본인에 대하여 효력을 발생하는 것이고, 또 이와 동일한 관계는 행위능력이 없는 자의 보호자, 부재자의 재산관리자, 상속인 없는 사자(死者)의 유산 또는 자연인 이외에 속한 재산의 관리자 등에 대하여 보통 볼 수 있는 바로서, 특히 근래에 이르러서는 회사 기타 법인 또는 이에 유사한 것을 인정함으로 그 대표자의 행위도 역시 보통 대리관계를 발생하는 것이라고 말하게 되며, 그렇지만 대리라는 말은 점차 몇 년 전부터 법령에서 채용하고, 또 실제로 사용하기에 이른 것으로, 옛날에는 이에 상당한 용어가 없고 오직 대신(代身)이라는 말이 있어서 위임으로 인한 대리인의 의의로 사용된 것이라[5]고 하였다.

2. 代理가 許容되는 法律行爲와 許容되지 않는 法律行爲

대리를 인정하는 법률행위와 이를 인정하지 않는 법률행위는 관습상 확연히 구별이 있는 것은 아니었지만, 재산상의 법률행위에 대해서는 대리를 인정하지 않은 경우가 거의 없으므로 대개 대리를 인정한 것이라고 말할 수 있고, 오직 유증(遺贈)과 같이 본인 스스로 이를 하는 것을 요하는 행위에 대하여 행위의 성질상 대리를 허용하지 않고, 또 신분상의 법률행위에 대해서는 대리를 인정하는 경우가 거의 없어서 모(母)가 자(子)의 인지를 구하거나 또는 인지를 거절하는 경우와 같은 것은 이를 신분상의 대리라고 부를 수 없는 것은 아니지만 조선인의 관념에서는 모두 모(母) 자신의 행위이고 자(子)의 행위를 대리하는 것으로 보지 않는 것 같으며, 또 호주에게 보호자가 있는 경우에는 신분상의 행위에 대해서도 대리를

---

5) 조선총독부 참사관실, 상게서(1913), 45면.

볼 수 있는 것이 전혀 없지 않지만 조선의 풍속에 의하면 그 경우
가 매우 적었다[6]고 하였다.

3. 自己契約·雙方代理의 認否

동일한 법률행위에 대하여 상대방의 대리인으로 될 수 있는지
아닌지에 대해서는, 실제로 타인의 대리인으로서 자기와 계약 기타
의 법률행위를 하는 것은 절대로 없고 무능력자의 보호자가 그 무
능력자와 법률행위를 할 필요가 있는 때 같으면 타인으로써 이를
대리하는 것이 보통이고, 또 동일한 법률행위에 대하여 당사자 쌍
방의 대리인으로 하는 것에 대해서도 정한 관습이 없고 또한 실제
이와 같은 경우가 있음을 보지 못하였다[7]고 하였다.

4. 代身과 구별되는 使喚

법률행위의 대행을 하는 것이 아니고 단순히 당사자의 의사표시
를 전달하는 것에 지나지 않는 자는 이를 사환(使喚: 使者의 뜻)이
라고 부르고, 대신(代身)과 구별된다.[8]

제2. 代理行爲의 效力에 관한 慣習法

이에 대하여, 『관습조사보고서』는, 대리인의 행위는 항상 본인에
대하여 직접 그 효력을 발생하는가, 또는 경우에 따라서 일단 대리
인 스스로 권리를 취득하고 의무를 부담하며 다시 대리인이 이를
본인에게 이전해야 하는가, 만약 이러한 일이 있다면 그 경우는 어

---

6) 조선총독부 참사관실, 상게서(1913), 45~46면.
7) 조선총독부 참사관실, 상게서(1913), 46면.
8) 조선총독부 참사관실, 상게서(1913), 46면.

떠한 것인가를 묻고서,[9] 다음과 같이 보고하고 있다.

1. 代理行爲임을 表示한 경우와 그렇지 않은 경우

조선에서는 대리인이 본인을 위하여 법률행위를 하는 경우에는 그 대리행위임을 표시하는 것이 관례이므로 이를 표시한 경우에는 대리인의 행위는 보통 본인을 위하여 그 효력을 발생하고, 또 제3자의 대리인에 대한 행위도 본인에 대하여 그 효력을 발생하는 것이므로, 대리인의 행위가 제3자에 대하여 권리를 취득하거나 의무를 부담하는 것인 경우는 그 권리를 취득하고 의무를 부담하는 자는 보통 본인으로 대리인과 제3자와의 사이에는 그 행위의 목적인 권리의무의 관계가 발생하지 않으며, 그렇지만 실제로 대리인이 그 대리행위인 것을 표시하지 않는 경우는 없으므로 이를 표시하지 않은 경우에는 가령 본인을 위하여 한다는 의사로 그 행위를 하더라도 제3자가 이를 알지 못한 때는 보통 대리인 자기를 위하여 한 것으로 간주되어, 이로 인하여 권리를 취득하고 의무를 부담하는 자는 본인이 아니라 대리인이 되는 것이고, 그러므로 이 경우에는 대리인은 그 권리 또는 의무를 본인에게 이전하거나 본인과의 특단의 계약을 하는 것이 필요하고, 또한 이를 위하여 제3자의 승낙을 기다려야 할 경우 역시 많을 것이며 지금 이를 실제로 살펴보면 상품 기타 동산의 매매, 전당, 대차 등에 대하여 혹은 본인을 표시하는 것을 싫어하거나 혹은 이를 표시하는 것이 필요하지 않기 때문에 대리행위임을 명시하지 않는 경우가 가끔 있는 것 같다[10]고 하였다.

---

9) 조선총독부 참사관실, 상게서(1913), 46면.
10) 조선총독부 참사관실, 상게서(1913), 46~47면.

2. 代理表示를 要하지 않는 경우

대리인의 행위가 본인에 대하여 그 효력을 발생함에는 대리의 명시를 요하는 것은 상술한 것과 같지만, 상가(商家)의 사용인인 차인(差人), 토지의 임대차에 대하여 지주의 대리인인 사음(舍音: [마름]), 행위능력 없는 자의 보호자, 부재자 또는 자연인 이외에 속한 재산의 관리자와 같이 그 자격이 분명한 자가 본인을 위하여 하는 행위는 제3자에게 그 행위 자체에 의하여 본인을 위하여 하는 행위임을 알기 어렵지 않으므로 특히 대리의 취지를 명시하지 않은 경우일지라도 본인을 위하여 그 효력이 발생하는 것을 방해하지 않는다[11]고 하였다.

3. 委任狀의 交付

대리인에게 위임장을 교부하는 것은 조선의 옛날 관습에서 보이지 않는 바이므로 제3자에 대하여 대리인임을 알릴 필요가 있는 때는 그 취지를 인정하는 서간(書簡)을 휴대시키는 것을 예로 하였지만, 근래에 이르러 위임장을 교부하는 예가 적지 않고, 옛부터 사용된 이러한 서간(書簡)의 문례는 구구하지만 대개 대리할 사항, 대리인의 성명 및 그 대리인과 행위를 할 것을 바라는 문언을 쓰고, 일부(日附)를 하여 서명(署名)·날인(捺印)(상인은 옛날부터 인장을 사용함)하였음이 통례였다고 하면서, 그 일례를 들고 있다.[12]

---

11) 조선총독부 참사관실, 상게서(1913), 47면.
12) 조선총독부 참사관실, 상게서(1913), 47~48면.
　〈위임장의 예〉

某條에對ᄒ야某를專送ᄒ니替我勿疑許 施ᄒ시믈爲希 　年　　月　　日 　　　　　某(印)

　(조선총독부 참사관실, 상게서(1913), 48면)

이와 관련하여, 明治 42년(1909) 6월 29일 구대심원이 조회하고 같은 해 8월 5일에 法 제5호로 법전조사국이 회답한 관습에 의하면,13) 종래 양반이라 부르는 계급에 있는 자가 토지 또는 가옥을 매매함에는 자기의 이름으로 하지 않고, 노복의 이름으로 하는 것이 예이고, 그 매도인인 경우에는 패지(牌旨)라 칭하는 서면을 작성하고 이를 노복에게 교부하여 매수인을 찾기 위하여서 패지의 교부를 받은 노복은 이를 휴대하여 스스로 매수인을 찾거나 혹은 가쾌 또는 거간에게 이를 부탁하여 매수인을 찾아서 적당한 매수인인 때는 보통 이에 패지를 교부하고 그 뜻을 주인에게 보고하며, 여기에서 주인은 그 노복의 이름으로 매매증서(新文記)를 작성하기 위하여 이에 권리이전증(舊文記)을 첨부하고 대금과 바꿔서 매수인에게 교부하는 것이며, 즉 매매계약의 신구문기와 대금과의 수수에 의하여 완성되며, 이에 그 목적인 토지 또는 가옥의 소유권도 역시 이전하는 것이라14)고 하였다. 따라서 이에 의하면 노복에 의한 토지 또는 가옥의 매매 등에 있어서 패지(牌旨)라는 서면이 교부되었음을 알 수 있다. 그러나 이 패지의 효용에 대해서는 같은 관습의 회답에서, 이로써 바로 대리권을 수여하는 위임장과 동일시할 수 없고, 따라서 패지의 교부를 받아 토지 또는 가옥의 매각을 명령받은 노복은 특별한 위임이 없는 한 스스로 매매계약을 체결할 권한은 없고 또 대금을 수령할 권한이 없는 것이라고 말할 수 있다15)고 함으로써, 그것을 대리권의 수여를 위한 위임장으로 보지 않았

---

13) 조선총독부 중추원, 『민사관습회답휘집』(1933), 9~11면. [5]兩班ガ奴僕ニヨリテ不動産ヲ賣買スル契約ニ關スル件.

14) 조선총독부 중추원, 상게서(1933), 10~11면.

15) 조선총독부 중추원, 상게서(1933), 11면.

음을 알 수 있다.

제3. 代理의 種類에 관한 慣習法

이에 대하여, 『관습조사보고서』는, 대리에는 법정대리, 임의대리의 구별이 있는가, 만약 있다면 법정대리인의 주요한 것은 어떠한 것인가, 예컨대 부(父) 또는 모(母)는 자(子)의 법정대리인이 되는가, 후견인이 있으면 피후견인의 법정대리인이 되는가 등, 또 임의대리는 반드시 계약으로 이를 정하는가, 아니면 본인의 의사만으로 이를 정하는가, 즉 대리인의 승낙은 필요 없는가, 또 위임계약에는 반드시 대리권의 수여를 포함하는가(친권, 후견 및 위임은 뒤에 볼 것16))를 묻고서,17) 다음과 같이 보고하였다.

1. 法定代理(當然代理)

조선의 옛날 법령에는 행위능력 없는 자 기타 대리인을 필요로 하는 것에 대하여 당연히 대리인이 될 자의 규정은 없고, 또 재판소에서 대리인을 선임할 경우를 규정하지 않았지만, 관습상으로는 대리를 필요로 하는 것에 대하여 당연대리인이 될 자를 인정하였으므로 그 주요한 것을 보면 미성년자(성년에 달하여도 아직 능력을 인정받지 못하는 자가 있음은 제2문에서 기술한 바와 같지만 이하에서 함께 미성년자로 칭함) 또는 정신병자의 보호자, 부재자의 재산관리자, 상속인 없는 사자(死者)의 유산관리자, 자연인 이외

---

16) 이에 대한 『관습조사보고서』는, 친권은 [제140문] 이하, 후견은 [제146문] 이하, 위임은 [제 99문] 참조할 것으로 하고 있다.

17) 조선총독부 참사관실, 전게서(1913), 48~49면.

에 속하는 재산의 관리자 등이지만, 근래에 이르러서는 회사 기타
법인 또는 법인에 유사한 것에 대하여 법령의 규정으로 대리인 될
자를 인정하고,[18] 또 소송에 대하여 당연대리인 될 자 및 재판소에
서 대리인을 지정하는 경우를 규정하였다[19]고 하였다.[20]

2. 任意代理

피대리인의 법률행위로 인한 대리는 보통 계약으로 하는 것으로
서 조선의 관습에서는 대리인을 정하는 것은 본인의 의사표시만으
로 족하지 않고 대리인이 될 자의 승낙을 필요로 하였으므로, 따라
서 본인으로서 제3자 또는 대리인이 될 자에 대하여 대리를 하게
할 의사를 표시하여도 그 때문에 지정된 자가 곧 대리인이 되는 것
이 아니고, 타인에게 법률행위를 하는 것을 위탁하는 때는 그 위탁
은 특히 반대의 의사표시가 있는 경우 이외에 대리권의 수여를 포
함한 것으로 간주함으로써 위탁을 받은 자는 승낙을 하는 동시에
위탁자의 대리인이 되는 것을 통례로 하며, 이를 요약하면 조선의
관습에서 인정된 임의대리는 보통 위임계약으로 인하여 발생하고
본인의 수권행위만으로 인한 대리는 없고, 또 위임계약은 통상 대리
권의 수여를 수반하는 것으로 한다고 하였다.[21] 이와 관련하여, 昭
和 4년(1929) 6월 27일 임야조사위원회가 조회하고 같은 해 7월 3
일에 朝樞 제450호로 중추원서기장관이 회답한 관습에 의하면,[22]

---

18) 그 예로서, '共同倉庫會社章程' 제5조, '東洋拓殖株式會社法' 제9조, '韓國銀行條例' 제
    9조 등 참조를. 조선총독부 취조국, 『韓國慣習調査報告書』(1910)에서 들었던 것을 삭제
    하였음.

19) 그 예로, '民事訴訟에關한規程' 제2조, '民刑訴訟規則' 제67, 68조 참조를. 조선총독부
    취조국, 『韓國慣習調査報告書』(1910)에서 들었지만 삭제되었음.

20) 조선총독부 참사관실, 전게서(1913), 49면.

21) 조선총독부 참사관실, 상게서(1913), 49~50면.

옛날 양반가에서 법률행위 또는 소송행위를 하는 경우에 사용한 노
명(奴名)은 그 소유 노(奴)의 이름으로 한 경우와 가장한 노명(奴名)
으로 한 경우를 묻지 않고 항상 1인의 이름을 정하여 사용하고 미
리 여러 노명(奴名)을 정하여 두는 것 같지는 않다고 하면서,[23] 이
노명은 호주 또는 택호(宅號)의 변경 또는 명의노(名義奴)의 존부에
관계없이 몇 대에 걸쳐서 계속 사용하는 것이 있고, 어떤 명의의 노
(奴)가 사망 기타에 의하여 변경되는 것이 있으므로 일정한 관습이
없으며, 그렇더라도 어떤 노(奴)의 이름으로 매수한 토지 가옥 등
부동산을 매각하는 경우에는 실제 그 노(奴)의 유무에 불구하고 그
노명(奴名)으로 매각하는 것이 통례라고 하였으며,[24] 이러한 경우에
사용된 노명(奴名)은 金義興宅奴 '才得', 宋奴 '貴金' 등과 같이,
주인의 택호 또는 성(姓) 아래에 그 이름을 쓰는 것이 통례이고 성
명을 병기하는 것 같은 것이 전혀 없었던 것 같다[25]고 하였다. 이에
의하면, 노복에 의하여 토지 또는 가옥의 매매 등을 하는 경우가 있
고, 그 노복의 명의로 거래를 하는 경우에도 실제로 그 노복이 있고
없고 상관없이 노복의 명의로 법률행위 등을 한 것은 단순히 임의
대리와 동일시하기 어려운 것이라고 볼 수 있다.

제4. 代理權의 範圍에 관한 慣習法

이에 대하여, 『관습조사보고서』는, 대리인의 권한을 명정하지 않

---

22) 조선총독부 중추원, 전게서(1933), 458~460면. [314] 奴名ニ關スル件.
23) 조선총독부 중추원, 상게서(1933), 459면.
24) 조선총독부 중추원, 상게서(1933), 459면.
25) 조선총독부 중추원, 상게서(1933), 459~460면.

은 경우에는 그 권한은 어떠한가, 예컨대 무릇 재산의 관리에 대하여 위임을 받은 대리인은 그 재산을 매각하는 권한을 갖는가, 아니면 보존·이용·개량 등에 대하여여만 권한을 갖는가, 또 이용·개량 등에 대하여 어느 정도의 권한을 갖는가를 묻고서,[26] 다음과 같이 보고하고 있다.

1. 代理權의 範圍가 정하여진 경우

대리인에는 관습상의 대리인, 법률의 규정에 의한 대리인 및 계약에 의한 대리인의 3종이 있음을 이미 기술하였으며, 따라서 관습상의 대리인은 그 권한에 대해서도 역시 관습에 의하여 간략히 정하여지는 바가 있고, 또 법률의 규정에 의한 대리인의 권한은 대개 법률에 이를 규정하지만, 계약에 의한 대리인에 대해서는 특정의 행위를 대리하는 경우에 있어서는 계약으로 그 권한을 정하는 것이 통례이며, 예컨대 여행을 하거나 또는 타지에 체류하는 자가 그 관리를 타인에게 위탁하는 경우와 같이 수탁자의 권한을 명정하는 것이 대부분 많이 있다[27]고 하였다.

2. 本人의 許諾 없이 할 수 있는 代理權의 範圍

종래의 관습에 의하면 이와 같은 경우에 있어서 수탁자의 권한은 그 재산의 보존에 필요한 행위 및 확실한 방법에 의한 이용에 대해서만 존재하고 처분에 속하는 행위를 하는 데는 본인의 허락을 받아야 할 수 있는 것이지만, 그 재산의 성질을 변하지 않고 또한 다액의 비용을 요하지 않는 개량으로 누구나 그 필요를 인정하

---

26) 조선총독부 참사관실, 전게서(1913), 50면.
27) 조선총독부 참사관실, 상게서(1913), 50면.

는 것과 보존을 하여야 할 것이나 보존을 하기 위하여 다액의 비용을 요하고 실제 보존의 실익이 없는 것 혹은 보존을 하는 것이 현저하게 불리하여 급히 처분을 요하는 것같이 일의 긴급을 요하고 본인의 허락을 받을 겨를이 없는 경우에 한하여 수탁자가 임의로 개량 또는 처분을 하더라도 강한 권한 외의 행위로 책임을 지지 않는 것 같으며, 그렇지만 경제사상이 아직 유치한 조선에서는 본인에게 이익이 되는 방법을 선택하여 관리를 하는 것보다는 오히려 안전한 방법에 따라서 관리를 함으로써 관리의 정당함을 얻는 것으로 하려는 경향이므로 재산의 이용과 같이 보통으로 가장 안전한 방법을 취하는 것을 요하고, 개량과 같은 것은 관리인의 손에서 거의 이를 할 수 없다[28]고 하였다.

제5. 復代理에 관한 慣習法

이에 대하여, 『관습조사보고서』는, 대리인은 복대리인을 쓸 수 있는가, 이를 쓸 수 있다면 대리인의 권한을 들어서 복대리인에게 위임할 수 있는가, 만약 그 일부에 대해서만 이를 쓸 수 있는가, 또 어떠한 경우에도 이를 쓸 수 있는가, 만약 어찌할 수 없는 사유가 있는 경우 등에 한하는가, 그렇다면 위의 어느 경우에 있어서도 대리인은 복대리인의 행위에 대하여 모두 책임을 부담하는가, 아니면 선임·감독을 잘못하는 등 자기에게 과실이 있는 경우에만 책임을 지는가를 묻고서,[29] 다음과 같이 보고하였다.

---

28) 조선총독부 참사관실, 상게서(1913), 50~51면.
29) 조선총독부 참사관실, 상게서(1913), 51면.

1. 復代理人의 選任

　　대리인이 복대리인을 쓸 수 있는 것은 관습상 명백히 인정되는 바이므로 관습상의 대리인은 어떠한 경우에도 이를 쓸 수 있을 뿐만 아니라 자기가 대리할 수 있는 행위의 전부를 복대리인에게 위탁할 수 없고, 반드시 특정한 행위 또는 대리할 행위의 일부에 그쳐야 하며, 대개 관습상의 대리인은 스스로 법률행위를 할 수 없기 때문에 또는 부재자이기 때문에 특히 인정되는 것이므로 그 대리할 사항의 범위가 광범한 것이 보통이고, 대리인 스스로 일체의 사항을 처리함이 곤란하므로 보통 복대리인을 쓰지 않으면 어찌할 수 없는 바일 뿐만 아니라 그 권한이 매우 넓고 또한 타인으로 하여금 모두 이를 대신하게 할 것 같으면 이러한 대리를 인정한 본지에 반하는 것이므로 그 대리할 행위의 전부를 타인에게 일임하는 것을 허용하지 않음이 확고한 바이고, 또 계약으로 인한 대리인은 본인의 허락이 있는 때 어떠한 경우에도 복대리인을 쓸 수 있는 것이고, 이 경우에는 위탁을 받은 행위의 전부 또는 일부를 복대리인에게 위임할 수 있지만 그 행위의 전부를 복대리인에게 위임하는 것 같은 경우에 있어서는 대개 본인이 다른 대리인을 선정함으로써 실제 그 예를 보기 어렵고, 이러한 어찌할 수 없는 때 또는 본인의 허락을 얻을 수 없는 경우에도 일시 복대리인을 쓰는 것은 반드시 방해할 수 없지만, 이러한 대리인은 본인의 신용을 필요로 하는 것이므로 일반의 관념에서는 본인의 허락을 얻는 경우 이외에 복대리인을 쓰지 않는 것을 본뜻으로 하는 것 같다[30]고 하였다.

[30) 조선총독부 참사관실, 상게서(1913), 51～52면.

2. 復代理의 效果

복대리인은 조선인의 관념에서 대리인의 행위를 대리하는 것 같지만, 그 행위는 보통 본인에 대하여 효력을 발생하고, 또 이에 대한 제3자의 행위도 역시 본인에 대하여 그 효력을 발생하는 것이므로, 이 점에서 보면 본인의 행위를 대리하는 것이라고 말하지 않을 수 없다[31]고 하였다.

3. 復代理와 代理人의 責任

복대리인의 행위에 대하여 대리인은 관습상의 대리인이든 계약에 의한 대리인이든 묻지 않고 보통 본인에 대하여 그 책임을 지는 것이므로 부득이한 사유가 있는 경우 및 본인의 허락을 거친 경우에도 다만 그 선임·감독에 대해서만 책임을 지는 것에 그치고 하등 자기에게 과실이 없는 경우일지라도 그 책임을 피할 수 없다고 하는 것이 통설이며, 그렇지만 본인이 지명한 복대리인을 쓴 경우에는 이 감독에 대하여 과실이 없는 한 그 행위에 대하여 대리인 스스로 책임을 지는 것을 요하지 않는 것 같다[32]고 하였다.

4. 法定代理와 復代理

법률의 규정에 의한 대리인에 대해서는 아직 관습이 성숙하지 않았지만, 중요하지 않은 특정한 행위에 대하여 복대리인을 쓰는 것은 반드시 방해되지 않는 바이므로, 대리인은 어떠한 경우에도 본인에 대하여 그 책임이 있는 것 같고, 다만 법령에 별도의 규정이 있는 것은 원래 이에 해당되지 않는다.[33]

---

31) 조선총독부 참사관실, 상게서(1913), 52~53면.
32) 조선총독부 참사관실, 상게서(1913), 53면.

제6. 代理權의 消滅原因에 관한 慣習法

이에 대하여, 『관습조사보고서』는, 대리권의 소멸원인은 어떠한가, 예컨대 본인 및 대리인의 사망은 대리권을 소멸시키는지 아닌지, 또 본인은 어느 때라도 대리인을 해임하고 대리인도 역시 어느 때라도 사임을 할 수 있는지 아닌지 등을 묻고서,[34] 대리권의 소멸원인은 대리권의 발생원인에 따라서 다소 다른 점이 있다면서, 다음과 같이 보고하였다.

1. 慣習上의 代理

이런 대리는 본인이 자연인인 경우에 본인의 사망으로 인하여, 또 자연인 이외의 권리주체의 대리라면 대리되어야 할 주체의 폐멸(廢滅)로 인하여 그 대리권이 소멸하고, 또 대리인의 사망, 정신상실 등은 보통 대리권을 소멸시키는 것이고, 이 외에 본인에 대하여 대리를 필요로 하는 사유가 소멸한 때는 그 대리권도 소멸하고, 또 대리할 사무의 종료, 대리하는 자의 지위 변경 등으로 그 대리권이 소멸하는 예로서는 실종자 또는 상속인 없는 사자(死者)의 유산을 관리하는 자는 그 재산이 없어짐으로써 대리권이 소멸하고, 사원(寺院)의 주지 또는 이장, 동장 등은 그 지위를 떠남으로써 그 대리권이 소멸하며, 그렇지만 미성년자 또는 정신병자의 보호자에 대해서는 근친 이외의 자가 이에 취임한 경우는 사임 또는 해임으로 그 지위를 떠나는 것이고, 또 미성년자의 보

---

33) 조선총독부 참사관실, 상게서(1913), 53면. 그러나 이 부분은, 『관습조사보고서』 1912년판에 증보되어서 1913년판에 그대로 있는 것이다.

34) 조선총독부 참사관실, 상게서(1913), 53면.

호자에 대하여 근친자가 이에 취임한 때일지라도 미성년자가 타인의 양자로 된 때는 그 대리권이 소멸함이 보통이다[35]고 하였다.

2. 契約에 의한 代理

이 경우에는 본인 또는 대리인의 사망, 정신상실 등은 보통 대리권의 소멸원인이 되고, 또 본인의 실종, 대리사무의 종료 등으로써도 역시 대리권이 소멸하고, 특히 해임 또는 사임으로 그 대리권이 소멸하는 것이므로 관습에서는 본인은 어느 때라도 대리인을 해임하고 대리인도 역시 어느 때라도 사임을 할 수 있는 것이며, 이 때문에 상대방에게 손해를 발생시킨 때는 부득이한 사유가 있는 경우 이외에 그 배상을 하여야 하는 것이지만 실제로 본인이 대리인에 대하여 보수의 전부를 지불하는 것이 많아서 대리인인 자에게 자력이 없는 것이 많으므로 본인이 대리인에 대하여 배상을 받을 예는 매우 적다고 말한다[36]고 하였다.

3. 法律의 規定에 의한 代理

회사 기타 법인 혹은 법인에 유사한 것의 대리인에 대해서는 그 대리되는 주체의 해산 및 대리인이 그 임무를 떠남으로써 대리권이 소멸하고, 또 소송에 대한 대리인은 그 소송의 종료, 해임 또는 사임에 의하여 그 대리권이 소멸하고, 본인 또는 대리인의 사망도 역시 그 원인으로 꼽을 수 있다[37]고 하였다.

---

35) 조선총독부 참사관실, 상게서(1913), 53~54면.
36) 조선총독부 참사관실, 상게서(1913), 54면.
37) 조선총독부 참사관실, 상게서(1913), 54~55면.

4. 代理權 消滅後의 代理行爲

대리권의 소멸원인은 대략 이상과 같으며, 종래의 관습에서는 대리권이 소멸되었음에도 불구하고 이를 알지 못하고 한 대리인의 행위는 이를 유효로 하고, 또 대리권의 소멸을 알지 못하여 대리인과 법률행위를 한 제3자에 대하여 그 소멸을 이유로 대리의 무효를 주장할 수 없는 것 같지만, 대리인의 고의 또는 과실로 인하여 이를 감춘 경우에는 대리인은 본인에 대하여 그 책임을 져야 한다[38]고 하였다.

제3절 代理에 관한 慣習法의 檢討

지금까지 일제의 한국관습법조사사업에 의하여 조사 보고된 대리에 관한 관습법의 내용을 살펴보았다.

여기에서 대리에 관한 관습법으로 우리나라에 존재한 것은, 법률행위의 당사자가 스스로 그 행위를 할 수 없는 경우에 다른 사람에게 이를 대행시키는 '대신'(代身)[39]이라는 것이었음을 알 수 있다. 그러므로 법률행위 또는 소송행위에 있어서(특히 부동산의 거래에 있어서) 노복(奴僕)의 이름으로 패지(牌旨)가 주어져서 이뤄졌던 특수한 관습이 행하여졌음을 알 수 있다. 그러나 이와 같은 우리나라의 대리에 관한 관습법을 일제의 한국관습법조사사업은 근대법의 대리로 인식하고 이를 재구성하여 관습법으로 보고하였던 것이다.

---

38) 조선총독부 참사관실, 상게서(1913), 55면.

39) 우리나라에서는 대리라는 용어가 쓰이지 않았고, 오직 대신(代身)이라는 용어가 쓰였던 것이다. 조선총독부 참사관실, 상게서(1913), 45면 참조.

즉, ① '대신'을 '위임으로 인한 대리인'으로 보았던 점이다. 이것
은 일본 민법이 위임대리를 그 제3편 제2장 제10절에 규정한 위임
계약(mandatum, mandat, Auftrag)에 의하여 대리권이 생기는 경우
를 말하는 것으로 한 것[40]을 그대로 우리나라의 대신이라는 관습
에 일치시켜서 관습법으로 보고하였다는 것이다. 이와 같은 인식의
전제로 인하여 우리나라의 대리에 관한 관습법은 일본 민법의 대
리에 관한 규정을 확인하는 수준으로 이를 재구성하기에 이르렀다
고 볼 수 있다. ② 일본 민법 제99조 내지 제118조의 대리에 관한
규정 가운데 제99조, 제100조, 제103조, 제104조, 제105조, 제106
조, 제107조, 제108조, 제109조 및 제111조를, 대리가 허용되는 법
률행위, 대리행위의 효력, 대리의 종류, 대리권의 범위, 복대리 및
대리권의 소멸원인으로 나눠서, 대리에 관한 관습법으로 조사 보고
하고 있다. 그러나 이것은 일본 민법의 대리에 관한 규정과 우리나
라의 이에 관한 관습법과의 사이에 일본 민법의 규정을 직접 적용
하기 어려운 현상을 해결하기 위하여 일본 민법의 대리에 관한 규
정에 따라서 우리나라에 대리에 관한 관습법이 존재하는 것으로
확인시킨 것이 아닐 수 없다. ③ 특히 '패지'(牌旨)에 의한 대행에
관한 관습법에 대하여, 최근의 연구[41]를 통하여 볼 때에 일제의 한
국관습법조사사업에서 위임장에 유사한 것으로 본 것은 우리나라

---

40) 일본 민법의 대리에 관해서는, 梅謙次郞, 『民法要義 卷之一 總則編』(東京: 有斐閣,
   1985, 復刻版), 252면 이하 참조. 그러나 일본 민법의 대리에는 위임대리 이외에 고용대
   리, 조합대리가 인정되고 있다.

41) 이에 관한 연구에는, 박병호, 『한국법제사고』(서울: 법문사, 1974); 최승희, 『한국고문서연
   구』(성남: 한국정신문화연구원, 1981); 윤대성, 『한국전세권법연구』(서울: 삼지원, 1988); 김
   재문, 「조선왕조의 매매계약서에 관한 연구(其一)」, 『정신문화연구』, 가을호(성남: 한국정신문
   화연구원, 1986); 旗田巍, 『朝鮮中世社會史の研究』(東京: 法政大學出版局, 1972) 등.

의 거래관행을 정확하게 인식하지 못한 것임을 알 수 있다. 패지
(牌旨)에 대하여 살펴보면, 『유수필지』(儒水必知)의 문권규식(文券
規式)에 있는 사대부 가사패지(家舍牌旨)는 "牌旨內始面云(奴名某
處)無他宅以移買次某部某坊某契伏在瓦家幾間庫乙空垈幷願買人
處捧準債永永放賣爲去乎牌旨導良成文以給事年月日上典姓押(喪
人以奪去代押)"의 문례(文例)가 있음을 볼 때에 패지에 의한 대행
이 일반적으로 행하여지고 있었음을 볼 수 있다. 이와 같은 패지에
의한 매매가 이뤄진 예를 보면, 戊辰(1748, 영조 24년) 정월 21일
에 상전 유생원이 노 점동에게 답 10마지기를 매도하는 일을 노에
게 대행하는 것으로서, "奴占同處付無他要用所致買得爲在坡州坡
平面新谷里伏在鼓字第三十五沓拾陸卜三束拾斗落只庫乙賣用計
料爲去乎汝亦願買人處準價捧上爲遣此牌子導良成文以給向事上
典兪(手決)戊辰正月二十一日"을 유 생원 댁 노 점동(占同)이 받아
서 원매인인 서 생원 댁 노 사금(士金)에게 동답 10마지기를 전문
40냥으로 값을 정하고 매매를 계약한 것을 볼 수 있다.[42] 여기에서
문기상으로는 서 생원 댁 노와 유 생원 댁 노 사이에 매매가 성립
된 것으로 볼 수 있으나, 실제로는 유 생원 댁과 서 생원 댁 사이
의 매매인 것이다. 이와 같은 패지에 의한 매매문서를 보면, 金在
文 교수는, 노명이 매수인으로 기재된 것이 171매로 전체의 21%이
고, 이 가운데 주인명과 노명이 병기된 것이 137매, 단순히 노명만
이 기재된 것이 34매였고, 노가 매수인명으로 된 것을 연대별로 보
면, 1500년대 16매, 1600년대 7매, 1700년대 2매, 1800년대에 11
매가 있었다고 보고하였다.[43] 또한 이러한 패지에 의한 관습은 상

---

42) 최승희, 전게서(1981), 325~327면.

민에 있어서도 행하여져서 노비가 있는 것처럼 가장함으로써 실명이 아닌 허명으로 행하여진 일도 있다고 한다. 이에 대하여, 朴秉濠 교수는 우리나라에만 존재하는 독특한 것으로 그 기원을 허례허식적이고 거래행위를 천시하는 사상의 결과로 보고 있다.[44] 그러나 金在文 교수는 노비도 전·지·가사 및 노비를 소유할 수 있었기 때문에 노명의 매매문기를 모두 사자(使者)로 볼 것은 아니고 당사자인 매도인, 매수인으로서의 지위로 기재할 수 있었을 것이라는 의문을 제기하였다.[45] 한편 패지의 성질에 대하여, 일제는 단순한 위임장이라고 함으로써 대리권의 수여를 위한 서면으로 보았지만,[46] 일본인 和田一郎은 위임장이라고 할 수 없고 일종의 명령서라고 하였으며,[47] 그 후 우리나라의 학자들도 패지를 받은 노비를 상전의 사자나 표시기관으로 보아서 대리권의 수여가 아닌 것으로 보는 견해를 하였다.[48] 이와 같은 논의를 잘 반영한 것으로, 明治 42년(1909) 6월 29일 구대심원이 조회하고 같은 해 8월 5일에 법전조사국이 회답한 관습의 내용이, 더욱 실제의 관습법에 가까운 것임을 알 수 있다.

이와 같이, 일제의 한국관습법조사사업은 대리에 관한 관습법에 있어서도 우리나라에 실재하는 관습법을 조사하였다는 것보다도 일본 민법의 시행을 위한 대리관습법의 불일치 내지 부재를 인위

---

43) 김재문, 전게논문(1986), 152~153면.

44) 박병호, 전게서(1974), 19~20면. 최승희도 매매행위를 천시하는 사대부사회의 관행이었다고 보고 있다(최승희, 전게서(1981), 327면).

45) 김재문, 전게논문(1986), 152면.

46) 조선총독부 중추원 조사과 편, 『朝鮮田制攷』(경성: 조선총독부중추원, 1940), 390면.

47) 和田一郎, 『朝鮮土地地稅制度調査報告書』(東京: 宗高書房, 1967, 복각판), 217~218면.

48) 박병호, 전게서(1974), 20면; 김재문, 전게논문(1986), 152면.

적으로 조작하여 일본 민법의 대리에 관한 규정 내용과 일치하는 관습법이 존재하는 것으로 하였던 것이다. 이와 같은 일제의 한국 관습법조사사업은 한일합병 이후 '조선민사령'의 시행에 의하여 일본 민법이 의용되고, 일본 민법의 대리에 관한 규정이 직접 적용됨에 따라서 일본 민법에의 동화작업으로 이어졌던 것이다.

제8장 相隣關係慣習法의 內容分析

제1절 日帝의 韓國慣習法調査事業에 의한 相隣關係慣習法의 槪觀

제1. 序

우리나라의 민사법 분야에 있어서 상린관계관습법에 대해서는 일제의 한국관습법조사사업에 의하여 조사 보고되었음에도 이에 관한 분석을 통한 재평가를 하지 못한 채 그대로 우리의 관습법으로 받아들여졌다. 따라서 민사법 가운데 토지법에 있어서의 기본적인 문제인 상린관계관습법에 대한 연구가 이뤄지지 못하고 외국학설의 계수를 통한 이론구성을 하는 데 그침으로써 철저한 연구가 이뤄졌다고 할 수 없다.

일제의 한국 통치에 있어서 한국관습법조사사업은, 한국정부시대에 을사조약에 의하여 일제가 통감부를 설치하고 한국정부의 내각에 부동산법조사회를 설치하여 사업을 개시한 이후 조선총독부시대로 이어졌고 일제가 패망할 때까지 계속된 한 세대에 걸친 사업이었다. 이와 같은 일제의 한국관습법조사사업에 의한 상린관계관습법의 내용을 분석하여 일제에 의하여 우리나라의 관습법이 어떻게 조사되어 보고되었는가에 대하여 재평가를 하는 것은, 우리나라의 고유법이 근대법과의 접촉과정에서 상린관계관습법이 어떻게 변용되어서 오늘날에 영향을 미치고 있는가를 올바르게 인식할 수 있을 것으로 본다.

따라서 일제의 한국관습법조사사업의 결과에 의한 상린관계관습법에 국한하여 그 대상으로 하고, 이 사업의 결과로 발간된 문헌 및 자료 가운데 부동산법조사회의『韓國不動産ニ關スル調査記錄』을 비롯하여, 조선총독부 참사관실의『慣習調査報告書』및 조선총독부 중추원의『民事慣習回答彙集』에서의 상린관계관습법에 관한 내용을 중심으로 한다.

제2.『慣習調査報告書』와 相隣關係에 관한 慣習法

일제의 한국관습법조사사업에 의한 상린관계에 관한 관습법의 개요를『관습조사보고서』의 조사문항에 의하여 보면, 다음과 같다.

제2장 物權 / 26. 隣地者間의 權利義務 如何[1]

의 조사문항 1문항으로 되었고, 이 조사문항에 대한 조사내용은,

1. 隣地使用權 / 2. 圍繞地通行權 / 3. 流水權 / 4. 豫防工事請求權 / 5. 雨水注瀉制限 / 6. 水路變更制限 / 7. 排水權 / 8. 水路使用權 / 9. 堰設置 및 使用權 / 10. 界標 및 圍障設置權 / 11. 互有權 / 12. 竹木栽植制限 / 13. 建物建設制限 / 14. 工作物設置制限 / 15. 洑設置制限[2]

---

1) 조선총독부 참사관실,『관습조사보고서』(1913), 목차 2면.
2) 조선총독부 참사관실, 상게서(1913), 79～83면.

에 관한 상린관계관습법으로 되어 있다.

그러나 이와 같은 상린관계에 관한 관습법의 내용은, 일제의 통감부시대 부동산법조사회의 한국부동산에 관한 조사사항과 설명에서도 찾아볼 수 있다.

부동산법조사회의 梅謙次郎 회장은, 1906년 7월 23일 경성 이사청에서 첫 조사를 실시한 그 다음 날인 7월 24일에 배포한 '조사사항' 10문 중 제1문항 "토지에 관한 권리의 종류, 명칭 및 그 내용"에 있어서, 제5목 "토지의 강계(경계)에서 쌍방 소유자의 권리의 한계"를 들고 있다.[3] 한편, 梅 회장은, 이에 대하여, 토지의 경계에서는 서로 접한 토지소유자가 접촉함으로써 그들 사이에 권리의 행사로 충돌 또는 분쟁이 생길 우려가 있다면서, 문명국의 법률이 상린자 상호의 이익을 참작 안배하여 상린자 간에 적당한 권리행사의 한계를 두는 것이 보통이라고 설명하고, 한국에서는 이에 관한 법령의 규정이 있는지 또 법령의 규정은 없을지라도 관습상으로 상린자의 권리행사에 대한 제한이 있는가를 조사할 사항이라면서, 일본 법률의 예를 들고 있다.[4]

제3. 『民事慣習回答彙集』과 相隣關係에 관한 慣習法

일제의 한국관습법조사사업의 일환으로 이뤄진 『민사관습회답휘집』에 나타난 상린관계에 관한 관습법에 관한 사항을 살펴보면, 다음과 같다.[5]

---

3) 부동산법조사회, 『韓國不動産ニ關スル調査記錄』(1906.8), 본문 1〜3면.
4) 부동산법조사회, 『調査事項說明書』(1906.9), 4〜5면. 이에 대한 상세한 내용은, 윤대성, 「『韓國不動産ニ關スル調査記錄』의 硏究」(1992.7), 113면 참조.

제2편 物權 // 제3장 所有權 // 제1절 所有權의 限界 / 옛날의 관습에 있어서는 타인이 무단으로 자기의 소유지에 가옥을 건설한 경우일지라도 이를 제거할 것을 청구하지 못하고 오직 지대(地代)를 청구함에 그친다. / 종전에 가옥을 건설할 전답 같은 공지(空地)를 빌릴 것[貸渡]을 요구할 때에는 토지소유자는 이를 거절하지 못하는 관습이 있었지만 지금은 존재하지 않는다. / 완문(完文)·입지(立旨)·입안(立案) 등에서 분묘의 용호(龍虎) 안에 입장(入葬)을 금한 때는 그 구역이 대전(大典) 소정의 보수(步數)를 넘은 경우일지라도 관습상 유효하다. / 입지(立旨) 또는 완문(完文)으로 정한 분묘의 경계[界限]가 분명하지 않거나 또는 너무 광대한 때는 실지로 그 기재에 비춰 또는 산세를 참작하여 결정하는 것이다. / 분묘의 경계를 측정함에는 보(步)로써 계산하고 주척(周尺) 6척을 1보(步)로 하며 주척 1척은 곡척(曲尺) 6척 6분(分)에 해당한다. / 왕릉(王陵)이 설치되는 경우에 그 내해자(內垓字)의 구역 안에 있는 인민의 분묘는 당연히 이장하는 관례이므로 이들에게는 국유산에 입장(入葬)을 허용하거나 사패(賜牌)를 급하여 타인 소유의 산에 이장(移葬)을 허용하는 것은 없다. / 대전회통(大典會通) 형전(刑典) 청리조(聽理條) 중 분묘의 경계에 관한 규정은 입장지(入葬地)가 누구의 소유에 속한 경우일지라도 적용되는 것이다. 형법대전(刑法大典) 중 분묘의 경계에 관한 규정도 역시 같다. / 분묘의 경계거리를 침범하여 입장한 경우 분묘 소유자는 입장자(入葬者)에 대하여 그 굴이(掘移)를 청구할 수 있고, 입장자가 토지소유자인가 아닌가를 묻지 않는다. 타인의 분묘의 경계 내에 입장할 권리는 그 자에게 전속하고 양도할 수 없는 것이다. / 종손(宗孫)이 그 부모를 조선(祖先)의 분묘의 경계 내에 장(葬)할 수 있음은 당연하므로 지손(支孫)이 이의를 말할 수 없는 것이다. / 분묘의 경계는 타인의 분묘를 넘어서 이를 주장할 수 없다 / 분묘확인 소송에 있어서 원고로 될 수 있는 자는 그 분묘의 소유자이므로 보통 분묘에 속하는 가(家)의 호주로 한다. / 투장분묘(偸葬墳墓)가 있는 산지를 매수한 경우에 있어서 매수인이 투장자에 대하여 분묘의 이굴(移掘)을 청구할 수 없다는 관습은 존재하지 않는다. / 평온(平穩)하고 공연(公然)하게 타인 소유의 산지에 분묘를 설치한 뒤에 토지소유자의 변경이 생긴 때 신소유자는 그 분묘의 굴이(掘移)를 청구할 수 없다는 관습은 없다. / 하천에 있어서 보(洑)의 신설이 하류의 용수(用水)에 영향을 미칠 우려가 있는 경우에는 하류에 있는 용수자는 그 보(洑)의 설치를 거절할 수 있는 것이다. / 동일 하천(河川)에서 인수되는 답용 경(畓用坰)과 수차용 경(水車用坰)이 있는 경우에 하수(河水)가 부족할 때는 먼저 설치한 경(坰)에서 인수하고 설치의 전후가 불명한 때는 상류의 경(坰)에서 인수할 수 있는 것이다. / 전항의 경우에 하류에 있는 답용 경

---

5) 조선총독부 중추원, 『민사관습회답휘집』(1933), 민사관습회답요지색인 목차 16~21면.

(畓用垌)의 소유자가 상류에 있는 수차용 경(水車用垌)을 자유로이 절개(切開)할 수 있는 관습은 존재하지 않는다. / 상류보(上流洑)의 소유자는 신간지(新墾地)의 관개(灌漑)를 위하여 이미 설치된 하류보(下流洑)의 소유자의 물 사용을 방해할 수 없다. / 축경자(築垌者)와 몽리답주(蒙利畓主)와의 사이에 약정한 수세(水稅)는 이후 그 답(畓)의 소유자가 된 자도 이를 지불할 의무가 있다. / 경주(垌主)는 몽리지(蒙利地)에 물을 공급할 때에 그렇지 못하면 수세(水稅)를 받을 수 없다. / 수세(水稅)는 경주(垌主)의 주소가 몽리지(蒙利地)에서 3리 이내인 때는 경주(垌主)의 주소에서 지불하고 3리 이상인 때는 몽리지의 부근에 있는 경주(垌主)가 지정한 장소에서 지불하는 듯하다. / 수세(水稅)의 지불에 관한 관습은 황해도에서도 다를 바가 없다 / 보수(洑水)의 사용료는 관습상 일정한 것은 아니다. / 경(垌) 또는 답(畓)의 소유자에 변경이 있는 때는 수세(水稅)에 관한 권리 의무는 당연히 이전한다. / 본간(本幹) 및 수 개의 지선(支線)으로 이뤄진 보(洑)의 소유자는 지선(支線)을 본선(本線)에서 분할하여 매도할 수 있다. / 수세(水稅)를 받는 권리는 몽리답(蒙利畓)의 면적에 따라서 분할하여 수인에게 양도할 수 있다. / 보(洑)의 지선(支線)의 매도는 물권적 효력을 발생하고 공작물인 보(洑)의 소유권을 이전하더라도 수세(水稅)를 받을 권리는 채권에 지나지 않으므로 물권적 효력이 발생하지 않는다. / 보세(洑稅)의 지불은 특약이 있는 경우 이외에 보주(洑主)의 주소가 보(洑) 소재지에서 3리 이내인 때는 보주(洑主)의 주소에서 하고 3리 이상인 때는 보주(洑主)가 지정한 보(洑) 소재지 부근의 장소에서 함을 예로 한다. / 보소유권(洑所有權)의 양수인은 전주(前主)가 보수 사용자(洑水使用者)에 대하여 갖는 권리 의무를 승계하는 것이 관습이므로 보수 사용자는 당연히 새로운 보주(洑主)에 대하여 전 보주(前洑主)와의 사이에 약정한 수세(水稅)를 지불하여야 하는 것이다. / 몽리자(蒙利者)가 보주(洑主)에 대하여 수세(水稅)를 지불하는 경우에는 몽리자가 보수축(洑修築)의 비용을 부담하는 관습은 없다.

등이다.

이상과 같은 일제의 한국관습법조사사업의 일환으로 이뤄진 『민사관습회답휘집』에 의한 상린관계관습법에 관한 사항을 살펴보면, 분묘의 경계에 관한 상린관계와 농업용수에 관한 상린관계가 상린관계에 관한 관습법의 대부분을 차지하고 있음을 알 수 있다.[6]

---

6) 이와 같은 상황은, 당시의 민사분쟁에 있어서 조사의 분묘설치를 둘러싼 분쟁과 농경사회에 있어서 농업용수를 둘러싼 분쟁이 많았다고 추정할 수도 있다.

제2절 相隣關係에 관한 慣習法의 內容分析

제1. 『韓國不動産ニ關スル調査記錄』에 나타난 相隣關係慣習法

우리나라에서 일제의 초기적 한국관습법조사사업이 부동산법조사회에 의하여 이뤄졌고, 그 조사활동에 의하여 최초로 보고된 관습조사보고서인 『韓國不動産ニ關スル調査記錄』에 나타난 상린관계관습법을 보면, 다음과 같다.

이 조사서는 부동산법조사회의 梅 회장이 질문한 것에 대하여 각지의 이사관, 관찰사 및 부윤이 응답한 것을 기록한 것이다.[7]

(1) 경성 이사청은, 토지소유권의 범위에 대한 응답에서, 인가(隣家)의 옥근(屋根)[지붕]이 인가의 마당으로 돌출하는 등이 있더라도 이의를 하지 않지만, 지하의 것은 분명하지 않지만 1척(尺)이나 2척 정도의 침입은 분쟁의 문제가 되는 것 같다[8]고 하였다. 한편, 토지경계에 있는 토지소유자의 권리의 한계에 대한 응답에서, 고지에서 자연히 흘러오는 물은 저지에 거주하는 자가 이를 막을 수 없다. 대지통행권(袋地通行權)을 인정한 전답 등에 통하는 도로를 폐색하는 공사를 할 수 없음이 통상이다. 아무래도 경성에서는 대지(袋地)를 갖지 않은 사람의 주거 장소에는 반드시 통로를 설치한다. 원래 도로에 대한 관념은 비교적 발달하여 거주하기 위하여 산 위에 외국인이 집을 짓는 경우 한인의 소유지에 마음대로 통로를 만

---

7) 부동산법조사회, 『韓國不動産ニ關スル調査記錄』(1906.8), 1~3면; 윤대성, 「『韓國不動産ニ關スル調査記錄』의 研究」(1992), 110면.

8) 부동산법조사회, 전게서(1906.8), 6~7면.

들더라도 아무런 이의를 하지 않는다. 2층 이상에서 내려다보는 것을 매우 싫어하므로 이를 할 수 있는 것으로 하는 학교의 건축을 하는 것이 있다. 만약 한인 동지에게 타인의 실내를 들여다볼 수 있는 창을 냈을 때에는 곧 파괴하여야 하고, 그렇지만 눈가리개[目隱]를 했을 때에는 방해되지 않는다9)고 하였다.

(2) 개성부는, 먼저 인가(隣家)의 옥근(屋根)[지붕]이 마당으로 나와 돌출한 때는 고장을 신청하여 어느 정도의 대상(代償)을 청구할지라도, 수목의 지엽(枝葉)이 떨어지는 것은 있더라도 다툼이 생기지 않는다10)고 하였다. 한편, 한국인 특히 부인은 기거 장소를 타인에게 보이는 것을 매우 싫어하므로 인가의 창 등이 관망에 적합하게 만들어진 때에는 이에 대하여 반드시 고장을 청구하고 눈가리개[目隱]를 하는 정도로는 납득하지 않는다. 한국에서도 일찍이 2층의 가옥이 있었지만 2층은 가장 관망에 적합하여 부인의 성정에 반하므로 점차 폐한 것 같다. 경계선에 접하여 건물을 건축할 수 있다. 고지에서 자연히 흘러오는 니수(泥水) 등은 저지에 거주하는 자가 이를 간과하는 습속은 없지만 정도에 따라서 꺼리고 있다. 근린자가 용수를 급수(汲水)함은 매우 자유롭다. 대지(袋地)는 오늘날 분명하지 않다11)고 하였다.

(3) 평양 관찰부는, 먼저 갑(甲)의 가옥의 처마[첨(瞻)]가 이웃한 을(乙)의 경내에 돌출한 때는 갑(甲)은 을(乙)의 토지의 일부를 매취(買取)함을 요하고 또 갑(甲)이 을(乙)의 지하에 침입하여 공작

---

9) 부동산법조사회, 상게서(1906.8), 7~8면.
10) 부동산법조사회, 상게서(1906.8), 17면.
11) 부동산법조사회, 상게서(1906.8), 17~18면.

등을 하였을 때에는 을(乙)에 대하여 상당한 대상(代償)을 하는 것을 요한다. 이 일은 고서 가운데 기재되어 있다[12]고 하였다. 한편, 경계선에 접하여 건물을 짓는 것에 대하여 특히 정함은 없더라도 서로 상당한 공지를 두는 것이 통상이다. 한국의 가옥은 거의 처마가 넓고 뻗어나서 인지에 빗물이 쏟아져 내리는 것이 있고, 이를 피하기 위하여 서로 지척(地尺: 토지를 측량하는 척도)으로 3척 정도의 공지를 두고서 가옥을 짓는다. 가옥을 축조함에 있어서 대부분 장벽을 설치함으로써 관망을 방지하며, 특히 눈가리개[目隱]를 하는 것이 필요하며, 만약 2층 이상을 건축함에 있어서 인가의 부인 거옥(居屋)을 관망할 염려가 있는 때는 창을 설치할 수 없다. 대지(袋地)의 지주가 위요지(圍繞地) 위에 통로를 설치함은 무상으로 하는 것이 상례이다. 고지에서 자연히 흘러오는 물은 저지에 거주하는 자가 이를 막을 수 없다. 경계선에 장벽을 설치하는 때는 상린하는 자가 각기 비용을 분담한다. 갑(甲), 을(乙)의 상접한 경작지 사이에 관개(灌漑)를 위하여 구거(溝渠)가 지나가고 있는 때는 갑(甲), 을(乙)의 지주는 교대로 격년에 그 구거를 준설하며 일체 비용을 부담한다[13]고 하였다.

(4) 수원 관찰부는, 먼저 인가의 경내에 자기 가옥의 처마가 나오거나 또는 타인의 토지 아래에 구덩이(穴)를 파더라도 지장이 없는가의 질문에 대하여, 지장이 생긴다고 생각한다[14]고 하였다. 한편, 갑(甲)의 소유지의 상대방으로부터 을(乙)의 소유지에 해를 미치고

---

12) 부동산법조사회, 상게서(1906.8), 26면.
13) 부동산법조사회, 상게서(1906.8), 26~28면.
14) 부동산법조사회, 상게서(1906.8), 40~41면.

있으면 상린자는 서로 주의를 하지 않는 것이 아닌가의 질문에 대하여, 인지자가 해를 가하는 상대방이 있는 때는 충고로써 이를 멈추게 하는 것이 상례이고, 만약 충고를 받아들이지 않는 때는 관에 소(訴)하여 제(制)할 수 있다. 인가의 우수가 자가의 부지에 낙하하는 때에는 어떠한가의 질문에 대하여, 제지할 수 있다. 집을 건축할 때에 경계선에서 떨어져야 할 것을 요하는가의 질문에 대하여, 지금 분명하지 않지만 어느 정도의 거리를 두는 것을 요한다고 생각한다. 경계선에 일방이 담을 설치할 때는 다른 일방에 대하여 그 비용의 분담을 청구할 수 있는가의 질문에 대하여, 호의로 나온 때에는 쌍방이 분담함이 상례이지만, 일방이 자기의 이익을 위하여 마음대로 설치할 때에는 그 비용을 청구할 수 없다. 타인의 옥내가 보이는 곳에 창이나 연측(椽側)을 설치할 수 있는지의 질문에 대하여, 먼 곳에서의 관망에 대해서는 고장을 주장하지 못하지만, 이 경우에는 관망되는 쪽에서 스스로 장벽을 설치함이 상례이다. 접근한 경우에는 눈가리개[目隱]를 설치하는가의 질문에 대하여, 이미 되어 있지 않은 때는 쌍방이 협의하여 장벽을 설치하는 것 같다. 대지(袋地)에 거주하는 자가 타인의 토지를 통행할 수 있는가의 질문에 대하여, 위요지(圍繞地)의 소유자가 이의를 주장하더라도 마음대로 통행할 수 있지만, 이미 이뤄진 길을 좁게 하는 것이 필요하다. 이 경우에는 보상을 하여야 하는지의 질문에 대하여, 통로를 넓힐 때에는 상금(償金)을 지불하는 것이 상례이다[15]고 하였다.

(5) 대구 관찰부는, 장벽 등에 창을 내어서 타인의 안을 보아도 지장이 없는가의 질문에 대하여, 지장이 있다고 하고, 멀리 떨어진 곳

---

15) 부동산법조사회, 상게서(1906.8), 41～42면.

에서 관망하더라도 안 되는가의 질문에 대하여, 역시 고장이 있고 원래 한국에는 2층집이 없으며, 또 갑(甲)의 집을 을(乙)의 집보다 높게 건축할 수 없다고 하였다. 눈가리개[目隱]를 하는 것이 가능한지의 질문에 대하여, 그렇다고 하였고, 경계선에 접하여 건물을 축조함에 어느 정도의 여지를 두는 것을 요하는가의 질문에 대하여, 요하는 것이 상례라고 하였다. 쌍방의 사정이 좋게 하려고 일방이 경계선에 담을 설치하는 경우는 다른 일방에 대하여 그 비용의 분담을 청구할 수 있는가의 질문에 대하여, 미리 일방의 승낙을 받음을 요하고 당연한 권리로 주장할 수 없다고 하였다. 또한 개골창[溝]을 끼고 있는 전답이 이어져 있는 때에 진흙[泥土]의 준설에 있어서 위에 있는 측의 지주가 그 준설의 비용을 부담하고 있다고 하였다. 대지(袋地)에 사는 사람은 권리로 이를 위요하고 있는 타인의 토지를 통행할 수 있는가의 질문에 대하여, 통행하는 것이 상례라고 하였다.[16)]

(6) 부산 이사청은, 경계선에 집을 세울 수도 있는가의 질문에 대하여, 자유롭지만 후에 세우는 자는 미리 그 불리함을 알았더라도 이의를 할 수 없다고 하였다. 빗물이 인지에 떨어지더라도 고장이 없는가의 질문에 대하여, 평소 친밀하지 않은 사이에는 다툼이 생긴다고 하였고, 경계에 접하여 변소를 설치하더라도 방해되지 않는가의 질문에 대하여, 통행에 방해되지 않으면 막지 못한다고 하였다. 일방이 담을 만드는 경우에 다른 일방에 대하여 그 비용의 분담을 청구할 수 있는가의 질문에 대하여, 석원(石垣: 돌에 흙을 섞은 낮은 담장) 이외에는 일방만이 설치하는 것을 꺼리고 근린의 사람들로부터 이의를 주장받게 된다고 하였다. 대지(袋地)에 사는 자

---

16) 부동산법조사회, 상계서(1906.8), 54~56면.

는 다른 사람의 토지를 통행할 수 있는가의 질문에 대하여, 위요지
(圍繞地)의 소유자는 승낙함이 통례다[17]고 하였다.

(7) 마산 이사청은, 타인의 안을 볼 수 있는 창을 내어도 좋은가
의 질문에 대하여, 눈가리개[目隱]를 두면 지장이 없다고 하였다.
인지에 나뭇가지가 덮치거나 또는 뿌리가 뻗어 나와도 지장이 없
는가의 질문에 대하여, 지장이 있다고 하였고, 경계선에 담을 만드
는 자가 이웃에 대하여 그 비용의 분담을 청구할 수 있는가의 질문
에 대하여, 집의 뒤쪽 벽은 자신의 것으로 되지 않으므로 앞의 벽
만이 자신의 것으로 되는 것 같다고 하였다. 상하의 토지에 이웃하
여 사는 경우에 위의 자는 벽을 쌓을 수 있는가의 질문에 대하여,
쌓을 수 있다고 하였다. 대지(袋地)에 사는 자는 타인의 토지를 통
행할 수 있는가의 질문에 대하여, 매우 자유롭고, 이러한 것은 마찬
가지로 왕토(王土)의 백성이면 타인의 토지 내일지라도 통행할 수
있다는 생각에 터 잡은 것이라고 하였다. 그 밖에 다른 일은 없는
가의 질문에 대하여, 신분의 차이에 따라서 묘와 묘와의 사이에
100보(步)나 300보(步)의 거리를 두는 것을 요한다[18]고 하였다.

제2. 『慣習調査報告書』에 나타난 相隣關係慣習法

우리나라의 상린관계에 관한 관습법에 대하여 『관습조사보고서』

---

17) 부동산법조사회, 상게서(1906.8), 65~66면.

18) 부동산법조사회, 상게서(1906.8), 76~78면. 한편 일본 민법 제235조의 관망에 대하여서는
    동일 정신의 관습을 두었고, 제237조의 우물 파기 등에 대해서는 아무런 제한이 없는 것 같
    다고 하면서, 고지에서 저지로 흘러내리는 汚水가 있으면 저지에 거주하는 자는 둑으로 막
    지 못한다고 하였고, 袋地의 경작자에게 통로를 제공하는 자는 그 대지의 조세를 부담하고
    또한 손해배상의 책임이 있다는 '답안'을 붙이고 있다.

는, 구체적인 예를 들어서 묻고서, 이에 대하여 몇 가지로 나누어서 관습법을 보고하고 있다.[19] 그러나 그 기본방향은 앞의 『韓國不動産ニ關スル調査記錄』에서와 같음을 찾아볼 수 있다. 먼저 구체적으로 예를 들어서 질문하는 내용을 살펴보고, 이에 대한 보고내용을 통하여 상린관계관습법을 살펴보면, 다음과 같다.

이 조사보고서에서의 질문사항을 보면, ⓐ 예컨대 경계 또는 그 근방에서 공사를 시행하기 위하여 인지의 사용을 청구할 수 있는가. ⓑ 대지(袋地)이므로 공로(公路)로 통할 수 없는 토지의 소유자는 위요지(圍繞地)를 통행할 수 있는가. ⓒ 인지로부터 물이 자연히 흘러오는 것을 막을 수 있는가. ⓓ 저지에서 수류(水流)가 조색(阻塞: 막힘)된 경우에 고지의 소유자는 그 소통에 필요한 공사를 할 수 있는가. ⓔ 고지에 설치된 공작물의 파궤(破潰), 조색(阻塞) 또는 설비 불완전 때문에 을지(乙地)에 손해를 미치게 한 때는 을지(乙地)의 소유자는 그 수선(修繕), 소통(疏通) 또는 설비개량을 청구할 수 있는가. ⓕ 빗물[雨水]이 인지에 직하하도록 옥근(屋根) 기타 공작물을 설치할 수 있는가. ⓖ 수류지(水流地) 또는 연안(沿岸)의 소유자는 대안(對岸)의 토지가 다른 사람에게 속한 경우에 수로(水路) 또는 수류(水流)의 폭을 바꿀 수 있는가, 또 양안(兩岸)의 토지가 수류지(水流地)의 소유자에게 속한 때에도 하구(下口)에서 수로를 바꿀 수 있는가. ⓗ 고지의 물을 배수[排泄]하기 위하여 공로(公路), 공류(公流) 또는 하수도에 이르기까지 물을 저지로 통과시킬 수 있는가. ⓘ 토지의 소유자는 그 토지의 물을 통과시키기 위하여 타인이 그 토지 위에 설치한 공작물을 사용할 수 있는가.

19) 조선총독부 참사관실, 『관습조사보고서』(1913), 77~83면.

ⓙ 수류지의 소유자는 그 언(堰)을 대안(對岸)에 부착시킬 수 있는가. ⓚ 이상의 경우에 타인의 토지를 사용한 자는 상금(償金)을 지불하여야 하는가, 만약 이를 지불하여야 한다면 그 표준 및 지불방법, 시기 등은 여하한가. ⓛ 토지의 소유자는 인지의 소유자와 공동의 비용으로 계표(界標)를 설치할 수 있는가. ⓜ 소유자를 달리한 2동의 건물 사이에 공지가 있는 때는 각 소유자는 다른 소유자와 공동비용으로 위장(圍障: 담당)을 설치할 수 있는가, 또 계표(界標) 및 위장(圍障)의 재료, 대소 및 비용부담의 비율은 여하한가. ⓝ 경계선상에 설치한 계표(界標), 위장(圍障) 기타 공작물이 누구에게 속하는지 분명하지 않는 경우에 이를 상린자의 공유로 보는 것 같은 관습은 없는가. ⓞ 경계의 근방에 죽목을 심는 것에 대한 관습상의 제한은 없는가, 또 그 가지나 뿌리가 인지를 침범한 경우에 인지의 소유자는 어떠한 권리를 갖는가. ⓟ 경계의 근방에 건물을 설치하는 데 대하여 관습상의 제한은 없는가. ⓠ 그 가운데 경계선으로부터 일정한 거리를 두어야 하는 것같이, 창, 연측(椽側) 기타 인지를 관망할 수 있는 물건을 설치함에는 경계선으로부터 일정한 거리(전항의 거리보다 큰)를 두거나, 또는 눈가리개[目隱]을 붙여야 하는 것 같은 관습은 없는가. ⓡ 경계의 근방에 정호(井戶: 우물), 구거(溝渠: 개골창) 등과 같은 공작물(工作物)을 설치함에 대하여 관습상의 제한은 없는가. ⓢ 그 가운데 경계선으로부터 일정한 거리를 두어야 하는 것같이, 토사(土砂)의 붕괴 또는 물(水)이나 오액(汚液)의 삼루(滲漏: 새어 듦)를 방지함에 필요한 설비를 하여야 하는 것 같은 관습은 없는가 등으로 되어 있다.[20]

---

20) 조선총독부 참사관실, 상게서(1913), 77~79면.

이와 같은 질문사항에 대하여, 『관습조사보고서』는, 상린관계관습법을 인지사용권(隣地使用權), 위요지사용권(圍繞地使用權), 유수권(流水權), 예방공사청구권(豫防工事請求權), 우수주사제한(雨水注瀉制限), 수로변경제한(水路變更制限), 배수권(排水權), 수로사용권(水路使用權), 계표급위장설치권(界標及圍障設置權), 호유권(互有權), 죽목재식제한(竹木栽植制限), 건물건설제한(建物建設制限) 및 보설치제한(洑設置制限) 등 15개 항목으로 나눠서 보고하고 있다. 이 상린관계관습법의 내용을 보면, 다음과 같다.

1. 隣地使用權

이에 대하여, 『관습조사보고서』는, 토지의 경계 또는 그 근방에 공사를 시행하기 위하여 인지를 사용할 필요가 있는 때는 시공지(施工地)의 소유자는 인지의 소유자에 대하여 필요한 범위에서 그 토지의 사용을 요구할 수 있고, 인지의 소유자는 이를 거절할 수 없다. 그러나 타인이 사는 집의 위장(圍障) 안에 출입함은 풍습상 특히 이를 혐기(嫌忌)하므로 승낙을 얻지 않고서는 이를 출입할 수 없다. 또 사용하기 때문에 특히 상금(償金)을 지불하는 것은 보통 이를 볼 수 없지만, 사용의 정도에 따라서 또는 손해를 발생시켰다는 등 때문에 상금(償金)을 요구하는 때는 이를 지불함을 요하는 것 같다[21]고 하였다.

2. 圍繞地通行權

이에 대하여, 『관습조사보고서』는, 대지(袋地)이므로 타인의 토지를 통행하지 않으면 공로(公路)로 통할 수 없는 토지의 소유자는

---

21) 조선총독부 참사관실, 상게서(1913), 79면.

위요지(圍繞地)를 통행할 수 있고, 위요지의 소유자는 이를 거절할
수 없다. 그러나 통행의 장소는 위요지의 손해가 가장 적은 부분을
골라야 함은 물론이므로, 상금(償金)을 지불하는 것은 거의 없는
것 같다[22]고 하였다.

3. 流水權

이에 대하여, 『관습조사보고서』는, 토지의 소유자는 인지로부터
자연히 흘러내리는 유수를 조색(阻塞: 막음)할 수 없다. 그러나 고
지의 소유자는 저지에서 그 수류(水流)가 조색(阻塞)된 때에는 소
통에 필요한 공사를 시행할 수 있다[23]고 하였다.

4. 豫防工事請求權

이에 대하여, 『관습조사보고서』는, 토지의 소유자는 인지에 설치
한 공작물의 파궤(破潰), 조색(阻塞) 또는 불완전 때문에 손해를 받
을 우려가 있는 때는 이의 수선, 소통이나 개량을 청구할 수 있
다[24]고 하였다.

5. 雨水注瀉制限

이에 대하여, 『관습조사보고서』는, 토지의 소유자는 타인의 토지
에 빗물이 주사할 옥근(屋根)[지붕] 기타 공작물을 설치할 수 없다.
그러므로 가령 옥근(屋根) 기타 공작물이 타인의 지상을 침범하지
않을 경우일지라도 만약 빗물이 주사하는 경우에는 이를 변경하지
않으면 안 되는 것이다[25]고 하였다.

---

22) 조선총독부 참사관실, 상게서(1913), 79면.
23) 조선총독부 참사관실, 상게서(1913), 79~80면.
24) 조선총독부 참사관실, 상게서(1913), 80면.

6. 水路變更制限

이에 대하여, 『관습조사보고서』는, 수류지(水流地) 또는 연안의 소유자는 대안(對岸)의 토지가 타인에게 속한 경우에 그 수로를 변경함으로 인하여 대안의 토지에 손해를 끼칠 때에는 함부로 수로 또는 그 폭을 변경할 수 없다. 또 가령 수류지의 소유자가 대안의 소유자일 때일지라도 하구(下口)에서 수류에 변동을 생기게 하여 이 때문에 타인에게 손해를 끼치는 것 같은 변경을 기할 수 없다[26]고 하였다.

7. 排水權

이에 대하여, 『관습조사보고서』는, 토지의 소유자는 배수하기 위하여 공류(公流) 또는 하수류(下水流)에 이르기까지 저지에 물을 통과시킬 수 있다. 그렇지만 저지의 손해가 가장 적은 장소를 선택하고 또한 손해가 생기지 않을 설비를 하며, 또 손해가 발생한 경우에는 그 보상을 하는 것을 요한다[27]고 하였다.

8. 水路使用權

이에 대하여, 『관습조사보고서』는, 토지의 소유자는 그 토지의 물을 통과시키기 위하여 타인이 그 토지 위에 설치한 공작물을 사용할 수 있다. 이 경우에 그 사용의 비율에 따라서 공작물의 설치와 보존의 비용을 지불하지 않으면 안 된다. 다만 그 토지의 사용이 무상인 때에는 이를 지불할 필요가 없다[28]고 하였다.

---

25) 조선총독부 참사관실, 상게서(1913), 80면.
26) 조선총독부 참사관실, 상게서(1913), 80면.
27) 조선총독부 참사관실, 상게서(1913), 80면.
28) 조선총독부 참사관실, 상게서(1913), 81면.

9. 堰의 設置 및 使用權

이에 대하여, 『관습조사보고서』는, 수류지(水流地)의 소유자는 언(堰: 둑)을 설치한 경우에 이를 대안(對岸)에 부착시킬 수 있고, 또 대안의 소유자가 수류지 일부의 소유자인 때에는 그 언(堰)을 사용할 수가 있다[29]고 하였다.

10. 界標 및 圍障設置權

이에 대하여, 『관습조사보고서』는, 토지의 경계에 특히 계표를 설치함은 오히려 드물어서 보통은 각자가 그 소유지의 한역(限域)임을 분명히 하는 시공을 하는 것이다. 그러므로 계표(界標)를 설치하는 경우일지라도 일방이 임의로 이를 설치할 뿐이고 인지의 소유자에 대하여 공동설치를 청구할 수 있는 관습은 없다. 따라서 그 재료의 대소, 비용의 부담 등에 대해서도 정한 바가 없다. 그렇지만 상린자 간의 위장(圍障)[담장]에 대해서는 양지의 소유자가 공동으로 이를 설치하는 관례가 있는 지방이 적지 않다(예컨대 京城, 江景, 黃州, 安州, 龍川, 江界, 水原, 安城, 永同, 晋州, 濟州, 木浦 지방 등). 그리고 그 비용은 평등하게 분담함을 원칙으로 하고 재료에 대해서는 협의로 매듭짓는 정도에 그치는 것을 예로 하며, 만약 일방에서 그 이상의 재료를 필요로 할 때에는 그 차액을 부담하는 것 같다[30]고 하였다.

---

29) 조선총독부 참사관실, 상게서(1913), 81면.

30) 조선총독부 참사관실, 상게서(1913), 81면. 그러나 『관습조사보고서』 1910년판에 의하면, 상린자 간의 위장에 대하여서도 양지의 소유자가 공동으로 이를 설치하는 것 같은 예는 없고, 따라서 이에 관한 관습도 볼 수 없다. 특히 가옥축조방법은 반드시 위장을 설치하므로, 따라서 상린자 간에 빈터가 있으면 다시 위장을 설치할 필요가 없다고 하였으나(정긍식, 『국역 관습조사보고서』(서울: 한국법제연구원, 1992), 153~154면 참조), 1912년판에서 삭제되고 본문과 같이 개정되었다.

11. 互有權

이에 대하여, 『관습조사보고서』는, 경계선상에 설치된 위장(圍障: 담장)으로서 누구의 소유에 속하는지 불명한 것은 상린지소유자 간의 공유(共有)로 간주할 수밖에 없다고 말하는 것이 일반의 관념이지만, 이와 같은 사례는 실제로 거의 없다고 말한다[31]고 하였다.

12. 竹木栽植制限

이에 대하여, 『관습조사보고서』는, 인지에 접근하여 죽목을 재식함에 대해서는 오직 이 때문에 인지에 손해를 입히지 않는 것(예컨대, 樹木 때문에 日光을 가리고 혹은 通風을 방해하는 등)을 필요로 할 뿐이므로 일정한 거리를 두어야 할 것을 요하는 것 같은 관습은 없다. 그러나 그 가지 또는 뿌리가 인지를 침범한 때에는 인지의 소유자는 그 소유자에게 교섭하여 이를 제거하게 할 수 있고 만약 응하지 않을 때에는 스스로 이를 제거할 수 있다. 그렇지만 제거한 가지 또는 뿌리는 이를 소유자에게 반환하지 않으면 안 된다[32]고 하였다.

13. 建物建設制限

이에 대하여, 『관습조사보고서』는, 경계선의 근방에 건물을 건설함에 대해서는 오직 그 옥근(屋根: 지붕)이 인지를 침범하지 않을 것을 필요로 할 뿐이므로(雨水注瀉의 제한이 있음을 말한 것을 상

---

31) 조선총독부 참사관실, 상게서(1913), 81～82면. 그러나 『관습조사보고서』 1910년판에 의하면, 조선에서는 경계선상에 경계표, 위장 등 공작물을 설치하는 예가 거의 없으므로, 그 소유권의 귀속에 대한 관습을 볼 수 없다. 따라서 상린지 소유자들의 공유로 간주하는 것 같은 관습은 없다고 하였으나(정긍식, 상게서(1992), 154면 참조), 1912년판에서 이 부분은 삭제되고 본문과 같이 개정되었다.

32) 조선총독부 참사관실, 상게서(1913), 82면.

기하라) 일정한 거리를 두는 것을 요하는 관습은 없다. 그러나 인가의 집 안을 관망할 수 있는 창, 연측(椽側) 등을 설치함은 가장 꺼리는 바이므로 만약 이와 같은 창 또는 연측을 설치할 때에는 엄중한 눈가리개[目隱]를 붙이는 것을 요함은 물론이지만, 조선 재래의 가옥 구조는 타인의 집 안을 관망하거나 또 타인의 집 안에서 관망되는 것 같은 것이 없으므로 실제로 문제가 발생하는 것은 거의 없기 때문이다[33]고 하였다.

14. 工作物設置制限

이에 대하여, 『관습조사보고서』는, 경계선에 접근하여 정호(井戶: 우물), 구거(溝渠: 개골창), 측항(厠抗: 뒷간) 등을 설치함에 대해서는 특히 제한이 없고 또 일정한 거리를 둬야 할 필요가 없다. 그렇지만 만약 토사의 붕괴, 물 또는 오액(汚液)의 삼루(滲漏: 세어 듦) 때문에 인지에 해를 끼칠 때에는 이를 방지함에 필요한 설비를 하지 않으면 안 됨은 물론이다[34]고 하였다.

15. 洑設置制限

이에 대하여, 『관습조사보고서』는, 하천을 언(堰: 둑)으로 막아 수로에 의하여 인수하는 시설을 보(洑)라고 부른다. 관개지(灌漑地)의 소유자가 공동으로 이를 설치한 것이 있고,[35] 또는 1리(里), 동

---

33) 조선총독부 참사관실, 상게서(1913), 82면.

34) 조선총독부 참사관실, 상게서(1913), 82~83면.

35) 조선총독부 참사관실, 상게서(1913), 83면. 그러나 『관습조사보고서』 1910년판에 의하면, 수로를 개설하여 하천에서 인수하는 것을 보(강 가운데의 보와 둑을 함께 일컬음)라고 부른다. 관개지의 소유자는 공동으로 설치하는 예가 있는데 이 경우에는 조합을 결성하는데 보통 몽리계(蒙利契)라고 한다고 하였으나(정긍식, 전게서(1992), 155면 참조), 1912년판에서 이를 본문과 같이 개정하였다.

(洞) 또는 몇 개의 리(里), 동(洞)에서 경영하는 것이 있고, 또 1 개인으로서 경영하며 수세(水稅: 물의 사용료)를 받는 것이 있다. 근년에 이르러서는 수리조합의 설립도 적지 않다(光武 10년도 度支部令 제3호 水利組合條例 참조). 따라서 종래의 관례에서는 새로이 보(洑)를 설치한 경우에 이 때문에 하류(下流)에 있어서 기설된 보(洑)에 영향을 미쳐서 그 수리를 해할 우려가 있는 때에는 하류에 있는 보(洑)의 소유자는 고장(故障)을 말할 수 있는 것이므로 지방(예컨대 慶州지방 등)에 따라서 5리(里: 조선 리수로 일본의 半里에 해당한다.) 이상의 간격이 있는 때에는 이를 설치함이 무방하다고 말하지만, 결국 하류의 보(洑)에 해를 미치느냐 않느냐에 달려 있는 것이다[36]고 하였다.

제3. 『民事慣習回答彙集』에 나타난 相隣關係慣習法

상린관계관습법에 관하여 『민사관습회답휘집』에 나타난 사항은, 분묘에 관한 것과 농업용수에 관한 것으로서, 크게 두 가지로 나눌 수 있음을 앞에서 보았다. 여기에서는 이 모든 것을 다룰 수 없고, 분묘에 관한 상린관계관습법과 농업용수에 관한 상린관계관습법으로서 현행법에 관련이 있는 몇 가지를 뽑아서 다루고자 한다.

1. 墳墓에 관한 相隣關係慣習法

이 『민사관습회답휘집』에 나타난 분묘에 관한 상린관계관습법을 살펴보면, 분묘의 제한에 대한 사항이 총 12건 가운데 11건으로 대부분을 차지하고 있다.[37] 이 가운데 초기의 것으로 분묘의 계한(界

---

36) 조선총독부 참사관실, 상게서(1913), 83면.

限)에 관한 관습 조회와 회답 내용을 살펴보면, 다음과 같다.

明治 44년(1911) 4월 5일에 평양지방재판소 민사 제1부 재판장이, "갑(甲)이 을(乙)에게 묘지(墓地)를 매도함에 있어서 종래 존재한 자기의 분묘를 파내고 그 자리를 을(乙)로 하여금 입장(立葬)시키려 한다. 그리고 갑(甲)의 분묘는 처음부터 병(丙)의 분묘의 계한 내(界限內)에 있어서 오랜 세월이 경과된 것이고 다만 갑(甲)과 병(丙) 사이에는 근래에 서로 한계를 지켜서 매장을 하여 왔다. 위의 경우에 병(丙)은 을(乙)에 대하여 계한을 주장할 수 있는지 없는지. 다만 을(乙)의 분묘가 있는 지반(地盤)의 소유자는 병(丙)이므로 전기의 경우에 있어서 조선의 관습은 어떠한가"를, 조선총독부 취조국에 조회를 하였다.

이 조회에 대하여, 같은 해 같은 달 13일에 취조국장은 調發 제147호로 다음과 같이 회답을 하였다. 즉, 분묘의 계한 내(界限內)의 범장(犯葬)은 그 분묘가 주인 있는 분묘이므로, 입장(入葬)의 장소가 계한 거리를 범한 이상은 그 분묘의 소재지가 분묘 소유자의 소유에 속하는가 않는가를 묻지 않는다. 또 입장지(入葬地)가 입장자(入葬者) 기타 누구의 소유에 속함을 묻지 않는 것이므로 입장한 장소가 분묘 소유자의 소유지가 아닌 때일지라도 분묘의 소유자는 입장자에 대하여 그 계한 내에 입장할 것을 허락한 경우에도 그 이외의 자에 대해서는 그 계한을 주장할 권리를 잃은 것이므로 제3자의 입장을 금지하는 것을 막을 수 없다. 또 그 계한 내에 입장할 권리를 얻는 자는 스스로 입장할 수 있음에 그치는 것이다. 그 권

---

37) 조선총독부 중추원, 『민사관습회답휘집』(1933), '민사관습회답휘집요지색인목차', 16~19면 참조.

리를 타인에게 양도할 수 없는 것이므로 가령 입장권(入葬權)을 가진 자가 그 계한 내에 있는 자기의 분묘를 굴이(掘移)하고 그곳을 제3자에게 양도하여 이에 입장을 하더라도 분묘의 소유자는 그 제3자에 대하여 계한 내에 범장(犯葬)한 것으로 굴이(掘移)를 청구할 수 있는지는 말할 것이 없다[38]고 하였다.

이와 같은 분묘의 계한(界限)에 관한 상린관계관습법으로, 明治 44년(1911) 7월 11일에 평양지방재판소 민사 제1부 재판장이 조회하고, 같은 해 같은 달 25일에 취조국장이 調發 제251호로 회답한 사항을 보면, 다음과 같다. 즉, 조회사항을 보면, 조선의 관습상 분묘의 계한(界限)은 사람의 무덤[塚]을 넘어서 주장할 수 있는지(예컨대, 갑(甲)의 묘(墓)로부터 9보(步)인 곳에 을(乙)의 묘(墓)를 설치하고자 하며 갑·을의 양 묘(兩墓) 중간에 병(丙)의 묘(墓)가 있다. 이 경우에 갑(甲)은 을(乙)에 대하여 계한을 주장할 수 있는지 없는지). 만약 앞의 관습이 있으면 그 적용의 범위는 어떠한가(예컨대, 전예의 갑·을의 양 묘 중간에 있는 병(丙)의 묘는 갑·을의 각 묘어느 것도 직선을 요하는지 아닌지, 또 병(丙)의 묘는 갑(甲)의 묘보다 앞에 설치한 것이거나 뒤에 설치한 것이거나 묻지 않는지, 또 병(丙)의 묘는 갑(甲)의 승낙을 받아서 설치한 것임을 묻지 않는지 등)[39]이었다. 이에 대한 회답 내용을 보면, 조선의 관습에서는 분묘의 계한은 타인의 분묘를 넘어서 주장할 수 없다. 그러므로 갑(甲)의 분묘의 계한보수(界限步數) 내에 을(乙)이 분묘를 설치한 경우에도 그 중간에 이미 제3자의 분묘가 존재한 때는 갑(甲)은 을(乙)

---

38) 조선총독부 중추원, 상게서(1933), 48~49면.
39) 조선총독부 중추원, 상게서(1933), 67~68면.

에 대하여 자기의 분묘가 갑·을의 양묘의 직선상에 존재한 때일지라도 중간에 있는 이상 동일하므로 그 중간의 분묘가 갑(甲)의 분묘가 설치되기 전에 설치되었는지 아닌지 또 갑(甲)의 승낙을 얻어서 설치하였는지 아닌지를 묻지 않는다[40]고 하였다.

그렇다면 분묘의 한계를 어떻게 측정하는가에 대하여 살펴보면, 大正 10년(1921) 5월 9일에 식산국장이 조회하고, 같은 해 8월 29일에 중추원 서기관장이 調樞 제235호로 회답한 사항이 있다. 즉, 완문(完文), 입지(立旨), 입안(立案) 등에서 묘지용호(墓地龍虎) 내의 입장을 금지한 때에는 그 구역이 대전(大典) 소정의 보수(步數)를 초과한 경우라도 관례상 이를 유효로 인정하고, 입지(立旨) 또는 완문(完文)으로 정한 분묘의 계한이 분명하지 않거나 또는 매우 확대한 때에는 실지로 가서 그 기재를 비춰 보거나 또는 산세를 참작하여 결정할 것이며, 분묘의 한계를 측정함에는 보(步)로서 계산하고 주척(周尺) 6척(尺) 1보(步)로 하며, 주척(周尺)은 곡척(曲尺) 6촌(寸) 6분(分)에 해당한다[41]고 하였다.

2. 農業用水에 관한 相隣關係慣習法

이 『민사관습회답휘집』에 나타난 농업용수에 관한 상린관계관습법을 보면, 총 16건 가운데 수세(水稅)에 관한 사항이 11건이고, 나머지 5건이 순수한 상린관계에 관한 사항임을 알 수 있다.[42] 여기에서는 농업용수에 관한 상린관계관습법 가운데 현행 민법의 상린관계와 관련이 있는 순수한 상린관계에 관한 사항만을 다루고자 한다.

---

40) 조선총독부 중추원, 상게서(1933), 68면.
41) 조선총독부 중추원, 상게서(1933), 397면.
42) 조선총독부 중추원, 상게서(1933), '민사과습회답요지색목차', 19~21면 참조.

(1) 보(洑)의 설치에 관한 사항: 大正 원년(1912) 9월 26일에 공주지방법원 재판장이 조회하고, 이에 대하여 같은 해 10월 9일에 조선총독부 정무총감이 參 제11호로 회답한 것을 보면, 다음과 같다. 즉, 조회사항을 보면, 조선에서 하천(河川) 연안의 토지소유자가 그 하수를 사용하는 경우에 상류 연안의 토지소유자가 그 하수를 사용함에 있어서 하류의 관개수에 방해 없는 범위 내에서 하수의 일부를 관개 사용하는 권리의 유무, 특히 어떤 하수의 유수를 종래 수전(水田)에 관개하여 온 것이 있는 경우에 있어서 그 유수를 사용하는 장소의 상류에서 새로이 분수구(分水溝)를 축조하여 이를 하수를 인입하여(속칭 洑라 부른다.) 전(田)을 답(畓)으로 개간하여 이에 위의 하수를 관개하고 그 물은 다시 종래의 하류 사용자의 사용에 충당할 수 있는 방법으로 방류하여 신개간지에 물을 사용할 수 있는 관습이 존재하는지, 혹은 이 경우에는 종래의 하류 사용자에게 실해를 생기게 하지 않는 범위 내에서 유수를 사용할 수 있는 관습이 있는지 아닌지[43]를 조회하였다. 이에 대한 회답 내용을 보면, 종래의 관습에서는 하천 연안의 토지소유자가 관개를 위한 보(洑)를 설치하여 그 유수를 인용함에는 하류에 있는 관개용수에 영향을 미치지 않을 것을 필요로 한다. 만약 이 때문에 하류의 용수에 영향을 미칠 우려가 있는 경우에는 하류에 있는 용수자로부터 그 보의 설치를 거부당할 수 있는 것이다[44]고 하였다.

(2) 하수(河水)사용에 관한 사항: 大正 2년(1913) 11월 22일에 평양복심법원 민사부 재판장이 조회하고, 같은 해 12월 15일에 조

---

43) 조선총독부 중추원, 상게서(1933), 110~111면.
44) 조선총독부 중추원, 상게서(1933), 111면.

선총독부 정무총감이 參 제77호로 회답한 것을 보면, 다음과 같다. 즉, 조회사항을 보면, 동일 하수를 답(畓)과 수차(水車: 물 자위)로 사용하는 경우에 있어서, 봄, 여름에 농작상 필요한 때에는 이를 사용하고서 여수(餘水)가 있으면 수차(水車)로 사용하는 것이 가능한지 아닌지, 앞에서 경(垌: 웅덩이)의 위치 및 경(垌) 설치의 전후에 관계가 있는지 아닌지, 전항의 관습이 있다면 하위에 있는 수차경(水車垌: 물 자위 웅덩이)을 마음대로 절개(切開)하여 자기의 경(垌: 웅덩이)에 물을 흘러내리게 할 수 있는지 아닌지[45]를 조회하였다. 이에 대한 회답내용을 보면, 동일한 하천에서 인수하는 답용(畓用) 경(垌)과 수차용(水車用) 경(垌)이 있는 경우 봄, 여름에 하수가 부족할 때에는 먼저 설치한 경(垌)에서 인수를 하고 그 선후가 불명한 때에는 상류의 경(垌)에서 먼저 인수를 하는 것이 관습이고, 전항의 경우에 하류에 있는 답용 경(垌)의 소유자가 상류에 있는 수차용 경(垌)을 자유로이 절개(切開)할 수 있다는 관습은 없다[46]고 하였다.

(3) 관개용수에 관한 사항: 大正 10년(1921) 7월 7일에 대구지방법원이 조회하고, 같은 해 11월 26일에 조선총독부 정무총감이 調樞 제318호로 회답한 것을 보면, 다음과 같다. 즉, 조회사항을 보면, 종래 공유하천(公有河川)에 흘러내리는 사설 언수(堰水: 둑물)를 그 하천에 흘러내렸지만 이를 다른 곳으로 이도(移導)한 결과 그 하천의 수량이 감퇴하여 그 하류지역에서 관개용수의 결핍을 가져왔을 때는 하류지역의 소유자는 이 언수(堰水)의 이도(移導)

---

45) 조선총독부 중추원, 상게서(1933), 165면.
46) 조선총독부 중추원, 상게서(1933), 165면.

를 제지할 수 있는 관습이 있는지[47]를 조회하였다. 이에 대한 회답 내용을 보면, 갑(甲) 소유지의 관개를 위하여 설치된 보(洑)의 여수 (餘水)가 공류(公流)에 흘러내려 그 유수(流水)가 을(乙) 소유지에 설치된 보(洑)에 유입하고 을(乙) 소유지의 관개용으로 제공되는 경우에 갑(甲)이 신간지(新墾地)의 관개용에 제공하기 위하여 위 여수(餘水)를 공류(公流)에 흘러 보내지 않고 신간지(新墾地)로 인도 (引導)한 결과 현저히 공류의 수량을 감소시키고 을(乙) 소유지에 설치된 보(洑)에 유입하지 않아서 을(乙) 소유지의 관개를 할 수 없음에 이르렀을 때에는 을(乙)은 갑(甲)에 대하여 위 여수를 신간지에 인도하는 것을 제지할 수 있는 것이 관습이므로, 가령 갑(甲) 소유지에 설치된 보(洑)의 수원(水源)이 일부분은 갑(甲) 소유지 내에서 용출(湧出)하고 일부분은 타인의 소유지 내에서 용출하는 경우일지라도 별로 다르지 않다[48]고 하였다.

(4) 보(洑)의 소유권 양도에 관한 사항: 大正 7년(1918) 3월 20일에 해주지방법원이 조회하고, 같은 해 6월 21일에 조선총독부 정무총감이 調樞發 제158호로 회답한 것을 보면, 다음과 같다. 즉, 조회사항을 보면, 여러 개의 소보(小洑)로 이뤄진 대보(大洑)의 소

---

47) 조선총독부 중추원, 상게서(1933), 401면. 이에 대한 사실관계에 대하여 살펴보면, 종래 甲 소유지를 흐르는 사설 堰水(水源은 일부가 甲 소유지 내에서 湧出하고 일부는 제3자의 소유지 내에서 용출하여 甲 소유지로 흘러 들어온다)가 甲 소유지의 灌漑를 채운 뒤 그 餘水는 甲 소유지의 한쪽에서 公有河川으로 흘러 나가서 그 물은 그 바로 下流에서 乙 소유지에 설치된 洑로 흘러 들어가서 乙 소유지의 灌漑에 제공되고 있다. 甲은 후일 다른 곳에 새로이 개간된 그 소유지의 灌漑에 제공하기 위하여 위 堰水의 餘水를 公有河川으로 유출시키지 않기 위하여 그 유출 장소로부터 이를 新墾地로 移導함에 의하여 公有河川의 水量이 현저히 減退되어 乙 소유지에 설치되어 있는 앞의 洑에 흘러 들어오지 않는다. 종래와 같이 乙 소유지의 灌漑를 할 수 있도록 하기 위하여 乙은 甲에 대하여 종래 公有河川에 湧出하였던 위 堰水의 移導를 制止할 수가 있는가에 대한 것이다.

48) 조선총독부 중추원, 상게서(1933), 401～402면.

유자(築洑者, 즉 洑用水料徵收權者)는 그 여러 개의 소보(小洑: 用水權)를 여러 사람에게 분할하여 매도할 수 있는지[49]를 조회하였다. 이에 대한 회답내용을 보면, 본간(本幹) 및 수 개의 지선(支線)으로 이뤄진 보(洑)의 소유자는 그 지선을 수인에게 분할하여 매도할 수 있다[50]고 하였다.

제3절 相隣關係에 관한 慣習法의 檢討

지금까지 일제의 한국관습법조사사업에 의한 상린관계관습법의 내용을 살펴보았다. 그렇다면 일제는 우리나라의 진정한 상린관계관습법을 조사하였다고 볼 것인가.

이러한 의문에 대해서는, 일제의 초기적 한국관습법조사사업에 있어서 부동산법조사회 회장이었던 梅謙次郎의 상린관계법에 대한 생각이 무엇이었는가를 검토하지 않고서는 이해하기 어렵다고 생각된다.

우선 梅 회장의 상린관계관습법에 대한 관점을 보면, 다음과 같다. 즉, 梅는 일본 민법의 개정[51]에 있어서, 많은 의견을 제시하면서도 서양의 예를 들면서 "그 모두를 관습에 일임하면 다툼이 일어

---

49) 조선총독부 중추원, 상게서(1933), 348면. 이를 보충하기 위하여, 別地圖面(イ)를 大洑로 하고(ロ)(ハ)(ニ)(ホ)를 小洑로 한다. 따라서 (ロ)(ハ)(ニ)(ホ)의 洑水는 모두 (イ)洑로부터 흘러나오는 것이므로 별도로 引水할 것은 없다고 가정한다는 것을 첨언하고 있다.

50) 조선총독부 중추원, 상게서(1933), 348면.

51) 일본 민법은 明治 3년(1870)에 보아소나드(Boissonade)에 의하여 민법전이 편찬되어 明治 23년(1890)에 구민법이 공포되었으나, 법전논쟁을 거쳐서 그 개정사업이 明治 26년(1893) 부터 있었고, 그 개정사업에 梅는 정부위원으로 활동하였다. 廣中俊雄 편, 『第9回 帝國議會の民法審議』(東京: 有斐閣, 1986), 3～17면.

나므로 먼저 규정을 두는 쪽이 편의하다."고 말하였고, "이는 관습이 없는 때에도 이 규정이 있으므로 분명한 관습이 없는 때에도" 적용될 수 있다고 하였다.[52] 따라서 상린관계법은 관습법의 영역에 속하지만 관습에 일임할 것이 아니라 규정을 두어서 인접한 토지 소유자 간의 분쟁을 막아야 한다는 입장이었음을 알 수 있다.

이와 같은 梅의 상린관계법에 관한 관점은, 그의 저서[53]에서도 엿볼 수 있다. 특히 일제의 한국관습법조사사업에 의한 상린관계관습법에 있어서 그 용어법은 일본 민법의 상린관계법(제208조 내지 제238조)에서의 용어법과 梅의 그것을 그대로 따르고 있음을 알 수 있다. 예컨대, 인지입입권(隣地立入權, 제209조), 인지통행권(隣地通行權: droit de passage, Nothweg, 제210조), 대지(袋地: fonds enchavé, eingeschlossenes Grundstück, 제210조), 위요지(圍繞地, 제210조, 제211조), 조색(阻塞, 제215조), 파궤(破潰, 제216조), 주사(注瀉, 제218조), 옥근(屋根, 제218조), 구거(溝渠, 제219조), 대안(對岸, 제219조), 폭원(幅員, 제219조), 침수지(浸水地, 제220조), 배설(排泄, 제220조), 언(堰, 제222조), 강계(疆界, 제223조), 경계권(經界權: bornage, abmarkung, 제223조), 계표(界標, 제223조, 제224조), 위장(圍障, 제225조, 제226조, 제227조), 위장권(圍障權: droit de clôture, 제225조), 호유권(互有權: mitoyennetè, Gemeinsamkeit, 제229조), 장벽(墻壁, 제230조, 제231조), 연측(椽側, 제235조), 목은(目隱, 제235조), 정호(井戶, 제237조), 측갱(厠坑, 제237조), 삼루(滲漏, 제238조) 등이다. 실제로 관습법조사의 과정에서 질문자의 용어를 응

---

52) 廣中俊雄 편, 상게서(1986), 159~169면.

53) 梅謙次郎, 『民法要義 卷之二 物權編』(東京: 有斐閣, 1985, 覆刻版), 107~161면.

답자가 알지 못하여 통역이나 보충설명을 하기도 하였음을 알 수
있다.[54]

그렇다면 일제에 의하여 조사된 상린관계관습법은 현실로 존재
하는 관습법이라기보다도 일본 민법의 상린관계법을 한국에서의
상린관계관습법으로 이를 확인한 것으로 볼 수 있다.

---

54) 윤대성, 「『韓國不動産ニ關スル調査記錄』의 연구」(1992), 142면.

제9장　共同所有慣習法의　內容分析

제1절　日帝의　韓國慣習法調査事業에　의한　共同所有慣習法의　槪觀

제1.　序

　일제의　한국관습법조사사업에　의한　공동소유에　관한　관습법을　보면,　공유에　관한　관습법과　이와　관련하여　단체적인　소유에　관한　관습법으로　나뉘게　된다.　일제의　초기적　한국관습법조사사업에　있어서의　부동산관습법을　조사한　내용　가운데　공유지(共有地)의　처분과　관리에　관한　관습법[1]과　입회권(入會權)의　종류와　효력에　관한　관습법[2]이　조사·보고되고　있다.　그　후에　부동산법조사회를　승계하여　법전조사국이　관습조사활동을　함에　있어서　작성된　'관습조사문제'　206문　가운데　공동소유관습법은　제1편　민법　제2장　물권　30

---

1) 이는 부동산법조사회에 의하여 조사된 관습법의 내용으로, '조사사항' 제1항 토지에 관한 권리의 종류·명칭 및 그 내용 가운데 제6목 공유지의 처분 및 관리에 관한 관습을 조사한 것이다. 이에 관한 상세한 내용은, 윤대성, 「『韓國不動産ニ關スル調査記錄』의 硏究 : 日帝의 初期的 韓國慣習調査事業(1905~1910)에 의한 不動産慣習法의 分析」(1992), 111면 및 124면 이하 참조.

2) 이는 일제의 초기적 한국관습법조사사업에 있어서 부동산법조사회에 의한 부동산관습법조사의 '조사사항' 제1항 토지에 관한 권리의 종류·명칭 및 그 내용 가운데 제9목 입회권이 있는지, 만약 있으면 그 종류 및 효력에 관하여 조사한 관습법의 내용이다. 이에 대한 상세한 내용은, 윤대성, 상게논문(1992), 111면 및 129면 이하 참조.

문 중 제31문 '공유(共有)에 관한 관습 여하'와 제32문 '입회권에 관한 관습 여하'에 포함되어서 보고되었고, 또한 제1장 총칙 20문 중 제9문 '법인(法人)을 인정하는가'에 관한 관습법에 포함되어서 『관습조사보고서』에 보고되고 있다.[3] 한편 『민사관습회답휘집』에는 동계(洞契)·계(契)·종중(宗中) 및 문중(門中)·보(洑)·도중(都中) 등의 공동소유에 관한 관습법의 조회에 회답한 관습법의 내용이 있다.[4]

따라서 일제의 한국관습법조사사업에 의한 공동소유에 관한 관습법은 다른 관습법과는 달리 방대하고, 그 내용이 복잡하게 보이고 있다. 그러므로 이 관습법의 내용을 분석함에 있어서 『관습조사보고서』와 『민사관습회답휘집』이 공유에 관한 관습법으로 조사·보고된 것의 내용을 중심으로 하고, 그에 관련이 있는 것을 해당되는 곳에서 같이 다루지 않을 수 없다.

제2. 共有에 관한 慣習法

1. 『韓國不動産ニ關スル調査記錄』에서의 共同所有慣習法

일제에 의한 우리나라에서의 최초의 관습조사서인 이 조사기록에 나타난 토지의 공동소유에 관한 관습법을 살펴봄으로써 그 이후에 이뤄진 일제의 한국관습법조사사업의 결과인 『관습조사보고서』와 『민사관습회답휘집』에서의 공동소유관습법과 비교 검토할 수 있을 것이다.

---

3) 조선총독부 중추원, 『朝鮮舊慣制度調査事業槪要』(경성: 조선총독부, 1938), 17～18면; 조선총독부 참사관실, 『慣習調査報告書』(1913), 89면 이하, 118면 이하 및 34면 이하 참조.
4) 조선총독부 중추원, 『민사관습회답휘집』(1933), 요지색인목차 및 요지색인 참조.

일제가 이 조사에 앞서 작성한 '조사사항'을 보면, 제1항 토지에 관한 권리의 종류, 명칭 및 그 내용 가운데 제6목 공유지의 처분 및 관리에 관한 관습으로, 토지의 공동소유에 관한 관습법을 조사하고자 하였다.[5]

이와 같은 일제의 초기적 한국관습법조사사업에 의한 조사기록에 있어서의 공동소유관습법의 내용은 각지의 관습법이 일정하지 않음을 발견할 수 있다.[6]

(1) 경성 이사청: 토지의 공유는 보통 인정되고 공유지를 1인이 독단으로 토지를 처분하였으면 대단한 분의(紛議)를 일으킨다[7]고 하였다.

(2) 개성부: 공유지로 관유(官有)든지 민유(民有)든지 판연하고, 참된 공유지는 대개 묘지(墓地)에 있으며, 이는 처음에 한 개인의 소유였더라도 대대손손의 번영과 함께 점차 그 친족 간의 공유로 되기에 이른 것으로서 이것 때문에 때때로 다툼을 생기게 한다. 공유지를 처분하는 때는 모두 다수의 의견으로 결정한다[8]고 하였다.

(3) 평양 관찰부: 촌민의 공유지로 여름에 수목이 우거진 장소에 모여들어서 납량(納凉)을 하는 것 같은 습속이 있다. 공유지를 매각하는 때에는 촌의 장로(長老)의 의견을 참작하여 숙의를 거치는 것이 상례이다[9]고 하였다.

---

5) 부동산법조사회의 '조사사항'과 회장 梅謙次郎의 『조사사항설명서』에 대한 자세한 내용은, 윤대성, 전게논문(1992), 111~115면.
6) 이에 관한 내용은, 윤대성, 상게논문(1992), 124~125면 참조.
7) 부동산법조사회, 전게서(1906.8), 8면.
8) 부동산법조사회, 상게서(1906.8), 18면.

(4) 평양 이사청: 이에 대하여 언급하지 않았다.

(5) 수원 관찰부: 공유자 중 1인이 헤아려서 공유지를 처분할 수 있는가의 질문에 대하여, 1인이 헤아려서 처분할 수 없더라도 협의하여 1인에게 위임하고 있다[10]고 하였다.

(6) 대구 관찰부: 공유지가 있는가의 질문에 대하여, 촌중(村中)에서 출재급가(出財給價)하여 매입한 토지가 있다. 그 토지를 파는 경우에는 1인이라도 이론을 주장하는 자가 있는 때에는 매도할 수 없는가의 질문에 대하여, 100인 중 1인이 반대하더라도 매도할 수 없다. 달리 관례는 없는가의 질문에 대하여, 공유인 양전(良田)이 황폐하여 다시 개간할 경우에 종전의 소유자 100인 중 50인에게 보상을 하여 줘서 중간을 없애고 나머지 50인으로 공유하는 것이다. 이들은 영구히 수지(收支)를 상하든가 하지 않게 된다[11]고 하였다.

(7) 부산 이사청: 촌의 소유에 속하는 토지이고, 풀을 베거나 갈대를 채취하는 것이 많고, 그 토지를 처분하는 경우에는 위원을 두는 것이 상례이다[12]고 하였다.

(8) 마산 이사청: 촌유(村有)인 산이 있고, 또는 돈을 모아서 함께 전답을 사는 습속이 많으며, 이 전답의 수확은 군수(郡守)가 교대하는 데 필요한 비용에 충당하고, 또는 살인사건 등이 일어나서 비용을 요하는 때에 지출함을 상례로 한다. 공유지의 관리는 어떠한가의 질문에 대하여, 평소 소임된 자에게 관리를 위탁하고 어느 정도의 보수를 준다[13]고 하였다.

---

9) 부동산법조사회, 상게서(1906.8), 28면.
10) 부동산법조사회, 상게서(1906.8), 43면.
11) 부동산법조사회, 상게서(1906.8), 55~56면.
12) 부동산법조사회, 상게서(1906.8), 66면.

2. 共有에 관한 慣習法의 內容分析

(1) 공유자의 지분: 이에 대하여, 『관습조사보고서』는, 공유자의 공유물에 대한 지분은 동등함이 보통이지만 때로는 동일하지 않을 수 있다. 이것은 공유를 시작함에 있어서 출자의 다소에 인한 것으로 출자 여하에 불구하고 지분을 균일한 것으로 추정하는 것 같은 관습은 없다. 따라서 공유물의 사용 수익에 대해서는 각 지분의 비율에 따라 이를 사용 또는 수익하는 것은 물론이지만, 각 공유자가 동시에 그 일부분을 사용하거나 또는 서로 그 전부를 사용하느냐는 본래 공유자 간의 약정에 따르는 것이므로 그 수익은 각 공유자의 지분에 따라 이를 분배한다. 그리고 공유물의 변경은 공유자의 일치로써 이를 함을 예로 하고, 그 공유물의 처분 역시 공유자의 일치를 요하는 것이다. 또 공유자가 그 지분을 담보로 제공하거나 또는 이를 처분함에는 다른 공유자의 동의를 요하고 마음대로 이를 담보로 제공하거나 처분할 수 없다. 그렇지만 만약 다른 공유자가 그 처분을 긍정하지 않는 경우에는 자기의 지분을 매수할 것을 청구할 수 있고, 다른 공유자가 이를 매수하지 않는 경우에는 임의로 처분하는 것을 막지 못하는 듯하다[14]고 하였다.

공유자의 1인이 공유권을 포기하는 때에는 다른 공유자의 소유로 돌아가고, 또 공유자의 1인이 사망하여 이를 승계할 자가 없는

---

13) 부동산법조사회, 상게서(1906.8), 78~79면. 한편 동중전답(洞中田畓), 계중전답(契中田畓)의 두 가지의 공유지를 보면, 이들은 흡사 개인 소유의 전답과 같고, 소작인을 정하여 경작을 시켜서 그 수확을 절반하는 것이다. 동중전답은 촌유의 산림에서 산출되는 목재 등을 판 대금을 적립하여 수백 금에 이르러 구입한 것으로 그 수확을 호수전의 부담에 지출하고 있다. 계중전답은 일본의 賴母子講과 같고, 각자 약간 금을 갹출하여 그 이식을 늘려서 수백 금이 되어 구입한 것으로서 그 수확은 관혼상제의 비용에 충당하고 또는 불시의 흉재 등에 쓰인다는 '답안'을 붙이고 있다. 이것은 특수한 공동소유에 관한 관습법인 것임을 알 수 있다.

14) 조선총독부 참사관실, 『관습조사보고서』(1913), 90면.

때에는 다른 공유자의 소유로 돌아가는 것 같다. 황해도 해주(海州) 지방에서는 이 같은 경우에 다른 공유자에게 그 부분을 매수시키고 그 대가로 장례를 치르고 남음이 있을 때에는 이를 사원(寺院) 에 기부하여 그 제사를 지내게 하는 관례가 있다고 말한다[15]고 하였다.

그러나 공유자의 지분과 관련하여, 『민사관습회답휘집』은, 大正 9년(1920) 12월 27일 해주지방법원 민사부 재판장이 제위토(祭位土)에 관한 관습을 조회하고, 이에 대하여 다음 해인 大正 10년 (1921) 2월 15일에 朝樞發 제3호로 정무총감이 회답한 관습법의 내용을 보면, 종중 공유의 위토(位土)에 대해서는 지분을 다른 사람에게 양도할 수 없고, 따라서 공유자의 1인이 한 지분의 양도는 그 효력이 생기지 않는다[16]고 하였다.

(2) 공유물의 관리: 이에 대하여, 『관습조사보고서』는, 공유물의 관리는 공유자의 협의로써 이를 하는 것으로서 각 공유자가 임의로 이를 할 수 없다. 따라서 협의가 이뤄지지 않을 경우에는 과반수로 이를 결정하고, 그 과반수는 두수(頭數: 인원수)에 의하는 예가 있다고 한다. 그렇지만 조선에서는 단순한 공유에 대하여 공유자가 다수인 경우는 매우 드물며 2명 또는 3명인 것이 많아서 다수결에 의하지 않는 것 같다. 협의가 이뤄지지 않으면 관리의 방법을 결정할 수 없는 경우가 많고, 또 관리의 방법에 대하여 협의가 되지 않는 경우에는 자연 공유관계를 지속할 수 없음에 이르게 되

---

15) 조선총독부 참사관실, 상게서(1913), 90~91면.
16) 조선총독부 중추원, 『민사관습회답휘집』(1933), 390면. 그러나 종중이 소유하는 제위토를 종중의 공유로 보았으나, 이에 대해서는 앞으로 검토되어야 할 것이다.

어서 당연히 분할을 보게 된다[17]고 하였다.

　그러나 공유물의 관리와 관련하여, 『민사관습회답휘집』은, 동계(洞契) 또는 종중(宗中) 내지 문중(門中)의 재산을 관리하는 것에 대하여, 다음과 같이 보고하고 있다. 즉, 동계(洞契)의 경우에 있어서, 明治 44년(1911) 4월 22일에 해주구재판소가 조회하고, 이에 대하여 같은 해 5월 12일에 調發 제175호로 취조국장이 회답한 것 가운데 공유물의 관리에 관한 내용을 보면, 조선에서 보통 보는 동계(洞契)는 동민(洞民)의 협의에 의하여 동내 각 호로부터 균일 또는 등급을 달리하여 금전 미곡 같은 것을 갹출하여 이를 대부하거나 전답을 사들여 그 수익으로 동내 각 호의 호포세(戶布稅)에 충당하거나 혹은 교량, 도로의 수축비 기타 동내 공공비용 등에 충당하는 것으로…… 동계(洞契)의 해산에 대해서는 종전에 그 사례가 없으므로 관습을 볼 수 없을지라도 근년에 이르러 동민의 협의로 동계를 폐하고 그 재산을 각 호에 평분하는 것이 왕왕 있다고 들었다[18]고 하므로, 동민의 협의에 의하는 것을 알 수 있다. 또한 계(契)에 있어서 그 재산의 관리에 대하여, 明治 43년(1910) 4월 14일에 송화구재판소가 조회한 것에 대하여, 같은 해 5월 20일에 法 제10호로 법전조사국이 회답한 내용을 보면, 종래 계(契)로서 설립된 학당(學堂)의 재산은 계원의 공유에 속하고, 그 처분은 계원의 협의로써 이를 하고 결의의 방법은 보통 다수결에 의하는 것 같다[19]고 하면서, 계장(契長)의 권한은 계의 규약으로 정하고 반드시

---

17) 조선총독부 참사관실, 전게서(1913), 91면.
18) 조선총독부 중추원, 전게서(1933), 52~53면.
19) 조선총독부 중추원, 상게서(1933), 21~22면.

똑같지 않을지라도 계원의 공유재산에 대하여 관리권을 갖고 그 재산에 관한 행위에 대하여 계원을 대표하는 권한이 주어지는 것이 통례이다[20]고 함으로써, 계장이 계의 재산에 대한 관리권을 갖고 계를 대표하는 것이 통례라고 하였다. 한편 종중(宗中) 내지 문중(門中)의 재산을 관리함에 있어서, 종중공유재산의 관리에 대하여, 明治 44년(1911) 10월 18일 천안구재판소가 조회한 것에 대하여, 같은 해 10월 25일에 調發 제338호로 취조국장이 회답한 내용을 보면, 조상의 분묘가 있는 곳인 산야 및 그 분묘에 부속된 제위전답(祭位田畓)을 자손인 종중에의 공유로 하는 예는 자주 보이는 것이므로, ……이와 같은 종류의 공유지에 속함으로써 이를 관리함에 대해서는 특히 관리인을 정한 것이 있고, 혹은 종손에게 관리를 하도록 하는 것이 있어서 어느 경우에도 종손의 단독 처분을 허용하지 않아서 제3자가 종손과 그 소유권 양수의 계약을 체결하더라도 그 권리를 취득할 수 없음은 논할 여지가 없다[21]고 함으로써, 종중재산은 종손이 단독으로 처분할 수 없다고 하였다. 종토(宗土)의 처분에 대하여, 明治 45년(1912) 3월 13일에 해주지방재판소가 조회한 것에 대하여, 같은 해 3월 13일에 調電發 제33호로 취조국장이 회답한 내용을 보면, 종토(宗土) 또는 종가(宗家)의 소유에 속하면 종손은 친족의 승낙을 얻지 않고서 처분할 수 있는 것이다. 그러나 친족의 공유로 된 특별한 원인 또는 약속이 있는 때에는 공유자의 승낙을 요하는 것은 물론이다[22]고 회답하였다. 문중(門中)

---

20) 조선총독부 중추원, 상게서(1933), 21~22면.
21) 조선총독부 중추원, 상게서(1933), 79면.
22) 조선총독부 중추원, 상게서(1933), 97면.

의 재산 관리에 있어서, 묘위토(墓位土)의 처분에 대하여, 大正 2
년(1913) 2월 24일에 광주지방법원 목포지청이 조회한 것에 대하
여, 같은 해 3월 14일에 參 제12호로 정무총감이 회답한 내용을
보면, 문중(門中)이 공유한 전답은 비록 그 묘지에 관한 소송비용
을 지변하여야 할 필요가 있는 경우일지라도 문장이 단독으로 매
각할 수 있는 관습은 있지 않으므로 매매의 경우에 명의인 혹은 종
손 혹은 문장으로 하여 같지 않더라도 그 답의 소유명의인의 이름
으로 하는 것이 통례이다23)고 함으로써, 문중 공유의 묘답(墓畓)은
어떠한 경우라도 문장이 단독으로 매각할 수 없다고 하였다. 종중
유재산(宗中有財産)에 대하여, 大正 12년(1923) 8월 2일에 전라북
도가 조회한 것에 대하여, 같은 해 8월 21일에 朝樞 제386호로 중
추원 서기관장이 회답한 내용을 보면, 종중유재산은 종손이 단독으
로 처분할 수 없는 것이다. 그 처분을 함에는 종중의 협의에 의함
을 관례로 한다24)고 하였고, 종중의 대표자와 관련하여, 大正 2년
(1923) 9월 14일에 전라북도 지사가 조회한 것에 대하여, 같은 해
10월 23일에 朝樞 제457호로 중추원 서기관장이 회답한 내용을 보
면, 종중 재산에 관한 대표자에 대하여 이의가 있는 때에는 종중
협의로써 선임하는 것이고, 선임의 방법은 종중회의를 하여 다수결
로 이를 정하는 것이라25)고 하였다. 따라서 공유물의 관리는 협의
에 의한 것이었음을 알 수 있다.

(3) 공유자의 부담: 이에 대하여, 『관습조사보고서』는, 공유물 관

---

23) 조선총독부 중추원, 상게서(1933), 128~129면.
24) 조선총독부 중추원, 상게서(1933), 434면.
25) 조선총독부 중추원, 상게서(1933), 440면.

리의 비용, 조세 기타의 공과(公課) 등에 대하여 각 공유자는 지분의 비율에 따라서 이를 부담할 것을 요한다. 만약 공유자 가운데 그 의무를 해태한 때에는 공유물의 사용을 제한하거나 수익 중에서 이를 공제하는 것이 관례이지만, 이러한 상태를 지속하기 어려운 경우에는 그자의 지분을 매수할 수 있고, 또 공유자가 소수인 경우에는 자연히 공유물의 분할을 하기에 이른다[26]고 보고하였다. 그러나『민사관습회답휘집』에서는, 이에 대한 직접적인 내용은 발견할 수 없고, 보(洑)를 축조한 경우에 몽리지(蒙利地)의 소유자로부터 보를 축조한 대가로 새로이 논이 된 토지의 2분의 1을 분급(分給)받은 경우에 그 보의 귀속에 대한 특별한 정함이 없는 때에는 그 보는 이후 몽리지(蒙利地)의 소유자들의 공유로 보는 것이 일반의 관념이다[27]고 함으로써, 축조된 보는 몽리지의 소유자들이 축조의 대가를 부담하는 공유관계임을 말하고 있을 뿐이다.

(4) 분할청구권: 이에 대하여,『관습조사보고서』는, 공유자는 공유물을 분할하지 않기로 특약한 경우에 마음대로 그 분할을 청구하지 못하지만, 이와 같은 특약을 하는 것은 매우 드물기 때문에 보통의 경우에는 언제라도 그 분할을 청구할 수 있고, 다른 공유자는 이를 거절하지 못한다. 그렇지만 다른 공유자가 분할 때문에 공유를 한 목적을 달할 수 없거나 또는 그 분할이 불리한 것으로 되는 때에는 그자의 지분을 매수할 수 있고, 분할 청구를 하는 공유자는 마음대로 이를 다른 사람에게 양도할 수 없음을 원칙으로 한다. 그렇더라도 공유를 한 사정, 또는 공유물의 여하에 따라서 곧

---

26) 조선총독부 참사관실, 전게서(1913), 91면.
27) 조선총독부 중추원, 전게서(1933), 441면.

바로 분할을 하여야 하는 것이 있고, 또 공유자가 분할을 예측하여 공유를 한 것이라는 등의 경우에는 다른 공유자는 그 분할의 청구에 응하여야 하고, 선매권(先買權)을 행사할 수 없다[28]고 보고하였다. 그러나 『민사관습회답휘집』에서는, 종산(宗山)에 관하여, 大正 4년(1915) 11월 30일에 농상공부장관이 조회한 것에 대하여, 같은 해 12월 24일에 調樞 제206호로 정무총감이 회답한 내용으로, 종족(宗族)의 설묘(設墓)·채초(採草) 등을 목적으로 하여 종가(宗家)에서 임야를 매입하여 그 사용 수익의 구역을 정하고, 종족으로 이를 관리케 하므로 종가가 그의 처분권을 갖는 실례는 없지 않고, 다만 종가에서 종족이 사용하는 구역을 처분함에는 종족의 협의를 거쳐야 하는 것이 관례이다[29]고 함으로써, 종산(宗山)의 분할청구권이 없음을 간접으로 말하고 있다. 또한 제위토(祭位土)에 대하여, 大正 9년(1920) 12월 27일에 해주지방법원 민사부 재판장이 조회한 것에 대하여, 大正 10년(1921) 2월 15일에 調樞 제3호로 정무총감이 회답한 내용을 보면, 종중 공유의 제위토(祭位土)에 대해서는 관습상 각 공유자의 분할청구권을 인정하지 않는다[30]고 함으로써, 제위토의 분할청구권이 없음을 밝히고 있다. 한편 이와 같은 위토(位土)에 대해서는 지분을 양도할 수 없고, 따라서 공유자의 1인이 한 지분의 양도는 그 효력이 생기지 않는다[31]고 함으로써, 지분의 양도가 허용되지 않는 것으로 보았다.

(5) 분할의 방법 및 효력: 이에 대하여, 『관습조사보고서』는, 공

---

28) 조선총독부 참사관실, 전게서(1913), 91~92면.
29) 조선총독부 중추원, 전게서(1933), 254면.
30) 조선총독부 중추원, 상게서(1933), 390면.
31) 조선총독부 중추원, 상게서(1933), 390면.

유물을 분할하는 경우에는 혹은 현물로써 혹은 금전으로 바꿔서 분할하는 것이다. 따라서 현물로 하는 경우에는 협의하여 각자가 취득할 부분을 정하고, 현물로 공평한 분할을 하기 어려운 경우에는 혹은 초과분을 매수케 하지만 협의로 그 부분을 정하기 어려운 경우에는 혹은 추첨으로 혹은 제3자에게 부탁하여 그의 중재를 청하기도 하므로 반드시 일치하지 않다. 또 금전으로 바꿔서 분할하는 경우에는 그 대가를 지분의 비율에 따라서 분할을 하는 것이다. 현물로 분할하는 경우에는 각 공유자에게 돌아갈 부분은 분할 시부터 각자에게 전속하는 것으로 간주하고, 감히 소급하여서 그 부분이 그자에게 전속하는 것으로 보는 것 같은 관습은 없다. 따라서 분할 후에 그 물(건)에 숨은 하자가 있거나, 또는 그 물(건)이 다른 사람에 의하여 추탈되는 때에는 각 공유자는 이를 담보할 책임이 있는 것 같고, 또 분할물에 대한 문기(文記) 기타 증서가 있는 때에는 그 부분을 받은 자에게 교부하거나 또는 공유자 중 한 사람이 명의인이 된 때에는 양도의 서면을 작성하는 것이다[32]고 보고하였다. 그러나 『민사관습회답휘집』에서는, 이와 같은 분할의 방법이나 그 효력에 대한 관습법의 내용을 발견할 수 없다.[33]

제3. 특수한 共同所有에 관한 慣習法

공동소유에 관한 관습법에 대하여 『관습조사보고서』는, 공유에 관한 관습법을 보고하였지만,[34] 한편으로 『민사관습회답휘집』에서

---

32) 조선총독부 참사관실, 전게서(1933), 92~93면.
33) 조선총독부 중추원, 전게서(1933), 요지색인, 25~31면 참조.
34) 조선총독부 참사관실, 전게서(1913), 89~93면.

는 한국에서의 특수한 공동소유에 관한 관습법의 조회에 대한 회답이 보이고 있다. 즉, 동유재산(洞有財産)이나 동계재산(洞契財産),[35] 계유재산(契有財産),[36] 문중재산(門中財産)이나 종중재산(宗中財産),[37] 보(洑),[38] 포전도중재산(布廛都中財産)[39] 등의 소유에 관한 관습법에 대한 것이다. 그러나 이와 같은 한국에서의 단체적 소유인 특수한 공동소유에 관한 관습법을 일제는 기본적으로 공유로 파악하면서 그 특수성을 인정하고 있음을 발견할 수 있다.

제2절 共同所有에 관한 慣習法의 內容分析

제1. 序

일제의 한국관습법조사사업에 의한 공동소유관습법의 내용을 분석함에 있어서, 한국의 단체적 소유형태를 어떻게 이해할 것인가와 이와 같은 단체적 소유형태를 공유(共有)라는 공동소유에 국한된 관습법의 존재로 파악할 수가 있는가의 문제가 있다.

이와 같은 문제의 논의를 해결하기 위하여 최근의 연구결과[40]에

---

35) 조선총독부 중추원, 전게서(1933), 51~81면.

36) 조선총독부 중추원, 상게서(1933), 21면.

37) 조선총독부 중추원, 상게서(1933), 73면, 78면, 79면, 111면, 128면, 147면, 158면, 181면, 253면, 260면, 378면, 390면, 433면, 439면, 473면, 474면.

38) 조선총독부 중추원, 상게서(1933), 21·1면, 440면.

39) 조선총독부 중추원, 상게서(19330, 321면.

40) 최근에 沈羲基 교수는 『한국법사연구: 토지소유와 공동체』(경산: 영남대학교출판부, 1992)에서 '공동체소유설비판' 가운데 조선시대의 공리지(共利地)와 금송계(禁松契), 조선 후기 동계(洞契)의 단체성과 촌락토지소유형태, 조선 후기 종중(宗中), 종계(宗契)의 단체성과 토지소유 형태의 연구를 통하여, 촌락공동체이든 혈연공동체이든 농경지공유의 농경공동체의 존재는 검증되지 않는다고 하면서, 지금까지의 농경지 공유의 공동체소유설은 적어도 조선시

주의를 기울이지 않을 수 없다.

따라서 여기에서는 일제의 한국관습법조사사업에 의하여 조사 보고된 단체적 소유형태로서의 촌락공동체인 동계(洞契)와 혈연공동체인 종중(宗中), 종계(宗契)의 단체적 소유형태의 존재 문제와 그와 같은 단체적 소유형태를 공유라는 공동소유형태로 파악함이 타당한가를 검토할 필요가 있다.

제2. 洞契의 所有形態와 共同所有慣習法

동계(洞契)는 그 조직의 목적인 일정한 생활을 공동으로 확보하기 위하여 동계재산(洞契財産)을 구비하는 경우가 많으며, 이러한 경우 동계전답(洞契田畓)의 소유 주체는 단체로서의 동계(洞契)인 것이다.[41] 그러나 촌락 영역 내에 있는 토지에 대한 동계(洞契) 내부의 소유관계는 천차만별로 다양하였음을 들고 있다.[42]

이와 같은 동계(洞契)가 토지재산을 구비하고 있을 때에 동계의 촌락토지소유형태는 아시아적 형태나 고전 고대적 형태가 아니라 게르만적 형태에 가까운 것으로, 그 밖의 사유를 들어서, 적어도 조선 후기에 토지공유의 농경공동체로서의 촌락공동체의 존재를 논단할 수 없다는 입장[43]에서는, 동계(洞契)의 재산소유형태는 동계의 단독소유로 보아야 한다.[44]

대에 관한 한 폐기되어야 한다고 결론을 내리고 있다.

41) 심희기, 상게서(1992), 250~252면.

42) 심희기, 상게서(1992), 252면; 김용섭, 『조선후기농업사연구(I)』(서울: 일조각, 1970), 278~294면.

43) 심희기, 상게서(1992), 256~257면.

44) 따라서 심희기 교수는 현행 민법의 총유(總有) 규정과 관련 이론에 대하여 비판적인 검토를

그렇다면 앞에서 본 바와 같은,[45] 일제의 한국관습법조사사업의 결과인 『관습조사보고서』 및 『민사관습회답휘집』에서 동계(洞契)의 소유형태를 계원의 공유에 속하는 것으로 보고한 공동소유관습법은 한국에서의 동계(洞契)의 단체성 및 촌락토지소유형태에 대한 잘못된 인식에서 비롯된 것으로 그 오류는 비판되어야 할 것으로 본다.

제3. 宗中·宗契의 所有形態와 共同所有慣習法

종중(宗中)이나 종계(宗契)는 혼용되고 있지만, 그 목적은 모두 '보선'(報先)과 '수목'(修睦)에 두고 있어서, 이와 같은 목적을 달성하기 위하여 일정한 물적 재산을 보유하고 있으며, 그것은 단독출연 또는 공동출연으로 조성되며, 그 재산은 목적 재산으로 그것의 관리와 운영에 대한 절목(節目)을 별도로 마련하는 것이므로 그 소유형태는 종중인 각자의 사유지로 보유하거나 종중원의 공유지(종중토지, 종계토지)로 보유하게 된다. 공유지로 보유하는 경우에 있어서도 그 토지의 경영은 계약적 이용(지주소작관계) 형태이고, 동족이 아닌 사람에게 경작시키는 경우도 있으므로, 종중이나 종계의 소유형태는 토지공유의 촌락공동체나 가(家) 공동체로 볼 수 없다는 입장[46]에서는, 종중(종계)의 재산소유형태는 목적 재산의 단독소유로 보아야 한다.[47]

하고 있다. 심희기, 상게서(1992), 323면 이하 참조.

45) 앞에서 다룬 일제의 한국관습법조사사업에 의한 '동계·동중의 소유형태에 관한 관습법'의 내용을 참조할 것.

46) 심희기, 상게서(1992), 279면 이하 및 286~287면.

47) 그러므로 심희기 교수는, 종중재산은 목적 재산으로 종중의 유사(有司)나 문장(門長), 종손

그렇다면 일제의 한국관습법조사사업의 결과인『관습조사보고서』
및『민사관습회답휘집』에서 종중·종계 등의 소유형태를 종중원의
공유에 속하는 것으로 보고한 공동소유관습법은, 한국에서의 종중
의 단체성 및 토지소유형태에 대한 잘못된 인식에서 비롯된 것으
로 이를 바탕으로 한 조선고등법원의 판례 등도 그 오류가 비판되
어야 할 것으로 본다.

제3절 共同所有慣習法의 檢討

지금까지 일제의 한국관습법조사사업에 의한 공동소유관습법에
관하여, 어떠한 관습법이 어떻게 조사되어서 관습법으로 보고되었
으며, 그 공동소유관습법의 내용은 어떠한 것이었는가에 대하여 분
석을 하였다.

일제는 한국에서의 토지소유권에 대하여, 근대 시민법을 받아들
인 일본의 명치민법과 같이 단독소유권의 확립에 기본방침을 세웠
던 것이다. 그러므로 공동소유관습법에 있어서도 개인의 단독소유
를 원칙적 전제로 함에 따른 공유만을 인정하기에 이르렀던 것이
다.[48] 이에 따라서 한국에서의 특수한 단체적 소유관계인 동계(洞
契) 및 종중(宗中)의 재산소유형태를 동계 내지 종중의 단체성 및
소유형태를 정확하게 인식하지 못하는 오류를 범하고 말았던 것이

(宗孫)의 단독 소유가 아니라 종중 전체의 공유 재산인 종중의 단독소유로 보아서, 총유 규
  정이나 관련 이론의 비판은 여기에서도 유효한 논리라고 하고 있다. 심희기, 상게서(1992),
  295면 및 352면 이하.

48) 이와 같은 '공유'로서의 공동소유관계는, 조선총독부 참사관실,『관습조사보고서』(1913), 89
  ~93면에서, 관습법으로 보고하기에 이르렀던 것이다.

다. 따라서 그 구성원의 지분 인정, 지분의 분할 내지 처분에 의한
단독소유의 설명에 한계가 있게 된 것이다. 여기에서 일제는 공동
소유형태에 있어서 공유(共有)와 합유(合有) 이외에 총유(總有) 이
론을 받아들이게 되었고, 이를 공유(共有)의 예외적 현상으로 인식
하려고 하였던 것이다. 그러나 오히려 동계(洞契) 및 종중(종계) 등
은 우리나라에 있어서 권리의 주체로 인정되었고, 그에 따라 동계
및 종중의 단독소유로서 재산을 소유하는 관계로 보았어야 함이, 최
근의 연구결과에서 밝혀진 바와 같이, 그 실체에도 맞는 것이었다.
그럼에도 불구하고, 공동소유관습법은 일제에 의하여 왜곡되어서 판
례에 의하여 계승되었고, 민법전의 제정과정에서도 공동소유의 형태
에 있어서 공유 이외에 합유·총유를 인정하기에 이르렀다.[49)]

---

49) 이에 대해서는, 민법초안 제252조 이하에 '공유'를, 동 초안 제262조 이하에 어느 지역의
    주민, 친족단체, 기타 관습상 집합체로서의 소유를 '합유'로 규정하였으나, 민법초안에 대한
    수정논의를 거쳐서 현행 민법 제275조 이하에 '총유'를 규정하기에 이르렀던 것이다. 따라
    서 현행 민법에 있어서의 공동소유 형태는 공유·합유·총유의 3유형을 모두 인정하게 되
    었다. 국회사무처, 『제26회 제47호 속기록』(1957), 6~10면 참조.

제10장 土地用益權慣習法의 內容分析

제1절 日帝의 韓國慣習法調査事業에 의한 土地用益權慣習法의 概觀

일제 지배기의 한 세대에 걸친 일제의 한국관습법조사사업의 결과에 의한 토지용익권관습법에 국한하여 연구의 대상으로 하고, 이 사업의 결과로 발간된 『관습조사보고서』[1]와 『민사관습회답휘집』[2]을 중심으로 문헌 및 자료를 분석하는 방법에 의한다.

제1. 『韓國不動産ニ關スル調査記錄』[3]과 土地用益權에 관한 慣習法

부동산법조사회의 梅 회장이 1906년 7월 23일 경성 이사청에서

---

1) 이 『관습조사보고서』는, 통감부시대의 법전조사국이 1908년부터 1910년까지 조사한 한국의 민상사관습의 요강을 편찬한 것을 그 후 조선총독부 취조국이 1911년부터 1912년까지 관습을 조사하여 이를 정정 보충하여서 한국에 시행할 민법의 편찬 자료로 제공하고자 간행된 것이다. 다시 참사관실이 1913년에 재간을 하여 현존하고 있다. 윤대성, 「일제의 한국관습법조사사업에 관한 연구」(1992), 53면 이하 참조. 최근에 이 『관습조사보고서』가 한국법제연구원에서 국역되어서 출간을 보았다. 정긍식, 『국역 관습조사보고서』(서울: 한국법제연구원, 1992.12)는, 3부로 나눠서, 제1부는 '일제의 관습조사와 그 의의'를 다루고, 제2부는 '관습조사보고서'의 국역 내용으로 하고, 제3부는 '참고자료'를 붙였다. 여기에서 인용하는 것은 1913년 재간판에 의한다.

2) 이 『민사관습회답휘집』은, 1909년 2월 京城控訴法院 民事部에서 관습조사의 조회가 있은 이후 1933년 9월까지 일제에 의하여 우리나라의 민사관습에 대한 조회에 회답을 한 내용을 조선고등법원 野村調太郎과 喜頭兵一 두 判事에 의하여 정리 편찬하여, 朝鮮總督府 中樞院에서 1933년 12월에 출간한 것이다. 이에 대한 자세한 내용은, 윤대성, 「일제의 한국관습법조사사업에 관한 연구」(1992), 62면 이하 참조.

첫 조사를 실시한 그 다음 날인 같은 해 7월 24일에 배포한 '조사사항'을 보면, 10개 항의 조사문항으로 되어 있다. 그 가운데 토지용익권에 관한 관습법은 제1항 토지에 관한 권리의 종류, 명칭 및 그 내용에 있어서 제7목 차지권의 종류, 명칭 및 그 내용, 특히 건물 소유자의 권리에 관한 관습 조사로 되어 있다.[4]

제2. 『慣習調査報告書』와 土地用益權에 관한 慣習法

이 『관습조사보고서』는, 먼저 우리나라에 있어서 물권 및 채권 또는 이에 유사한 권리의 구별에 관한 관습법에 관하여 [문 21] 물권, 채권 또는 이에 유사한 권리의 구별이 있는가를 조사 보고하였고, 토지에 관한 권리에는 어떠한 종류가 있는가에 관하여 [문 22] 토지에 관한 권리의 종류는 어떠한가를 조사 보고하였다. 그리고 (1) 물권으로서의 토지용익권에 관하여, [문 33] 차지권의 종류는 어떠한가, [문 32] 입회권에 관한 관습은 어떠한가, [문 34] 지상권에 관한 관습은 어떠한가, [문 35] 영소작권에 관한 관습은 어떠한가, [문 36] 지역권에 관한 관습은 어떠한가를 조사 보고하였다.[5] 또한 (2) 채권으로서의 토지용익권에 관하여, [문 95] 사용대차에 관한 관습은 어떠한가, [문96] 임대차에 관한 관습은 어떠한가를

---

3) 구한말 일제가 한국정부 내각에 不動産法調査會를 설치하고, 일본 동경대학 법학부 교수인 梅謙次郎을 회장으로 하여, 한국에 있어서 부동산에 관한 관례조사를 실시한 것으로, 不動産法調査會에서 국판 총 89면으로 1906년(光武 10년)에 간행한 일제의 초기적 한국관습법조사사업에 의한 최초의 부동산관습법에 관한 조사기록이다. 윤대성, 「『韓國不動産二關スル調査記錄』의 硏究 : 日帝의 初期的 韓國慣習調査事業(1905~1910)에 의한 不動産慣習法의 分析」(1992.7), 109~110면.

4) 부동산법조사회, 『韓國不動産二關スル調査記錄』(1906), 본문 1~2면.

5) 조선총독부 참사관실, 『관습조사보고서』(1913), 목차 2~3면.

각각 조사 보고하였다.[6]

제3. 『民事慣習回答彙集』과 土地用益權에 관한 慣習法

이 『민사관습회답휘집』에는 총 324건에 걸친 민사관습법의 조회
에 대한 회답을 수록하고 있다.

그 가운데 토지용익권에 관한 것은 (1) 먼저 물권으로서의 토지
용익권에 관한 것으로, [12] 타인의 토지에 가옥을 건설한 경우에
관한 건에서, 옛날 관습에서는 타인이 무단으로 자기의 소유지에
가옥을 건설한 경우일지라도 철거를 청구할 수 없고 오직 지대(地
代)를 청구함에 그친다고 하였고,[7] [72] 분묘이굴(墳墓移堀)의 청
구권에 관한 건에서, 투장분묘(偸葬墳墓)가 있는 산지를 매수한 경
우에 매수인이 투장자(偸葬者)에 대하여 분묘의 굴이(堀移)를 청구
할 수 없는 관습은 존재하지 않고,[8] [280] 분묘소유권의 취득 및
분묘굴이(墳墓堀移)에 관한 건에서, 타인이 소유하는 산지에 분묘
를 설치하여 오랜 세월이 경과하였더라도 이로 인하여 그 부지의
소유권을 취득하는 관습은 없고, 평온 공연하게 타인이 소유하는
산지에 분묘를 설치한 후에 토지소유자가 변경되었을 때 신소유자
가 그 분묘의 굴이를 청구할 수 없는 것의 관습은 없으며,[9] [301]
분묘부지의 소유권에 관한 건에서, 조상의 분묘가 있는 임야의 매
도증서에 특히 분묘의 구역을 제외하는 뜻을 명시하지 않은 경우

---

6) 조선총독부 참사관실, 상게서(1913), 목차 7면.
7) 조선총독부 중추원, 『민사관습회답휘집』(1933), 24면.
8) 조선총독부 중추원, 상게서(1933), 122~123면.
9) 조선총독부 중추원, 상게서(1933), 402면.

에는 이 구역은 당연히 매매 지역 중에 포함되는 것으로 보아야 하
는 관습은 없고, 다만 그 분묘는 그대로 존치할 수 없지만 매수인
은 이를 굴이할 것을 강요할 수 없는 것이라고 하였다.[10) 또한
[117] 영소작(永小作)에 관한 건에서, 타인의 미간지(未墾地)를 지
주의 승낙을 얻어 개간하여 영구히 소작을 취득하는 관습이 있고,
이 소작에 있어서 토지소유자는 소작권자의 의사에 반하여 그 권
리를 소멸시킬 수 없으며, 그 권리를 양도하거나 담보로 제공할 수
있고, 지주가 변경된 경우에도 그 권리를 신소유자에게 대항할 수
있으며, 국유미간지이용법이 시행되기 전에 있어서 내수사(內需司)
에 속한 토지에 대해서도 이와 같은 소작의 예가 있었다고 하였
고,[11) [202] 특종소작에 관한 건에서, 평안북도 중 압록강 연안 기
타 지방에 지주와 계약하고 토지를 개간한 자는 영구히 소작권을
취득하는 관례가 있어 이를 답주권(畓主權)이라 부르고, 과실의 10
분의 9를 취득하는 관례가 있으며, 이 소작권은 지주에게 이를 매
수시키지 않으면 영구히 존속하고, 이 소작권은 관습상 일종의 물
권이며, 이 소작관례는 사유지에 한하여 존재한다 하였고,[12) [172]
소작권에 관한 건에서, 내수사(內需司)의 소관인 미간지를 축동(築
垌) 기간(起墾)하여 수익의 몇 분을 소작료로 납부하고 경작권을
취득하고 경작자로서 임의로 그 권리를 처분할 수 있으므로 그 권
리는 관습상 물권적 효력을 갖는 것이고, 이 경우에 신소유자는 지
세(地稅)의 증가를 이유로 소작료를 증가할 수 있으며, 종전의 관

---

10) 조선총독부 중추원, 상게서(1933), 438면.
11) 조선총독부 중추원, 상게서(1933), 184~185면.
12) 조선총독부 중추원, 상게서(1933), 202면.

습에서 이 경작권은 선의의 신소유자일지라도 이를 부인할 수 없다고 하였고,13) [239] 경식자(耕食者)의 권리에 관한 건에서, 평안북도 박천군 덕안면 지방에서는 니생지(泥生地)를 답으로 해서 경작하기 위하여 임차를 하는 관습이 있고, 그 임차기간은 3년 내지 6년을 통례로 하며, 차주의 권리는 물권적 효력을 갖고 그 토지소유권의 양수인에 대항할 수 있는 것이라 하였고,14) [247] 도지권(賭地權)에 관한 건에서, 평안남도 대동면 지방에 원도지(元賭地: 原賭地) 및 전도지(轉賭地)라 부르는 소작 관습이 있고, 원도지(元賭地)의 관행은 남곶면에 있어서만 소작계약을 할 때에 소작인이 지주에 대하여 협정을 한 금액을 무이자로 기탁하고 그 금액의 다소에 따라서 소작료를 약정하는 것으로서 소작인은 지주의 승낙을 얻지 못하면 그 권리를 양도할 수 없는 것이고, 전도지(轉賭地)의 관행은 남곶면 및 대동강면에 있어서 하천 연안의 토지에 대하여 소작인이 지주와 협의로 노력을 제공하여 제방(堤防)을 축조함으로써 그 소작권을 얻을 수 있음이 통례이며, 소작료의 비율은 비교적 낮아서 소작인은 지주의 승낙을 얻지 않고서 그 권리를 양도할 수 있고, 또 지주의 특정승계인에 대항할 수 있는 것이라고 하였고,15) [73] 사음(舍音) 및 도조(賭租)에 관한 건에서, 도조(賭租)라 함은 타인의 토지를 사용 수익한 경우의 대가를 말한다 하였고,16) [120] 결수사패(結數賜牌)와 전토사패(田土賜牌)의 구별 및 화전(火田) 등에 관한 건에서, 타조(打租)는 실제의 수확을 절반하여 그 반을

---

13) 조선총독부 중추원, 상게서(1933), 258면.
14) 조선총독부 중추원, 상게서(1933), 344면.
15) 조선총독부 중추원, 상게서(1933), 358~359면.
16) 조선총독부 중추원, 상게서(1933), 123면.

소작료로 하는 것을 말하고, 도조(賭租)는 해의 흉풍을 불구하고 소작료를 일정하게 하는 것을 말하며, 정식수세(定式收稅)라 함은 결수사패(結數賜牌)의 경우에 매 결(結) 23두(斗)를 징수하는 것을 말한다고 하였으며,[17] [73] 사음(舍音) 및 도조(賭租)에 관한 건에서, 사음(舍音)은 소작지의 점유자로 볼 수 없는 것은 아니라고 하였다.[18] 그리고 [45] 동산(洞山)에 관한 건에서, 보통 동산(洞山)이라 부르는 것은 리동유(里洞有)의 산으로서 리동민이 입장(入葬)을 하고 시초(柴草) 또는 수피(樹皮)를 채취하는 산은 대개 이에 속하고, 국유산(國有山)으로 지원(地元)의 리동민(里洞民)이 시초를 채취하거나 입장(入葬)을 하는 관례가 있고, 이 경우에는 국유지에 대하여 리동민이 일종의 입회권(入會權)을 갖는 것으로 인정되는 것이라 하였고,[19] [300] 인적역권(人的役權)에 관한 건에서, 토지를 목적으로 한 인적 역권을 인정하는 관습이라고 하였다.[20] 다음으로 (2) 채권으로서의 토지용익권으로, [160] 황무지의 소작에 관한 건에서, 지주의 승낙을 얻어 황무지를 개간한 때는 3년간 무료로 이를 사용할 수 있는 관습이 있고, 그 후에는 보통소작과 다르지 않으며, 소작은 한 경작기(耕作期)마다 계약을 해제할 수 있으며 또 소작료의 증액을 할 수 있고, 이 관습은 그 토지가 내수사(內需司)의 소유에 속한 경우에도 다르지 않다고 하였고,[21] [208] 사음(舍音)의 소송제기에 관한 건에서, 사음(舍音)은 자기의 이름으로 지주

---

17) 조선총독부 중추원, 상게서(1933), 189면.
18) 조선총독부 중추원, 상게서(1933), 123면.
19) 조선총독부 중추원, 상게서(1933), 81면.
20) 조선총독부 중추원, 상게서(1933), 437면.
21) 조선총독부 중추원, 상게서(1933), 243~244면.

를 위하여 소송을 하는 관습은 없다 하였고,[22] [245] 사음(舍音)에 관한 건에서, 사음(舍音)은 지주에 갈음하여 소작지를 관리하고 소작계약을 하고 소작료의 징수를 하는 것을 그 본래의 사무로 하고, 사음(舍音)은 특약이 없는 한 미수입 또는 징수 불능인 소작료에 대하여 지주에 대하여 그 책임을 지며, 사음(舍音)이 지주를 위하여 그의 승낙을 얻어 징수할 소작료를 대부이식(貸付利殖)하는 경우 그 미수 또는 회수 불능에 대하여 책임을 지며, 사음(舍音)의 신원보증에 대해서는 관습이 보이지 않는 것 같다고 하였다.[23] 그러나 미간지의 개간에 의한 소작권이나 도지 등을 임대차의 관습으로 분류하여 중복되고 있는 것을 발견할 수 있다.[24]

제2절 土地用益權에 관한 慣習法의 內容分析

제1. 槪說

(1) 물권·채권 또는 이에 유사한 권리의 구별이 있는가

예컨대 차지권과 같이 그 종류에 따라서 소유자의 승낙 없이 이를 양도할 수 있는 것과 이를 양도할 수 없는 것이 있는가, 또 소유자 변경 후에 이를 신소유자에게 대항할 수 있는 것과 할 수 없는 것이 있는가, 또 예컨대 토지를 매수한 경우에 있어서 매려(買戾)의 특약을 붙였으면 이를 매수인에게만 대항할 수 있는가, 아니

---

22) 조선총독부 중추원, 상게서(1933), 303면.
23) 조선총독부 중추원, 상게서(1933), 254~255면.
24) 조선총독부 중추원, 상게서(1993), 요지색인, 41~44면.

면 후일 소유자로 되는 자에 대해서도 이를 주장할 수 있는가(차지
권 및 매려는 뒤에 볼 것)를 묻고서,[25] 이에 대하여 다음과 같이
보고하였다.

조선에 있어서는 建陽(1895) 이후에 제정된 법령의 규정에 비로
소 채권·채무라는 말을 사용하고, 또 민간에 있어서도 10여 년 전
부터 드물게 이러한 말을 사용하는 자가 있게 되었지만, 대개는 금
전채권 및 금전채무의 뜻으로 풀이되는 것 같고, 또 물권이라는 말
은 아직 사용되지 않는 것 같으므로, 종래 물권의 성질을 갖는 권리
와 채권의 성질을 갖는 권리와의 사이에 획연한 구별을 하지 않았
더라도 권리의 실질에서는 양자의 구별이 원래 있었던 것이다. 예
컨대 물(건)을 전당(典當)하고서 금전을 대여한 자는 차주가 변제를
하지 않는 때는 그 전당물에 의하여 변제를 받을 수 있을 뿐만 아
니라, 차주의 자산이 부채의 전부를 변제함에 충분하지 않을지라도
그 전당물의 대가에 대하여 다른 채권자에 우선하여 변제를 받을
수 있다. 그렇지만 무담보로 금전을 대여한 자는 차주가 임의로 변
제를 하지 않는 때는 그 재산에 대하여 강제이행의 방법으로 집행
할 수 있음은 물론이지만, 그래도 다른 채권자에 우선하여 변제를
받을 수 없다. 또 차주의 재산이 타인의 소유에 귀속한 때는 이를
추급하여 변제를 받을 수 없다. 이는 물권·채권의 구별을 인정하
고 전당(典當)에 물권적 효력을 인정하는 이유라고 말할 수 있다.[26]

차지권에는 물권의 성질을 갖는 것과 채권의 성질을 갖는 것이
있다. 예컨대 가옥 소유를 위하여 토지를 차용한 자는 가령 토지의

---

25) 조선총독부 참사관실, 『관습조사보고서』(1913), 60면[제21].
26) 조선총독부 참사관실, 상게서(1913), 61면.

소유자에 변경이 있더라도 신소유자에 대하여 그 권리를 대항할 수 있고, 또 가옥을 양도한 경우에 있어서는 소유자의 승낙을 얻어서 그 차지권을 양도할 수 있다(다만 가옥을 매수한 자는 당연히 차지권을 승계하는 것이 관습이므로 특히 양도를 하는 것은 없다). 즉, 그 성질이 물권에 속하였다. 이에 반하여 경작의 목적으로 토지를 차용한 자는 영소작(永小作)의 경우를 제외하고 소유자에 변경이 있는 때는 그 권리를 신소유자에게 대항할 수 없다. 다만 경작기(耕作期)에 들어선 때는 그해의 수확을 끝냄으로써 신소유자에게도 그 차지권을 인정하기 때문이다. 또 소유자의 승낙을 얻지 않고서 그 권리를 양도할 수 없다. 그 성질은 채권에 지나지 않는다.[27]

매려(買戾)는 보통 환퇴(還退: 환퇴라는 말은 혹은 취려의 뜻으로 사용되고, 혹은 반환의 뜻으로 사용되는 것이다. 또 무가환퇴(無價還退)라는 말이 있어 반드시 매려만으로 사용되지 않는다.)라고 부르며, 매려(買戾)의 특약을 붙여서 토지 또는 가옥을 매수한 자는 매도인의 매려에 응할 의무가 있으므로 이를 전매(轉賣)하는 일이 거의 없다. 또 전매하려 하더라도 기꺼이 이를 매수하는 자가 적지만, 부득이 이를 하여야 하는 경우에 있어서는 이를 전매(轉賣)할 수 있다. 그러나 통례는 매도인이 매려(買戾)를 하지 않음을 확인하고서 전매를 하는 것이지만, 드물게는 매도인의 의사를 확인하지 않고서 이를 전매하거나 혹은 매도인에게 매려를 할 의사가 있음에도 불구하고 이를 전매하는 것이 있다. 이들의 경우에는 다시 매려의 특약을 붙이는 것이 있고, 또 붙이지 않더라도 매수인은 매도인으로부터 매려의 청구를 받는 때에 전매자(轉買者)로부터 이를

---

27) 조선총독부 참사관실, 상게서(1913), 61∼62면.

매려하고 다시 매도인에게 반환하는 것이 관례이므로, 매수인의 도망, 사망 등으로 인하여 이에 대하여 매려의 청구를 할 수 없는 경우 이외에 매도인으로부터 직접 전매자에 대하여 매려의 청구를 하지 못한다. 따라서 전매자는 매려의 특약을 붙여서 이를 매수한 때일지라도 문권(文券: 매도인으로부터 전매자에게 교부된 매도증서)에 의하여 매려권(買戾權)이 부착되었음을 알 수 있으므로 이를 거절할 수 없게 된다. 이에 의하여 본다면 매려권은 채권의 성질을 갖고, 매도인은 직접 그 권리를 전매자에게 대항할 수 없는 것 같기도 하지만, 매수인으로 하여금 매려를 하게 할 수 있으므로 문권(文券)의 기재에 의하여 간접으로 이를 전매자에게 대항하는 결과가 되는 것이다.[28]

(2) 토지에 관한 권리의 종류는 어떠한가

더욱이 그 여러 종류의 성질을 밝히시오[29]를 묻고서, 다음과 같이 보고하였다.

조선의 법제와 함께 관습에 있어서 인정되는 토지에 관한 권리의 종류는 대략 다음과 같다고 하면서, 소유권(所有權), 차지권(借地權), 지역권(地役權), 입회권(入會權), 선취특권(先取特權) 및 전당권(典當權)을 들고 있다. 즉 (a) 소유권은, 종전에 소유권이라는 말을 사용하지 않았지만 토지를 소유하는 것은 일찍이 인정되었다. 소유자는 법령 또는 관습으로 제한된 범위 내에서 그 토지를 사용, 수익 및 처분을 할 수 있고, 또 그 위에 권리를 설정하고, 그 토지

---

28) 조선총독부 참사관실, 상게서(1913), 62면.
29) 조선총독부 참사관실, 상게서(1913), 62~63면.

를 양도할 수 있으므로 토지소유권의 일종인 토지의 공유도 역시 그 예가 드물지 않기 때문이라고 하였다.[30] (b) 차지권에는 여러 종류가 있다. 사용의 목적에 따라서 그 종류를 크게 나누면 (가) 가옥 기타 건물을 소유하기 위한 것, (나) 분묘 기타 공작물을 소유하기 위한 것, (다) 수목을 소유하기 위한 것, (라) 경작을 하기 위한 것, (마) 시초(柴草)를 채취하기 위한 것, (바) 목축을 하기 위한 것 등이 있다. 그 가운데 경작을 하기 위한 것과 가옥 소유를 위한 것이 가장 많고, 다른 차지권은 드물게 이를 볼 수 있을 뿐이므로, 어떤 것은 물권의 성질을 갖고, 어떤 것은 채권의 성질을 가지므로, 상세한 것은 제33문[31] 이하에서 서술한다고 하였다.[32] (c) 지역권은, 조선에서 인수(引水)를 위하여 타인의 토지를 사용하는 권리로서, 그 성질은 지역권으로 보아야 할 것이 있다. 따라서 자기의 토지 또는 가옥의 편익을 위하여 타인의 토지를 통행하고, 혹은 자가의 음용수를 타인의 정호(井戶: 우물)에서 급취(汲取)하는 실례는 매우 많을 지라도, 이들은 오직 토지의 소유자가 덕의상 타인의 사용을 묵과하는 것에 지나지 않는다. 사용자에게 확연한 권리가 있다고 말할 수 있지는 않은 것 같다(제36문 참조)고 하였다.[33] (d) 입회권은, 조선에서는 둘 이상의 리(里), 동(洞)의 공유에 속하는 산야에서 공유자인 각 리, 동의 주민이 시초의 채취를 하고, 방목을 하는 관례가 있다. 또 어떤 리, 동의 소유에 속하는 산야에 다른 리, 동의 주민이 채초(採草), 방목(放牧)을 하는 사례도 역시 드물게 있는 것

---

30) 조선총독부 참사관실, 상게서(1913), 63면.
31) 조선총독부 참사관실, 상게서(1913), 118면 이하. [제33]차지권의 종류는 어떠한가. 참조.
32) 조선총독부 참사관실, 상게서(1913), 63면.
33) 조선총독부 참사관실, 상게서(1913), 63~64면.

같다. 그에 그 성질은 우리[일본] 민법에 인정되는 입회권(入會權)에 유사하고, 또 삼림령(森林令) 및 동 시행규칙에 있어서 국유 삼림에 있어 입회 관행을 인정하였다고 하였다.[34] (e) 선취특권은, 조세 기타 공과(公課) 및 흠포(欠逋: 횡령)의 추징에 대하여 고래로 선취특권이 인정되어 조세의 징수에 대해서는 현행법에도 이를 명정하였으므로 이러한 선취특권이 토지에 미치는 것은 말할 것도 없다. 그렇지만 사채에 대하여 공익비용을 원인으로 한 채권에 대하여 선취특권을 인정하는 이외에 토지의 선취특권으로 하는 관습이 판연한 것은 아니다(제38문 참조)고 하였다.[35] (6) 전당권은, 물(건) 또는 권리를 목적으로 하는 채권의 담보로서 전당이라는 것이 있다. 따라서 토지의 전당은 그 성질이 저당권으로 보이는 것 같고, 또 질의 성질을 갖는 토지의 전당은 아직 발견되지 않는다(제39문 내지 제50문 참조)고 하였다.[36]

(3) 차지권의 종류는 어떠한가

예컨대 일본의 지상권 및 영소작권과 같은 권리가 있는가, 일본의 임차권 및 사용차권만을 생기는 것이 있는가, 그 밖에 일본에 있는 차지권이 있는가를 묻고서,[37] 다음과 같이 보고하였다.

조선에 있어서 차지권의 종류는 (a) 지상권(地上權) (b) 영소작권

---

34) 조선총독부 참사관실. 상게서(1913), 64면. 그러나 1912년판에 의하면, 마지막 부분의 보고 내용이 다르게 되어 있다. 즉, 또 '森林令'과 '同施行規則'에서는 國有森林에 대한 入會慣行을 인정하였다(다만 현재에는 隆熙 2년(1908) 法律 제1호 '森林法' 제19조의 규정에 의하여 소유의 신고를 해야 한다. 이러한 共有山은 대개 각 洞里에 분할되었다고 한다.)고 보고하였다.

35) 조선총독부 참사관실. 상게서(1913), 64면.

36) 조선총독부 참사관실. 상게서(1913), 64면.

37) 조선총독부 참사관실. 상게서(1913), 118면.

(永小作權) (c) 임차권(賃借權) (d) 사용차권(使用借權) (e) 그 밖의
차지권(借地權)으로 (가) 황무지(荒蕪地)의 임차 (나) 묘직전(墓直
田) (다) 수로전(酬勞田) (라) 인삼재배지(人蔘栽培地)의 임차를 들
고 있다.38)

제2. 物權으로서의 土地用益權

1. 入會權에 관한 慣習法

이에 대하여,『관습조사보고서』는, 예컨대 어떠한 종류의 입회권
이 있는가, 공유자가 공유지 위에 채신(採薪), 채초(採草), 방목(放
牧) 등의 권리를 행사할 수 있는가, 또 타인의 토지 위에만 이들의
권리를 갖는가, 그 밖에 입회권의 내용은 여하한가를 묻고서,39) 다
음과 같이 보고하고 있다.

조선에 입회권으로 보아야 할 관행이라는 것은 이미 말한 것과
같지만, 극히 일부의 지방에 대하여 조사를 한 것에 지나지 않으므
로 어떠한 종류의 것이 있는가는 분명하지 않다. 이에는 다만 경상
북도에 있어서 2, 3의 실례를 볼 수 있음에 그쳐서 이들의 사례에
대해서도 오히려 불명함에 속하는 점이 많으므로 가볍게 그 성질
을 단정할 수 없는 것이지만, 그 토지는 여러 부락의 공유 또는 한
부락의 소유에 속하는 것 같다. 또 입회권을 갖는 자는 관계 부락
으로 그 부락의 주민은 부락이 갖는 재산을 이용하는 것과 동일한
관계에서 시초(柴草)를 채취하거나 또는 방목(放牧)을 하는 것으로

---

38) 조선총독부 참사관실, 상게서(1913), 118~121면.
39) 조선총독부 참사관실, 상게서(1913), 93면.

보아야 함에 비슷하다.[40]

(1) 釜山地方에서의 入會權의 事例

부산부 사하면에 당리(堂里), 하단(下端), 괴정(槐亭) 3부락이 공유하는 산이 있어 예부터 3부락의 주민에 한하여 시초(柴草), 고지(枯枝), 낙엽(落葉) 등을 채취할 수 있는 관례가 있어서 각 부락의 입산 구역은 대개 일정하지 않았지만 실제로 반드시 그 한역(限域)을 지키지 않았다. 그러나 수목은 마음대로 벌채를 하는 것이 허용되지 않았다. 도로의 수선, 교량의 가설 등을 위하여 필요한 경우 또는 공과(公課)의 부담을 명받아서 이를 납부함에 곤란한 경우에 각 부락의 리, 동장, 두민(頭民) 등 유지가 협의를 하여 이를 벌채할 수 있다. 또 1부락에만 필요에 따라서 그 부락의 입산 구역 내에 있는 수목을 벌채하는 경우에는 당해 부락의 유지만의 협의를 하여 이를 결정할 수 있다고 말한다. 또 각 부락의 주민은 그 부락을 떠난 때에 입산의 자격을 잃고, 또 새로이 그 부락의 주민이 된 자는 당연히 그 자격을 얻는 것이 관례였다. 그러나 작년(1909) 7월경에 이르러 삼림법(森林法)에 기하여 소유권 신고의 필요로 이를 3부락에 분할하고 각 부락마다 새로운 소유권의 증명을 받았다[41]고 하였다.

(2) 馬山地方에서의 入會權의 事例

장복산과 매곡산은, 모두 마산부 하남면의 중앙에 있고 하남면 와곡리(瓦谷里), 창산리(昌山里), 상덕리(上德里), 연변리(淵邊里),

---

40) 조선총독부 참사관실, 상게서(1913), 93면.
41) 조선총독부 참사관실, 상게서(1913), 93~94면.

목리(木里), 외동리(外洞里), 내동리(內洞里), 모삼리(毛三里), 동해
정리(東海丁里), 서해정리(西海丁里), 두대리(斗大里), 엄리(嚴里),
웅서면(熊西面) 신방리(新坊里) 13부락의 주민이 수백 년 동안 시
초(柴草)의 채취를 하고 그동안 아무런 분의(紛議)가 없었다. 그러
나 隆熙 4년(1910) 3월경에 하남면 완암리장 鄭基銓 및 웅서면 신
방리장 嚴英五 등이 이를 양리의 공유산야라고 칭하고 다른 리, 동
민이 시초를 채취함을 거절함으로써 이에 분쟁을 일으켜서 외동리
장 鄭九錫 외 9명은 연서하여 하남면장 李炳震에게 소장을 내고
그 재정을 청하여 지령을 받았다. 그 청원서(請願書) 및 지령(指令)
은 다음과 같다.[42]

請願書

事案은本面內長福山一麓은自數百年來로下南面十餘洞人民이炊食薪草信地
인바本面完岩里鄭基銓爲名人憑托測山若末懸名ᄒ야自己所有라ᄒ고扶同於
渠洞人民ᄒ야如始禁養薪草ᄒ나十餘洞人民이何處掛鎌이며何物炊食乎잇가
況且前日熊西面居ᄒ嚴英五爲名人도同坪梅谷山麓一境을亦憑托測量ᄒ고禁
草太甚키로往告于駐在所즉巡査公卽出嚴英五家ᄒ야檢査後同英五를嚴以警
察則同英五가自知渠罪ᄒ고萬萬哀乞ᄒ야禁草無意가渠洞里長統首俱以證添
이더니今又禁草키로問以其故則同英五言內에完岩鄭基銓은一以本面之人으
로各洞培地를憑測禁草ᄒ딕我他面之人으로何以不禁乎아ᄒ니此則乃鄭基銓
所拘也以一鄭基銓으로十餘洞人民이炊食幾絕ᄒ고糞草作農無路故左開各里
가齊聲仰訴ᄒ오니査照後卑此各洞으로無至絕火廢農之地千萬伏望홈

隆熙四年八月十八日

外洞里里長	鄭	九	錫
淵邊里里長	鄭	尙	煥
毛三里里長	明	聲	魯
上德里里長	李	承	榮
東海丁里里長	明	致	文
斗大里里長	黃	基	仁

---

42) 조선총독부 참사관실, 상게서(1913), 94면.

階亭里里長	李　文　寬
瓦谷里里長	韓　性　伯
内洞里里長	金　溶　馨
木里里長	金　思　權

面長座下

數百年各洞薪草之場을憑托測量ᄒ고今忽禁之가事不穩當이라從
前以後에ᄂᆞᆫ勿爲禁斷ᄒ고使此十餘洞人民으로以保安堵케홀事

八月十八日

完岩里長　　　統　首

　　그런데 완암리는 오히려 그 소유권을 주장하고 입산을 거절하여
농상공부(農商工部)에 대하여서 소유신고를 함으로써 완전히 소유
권을 확정하려고 하였기 때문에 관계 리, 동은 다시 청원(請願)을
하였고, 이는 다음과 같다.[43]

山坂所有權證明에關ᄒ異議申請書

下南面各十一洞民代表申請人　　　李　承　榮

金　思　權　　　

韓　性　伯　　　

事實은現今本下南面長福山一境이自數百年來로本面十餘洞人民의炊飯薪
草信地인바本面完岩里鄭基銓이憑托測量ᄒ고懸名自己의所有權이라ᄒ고禁
草太甚뿐더러況又梅谷山一境도自數百年來로十餘洞薪草培地인바熊西面新
坊里嚴英五爲名者가亦憑測量所有라ᄒ고禁之如城ᄒ니本面十餘洞人民이以
鄭嚴兩人의禁草之端으로數千名人口의炊飯이幾絕ᄒ고糞土作農이無路故仰
請于本面面長즉題內에數百年各洞薪草之場을憑托測量ᄒ고今忽禁之가事不
穩當이라從玆以後에ᄂᆞᆫ물위금단ᄒ고使此十餘洞人民으로以保安堵게할事라ᄒ
시되同鄭嚴兩人이都是不聽ᄒ고禁亦太甚ᄒ니豈有如許之人乎잇가各里人民
炊飯作農次로前面長下請願書를添連ᄒ야齊聲仰請ᄒ오니照亮ᄒ신후同鄭嚴
兩人을招致法庭ᄒ야嚴查處辨ᄒ시와使此十餘洞人民으로無至絕火廢農之地
伏視

---

43) 조선총독부 참사관실, 상게서(1913), 96~97면.

隆熙四年八月二十日

同府同面各十一洞代表申請人　　　　李　承　榮

　　　　　　　　　　　　　　　　　　金　思　權

　　　　　　　　　　　　　　　　　　韓　性　伯

府尹　　申錫麟　閣下

　　이 청원에 대하여 부윤(府尹)은 각 리가 연서하여 청원하라는 취지로 유시(諭示)를 함으로써, 다시 다음과 같은 청원서를 제출하였고, 말미의 제안(題案)과 같은 지령(指令)을 받았다.[44]

山坂에關ᄒ申請書
慶尙南道昌原府下南面瓦谷里

申請人　右里里長　　　韓　性　伯
　　　　　　　　　　　　　　　年

同　　　道同　府同　面昌山里
　　　　右里里長　　　李　文　寬
　　　　　　　　　　　　　　　年

同　　　道同　府同　面上德里
　　　　右里里長　　　李　承　榮
　　　　　　　　　　　　　　　年

同　　　道同　府同　面淵邊里
　　　　右里里長　　　鄭　商　煥
　　　　　　　　　　　　　　　年

同　　　道同　府同　面木里
　　　　右里里長　　　金　思　權
　　　　　　　　　　　　　　　年

同　　　道同　府同　面外洞里
　　　　右里里長　　　鄭　九　錫
　　　　　　　　　　　　　　　年

同　　　道同　府同　面內洞里
　　　　右里里長　　　金　溶　馨
　　　　　　　　　　　　　　　年

---

44) 조선총독부 참사관실, 상게서(1913), 97～100면.

		同	道同	府同	面毛三里	

同　　　道同　府同　面毛三里
　　　右里里長　　　明　聲　老
　　　　　　　　　　　　　　　年

同　　　道同　面　海丁里
　　　右里里長　　　明　致　文
　　　　　　　　　　　　　　　年

同　　　道同　府同　面西海丁里
　　　右里里長　　　金　丙　坤
　　　　　　　　　　　　　　　年

同　　　道同　府同　面斗大里
　　　右里里長　　　黃　德　一
　　　　　　　　　　　　　　　年

同　　　道同　府同　面嚴里
　　　被申請人　　　鄭　基　銓
　　　　　　　　　　　　　　　年

同　　　道同　府熊西面新坊里
　　　被申請人　　　嚴　英　五
　　　　　　　　　　　　　　　年

　　事　實

右記十一洞民의炊餐ᄒᄂᆫ柴草信地가但本面長福山及梅谷山을數百年依賴以
來인바不意被申請人鄭基銓은右長福山을假稱測量證明이라ᄒ야私自禁草ᄒ
고被申請人嚴英五ᄂᆫ右梅谷山을禁草이기本月二十日에本人等이紫己請願인
바本府廳에서被申請人等을招待ᄒ라ᄒ셧난듸被申請人等이莫重府令을敢自
頑拒ᄒ야尙不從令ᄒ고比前倍加히右山樵輩의鎌與支械을奪之破之ᄒ오니如
被申請人等은府廳도不知ᄒ고法律도無憚ᄒ야但以山坂勒奪로만爲心ᄒ옵기
玆에更爲申請ᄒ오니照亮ᄒ신후被申請人等을別般處治ᄒ시와右十一洞民의
生命保全케ᄒ심을伏望홈

隆熙四年八月二十六日
　　右申請人代表者　　　　李　承　榮
　　　　　　　　　　　　　金　思　權
　　　　　　　　　　　　　韓　性　伯

昌原府尹　　申錫麟　閣下
共同炊草ᄒ야毋到煩請홀事
八月二十九日

(3) 大邱地方에 있어서 入會權의 事例

경상북도 대구 지방의 입회권(入會權)에 관한 관습법의 사례는, 천덕산(千德山)과 팔공산(八公山)에 있어서 그 사례를 조사하여 보고하고 있다.

① 천덕산(千德山)의 입회관습법: 천덕산(千德山)은 경상북도 금산군 황남면과 충청북도 황간군 매곡면에 걸친 대략 4백5십 정보(町步)의 산림으로, 경상북도 금산군 황남면 대평리, 가막리, 복산동 및 개령군의 일부 인민과 함께 충청북도 황간군 매하면 상하동, 격곡동, 용계동의 주민이 옛부터 낙엽, 시초 등을 채취하는 관례가 있었다. 작년에 이르러 분쟁이 생겨서 관계 도군으로부터 훈유(訓諭)를 발하기에 이르렀으나, 당시 관계 관아 사이에 왕래한 문서와 보고서는 그 입회권(入會權)의 내용을 살펴볼 수 있는 참고자료가 된다고 보고하고 있다.[45]

② 팔공산(八公山)의 입회관습법: 팔공산(八公山)은 경상북도 대구군 및 의흥군의 경계에 걸쳐서 그 가운데에 수윤곡(水潤谷) 및 정가곡(鄭可谷)이라는 2구획이 있고, 주위는 대략 5리로서, 대구군 해서촌면(解西村面) 용진동(龍津洞) 및 고정리(古亭里), 해북촌면

---

45) 조선총독부 참사관실, 상게서(1913), 100~110면. 〈자료 1〉隆熙四年四月二十五日黃礀郡守의金山郡守署理에대한照會(森林斫伐禁止에關한件), 〈자료 2〉隆熙四年五月十一日金山郡守署理의 慶尚北道觀察使에대한報告(千德山森林에關한件), 〈자료 3〉隆熙四年五月十四日慶尚北道書記官의忠清北道書記官에대한調會(國有山院에關한件), 〈자료 4〉隆熙四年五月十四日慶尚北道書記官의農商工部次官宛九申書(國有山野에關한件), 〈자료 5〉 隆熙四年五月二十一日開寧郡守의慶尚北道書記官宛報告書(千德山紛擾에關한件), 〈자료 6〉隆熙四年六月二十五日忠清北道書記官의慶尚北道에대한回答(山野地籍에關한件), 〈자료 7〉隆熙四年六月二十八日慶尚北道書記官의金山郡守署理宛通牒 등이 있고, 이의 번역은, 정긍식, 「국역 관습조사보고서」(서울: 한국법제연구원, 1992), 170~176면 참조.

(解北村面) 무산동(武山洞)의 주민이 시초를 채취하는 관례가 있어
서 입회권(入會權)으로 볼 수 있는 상태에 있지만, 지금 소송 중에
있어서 그 내용을 상세히 알 수 없다고 보고하고 있다.[46]

2. 地上權에 관한 慣習法

이에 대하여, 『관습조사보고서』는, 지상권 또는 이에 유사한 권
리가 있다면 그 목적은 어떠한가, 예컨대 타인의 토지에 공작물 또
는 죽목(竹木)을 소유하기 위하여 존재하는지 아닌지, 지대(地代)는
반드시 이를 내야 하는지 아닌지, 예컨대 무상으로 이 권리를 설정
할 수 있는가, 또는 일시에 지불해야 할 보수에 대하여 이를 설정
하고 굳이 정기의 지대(地代)를 지불하지 않는 경우가 있는가, 차
지인이 지대를 지불하여야 할 경우에 그 지불을 게을리 한 때는 그
제재는 어떠한가, 예컨대 지주가 바로 계약의 해제를 구할 수 있는
가, 이 권리는 이를 양도할 수 있는가, 또 그 토지를 전대할 수 있
는가, 그 권리의 존속기간은 어떠한가, 만약 이를 정하지 않은 때
는 그 권리는 영구히 존속하는가, 또는 일정한 기간의 경과로 소멸
하는지 또는 당사자의 일방의 의사로 소멸하는가, 만약 일방의 의
사로 소멸하는 것이라면 지주 또는 차지인 누가 이를 신청하는 것
인가, 또한 이에 대한 예고 기타의 조건을 요하는가, 그 권리가 소
멸한 경우에 공작물 죽목 등은 차지인에게 이를 수거토록 할 수 있
는가, 수거토록 할 수 있다면 토지를 원상으로 복구할 의무가 있는
가, 지주가 시가를 제공하고서 이를 매취하려 할 경우에 차지인은
이유 없이 이를 거절할 수 있는가를 묻고서,[47] 다음과 같이 보고하

---

46) 조선총독부 참사관실, 상게서(1913), 110~117면. 이 보고 가운데 각리, 각동민의 진술에
   대한 요점을 자료로 붙이고 있다. 이의 번역은, 정긍식, 전게서(1992), 177~182면 참조.

었다.

즉, 조선에서는 지상권으로 보아야 할 것은 주로 건물 소유를 하기 위한 차지에 존재하고, 드물게 분묘(墳墓) 기타 공작물을 소유하기 위한 차지에 대해서도 역시 존재하는 것 같으며, 그리고 죽목(竹木)을 소유하기 위한 차지의 예로서는 드물게 타인의 토지에 과수를 소유하는 것이 있다. 이는 아마도 지상권의 일종으로 보아야 할 것이 아닌가. 가옥 기타 건물을 소유하기 위한 차지는 계약으로 인한 것이지만, 10수년 전까지는 무단으로 타인의 토지에 가옥을 건조한 자가 가끔 있었고, 이미 건축에 착수한 이상 소유자는 어떻게 할 수 없었다고 한다. 이는 제25문[48]에 기술된 급조가지([給造家地])의 규정과 함께 조가지(造家地)에 대한 관습에서 잉태된 악습으로 이 때문에 타인의 토지에 가옥을 건축한 자는 그 토지의 소유권을 획득하는 것같이 오해되었다. 지대는 통상 대세(垈稅)로 부르고, 매년 1회 가을에 지불하는 것이 통례이지만 토지의 종류에 따라서 작물 수취의 계절을 표준으로 이를 지불하고 이를 지불하게 됨으로써 그 시기는 반드시 일정하지 않다. 또 지방에 따라서 시가지는 연말에 이를 지불하는 것이 있다(예컨대, 群山 등). 또 일시불의 사례가 전혀 없지 않다. 그리고 지대를 정함에는 소작료를 표준으로 함으로써 지주는 소작료와 비슷한 액의 지대를 받는 것을 통례로 하지만, 친족 친구 등 사이에는 때로 지대를 지불하지 않고 있다. 존속기간은 이를 정하지 않는다. 차주(借主)가 건물의

---

47) 조선총독부 참사관실, 상게서(1913), 122면.

48) 조선총독부 참사관실, 상게서(1913), 74면 이하. 第二十五 土地建物ノ所有者ハ如何ナル權利ヲ有スルカ 참조.

부지로 이를 사용하지 않을 때까지 그 차지권은 소멸하지 않는다. 차주는 어느 때라도 해약을 할 수 있지만, 지주는 가옥이 존재하는 동안 해약을 할 수 없다. 가령 차주가 지대를 지불하는 경우에 이를 지불하지 않는 때에도 그 지불을 청구할 수 있음에 그치고, 이를 이유로 토지의 명도를 강제할 수 없다. 그리고 해약에는 예고를 필요로 하지 않고, 또 차지권이 소멸한 경우에는 차주는 가옥 기타 건물은 물론 이에 부속된 공작물 또는 죽목을 수거할 수 있고, 토지를 원상으로 복구할 의무가 있는지 아닌지에 대해서는 정해진 관습이 없다. 가옥에 대하여 지주의 선매권(先買權)을 인정하는지 않는지 같은 관습이 없다. 또 이러한 차지권은 이를 제3자에게 대항할 수 있으므로 토지의 소유자에 변경이 있어도 신소유자에 대하여 그 차지권을 주장할 수 있다. 그리고 차주가 건물을 양도할 경우에 그 차지권은 건물의 소유권에 수반하여 이전되고, 양수인에게 당연히 그 차지권이 승계되는 것이다(이 경우에 건물의 양수인은 양도인이 지대를 지불하지 않았으면 상당한 지대를 지불함을 요함). 또 차주는 그 차지권만을 양도할 수 없다. 또한 그 토지만을 임대할 수 있지만 건물과 그를 위한 차지권을 양도함은 아무런 방해를 받지 않는 것이다(다만 건물의 양수인은 당연히 차지권을 취득하므로 그 필요를 볼 수 없고, 또 실제로도 이와 같은 예는 없다). 분묘(墳墓)의 소유를 위한 차지는 드물게 그 예를 볼 수 있다. 통상 지대를 지불하는 것 같다. 원래 분묘용지는 이를 매취하여야 하는 것이지만, 자력이 없는 자는 그렇게 할 수 없다. 차지를 하여서 분묘를 설치하는 것은 매우 특례에 속한다. 그리고 일단 차지를 하여 분묘를 설치한 때는 분묘설정자가 분묘를 이전하지 않으면 지주는 해약을 할 수 없다. 또 대부분의 지방에서는 매장 후 3년을 경과하여 개장을 하는 것이 있다. 이와 같은 경우에 있어서는 3년을 한도로 지대를 지불하고 차지를 하는 예가 된다고 한다. 농업, 공업 등에 사용하는 공작물을 소유하기 위한 차지(借地)도 역시 드물게 있고 도세(賭稅)를 지불함을 통례로 한다. 또 죽목(竹木)을 소유하기 위한 차지는 거의 그 예를 볼 수 없지만, 강릉 지방에서 가옥 및 부지를 매매함에 있어서 부지 내의 과수를 보류하는 것이 있다. 이 경우에는 과수의 소유자는 타인의 토지에 과목을 소유하는 것이 되고, 매수인은 이의 수거를 강제할 수 없다. 또 전매자도 이를 승인하지 않을 수 없다고 함으로써 일종의 지상권으로 볼 수 있다. 다만 이러한 경우에 지대를 지불하는 것 같은 관례는 없다[49]고 하였다.

한편, 지상권에 관한 민사관습법의 조회에 대하여, 『민사관습회답휘집』에서는, 다음과 같이 회답을 하고 있다. 즉, 明治 43년(1910) 5월 31일에 평양지방재판소가 조회하고, 같은 해 6월 29일에 法 제13호로 법전조사국이 회답한 내용을 보면, 한국에서 자기의 소유지에 권리 없이 타인이 가옥을 건축한 경우에 토지소유자는 이의 취불(取拂: 제거)을 청구할 수 있는지의 조회에 대하여,[50] 한국 종래의 관례에서는 가옥 건설을 위하여 공지의 대여 또는 매도를 구하는 때에 이를 거절할 수 없는 것이고, 그렇게 할 수 없는 사정이 있는 경우 이외에 그 청구에 응하는 것을 통상으로 한다. 따라서 타인의 토지에 소유자의 승낙을 얻지 않고서 가옥을 건설

---

49) 조선총독부 참사관실, 상게서(1913), 122~124면.
50) 조선총독부 중추원, 전게서(1933), 24면.

함은 관습상 인용되는 바이므로, 그 불법행위가 됨을 논할 수 있더라도 이미 그 건설이 끝난 것은 이의 취불을 강요할 수 없는 것으로 생각되고, 실제에 있어서도 그 지대를 요구하는 것만으로, 이의 취불을 청구한 것이 되는 것으로 들고 있다. 그러므로 옛날의 관례에서는 가령 타인의 토지에 무단으로 가옥을 건설한 경우일지라도 이의 취불을 강요할 수 없는 것으로 본 것 같고, 아무래도 십수 년래에 앞의 관행은 점차 일반이 인식한 바가 되어서 오늘날에는 가옥 건설을 위한 공지의 대여 또는 매도 어느 것이나 이를 거절할 수 없고, 또 타인이 무단으로 자기의 소유지에 가옥을 건설한 때에는 이의 취불을 강요할 수 없는 것 같다[51]고 하였다. 그리고 大正 2년(1913) 1월 17일 공주지방법원 홍산지청이 조회하고, 같은 해 1월 24일 參 제4호로 정무총감이 회답한 내용을 보면, 갑(甲)의 소유인 산소(山所)에 을(乙)이 투장(偸葬)을 하여 수년을 경과한 후 그 산소를 병(丙)에게 매도한 경우에 병(丙)이 을(乙)에 대하여 그 투장분묘의 이굴을 청구할 수 있는 관습이 있는가의 조회에 대하여,[52] 갑(甲)의 소유인 산소에 을(乙)이 투장(偸葬)을 하고 수년을 경과한 후 그 산소를 병(丙)에게 매도한 경우에는 병(丙)이 을(乙)에 대하여 그 투장분묘의 이굴을 청구할 수 있는 관습이 없다[53]고 하였다. 또한 大正 10년(1921) 11월 1일 광주지방법원 전주지청이 조회하고, 같은 해 12월 6일 調樞 제430호로 정무총감이 회답한 내용을 보면, 지금으로부터 30년 이전에 타인의 소유인 산지에 분

---

51) 조선총독부 중추원, 상게서(1933), 24~25면.
52) 조선총독부 중추원, 상게서(1933), 123면.
53) 조선총독부 중추원, 상게서(1933), 123면.

묘를 설치하고, 이후 그로부터 아무런 이의를 받지 않은 때는 그 자손으로 분묘의 주위 약 4간(間)의 부지의 소유권을 취득하는 관습이 있는지, 타인의 소유인 산지에 분묘를 설치하고 공연 평온하게 그 묘지의 점유를 지속하여 온 경우에 그 분묘 설치가 수년을 경과한 것일지라도 그 후에 그 산지의 소유권을 취득한 자는 그 분묘의 이굴을 청구할 수 없는 관습이 있는지의 조회에 대하여,54) 타인의 소유인 산지에 토지소유자의 승낙을 얻어서 분묘를 설치하고 누구로부터도 이의를 받지 않고서 30년 이상을 경과한 경우일지라도 그 자손이 그 분묘의 소재 및 주위 약 4간(間)의 부지에 대하여 소유권을 취득하는 것 같은 관습은 없고, 타인의 소유인 산지에 분묘를 설치하고 공연 평온하게 그 묘지를 점유한 경우에 아직 몇 년을 경과하지 않았고 또 토지소유자에 변경이 있는 때이더라도 토지의 신소유자가 그 분묘의 이굴을 청구할 수 없는 것 같은 관습은 없다55)고 하였다. 이와 함께 大正 12년(1923) 9월 13일 함경남도 지사가 조회하고, 같은 해 10월 15일 調樞 제460호로 중추원 서기관장이 회답한 내용을 보면, 갑(甲)은 조선의 분묘를 설치한 자기의 소유에 속하는 일록(一麓)의 임야를 을(乙)에게 매도하고 그 경우에 매도증서에 분묘의 구역을 제외하는 취지를 명시하였다면, 갑(甲)은 관습에 따라서 자기의 조선분묘구역, 즉 사초지(莎草地) 내의 토지 소유권을 주장할 수 있는 것인지, 앞의 경우에 을(乙)이 매수할 당시 갑(甲)의 조선분묘가 존재함을 인지하지 않고 실인(實認: 賣買 文記 밖에)한 경우에 갑(甲)의 주장은 어떠한가의 조회에 대하여,56)

---

54) 조선총독부 중추원, 상게서(1933), 402~403면.
55) 조선총독부 중추원, 상게서(1933), 403면.

갑(甲)이 그 조선의 분묘가 있는 임야를 을(乙)에게 매매한 경우에 그 매도증서에 특히 분묘의 구역(사초 내: 莎草內)을 제외하는 뜻을 명시한 경우에는 그 분묘의 구역은 당연히 매매 지역 중에 포함되지 않는 것으로 보는 관습으로, 갑(甲)은 사초지 내의 토지소유권을 주장할 수 있다. 그렇다면 갑(甲)은 관습에 따라서 그대로 분묘를 존치할 수 있고, 을(乙)은 갑(甲)에 대하여 분묘의 이굴을 강요하지 못하고, 또 그 구역을 침해할 수 없는 관습이고, 이는 을(乙)이 매수할 당시에 갑(甲)의 조선분묘의 존재를 알았던 경우와 그렇지 않음에 따라서 다를 바가 없다[57]고 하였다.

3. 永小作權에 관한 慣習法

이에 대하여, 『관습조사보고서』는, 영소작권 또는 이에 유사한 권리가 있다면 그 목적은 어떠한가, 예컨대 타인의 토지에 경작 또는 목축을 하기 위하여 있는 것인지 아닌지, 소작료는 반드시 이를 지불하여야 하는지 아닌지, 소작인은 토지에 어떠한 변경도 할 수 있는가, 그 권리를 양도하거나 또는 토지를 전매할 수 있는가, 소작인이 흉작 기타 천재로 인하여 평년의 수익을 얻지 못한 때에는 이에 관한 관습의 상세한 조사를 하고, 소작인이 소작료의 지불을 게을리 한 때는 그 제재는 어떠한가, 또 그 권리의 존속기간은 어떠한가[58]를 묻고서, 다음과 같이 보고하였다.

조선에서는 이미 말한 바와 같이 경작지의 차지권으로 보통 소작과 전혀 다른 것이 있다. 지주에게서 매수하지 않는 한 영구히

---

56) 조선총독부 중추원, 상게서(1933), 438면.
57) 조선총독부 중추원, 상게서(1933), 438~439면.
58) 조선총독부 참사관실, 전게서(1913), 135면.

존속하고 일정한 차지료를 지불하며, 그 권리는 지주가 변경되더라도 영향을 받지 않는다. 또 지주의 승낙을 얻어서 이를 양도할 수 있고 또 이를 타인에게 소작을 시킬 수도 있다. 그 성질은 영소작권이라 말한다. 그리고 그 발생원인은 같지는 않지만, 궁토(宮土)의 개간에 원인한 것이 많은 것 같다. 따라서 황해도 및 평안북도에 있어서 2, 3 사례를 기록하여, 그 일반을 보고자 한다(아무래도 작년 4월부터 7월까지의 조사에 따른다. 續大典 戶典 宮房田條 「永作宮屯處云云」 참조).[59]

(1) 鳳山郡에서의 中賭地

황해도 봉산군 내에 중도지라 칭하는 일종의 소작관례가 있다. 그 상태는 보통의 소작과 달라서 지주와 소작인 사이에 중답주(中畓主)라는 것이 개재하여 일면 지주에 대해서는 차지인인 동시에 일면 소작인에 대해서는 임대인의 지위에 서는 것이다. 중도지의 기원은 지금 상세히 알 수 없지만, 옛 노인의 말에 의하면 백여 년 전에 시작된 것 같다. 이 지방에는 역둔토(驛屯土), 궁토(宮土) 같은 것이 많아서 이에 소작권을 얻은 자가 스스로 경작을 하면서 다시 타인에게 소작을 시켰던 것에 기인한다. 거의 칠십 년 전부터 사유지에도 그 예를 볼 수 있기에 이르렀다. 그리고 중도지라는 일종의 소작관례를 생기게 하였던 것이라고 말한다. 중도지는 경작을 목적으로 한 소작에 대해서만 보이는 관습으로, 주로 답(畓[田])에 행하여지고, 전(田[畑])에는 행하여지는 것이 거의 드물다. 중도지에 있어서 직접 차지자는 소위 중답주로서 지주에 대하여 차지권

---

59) 조선총독부 참사관실, 상게서(1913), 125면.

을 갖고 그 차지권은 지주의 승낙을 얻어서 양도할 수 있다. 또 그 토지를 스스로 경작하고 경작을 위하여 타인에게 임대하는 것은 오직 마음대로이므로 이 또한 지주의 승낙을 받지 않아도 된다. 그리고 실제로 스스로 경작하는 자는 거의 대부분 타인으로 하여금 경작을 시키고 있는 예이다. 중답주가 그 토지에 변경을 할 수 있는지 아닌지에 대해서는 관습상 전혀 정해진 바가 없지만, 전(田)을 변경하여 답(畓)으로 하고 답(畓)을 변경하여 전(田)으로 할 수 있는 것 같음은 지주의 승낙이 있으면 이를 할 수 있다고 말하는 것이 통설이다. 중도지(中賭地)는 모두 무기한이므로 아직 기한을 정한 것이 있다고 듣지 못했다. 그리고 관습에서는 중답주가 지주에 대한 의무를 게을리 하지 않는 한 지주가 임의로 그 차지권을 소멸시킬 수 없다. 만약 지주에 있어서 이를 소멸시키고자 하는 때는 제3자가 중답주(中畓主)의 권리를 매수하는 것과 마찬가지로 이를 매수하는 것밖에 없다. 반대로 중답주(中畓主)는 언제든지 그 권리를 포기할 수 있다. 그러므로 중답주로 지주에 대한 의무를 게을리 하지 않고 또 지주에 있어서 권리의 매수를 하지 않는 이상 중답주(中畓主)의 권리는 영구한 것으로 제한을 받지 않는다. 중도지(中賭地)의 경우에 있어서는 지주에 변경이 있어도 새로이 소유자가 된 자는 그 중답주(中畓主)의 권리를 인정하여야 하고, 중답주의 권리는 소유자의 변경으로 아무런 영향을 받지 않는다. 또 중답주가 그 권리를 양도한 경우에 있어서는 지주는 그 양도를 인정하고 양수인을 신중답주(新中畓主)로 그 권리를 인정하지 않으면 안 된다. 중답주의 지주에 대한 의무는 매년 소정의 차지료를 지불하는 것이 제일이고 이를 원도지(元賭支)라 부른다. 그 액은 수확의 4분의 1을 통례로 하고, 흉작의 경우에는 그 감면을 청구할 수 있다. 수선에 대해서는 대수선은 지주의 비용으로 하고, 그 밖의 것은 중답주의 부담이 된다고 말한다. 중답주와 소작인과의 관계는 거의 보통소작의 경우에 있어서 지주와 소작인과의 관계에 다르지 않다. 중답주 및 소작인은 동지 후 춘분 전에 어느 때라도 서로 해약을 할 수 있다. 그리고 중답주가 받은 소작료를 중도지(中賭支)라 부르고, 이를 정하는 방법에 도지법(賭地法) 및 병작법(幷作法) 2종이 있다. 도지에 있어서는 소작인으로서 원도지(元賭支)를 지주에게 지불하므로 중답주는 수확의 약 4분의 1을 중도지로 받는다. 병작(幷作)에 있어서는 수확을 절반한 액에서 원도지(元賭支)를 공제하고 그 잔액을 중도지로 중답주는 이를 받는다. 원도지를 소작인이 지불하는 것이 도지의 경우와 다르지 않다. 또 어떤 경우에도 흉작의 해에는 소작인은 중답주에 대하여 소작료의 감면을 청구할 수 있다. 만약 소작인이 원도지(元賭支)의 지불을 게을리 한 때는 중답주는 지주에 대하여 그 책임을 묻게 된다. 이상은 봉산군에 있어서 중도지(中賭地)에 관한 관습 일반이다. 그러나 근년에 역둔토(驛屯土) 및 궁토(宮土)의 정리를 하고, 또 시세의 추이에 따라서 중답주의 권리를 부인하는 지주가 생기게 되었다. 재판례와 같이 일정하지 않다. 이들 현상은 계속되어 중도지의 감소를 가져왔다. 지금은 아직 중도지가 있는 것은 같은 군내 영천방(靈泉坊) 및 만천방(萬泉坊) 두 부락에 지나지 않는다고 말한다[60]고 하였다.

---

60) 조선총독부 참사관실, 상게서(1913), 125~128면.

(2) 載寧郡에서의 中賭地

황해도 재령군 우율면(右栗面) 및 좌율면(左栗面)에서도 역시 중도지의 관습이 있다. 이곳은 경기도 사리원역(砂利院驛)을 약 50리 떨어진 대동강의 지류인 재령천(載寧川)의 연안에 위치하였다. 이곳에 광막한 궁토(宮土)가 있어서 약 300년 전까지는 하수의 범람이 항상 끊이지 않았고 또 해조(海潮)의 간만이 심하여서 토지의 유지가 서로 상의하고 경성, 평양 등의 자산가와 협력하여 수진(壽進), 명례(明禮), 소상(疏祥) 3궁(宮)의 특허를 얻어 제언(提堰)을 쌓고 양보(梁洑)를 개반(開磐)하고, 동시에 토지의 주민으로 하여금 이를 경작시켜서 이후 10수년을 지나 비옥한 양전을 보기에 이르렀다. 이에 개간자는 매년 수확의 4분의 1에 상당한 조곡(租穀)을 3궁(뒤에 7궁(宮), 1사(司: 內需司)로 분할 상납하게 되었다)에 납부하고, 또 출자의 보상으로 수확의 4분의 1을 소작인으로부터 징수하는 것을 허용하여 소작인은 수확의 4분의 2를 소득하는 것이 되었다. 각 궁에 납부한 것을 원정지(元定支)라 부르고, 개간자가 받는 것을 중도지(中賭支)라 부르며, 개간자를 중도주(中賭主) 또는 중답주(中畓主)라 불렀다. 그 차지 관례를 중도지(中賭地)라 부르며, 이것이 이 지방에서 중도지의 기인이 되었다(양 면 내에서 중도지 약 4만 두락 중 중도주 삼백여 명, 소작인 천이백여 명이라고 말한다). 지금 이 지방에서 중도지에 대한 관습을 듣건대, 중도지는 경작을 목적으로 하는 차지관계로서 중도주는 영구한 차지권을 갖고 스스로 이를 경작하는 것과 차인에게 경작을 시키고 중도지를 받는 것은 선택할 수 있다. 그 권리를 전당(典當)하거나 또는 이를 증여하거나 매각하는 것은 모두 자유로워서 굳이 각 궁의 인허를 요하지 않는다. 그리고 이를 양수받은 자도 전 중도주(前中賭主)와 동일한 권리를 갖고 다시 그 권리를 양도하거나 전당을 할 수 있다. 또 토지에 변경을 하는 것을 막지 못한다. 중답주는 궁가(宮家)에 원정지(元定支)를 상납할 의무가 있음은 위에서 말한 바와 같다. 그리고 실제로 편의상 소작인으로서 궁가에서 차정(差定)된 감관(監官)에 대하여 직접 상납하는 예가 있다. 만약 소작인이 상납을 게을리 한 때에는 감관은 중답주에게 청구하고 이를 상납받을 수 있는 것이다. 또 흉작의 경우에 답주는 소작인과 함께 그 감면을 감관에게 탄원함이 보통이지만, 거의 이를 들은 예가 없다고 말한다. 중도주와 소작인과의 관계는 보통소작에서 지주와 소작인과의 관계에 다를 바가 없다. 소작계약은 보통 중답주와 소작인과의 사이에 체결되며, 궁가에는 관계가 없다. 이와 같이 이백여 년 간 중도지의 관습이 행하여져서 누구도 괴이하게 여기는 사람이 없었지만 삼십여 년 전인 丁丑年(1877)에 이르러 중도주가 갖는 중도지는 그 반을 무위영(武衛營)에 상납한 뒤에 다시 환급되었지만, 이후 여러 차례 변혁을 거쳐 隆熙 3년(1909)에 이르러서 이곳의 토지는 제실유(帝室有)로서 동양척식회사로 넘어감으로써, 이에 중답주의 권리는 모두 소멸되었다. 그렇지만 실제로 중도지를 받고 있는 자는 아직 적지 않다고 말한다[61]고 하였다.

(3) 安岳郡에서의 특별한 小作慣例

① 황해도 안악군 순풍면(順豊面) 및 용연면(龍淵面)에 일종의 소작관례가 있다. 이 지방은 오랫동안 황무지인 토지가 있었다. 지

금부터 올라가 팔십 년 전에 유지가 상의하여 내수사(內需司)로부터 자금을 하부받아 이를 개간하였다. 그리고 개간자는 그 토지에 대하여 영구소작인이 됨을 허락받고 내수사(內需司)에 대하여 일정한 도조를 상납하여 왔다. 이 소작권은 전당(典當)을 하거나 양도를 함을 인정받았고, 또 소작인은 토지에 다소의 변경을 함에 방해받지 않았다. 스스로 경작하는 자는 타인에게 소작을 하게 할 수 있었다. 소작권을 양수받은 자는 전 소작인과 동일한 권리를 가졌다. 그리고 중도에 어의궁(於義宮)의 소관으로 넘어가서 일시 소작인의 권리는 궁가(宮家)의 차인(差人)인 평감관(坪監官)에게 박탈되기에 이르렀다. 소작인의 변경은 오직 평감관(坪監官)의 수중에 있었지만, 뒤에 이를 회복하여 근년에 이르렀으나, 隆熙 2년(1908)에 '역둔토관리규칙'(驛屯土管理規則)이 반포된 이래 이들 소작인은 5년간의 소작권을 인정받고, 소작권의 전당, 매매는 금지됨으로써, 이에 영구소작인이 되는 권리는 모두 소멸되었다. 그렇지만 실제로 몰래 소작권의 매매를 하는 자가 있다고 말한다[62]고 하였다.

② 같은 군 대원이면(大元二面)에 전 어의궁(前於義宮)에 속하였던 토지가 있었다. 그 토지는 처음에 황무지였지만, 약 칠십 년 전에 당시 황해도병사 廉宗洙라는 사람이 그 유망함을 알고서 개간을 할 것을 지방 인사에게 권유하여 개간에 종사하면 특히 가옥을 축조하여 공급하고, 또 많은 보수를 주어서 독려를 하였지만, 노역부의 부족을 알림으로 사업이 곤란하게 되었으므로, 마침내 어의궁(於義宮)에 청원하여 재령(載寧), 안악(安岳), 신천(新川) 3군에서 역부를 징발하여 점차 준성되었다. 그 면적이 약 천오백 두락이 되

---

62) 조선총독부 참사관실, 상게서(1913), 130면.

었다고 말한다. 이로써 廉宗洙는 어의궁(於義宮)에 대하여 매년 4백여 석(石)의 도조를 상납하고 개간에 종사한 자를 권유하여 영구의 소작인이 되어서 소작료로 수확의 2분의 1을 자기의 손으로 거두었다. 그런데 얼마 되지 않아서 廉宗洙는 일에 연루되어서 형을 받게 되고, 그 토지는 모두 어의궁(於義宮)에 몰수되었다. 종래 소작인이었던 자는 그대로 영구의 소작인으로 인정되었고, 또한 그 권리를 전당에 제공하거나 양도할 수 있을 뿐만 아니라, 타인으로 소작을 시켜서 그 소작료를 거둘 수 있었다. 그리고 타인으로 하여금 소작을 시키는 경우에는 수확을 절반하여 그 일부를 소작료로 거두고 소작료 중에서 궁가에 대한 상납을 할 수 있는 것이다. 이 경우에는 궁가에 대한 소작인을 중답주(中畓主)라 불렀다. 다만 隆熙 2년(1908)에 궁토를 탁지부의 소관으로 넘기고, 이후 소작권의 매매를 금지하여 이 특별한 소작관례도 점차 소멸하게 된 것 같다[63]고 하였다.

③ 같은 군 장경면(長庚面) 홍원평(洪元坪)에 면적 구백 두락에 소작인 칠십여 명을 가진 신개지(新開地)가 있다. 이곳은 경성인 閔泳喆이라는 자의 소유였지만 수해로 일시 황무지가 되어 10여 년 전 閔泳喆이 평양관찰사로 있으면서 지방의 주민과 약속하여 개간을 하는 자는 1두락에 대하여 20전(錢) 내지 30전의 비율로 영세(永稅: 영구불변의 소작료)를 내고 또한 지세는 소작인의 부담으로 하여 영구히 그 소작권을 인정하였다. 그리고 소작인은 그 권리를 양도하거나 전당에 제공할 수 있었다. 그런데 뒤에 가서 閔泳喆은 그 토지를 종형인 閔泳達에게 양도하고 閔泳達은 다시 趙秉澤

---

63) 조선총독부 참사관실, 상게서(1913), 130~131면.

에게 매도한 결과 趙秉澤은 종래의 영세(永稅)를 폐하고 병작(幷作)으로 하여 소작료 일천칠백여 원(圓)을 증액하여 이를 징수하므로 소작인들은 閔泳喆과의 계약에 기하여 그 반환을 구하는 소송에 이르렀다고 말한다[64]고 하였다.

(4) 義州府에서의 原賭地

① 평안북도 의주부 위화면(威化面)은 의주에서 약 3리 떨어진 압록강 안에 있는 하나의 섬으로서, 이에 원도지(原賭地)라 부르는 일종의 소작관례가 있다. 원도지는 경작을 목적으로 하는 차지관계로 위화면에는 답(畓[田])은 없고 전(田[畑])만이 있으므로, 사실상 원도지가 행하여지는 것은 전(田)뿐이라고 한다. 원도지에서 차지인은 보통소작에서 소작인과 다른 권리를 갖지만 그 소작인이 되면 하나같이 그 토지를 사용함에 있어서 오직 경작을 할 수 있음에 그치는 것이고, 또 전(田)을 변경하여 택지로 하거나 경작 이외의 목적으로 사용할 수 없다. 원도지의 소작인은 그 권리를 양도하거나 전당으로 함은 자유여서 굳이 지주의 승낙을 요하지 않는다. 또 이를 경작하기 위하여 임대를 할 수 있을지라도 실제로 타인으로 하여금 경작을 하는 것은 거의 없다. 원도지의 소작료는 병작법(幷作法)에 따라서 수확을 절반하고 그 일부를 지주에게 내고 지주는 종자를 부담하고 소작인은 지세의 반액을 부담하는 것이다. 그리고 흉작의 경우에도 소작료는 절반법(折半法)에 따라서 그 수확에 준하여 감소함은 말할 것도 없다. 원도지에는 처음부터 기한을 정한 것은 없다. 그리고 소작인은 뒤에 말하는 것과 같이, 그 소작권을

---

64) 조선총독부 참사관실, 상게서(1913), 131~132면.

매득하는 것이기 때문에 지주라 할지라도 이를 매수하지 않으면 그 권리를 소멸시킬 수 없다. 그러므로 만약 지주에게 매수를 시키지 않는 한 영구한 것으로서 기한이 있는 것이 아니다. 지주에게 변경이 있더라도 소작인은 그 권리를 신소유자에게 대항할 수 있고, 또 소작권을 매수한 자는 이를 지주에게 대항할 수 있다. 같은 지방에서는 원도지는 매우 많고, 소작권의 매매 역시 성행하여 이를 도지매매라고 부른다. 거의 토지소유권의 매매와 같이 보는 것이다. 이렇기 때문에 원도지가 없는 전지(田地)를 매매함에 있어서는 문기에 도지구매('賭地俱賣')라는 한 구절을 특기하여 원도지가 아님을 표명하는 예가 있고, 또 원도지가 있는 토지를 매매함에 있어서는 문기에 무도지(無賭地)라는 한 구절을 삽입하여 이미 타인이 원도지의 소작권을 갖는 뜻을 밝히는 것이다.[65] 원도지의 기원에 대하여 설명하는 사람이 있다. 이 섬은 토질이 매우 비옥하여 소작의 경쟁이 심하고 소작인이 될 자는 지주에 대하여 대가를 내고서 영구소작인이 될 권리를 취득하는 것이 상례이므로, 따라서 지주는 그 금액을 상환하지 않고서는 소작권을 소멸시키지 못한다. 소작인은 임의로 그 권리를 양도함으로써 금일에 이른 것이므로, 원도지인 일종의 관례를 생기게 한 것이라고 말함을 일단 기록하여 참고로 하고자 한다[66]고 하였다.

② 같은 부 양서면(揚西面: 義州에서 6리)에도 원도지의 관습이

---

65) 이 부분은, 법전조사국, 『한국관습조사보고서』, 1910년판에서의 "이 때문에 보통의 전지를 매매할 때는 문기에 '無賭地'라 한 구절을 특기하여 원도지가 없는 것을 표명하는 것이 상례이다. 또 원도지가 소재하는 지역을 매매할 때에는 문기에 '賭地俱賣'라는 한 구절을 삽입하여 소유권과 함께 원도지의 소작권을 매각하는 뜻을 분명히 하는 것이다."를, 조선총독부 취조국, 『관습조사보고서』, 1912년판에서 수정 보완한 것임을 밝혀 둔다.

66) 조선총독부 참사관실, 상게서(1913), 132~133면.

있다. 위화면(威化面)에서의 것과 전혀 동일한 것으로 오직 그 기인이 다르다. 양서면(揚西面)에는 전(田)이 없고 답(畓)만이 있다. 그러므로 이곳에서의 원도지는 답에만 있고, 그 기인에 대해서는 드물게 위화면에서와 동일한 것이 없지 않지만, 대부분은 유주지(有主地)를 개간하여 영구소작의 권리를 얻은 것이므로, 그 차지관계는 위화면에서의 원도지와 다른 바가 없다. 원도지방매문기(原賭地放賣文記)의 한 예를 보면, 다음과 같다.[67]

<table>
<tr><td>年　　月　　日</td><td></td><td>某　　前 明 文</td></tr>
<tr><td colspan="3">右明文事段自己買得天字行土田一行(五卜等四方을謂함)賭地田四標段東某田南某田　西某田北某田價折則錢文幾兩右人處永遠放賣爲去乎彼此雜言隅是去等持此文記憑考事</td></tr>
<tr><td></td><td></td><td>自筆放賣主　　姓名　　　(印)
證　　　　　　姓名　　　(印)</td></tr>
</table>

한편, 영소작권에 관한 관습법의 조회에 대하여, 『민사관습회답휘집』은, 大正 3년(1914) 4월 11일에 경성지방법원장이 조회하고, 같은 해 5월 13일에 參 제36호로 정무총감이 회답한 내용에서, 조선에 특히 경기도 파주군 지방에서 내수사(內需司) 소속 미간지(未墾地)를 그 부근 주민이 자금을 들여 개간 경작하고 소작권을 얻은 이상 그 권리는 영구히 존속하고 소유자는 임의로 그 차지권을 소멸시키지 못할 뿐만 아니라 차지권자는 이후 소유자의 승낙을 얻지 않고서 그 소작권을 양도하거나 담보에 제공할 수 있고, 또한 소유자에 변경이 생기더라도 아무런 영향을 받지 않고, 그 소작권으로 신소유자에게 대항할 수 있는 관습이 있는지의 조회에 대하

---

67) 조선총독부 참사관실, 상게서(1913), 133~134면.

여,[68] 타인의 소유에 속하는 미간지를 그 부근의 주민이 그의 승낙을 얻어 이를 개간하고 영구히 소작권을 얻는 것이고, 이러한 소작에 있어서는 토지소유자는 그 소작권자의 뜻에 반하여 이를 소멸시키지 못한다. 소작인은 토지소유자의 승낙을 거쳐서 그 권리를 양도하거나 또는 담보에 제공할 수 있고, 또한 토지소유자에 변경이 있더라도 이를 신소유자에게 대항할 수 있는 관습이 있다. 그리고 '국유미간지이용법'(國有未墾地利用法)의 시행 전에는 내수사(內需司) 소속의 토지에 대해서도 이러한 소작례가 존재한 것이다[69]고 회답하였다. 또한 大正 3년(1914) 7월 8일에 평양지방법원 신의주지청 재판장이 조회하고, 같은 해 8월 13일에 參 제55호로 정무총감이 회답한 내용에서, 평안북도 지방에는 고래로 타인의 소유에 속하는 토지를 개간한 것은 그 토지에 대하여 답주권(畓主權)이라는 권리를 취득하고 그 토지로부터 수취한 과실에 대하여 10분의 9를 취득하는 관습이 있는지, 위 답주권이라는 것은 지주에게 답주권을 매수하거나 또는 답주(畓主)로서 지주의 소유권을 매수하여 지주권(地主權)과 답주권(畓主權)이 혼동이 일어나게 되면, 영구히 존속하게 되는 것인지, 위 답주권이라 말하는 차지권은 조선의 관습에 의한 일종의 물권으로 누구에게도 대항할 수 있는 것인지, 답주권은 토지소유자에게 또는 국유지 이용권자에 따라서 아무런 구별이 없는가의 조회에 대하여,[70] 평안북도 중 압록강 연안 그 밖

---

68) 조선총독부 중추원, 전게서(1933), 185면.

69) 조선총독부 중추원, 상게서(1933), 185면. 이와 유사한 것으로 좀 더 자세한 것은, 大正 4년 (1915) 12월 14일에 京城地方法院長이 조회하고 같은 해 12월 28일에 調樞發 제219호로 政務總監이 회답한 내용이 있다. 조선총독부 중추원, 상게서(1933), 258~260면.

70) 조선총독부 중추원, 상게서(1933), 202면.

의 일부 지방에는 지주와 계약으로 타인의 토지를 개간한 자가 영
구의 소작권을 갖는 관례가 있지만, 그 소작인의 권리를 답주권이
라 부르고, 또한 소작인이 그 토지로부터 수취한 과실의 10분의 9
를 취득하는 관례는 없고, 그 밖의 평안북도에서 질문과 같은 차지
관례가 있다고 듣지 못하였다. 앞의 소작권은 지주로서 이를 매취
(買取)하지 않으면 영구히 존속하는 것이다. 이 소작권은 관습상
일종의 물권인 성질을 갖고, 소작인은 이로써 누구에게도 대항할
수 있다. 이러한 소작관례는 사유지에 한하고 국유지 이용의 경우
에는 없다[71]고 하였다. 그리고 大正 7년(1918) 1월 9일 고등법원장
이 조회하고, 같은 해 2월 23일에 調樞 제62호로 정무총감이 회답
한 내용에서, 明治 40년(1907)경에 평안북도 박천군(博川郡) 덕안
면(德安面) 지방에서 토지소유자와 사이에 계약을 체결하여 니생지
(泥生地)를 방색(防塞)하여 답으로 하고 6년간 경식(耕食)하는 권리
를 취득한 자가 있다. 위와 같은 경식자(耕食者)의 권리는 조선 고
래의 관습에서 물권적 효력을 인정한 것이 아닌지 오직 채권적 효
력을 갖는 것에 지나지 않는지, 앞의 방색계약(防塞契約)으로 경식
기간 내에 토지소유자가 그 답의 소유권을 제3자에게 양도한 때에
는 경식자는 매수인인 제3자에 대해서도 방색계약에 의하여 취득
한 경식하는 권리를 대항할 수 있는 관습이 있는지의 조회에 대하
여,[72] 평안북도 박천군(博川郡) 덕안면(德安面) 지방에는 니생지(泥
生地)를 답으로 하여 이를 경작하기 위하여 임차를 하는 관습이 있
고, 그 기간은 계약으로 정하며 3년 내지 6년으로 함을 통례로 한

71) 조선총독부 중추원, 상게서(1933), 203면.
72) 조선총독부 중추원, 상게서(1933), 344면.

다. 그리고 차주의 권리는 물권적 효력을 갖고 임차기간 내에 토지 소유자가 그 소유권을 제3자에게 양도한 때일지라도 차주는 그 권리를 제3자에게 대항할 수 있다[73]고 하였다. 또한 평안남도 대동군(大同郡) 지방의 원도지(元賭地)에 대하여, 大正 7년(1918) 5월 1일 평양지방법원 민사부 재판장이 조회하고,[74] 다음 해 2월 6일에 調樞 제47호로 정무총감이 회답한 내용에서, 평안남도 대동군(大同郡) 지방에 원도지(元賭地: 原賭地라고도 부름) 및 전도지(轉賭地)라 부르는 소작 관습이 있고, 원도지(元賭地)의 관행은 남곶면에만 있으며 소작 계약을 할 때에 소작인으로부터 지주에 대하여 협정한 금액을 무이자로 기탁하고 그 금액의 다소에 따라서 소작료를 약정하는 것이며, 소작인은 지주의 승낙을 얻지 않으면 그 권리를 양도할 수 없는 것이고, 전도지의 관행은 남곶면(南串面) 및 대동강면(大同江面)에 있고, 하천 연안의 토지에 대한 소작인이 지주와 협의하여 노력을 제공하여 제방을 쌓고서 그 소작권을 얻는 것을 통례로 하며, 소작료의 비율은 비교적 적으므로 소작인은 지주의 승낙을 얻지 않고서 그 권리를 양도할 수 있고 또 지주의 특정승계인에게 대항할 수 있는 것이다[75]고 하였다. 이와 함께, 도조에 대하여, 大正 2년(1913) 2월 5일 고등법원장이 조회하고, 같은 해 2월 10일에 參 제7호로 정무총감이 회답한 내용에서, 도조라 함은 타인의 토지를 사용 수익한 경우의 대가를 말한다[76]고 하였고, 사음(舍音)에 대해서는 소작지의 점유자로 보는 것에 지나지 않는

---

73) 조선총독부 중추원, 상게서(1933), 345면.
74) 조선총독부 중추원, 상게서(1933), 359면.
75) 조선총독부 중추원, 상게서(1933), 359~361면.
76) 조선총독부 중추원, 상게서(1933), 123~124면.

다[77]고 하였으며, 결수사패(結數賜牌)와 전토사패(田土賜牌)의 구별 및 화전 등에 관하여, 大正 3년(1914) 4월 15일 평양복심법원 민사부 재판장이 조회하고, 같은 해 7월 3일에 參 제37호로 정무총감이 회답한 내용에서, 타조(打租)는 실제의 수확을 절반하고 그 일부를 소작료로 하는 것을 말하고, 도조는 연의 흉풍에 불구하고 소작료가 일정한 것을 말한다[78]고 하였다.

4. 地役權에 관한 慣習法

이에 대하여, 『관습조사보고서』는, 지역권(地役權), 즉 토지의 이익을 위하여 타인의 토지(많게는 隣地)를 사용하는 권리가 있는가, 만약 있다면 그 종류는 어떠한가, 예컨대 용수지역권(用水地役權)이 있는가, 만약 있다면 물이 요역지와 승역지의 수요에 부족한 때에는 지역권자는 어떠한 권리를 갖는가, 승역지의 소유자는 지역권의 행사를 위하여 승역지 위에 설치한 공작물을 사용할 수 있는지 아닌지를 묻고서,[79] 조선에서는 전용수(田用水), 수차용수(水車用水) 등을 인수하기 위하여 수로 또는 수통을 타인의 지역에 설치한 경우에 상당한 지대를 내는 것을 상례로 하고, 계약으로 이러한 권리를 설정하는 것은 가끔 볼 수 있다. 그 성질은 인수지역권(引水地役權)에 속하고, 제3자에 대항할 수 있고 또 요역지의 소유권에 수반하여 이전되는 것이다. 이 밖에 통행 또는 급수(汲水)에 대해서는 차츰 지역(地役)의 외관을 나타내서 소유자도 거의 이를 거절할 수 없는 상태에 있을지라도 이는 오직 덕의상 묵과하는 것에 지

---

77) 조선총독부 중추원, 상게서(1933), 124면.
78) 조선총독부 중추원, 상게서(1933), 189면.
79) 조선총독부 참사관실, 전게서(1913), 134~135면.

나지 않는다. 특히 그 통행을 하고 급수(汲水)를 하는 자는 그 누구 이든 간에 상관없이 통행자 또는 급수자(汲水者)에게 이를 강요하 는 권리라고 말할 수 있다. 그러므로 조선에서의 지역(地役)은 오 직 인수지역(引水地役)일 뿐이므로 통행(通行), 급수(汲水) 등의 지 역(地役)은 없는 것 같으며, 관망(觀望) 기타의 목적으로 나온 지역 (地役)은 전혀 존재하지 않는다[80]고 보고하였다.

한편, 지역권에 관한 관습법에 대하여, 『민사관습회답휘집』은, 明治 44년(1911) 11월 18일에 천안구재판소가 조회하고, 같은 해 12월 12일에 調發 제377호로 취조국장관이 회답한 내용에서, 종래 동산(洞山)이라 부르고 동리민은 이에 입장(入葬)하고 송지시초(松 枝柴草)를 예채(刈採)하여 오던 산판(山坂)과 같은 것은 국유지로 볼 것이 아닌지 아니면 동리의 소유에 속하는 것이고 이를 처분할 수 있는 관습이 있는지, 동리의 소유라 하면 동리는 법인으로 인정 할 수 있으므로 동내 주민의 공동소유로 이를 처분함에는 동민 전 체의 결의를 요하는 관습이 있는지의 조회에 대하여,[81] 보통 동산 (洞山)이라 부르는 것은 리동이 소유하는 산으로 리동민이 입장(入 葬)을 하고 시초(柴草), 수지(樹枝) 등을 채취하는 산은 대개 리동 의 소유에 속한다. 그렇지만 국유인 산으로 지원(地元)의 리동민이 시초(柴草) 등의 채취를 하고 또 입장(入葬)을 하는 관례가 있는 것 은 아니다. 이 경우에는 국유지에 대하여 그 리동이 입회권으로 인 정되는 권리를 갖는 데 지나지 않는 것이다. 리동은 관습상 소유권 의 주체로 하고, 법률행위 또는 소송의 당사자로 될 수 있으므로,

---

80) 조선총독부 참사관실, 상게서(1913), 135면.
81) 조선총독부 중추원, 전게서(1933), 81~82면.

이와 같은 점에서 보면 이를 법인으로 해석함이 지당할 것이다. 그리고 리동의 재산을 처분하는 절차에 대해서는 각 리동에서 종래의 관례에 의한 것뿐이고 일반으로 정한 표준이 있는 것은 아니다[82]고 하였다. 또한 大正 12년(1923) 8월 23일에 해주지방법원 서흥지청이 조회하고, 같은 해 10월 1일에 調樞 제415호로 정무총감이 회답한 내용에서, 조선에서 관습으로 인적 지역권(人的地役權)에 상당한 물권이 있는지, 예컨대 토지소유자가 가족의 분가자(分家者) 또는 자기의 친족의 사망에 이르러 소유지의 사용 수익을 할 수 있는 것과 같음, 이 인적 지역권(人的地役權)의 관습이 존재하면, 그 설정은 토지소유자의 일방의 의사표시만으로 성립하는, 또는 소유자, 수익자 간의 합의에 의하여 성립하는 관습이 있는지의 조회에 대하여,[83] 조선의 관습에서는 토지를 목적으로 한 소위 인적 역권(人的役權)을 인정한다. 토지의 소유자가 가족의 분가자(分家者) 또는 자기의 친족의 사망에 이르러 그 소유지의 사용 수익을 하는 사례는 없을지라도, 그러한 경우에 권리관계는 관습상 인적 역권(人的役權)으로 인정된다[84]고 하였다.

제3. 債權으로서의 土地用益權

1. 土地使用貸借에 관한 慣習法

이에 대하여, 『관습조사보고서』는, 예컨대 부동산에도 무상으로 이를 대여할 수 있는가 등을 묻고서,[85] 무상으로 물건의 대차를 하

---

82) 조선총독부 중추원, 상게서(1933), 82면.
83) 조선총독부 중추원, 상게서(1933), 437면.
84) 조선총독부 중추원, 상게서(1933), 437면.

는 것은 주로 친족, 친구 등 사이에서 행하여지고 그 목적물은 동산인 것이 많지만 때로는 토지, 가옥과 같은 부동산을 목적으로 하는 것이 있다86)고 하면서, 이에 대한 법률관계를 들어, 보고하였다.

2. 土地賃貸借에 관한 慣習法

이에 대하여, 『관습조사보고서』는, 임대차에 관한 관습은 어떠한가를 묻고서,87) 토지의 임대차에 대하여 다음과 같이 보고하였다. 즉, 토지의 임대차는 대부분 경작을 위하여 하는 보통소작으로 도지(賭地: 함경북도 會寧, 함경남도 甲山 등 지방에서 이를 禾利라 부른다.)와 병작(幷作)의 2종이 있다. 소작료는 도지의 경우에 있어서 금전 또는 곡물로 미리 그 액을 일정함을 통례로 하지만, 오직 수확에 대한 비율만을 정하거나 혹은 이를 정하지 않고서 수확할 때에 수확고를 두량(斗量)하고 그 액을 결정하는 것이 있다. 소작인에게 지세 및 수세(水稅: 용수료)를 부담시킴을 통례로 하므로 소작료의 액은 수확의 3분의 1 내지 2분의 1이라고 말하지만, 지방에 따라서 토지의 비척(肥瘠)에 따라 차이가 있다. 또 병작(幷作)의 경우에 있어서는 혹은 지주에게 종자 및 지세를 부담시키고 수확물(고(藁)를 포함)을 평분하는 것이 있다. 혹은 지주가 지세를 부담하고 수확 중에서 종자에 상당하는 수량을 공제하고 잔여를 평분하는 것이 있다. 혹은 소작인에게 종자를 부담시키고 수확을 절반하는 것이 있다(지세는 지주의 부담으로 하고, 대개 고(藁) 전부를 소작인의 소득으로 하는 것 같다). 혹은 지주에게 종자를 제공시키

---

85) 조선총독부 참사관실, 전게서(1913), 235면.
86) 조선총독부 참사관실, 상게서(1913), 236면.
87) 조선총독부 참사관실, 상게서(1913), 237면.

고 수확 중에서 지세에 상당하는 액을 공제하고 잔여를 절반하는 것이 있다. 혹은 지주가 종자를 부담하고 수확물을 절반하고 지세는 소작인의 소득분에서 납부하는 것이 있다. 이 밖에 지주에게 종자를 주도록 하고 수확 중에서 이를 반환하고서 잔여를 절반하는 것이 있다. 이 경우에는 지주가 지세를 부담한다(그렇지만 이례는 적지만 요컨대 계약에 따라서 정하는 것이다). 그리고 수세(水稅)는 혹은 지주가 이를 부담하는 것이 있다. 혹은 소작인이 이를 부담하는 것이 있다. 일정하지 않거나 또는 이모작(二毛作)을 하는 경우에는 주 작물에 대해서만 수확을 나누는 예도 때로는 이모작은 그 수확을 나누는 것이라고 말한다. 대차기간을 정하지 않으므로 보통의 대차기간으로 보면 연한이 없고 또 관습상 최장기를 정하는 것이 없다. 그러므로 지주에게서 소작인을 신용하고 소작인도 경작을 계속할 의사가 있는 때에는 수년 내지 수십 년에 이르는 것이 있다. 지주 또는 소작인으로 해약을 하지 않고 지주로서 타인에게 소작을 시키지 않는 한 그 대차관계는 소멸하지 않는 것이다. 그리고 계약의 효력은 당사자 간에 그치고 제3자에 대항할 수 없는 것이 원칙이므로, 소유자에 변경이 있는 때에는 소작인은 신소유자에 대하여 계속하여 경작할 것을 요구할 권리가 없을지라도 경작계절 내에 한하여 제3자에게도 그 소작권을 인정할 수 없는 때는 이미 기술한 바로서 제3자의 선의와 악의에 관계있는 것이 아니다. 또 수선에 대해서는 대수선은 지주가 이를 부담하고, 소수선은 소작인이 이를 부담하는 관례이며, 흉작의 경우에 소작인이 소작료의 감면을 청구할 수 있는지 아닌지에 대해서는 병작(幷作)의 경우에 있어서는 수확고에 의하여 지주, 소작인이 그의 수득(收得)에 증감이 있으므로 소작인은 그 감면을 청구할 수 없다. 오직 심하게 감수(減收)하여 소작인이 생활을 할 수 없는 경우 등은 정의상 지주에게 소작료를 감면토록 한다. 도지의 경우에는 소작인은 흉작을 이유로 소작료의 감면을 구할 수 없음을 원칙으로 하지만, 사정이 부득이한 경우에는 이를 감면토록 한다. 오직 소작인은 당연히 감면을 청구할 권리가 없다고 말하는 것이 일반의 관념이다. 또 소작인이 지세를 부담하는 경우에도 지주가 이를 부담하는 것이라고 말하므로, 특히 소작인을 위하여 흉작을 이유로 해약을 할 권리를 인정하는 것 같은 관습은 존재하지 않는다. 소작권의 양도 및 토지의 전대는 지주의 승낙을 얻으면 이를 할 수 없는 것은 아니지만, 그 승낙을 얻을 수 없으면 소작인이 마음대로 이를 할 수 없음을 원칙으로 한다. 또 지주의 승낙을 얻어 소작권의 양도 또는 토지의 전대를 하는 것 같은 사례는 없고, 소작료 지불의 시기는, 병작(幷作)에 있어서 작물 수취의 시에 있어서 이를 분할할 것이므로 혹은 소작인의 가에서 하는 것이 있지만, 경작지에서 이를 분할하는 것이 많다. 또 도지의 소작료, 즉 도조는 작물 수취의 시기로 정하는 것이 있고, 혹은 그 연내로 정하는 것이 있고, 혹은 익년 춘분까지이를 지불하는 것이 있어, 계약에 따라서 한결같지 않다. 해약에 대해서는, 이미 기술한 바와 같이, 경작계절 내(수확을 끝낼 때까지)에 지주, 소작인이 이를 해약할 수 없다. 경작계절 외에는 지주, 소작인이 이를 해약할 수 있으므로 마음대로이다. 경작계절은 작물에 따라서 반드시 한결같지 않지만 대개 춘분 후 동지 전이라고 말한다. 그리고 해약 전에 예고를 함을 요하는 것 같은 관습은 없다. 소작인은 지주의 승낙을 얻어서 소작권을 양도할 수 있음은 이미 기술한 바와 같다. 그러나 전라북도 전주 지방에서는 지주의 승낙을 얻지 않고서 소작권의 매매를 할 수 있는 지역이 있다. 이를 화리부(禾利附)인 전답이라 부른다. 그 매매를 화리(禾利)의 매매라고 부른다. 옛 노인의 말에 의하면, 거의 백여 년 전에 심한 흉작의 해가 있어 화곡(禾穀)은 거의 결실을 못 했다. 일반 납세에 쪼들리는 지주는 지세의 대납을 한 자에 대하여 다음 해의 소작을 허락함으로써 지세의 출도를 할 수 있었다. 그리고 소작계약은 경작계절 외에서는 임의로 해약을 할 수 있는 관례이지만, 지세의 대납을 한 소작인에 대해서는 지주는 자의로 이를 변경하지를 못한다. 또한 일방에게 소작인은 대납을 한 지대를 회수하는 취의로 지주의 승낙을 기다려야 한다. 그 소작권을 매각하더라도 지세 대납의 관계상 지주에게 이를 금할 수 없으므로 이와 같은 지역에 대해서는 소작권의 매매가 성행하였다. 소위 화리매매(禾利賣買)의 관습을 보기에 이른 것이라고 말한다. 그러나 이 관습이 행하여짐을 기화로 간악한 무리들이 소작권을 매매하고, 혹은 지주의 차배(差配)를 하는 사음(舍音)인 자는 함부로 소작권을 매각하여, 이러한 사정으로 소작인이 된 자는 다시 이를 다른 사람에게 매각하고, 점차 그 대가를 앙등시키게 되었다. 이러한 매매는 본래 말하자면 지주로서 인정됨을 요하는 것은 아니지만 원격한 지역에 있는 지주는 이를 알지 못하는 것이 많았다. 이미 수인의 손에 전전된 뒤에는 지주도 소작인을 변경하기에 곤란하므로 자연히 화리부 전답(禾利附田畓)이 된 것도 적지 않다고 말한다. 그리고 화리부의 전답에 있어서는 지주는 그 화리를 매수할 수 없으면 그 소작권을 소멸시키지 못한다. 토지의 소유자에게 변경이 있더라도 소작인은 그 권리를 신소

유자에게 대항할 수 있다. 또 화리(禾利)를 매수한 자도 그 권리를
지주에게 대항할 수 있다. 그리고 지주는 현재의 소작인에 대하여
정액의 도조를 청구할 수 있음에 지나지 않으므로 그 액을 변경하
지 못한다. 수확에 비하여 그 비율이 심하게 소액이라고 말한다.
그 밖에 지주와 소작인의 관계는 도지의 경우에 다르지 않다. 소작
계약은 구두로 함이 보통이지만, 계약서를 작성할 것은 없지만 적
게는 지주가 소작인에게 다음과 같은 서면을 교부하고 있다.[88]

其一(소작인을 정한 경우)

```
                              作 者  某
        某面某洞某字田幾日耕許耕事
                畓幾斗落
        年      月      日

                        田主      姓名      (印)
                        畓
                        舍音      姓名      (印)
```

其二(소작인 변경의 경우)

```
        某洞所在畓幾斗落移作于某        處印
        年      月      日        畓主          姓名      印
```

토지의 임대차는 위에 기록한 전답의 소작 이외에 혹은 시초(柴
草) 채취를 위하여 산야를 대차하거나 혹은 채신(採薪)을 위하여 산
림을 대차하는 것이 있다. 또 노전(蘆田)의 임대차는 그 예가 적지

---

88) 조선총독부 참사관실, 상게서(1913), 238~241면.

않은 것 같다. 그리고 차임은 금전 또는 곡류로 이를 정하는 것이 있다. 수확고로 이를 정하는 것이 있다. 또 수확물로 차임을 지불하는 경우에는 지주와 차주가 이를 절반하는 것이 있다. 대차기간은 대개 1년으로 연말 또는 수확 시에 차임을 지불하는 것이다. 그리고 차주는 그 권리를 제3자에게 대항할 수 없다. 기간 내는 대주, 차주가 이를 해약할 수 없다고 말한다. 다만 노전(蘆田), 초장(草場), 시장(柴場) 등에는 임대차를 하지 못한다. 수확의 반을 지급하고 예취(刈取)를 수부(受負)하는 경우가 오히려 많은 것 같다[89]고 하였다.

제3절 土地用益權慣習法에 대한 檢討

지금까지 일제의 한국관습법조사사업에 의하여 조사 보고된 토지용익권에 관한 관습법의 내용을 분석하면서 검토하였다.

그러나 최근의 연구[90]에서 밝혀진 바와 같이, 조선 후기의 농업경영에 있어서 경상도 남해군 용동궁장토, 전라도 김제군 내수사장토, 전라도 정읍현 내수사장토, 전라도 부안군 용동궁장토, 충청도 연산현 완천고둔전, 충청도 영춘현 용동궁장토, 경기도 양천군 종친부둔토, 황해도 해주군 내수사보답, 황해도 평산부 총리영둔전, 황해도 재령군 소상궁장토, 황해도 신천군 어의궁장토, 황해도 장연현 의빈방장토 등의 양안(量案), 음기 또는 추수기(秋收記)를 분석한 내용에 의하면, 궁방(宮房), 아문(衙門) – 지주(地主) – 소작(小

---

89) 조선총독부 참사관실, 상게서(1913), 242~243면.
90) 이영훈, 『朝鮮後期社會經濟史』(서울: 한길사, 1988), 497면 이하.

作)의 중층적 소유구조를 이루고 있음을 알 수 있다. 따라서 경작자인 농민은 경작권(耕作權), 개간권(開墾權), 도지권(賭地權) 및 입회권(入會權) 등이 인정되어 왔던 것이다. 이와 같은 권리는, 오늘날의 토지용익권과는 다른 것으로, 조선시대의 중층적 소유구조에 있어서 하층의 소유권에 속하는 것이다. 즉, 경작권은 1391년경 '과전법'(科田法)을 시행하는 과정에서 분배지(分配地)의 차경(借耕)을 인정하면서 작인(作人)의 경작권을 입법[91]으로 보장하였던 것이다. 그러나 이 경작권은 『경국대전』(經國大典, 1474)에 포함되지 못하였다. 그러나 관습상의 경작권은 일부의 예외를 제외하고 조선시대 말까지 잘 지켜졌던 것이다. 그럼에도 불구하고 일제의 한국관습법조사사업과 조선토지조사사업에 의하여 경작권을 부인하는 노력이 있었던 것이다.[92] 개간권(開墾權)은, 고려시대에 왕의 칙령에 의하여 인정되었으나,[93] 조선시대의 『경국대전』(經國大典)에는 규정하지 않았다. 그 후 『신보수교집록』(新補受敎輯錄, 1699 ~1743)에 무주의 진전(陣田)은 호조(戶曹)에 청하여 입안(立案)을 받은 다음 개간하면 그 개간지는 합법적으로 그 개간자의 영구기물('永作己物')이 되는 것이고, 그 입안의 문적(文籍)을 갖추지 않고 타인의 진전(陣田)을 자기의 소유물이라고 위칭(僞稱)하는 경우에만 처벌을 받는 것으로 함에 따라서, 진전의 개간자는 개간권(開墾權)을 갖는 것으로 명문화하였던 것이다. 그 후 『속대전』(續大典, 1744)에서 명문화한 이래 『대전통편』(大典通編, 1785) 및 『대

---

91) 高麗史, 卷78, 食貨志 一, 田制 祿科田條, 725면 참조.
92) 신용하, 『朝鮮土地調査事業研究』(서울: 지식산업사, 1982), 248~254면.
93) 高麗史, 卷78, 食貨志 一, 田制 租稅條, 726면 참조.

전회통』(大典會通, 1865)에 각각 재확인되었던 것이다. 따라서 개간권은 법제화된 권리였다.[94] 그러나 일제는 개간권을 단계적으로 제한 내지 금지하여 끝내 완전히 박탈하였던 것이다.[95] 이와 함께 소유권의 일종으로 성장된 도지권(賭地權)은 소유권적 성격이 철저히 부인되고 일본 민법의 차지권의 일종인 영소작권(永小作權)으로 왜곡시켰던 것이다.[96]

또한 입회권(入會權)도 고려시대에 과전법(科田法)의 실시 이후에 인정되었고 조선시대의 전 기간에 걸쳐서 잘 지켜졌던 것이지만, 일제의 조선임야조사사업에 의하여 국유림으로 강제 편입시킴으로써 부인하였던 것이다.[97]

따라서 일제의 한국관습법조사사업에 의한 토지용익권관습법은 일제의 식민지수탈정책을 실현하기 위하여 왜곡되었고, 토지소유권의 특수한 형태인 도지제(賭地制)가 차지권의 한 형태인 소작제(小作制)로 개편되었음을 알 수 있다.

---

94) 신용하, 상게서(1982), 254～260면.
95) 신용하, 상게서(1982), 270～272면.
96) 신용하, 상게서(1982), 260～265면 및 273～277면.
97) 신용하, 상게서(1982), 265～266면 및 277～283면.

제11장 傳貰慣習法의 內容分析

제1절 日帝의 韓國慣習法調査事業에 의한 傳貰慣習法의 問題

일제의 한국관습법조사사업에 의한 결과가 한국의 법제사에 있어서 아직도 크게 영향을 미치고 있는 것이 전세 관습법에 관한 것이라고 할 것이다. 왜냐하면 일제에 의한 전세관습에 관한 법리가 조선고등법원의 판례에 의하여 전세 관습법으로 확인 형성되어서 민법전의 전세권이 제정되어 시행되고 있는 오늘날에 이르기까지 대법원의 판례에 의하여 그대로 유지되고 있기 때문이다.[1] 즉, 일제의 한국관습법조사사업에 의하여 전세관습이 조사되어서 이를 관습법으로 함에 있어서 일종의 임대차로 법리를 구성하였던 것이다. 이와 같은 법리는 오늘날에도 그대로 유지되고 있다. 여기에서 과연 전세는 임대차인가의 의문으로부터 출발한다.

그렇다면 일제의 한국관습법조사사업에 의하여 전세 관습법이 진정으로 올바르게 조사되어서 관습법으로 확인되었는가에 대하여 검증을 통한 규명이 요구되는 것이다. 이를 위하여 일제의 한국관

---

1) 전세제도에 관한 판례형성에 대해서는, 윤대성, 「전세제도에 관한 판례에 있어서 법이론의 전개」(한국법학교수회 학술대회 주제발표, 1986.8), 한국법학교수회 편, 『한국판례형성의 제문제』(서울: 동국대학교출판부, 1989), 83~115면. 전세관습의 법리구성에 대해서는, 윤대성, 「근대법의 수용과정에 있어서 전세관습의 변용」, 『재산법연구』, 제1권 제1호(한국재산법학회, 1984), 85~100면 및 동, 「전세임대차론의 재검토」, 『재산법연구』(남범 이영환 교수 화갑기념), 제7권 제1호(한국재산법학회, 1990), 91~119면 등에서 논의한 바가 있다.

습법조사사업과 관련하여 그 결과인 조선총독부의 공찬서 및 조선 고등법원의 판결집을 직접자료로 하고, 이의 보충자료는 사적인 저술 및 논문에 의하도록 한다. 다만 직접자료인 조선총독부의 공찬서는 일제의 식민통치에 대한 효율성을 내세운 것이 많으므로 비판적인 검토를 하지 않을 수 없다.

제2절 『慣習調査報告書』와 傳貰慣習法

제1. 그 前史 : 家舍典當의 慣行

우리나라에 있어서 조선 후기에 전당문기류 가운데 가사전당문기(家舍典當文記)를 발견할 수 있다. 이 가사전당문기에서 가사전당의 관행이 행하여졌음을 알 수 있다.

조선시대의 물적담보제도로 전당(典當)을 들 수 있다. 이 전당은 당사자 간의 채권채무관계가 존재하고 그 채권의 담보로서 목적물을 지배하는 담보권이다. 이에는 목적물의 지배형태에 따라서, 점유질, 비점유질 및 문서질의 3형태로 나눌 수 있다.[2] 즉, 점유질로서의 전당은 채권의 담보를 위하여 전답 등 부동산의 점유를 채권자에게 이전하고 점유의 이전을 받은 채권자는 이를 사용 수익하며 그 수익으로 채권의 이자에 충당하는 것이다. 비점유질로서의 전당은 전답 등 담보부동산의 점유를 이전하지 않고서 채권의 담보를 제공하는 것으로서, 이에는 원본에 이자를 붙이는 것과 이자

---

2) 박병호, 『한국법제사고』(서울: 법문사, 1974), 93면 이하 참조.

를 도조 예에 의하여 수확물로 지불하는 것이 있다. 흔히 유질특약을 하는 관습이 있었다. 문서질로서의 전당은 비점유질로서의 전당과 그 본질 및 형식이 동일하지만 채무자가 자기의 소유인 특정한 전답 등 부동산의 권원 또는 권리전승의 유래를 증명하는 일체의 구문기를 채권자에게 인도함으로써 그 부동산을 채권의 담보에 제공하는 것이다. 이것이 점차 전당의 원칙적인 형태로 되었다.

이와 같은 전당 가운데 가사를 목적물로 하는 가사전당과 같이, 가옥이 거래관계에서 중요한 위치를 차지한 것은 당시의 사회 사정을 반영한 것이 아닐 수 없다. 왜냐하면 가옥과 같은 건물은 토지의 정착물로서 토지와의 관계를 법적으로 취급하는 것이 국가에 따라서 달랐지만, 한국에서는 당시에 토지는 여유가 있었으나 거주할 가옥은 적었기 때문에 가옥을 중시하였으며, 한편 개항기를 맞으면서 도회지에 인구의 이주를 권장하기 위하여 지자(地子)를 면제하거나, 타인의 토지일지라도 공지인 때에는 거주할 가옥을 건축하기 위하여 자유로이 이를 사용하는 관습을 인정하였던 것이다. 이에 따라서 자연히 가옥을 중시하는 경향이 나타났다고 한다.[3]

이 가사전당에 있어서도, 大韓光武二年戊戌十月十五日 前明文[4]과 같이 점유질로서의 전당이 있고, 光緖十二年丙戌十二月 日 前明文[5]과 같은 비점유질로서의 전당이 있었으며, 또한 문서질로

---

3) 부동산법조사회, 『韓國不動産ニ關スル調査記錄』(1906), 6~9면.
4) 규장각 고문서, 178123.
　　大韓光武二年戊戌十月十五日　前明文
　　右明文事段　以要用所致　草家三間前後根過　郎舍一間乙　錢文六十兩價　典當爲去乎
　正月三十日爲限　而若過此限則　永永次持之意　成文以給事
　　　　　　　　　　　　　　　　　家舍主　高生員奴時舍(左)
　　　　　　　　　　　　　　　　　證　筆　李生員奴蔘山(寸)
5) 국립중앙도서관 고문서, 2102. 1 - 406.

서의 전당[6]도 행하여졌다.

또한 가사전당에 있어서도 문기를 작성하여 이로써 사인 간의 부동산상의 권리의 존재를 증명하고, 당사자의 계쟁 사건에 대하여 증빙이 될 뿐만 아니라 제3자에 대하여 대항할 수 있는 것으로 취급되었던 것이다.[7] 그러나 이 가사전당문기는 어디까지나 사서 문서의 일종이었다. 왜냐하면 가사전당의 경우에 입안(立案)이 행하여지지 않았더라도, 토지전당의 경우에 입지(立旨)를 청구한 예[8]를 볼 수 있다. 그러나 전당의 경우에는 입안이나 입지에 의하여 권리를 보존하거나 권리를 주장하는 경우가 적을 것이다. 왜냐하면 전당의 경우에는 당사자의 합의만으로는 아직 성립되지 않고 그 목

光緒十二年丙戌十二月 日 前明文
右明文 以要用所致 右人前 似係面梨井洞立接草家久間 前空代四間 并以前錢文正佰參拾伍兩條件典當爲去乎 每年正租賭地正石式言約是乎 限卽三年內 賭地還報之意如是成文事 後錢文正佰兩加給 是遣永放賣矣

債用家代主仙 高學奎(手決)
證人執筆 宋信葉(手決)

6) 규장각 고문서, 182644.
手標
右手標事段 以報債次 體舍三間行廊三間 并垈田庫果木牟田五斗落 七拾五兩 文券典執爲遣 餘後 二十兩 限十月晦內報給之 文券則明年腦月內還推之 若過限則文券永永許給之意 成手記爲去乎 日後 如有雜談是去等 此憑考事

癸卯九月十六日 標主 李生員宅奴福童(手決)
證筆 朴生員宅奴丁乞(手決)
賭租一石五斗二兩八錢七分 卽持

7) 和田一郎, 『朝鮮土地地稅制度調査報告書』(東京: 宗高書房, 1967, 覆刻板), 236면.
8) 박병호, 전게서(1974), 66~67면.
請願書
恐 七井面梨川居金應台 年三十八 印 印
鑑 民의 田畓이 本里와 坡平面에 在하온대 現今錢政이 苟艱하와 該契券을 典質하고 葉錢肆阡兩을 債用하라하오나 債主가 官文券을 要求하기로 兹에 後錄請願하온이 量案까지 詳考하여갓아온이 特下題旨하심을 伏望

光武三年己亥九月 日
坡州郡守 座下

後地記
(省略)

적물을 인도하거나 그 문권을 인도함으로써 성립되기 때문이다.

그러나 1893년에 한성부에서 가계(家契)를 처음으로 발급함으로 써 가계제도가 실시되었다. 따라서 가옥을 전당에 제공하는 경우에는 당사자가 소관 관청에 신청하여 가계에 그 취지의 현록(懸錄)을 받아야 했다. 즉, 당사자가 관할 관청에 신청하여 관청에 비치된 가계원부(家契原簿)에 이 사실을 기록하고, 光武 4년의 개정된 가계에는 후개(後開)의 끝에, 光武 10년의 '가계발급규칙'에 의한 가계에는 그 뒷면의 여백에 각각 그 현록을 하였다. 그리고 일제에 의한 부동산법의 조사가 실시된 후 1906년의 '토지가옥증명규칙'에 의한 증명을 받아야 했다.

이러한 변천 속에서 도회지의 형성과 더불어 인구의 이입이 늘어나고 가옥의 수요가 증가하게 되었다. 따라서 가사전당이 문서질로 발전하는 가운데 光武 2년(1898)에도 가옥의 수요에 따른 점유질로서의 전당이 여전히 행하여지고 있었음을 알 수 있다.[9]

제2. 『慣習調査報告書』에 의한 傳貰慣習法의 內容分析

1. 傳貰慣習法의 槪要

이 『관습조사보고서』는 전세 관습법에 대하여 다음과 같이 보고하고 있다.

家屋의 賃貸借에는 傳貰와 月貰의 2종이 있다. 전세는 조선에서 가장 보통으로 행하여지는 가옥임대차의 방법으로서 대차할 때

---

9) 규장각 고문서, 178123(전주 4)) 참조.

에 借主가 일정한 금액(가옥의 대가의 반액 내지 7, 8분이 되는 것이 통례임)을 家主에게 寄託하고 별도로 借賃을 지불하지 않고 가옥 반환 시에 이르러 그 반환을 받는 것이다. …… 그 기간은 통상 1년이더라도 계약으로 일정하지 않고 또 기일을 정하지 않는 것도 있다. 京城에서는 기간을 특약하지 않은 경우에는 100일로 기간으로 하는 관례가 있다고 한다. 또 계약의 절차로서는 다른 지방에서는 家主가 傳貰文記를 차주에게 교부하는 예가 있지만, 京城에서는 대주와 차주가 連書하여 請願書를 漢城府에 제출하고 家契에 懸錄을 받는 관례가 있다. 다만 이 절차를 이행하지 않은 경우일지라도 결코 무효로 하지 않으며, 따라서 借主는 그 권리를 제3자에게 대항할 수 없음을 원칙으로 하더라도 家契에 懸錄을 받거나 이를 文券에 기입한 경우에는 제3자에게 대항할 수 있다. 또 가옥의 소유자에 변경이 있는 경우에 대주인 전 소유자가 貰金의 반환을 하지 않을 때는 차주는 가옥의 명도를 할 필요가 없는 것 같다. 다만 京城에서는 가계에 현록을 받는 관례가 있으므로 가계에 현록이 된 경우에는 아직 貰金의 반환을 받지 못하였으면, 신소유자에 대하여 명도를 거절할 수 있는 것으로 풀이되고 있는 것 같다. 그리고 차주는 그 권리를 양도하거나 전당할 수 있고, 대주는 이에 이의를 하지 못한다. 또 가옥의 수선(修繕)은 대주의 부담으로 하고, 小修繕은 차주의 부담에 속한다. 기간 내에는 서로 解約을 할 수 없지만, 기간이 경과한 뒤에는 어느 때라도 해약을 할 수 있으며 따로 예고기간을 정하지 않는다. 다만 대주가 해약을 하는 경우에는 가옥의 명도에 대하여 차주가 移轉을 하는 데 필요한 일자를 주는 것을 요한다. 京城에서는 瓦家는 15일, 草家는 10일간의 유

예기간을 인정한다.10)

한편, 이『관습조사보고서』는 월세 관습법에 대해서도 다음과 같
이 보고하고 있다.

月貰는 月定家賃이라 하여 금전으로 借賃을 정하며. 옛날에는
店鋪 이외 이러한 임대차를 거의 하지 않았으나 10수년 이래 일반
으로 행하여지기에 이르렀다. 借賃은 前拂하는 것도 있고 後拂하
는 것도 있다. 필경 계약의 여하에 따르는 것이지만 일정한 기간을
정한 경우에는 그 기간 내에는 이를 解約할 수 없지만, 기간을 정
하지 않은 경우에는 차주는 어느 때라도 해약을 할 수 있으며, 따
로 예고기간을 요하지 않는다. 대주는 차임의 前拂을 받은 기간 내
에 해약을 할 수 있지만, 해약을 하려면 5일 전에 예고를 하는 것
을 요한다. 이런 종류의 임대차도 역시 제3자에 대항할 수 있을뿐
더러 차임의 前拂이 있는 기간 내에는 새로이 가옥의 소유자가 된
자가 명도를 청구하는 것 같지 않다고 한다.11)

2. 傳貰文記의 去來慣行과 法意識

일제의 『관습조사보고서』에 의한 전세 관습법을 거래의 관행을
통하여 확인하기 위하여서는 거래에서 사용된 문기류 등에 대하여
살펴볼 필요가 있다. 이에 앞서 부동산법조사회의 『韓國ニ於ケル
土地ニ關スル權利一班』12)에서는, 가옥의 임대차로서 보통 행하여

---

10) 조선총독부 참사관실, 전게서(1913), 243~244면.

11) 조선총독부 참사관실, 상게서(1913), 244면.

12) 이『한국에 있어서 토지에 관한 권리일반』이라는 간행서는, 부동산법조사회의 中山成太郎

지는 세가(貰家)의 문기를 다른 문기들과 함께 들고 있다.

光武十一年六月　日明文
　右明文事段某署某坊某契某洞伏在草家幾間幾許兩右人前某處傳貰是遣
限一百日後無雜談之意備報相約事
　　　　　　　　　　　　家主　　　　某　　印
　　　　　　　　　　　　貰主　　　　某　　印
　　　　　　　　　　　　家儈　　　　某　　印
　　　　　　　　　　　　證人　　　　某　　印
　　　　　　　　　　　　筆執　　　　某　　印 13)

　　그러나 『관습조사보고서』에서는 전세문기를, 경성의 경우와 지방
의 경우로 나눠서 보고하고 있다. 이들의 문기를 보면 다음과 같
다.14)

　　먼저 경성에서 행하여지는 전세문기는,

年　月　日　　　　某前明文
　右明文事段某部某契某洞伏在瓦(草)家幾間庫右人處傳貰以錢文幾千兩乙
準數捧上是遣限百日傳貰爲去乎日後若有雜談是去等以此文記告官卞正事
　　　　　　　　　　　　家主　　　　某　　印
　　　　　　　　　　　　家儈　　　　某　　印

　　다음으로 지방에서 행하여지는 전세문기는,

보좌관이 한국의 남한 지방을 출장하여 조사 보고한 것으로서, 국판 83면으로, 부동산법조사
회에서 1907년 6월에 간행한 것이다.

13) 부동산법조사회, 『韓國ニ於ケル土地ニ關スル權利一班』(1907), 80면.

14) 조선총독부 참사관실, 전게서(1913), 244~245면.

　年　　月　　日　　　　　某前明文
　　右明文事段以要用所致瓦家幾間乙錢文幾千兩貰給爲去乎日後若有雜談
　則以此憑考事

家主　　　　某　　印
貰主　　　　某　　印
證人　　　　某　　印

이와 같이 일제에 의하여 전세 관습법을 조사하여 보고한 가운데 전세의 거래관계에서 사용된 전세문기를 예시하고 있다. 이 전세문기를 통하여 볼 때에 '전세'(傳貰)' 또는 '세급'(貰給)'이라는 용어에 의하여 법률행위의 내용을 밝히고 있다. 그 밖에 수결(手決)을 하지 않고서 인장(印章)을 사용한 것 이외에는 앞에서 본 점유질로서의 가사전당문기와 다를 바가 없다.[15] 여기에서 전세라는 법률행위가 무엇인가를 밝히는 것이 긴요하다. 이를 위하여 물적담보제도인 전당문기로 다시 돌아갈 필요가 있다. 이들 가운데 앞에서 본 大韓光武二年戊戌十月十五日 前明文의 문기에서는 '錢當'이라 하였고, 이 밖에 '典唐',[16] '典堂',[17] '典塘',[18] '傳當',[19] '前當',[20] '典執',[21] 및 '專當'[22] 등으로 용어를 표기하고 있다. 이와

---

15) 이와 같은 전세문기와 가사전당문기의 비교 검토를 통한 양자의 연관성을 밝힌 것으로는, 윤대성, 『한국전세권법연구』(서울: 삼지원, 1988), 78~83면.

16) 국립중앙도서관 고문서, 2102, 1-885. 道光二十二年辛丑五月初二日 宅前標文.

17) 규장각 고문서, 210569. 光緖十九年癸巳十一月 日 前明文; 동 23475; 동 252948 등.

18) 김재문 교수는, 「조선왕조의 담보제도에 관한 연구」, 박사학위논문, 동국대학교 대학원 (1983), 225면에서, 『朝鮮田制考』, 414~415면에서 인용하였다면서 道光十年三月十九日 明文을 들고 있으나, 이는 잘못 인용된 것이다.

19) 규장각 고문서, 207124. 光緖元年乙亥十二月二十五日 李生員宅奴仁山前標; 光緖五年戊寅五月初一日 柳奴成根 前標文.

20) 규장각 고문서, 152627.

21) 光緖十年甲申三月初四日 沙洞李進士宅奴前明文.

22) 光緖十六年庚寅十二月二十日 手記.

같은 것은 그 용어에 따라서 법률행위가 다른 것이 아니라, 전당을 음기(音記)하는 바에 따라서 거래계에서 그렇게 여러 가지의 용어로 표기된 것으로 보아야 할 것이다. 이렇게 볼 때에 전세의 '傳'도 '典'의 음기로부터 연유한 것이 아닌가의 의문을 갖게 한다. 이와 같은 현상은 중국의 '典'에서도 볼 수 있다.[23] 그렇다면 가사전당이 문서질을 원형으로 하여 발전하는 과정에서 점유질로서의 가사전당이 가옥의 수요가 증대함에 따라서 여전히 행하여지면서 전세라는 거래관계가 이뤄졌다고 할 수 있다. 이와 같은 가설은, 조선시대의 거래계에 있어서 법의식이 중국에서 전(典)을 중심으로 담보제도가 발달하는 과정에서의 법의식을 넘어서지 못하였을 것이기 때문에, 당시의 사정이 비슷한 중국의 전권제도의 발달로부터 가능하게 한다. 즉, 중국에서는 전(典)과 질(質)의 구별이 없이 병칭되고 있었고, 당시의 법의식이 담보물권과 용익물권의 구별을 알지 못하였고, 소위 점유(占有)와 소유(所有)의 구별이 인식되지 못하여 점유이전과 소유이전의 구별이 없었으며, 아직 교역이 발달하지 못하여 물자를 중시하고 신용을 중시하지 않았던 것이다. 따라서 농업을 중시하는 시대에 물자의 이용과 득상을 중시하면서 그 담보관계의 결과에 치중하여 전(典)이라는 담보제도를 발달시켰던 것이다.[24] 그렇다면 아직 서구의 근대법을 완전히 수용하지도 못한 접촉과정에서 과연 당시의 법의식이 조사 보고의 내용과 같이 임대차라는 근대적 계약관계를 인식하고 거래를 하였다고 할 것인가.

---

23) 윤대성, 전게서(1988), 120~125면.
24) 윤대성, 전게서(1988), 125면.

3. 日帝의 傳貰慣習에 대한 法的觀點과 傳貰賃貸借論의 萌芽

일제에 의한 전세 관습법의 조사 보고에 있어서 그들의 법적인 관점이 관습법의 왜곡을 가져왔다. 일제가 한국에서 관습법을 조사함에 있어서, 부동산법조사회의 조사활동을 보면, 梅謙次郎 회장이 이미 일본 민법을 제정하는 과정에 참여한 경험을 바탕으로 한국에 있어서 민사관습법이 어떻게 존재하는가를 확인하면서도 일본 민법이 서구의 근대법을 수용한 것과 다른 것이 무엇인가에 초점을 두었고, 당시의 관습법 조사에 있어서 민사관습법을 그 모습대로 조사한 것이 아니라 질문자의 지식과 경험에 의하여 주관화하였다는 점을 볼 때에,[25] 그들의 법적인 관점이 지배하였음을 알 수 있다. 이와 같은 것은 『관습조사보고서』의 편별이 일본 민법에 따라서 이뤄졌고, 조사된 내용을 이에 맞춰서 분류하였다는 점에서도 찾을 수 있다.[26] 따라서 이 보고서는, 전세는 월세와 함께 가옥임대차의 한 방법으로 보았다.[27] 이로써 지금까지의 고유법인 전세 관습법이 근대법인 임대차와 최초의 교착이 이뤄지게 되었다. 이러한 교착 속에서 전세문기의 교부 및 가계현록에 관한 법리가 다르게 되고 말았다. 즉, 전세의 대항력에 대하여, 지방에 따라서 가옥소유자가 차주에게 전세문기를 교부하거나, 경성에서는 대주와 차주가 연서한 청원서를 한성부에 제출하여 가계에 현록을 받는 관례가 있어서 이 절차가 이행되면 제3자에게 대항할 수 있다고 함으로써,[28] 전세문기의 교부나 가계현록을 임대차의 대항요건인 등

---

25) 부동산법조사회, 『韓國不動産二關スル調査記錄』(1906)에 있어서, 조사항목의 선정 및 질문에 앞서 행한 질문자의 설명을 보아서 알 수 있는 것이다.

26) 조선총독부 중추원, 『조선구관제도조사사업개요』(1938), 38면.

27) 조선총독부 참사관실, 전게서(1913), 243면.

기와 같이 보았던 것이다.

이와 같이 일제에 의하여 전세 관습법이 조사 보고됨으로써 근대법과의 최초의 접촉과정에서 점유질로서의 가사전당인 전세를 임대차로 보려는 관점이 소위 전세임대차론의 초기적 맹아였던 것이다. 이러한 일제의 법적인 관점은 이후에 한일합병이 이뤄짐으로써 '조선민사령'의 시행에 의하여 이전의 과도적 입법[29]의 폐지와 함께 더욱 발전하는 새로운 국면을 맞게 된다.

제3. 裁判基準으로서의 傳貰慣習法과 慣習法政策

일제에 의한 관습법 조사의 결과는 당시 재판의 기준이 되었다. 이것은 '조선민사령'의 시행이 있기 직전의 조선고등법원 판결을 보면 쉽게 알 수 있다. 즉, 明治 45년(1912) 3월 8일의 조선고등법원 판결은, 상고인이 상고이유 가운데 가옥전세권이 양도된 경우 가주와 양수인과의 사이에는 사용임대차관계가 생기고, 그 양도인은 제3자로서 전세관계가 없으므로 전세양도인인 피상고인이 상고인에 대하여 전세금의 반환을 청구할 이유가 없다고 다툰 데 대하여, "전세계약에 의하여 가옥 사용의 권리를 갖는 자가 가옥 소유자의 승인을 얻어서 그 권리를 제3자에게 양도함으로써 완전히 그 관계로부터 이탈하거나 또는 당해 계약을 지속하면서 그 가옥을 전대(轉貸)하는 것은 조

---

28) 조선총독부 참사관실, 상게서(1913), 243~244면.

29) 일제에 의한 부동산법조사회의 설치와 이의 조사활동에 의하여 부동산에 관한 민사입법이 이뤄졌던바, '가계발급규칙'(1906)에 의한 가계제도의 도입, '토지, 건물의 매매, 교환, 양여, 전당에 관한 건'(1906.10.16.)에 의한 가계제도의 도입에 따른 과도적 입법, '토지가옥증명규칙'(1906.10.26.)에 의한 증명제도의 도입 및 '토지가옥전당집행규칙'(1906.12.26.)에 의한 경매제도의 도입 등이 있었다.

선에 있어서의 관습"이라고 하면서, 상고를 기각하였다.[30)

그러나 조선고등법원은 이 판결에 앞서 조선총독부 취조국장관에게 전세 관습법에 대하여 조회를 하였다. 이 조회에 대하여 취조국장관은 같은 해 같은 달 7일에 調發 제451호로 "傳貰의 방법에 의하여 家屋을 借用한 者는 家屋 所有者의 승낙을 얻어서 그 차용권을 양도할 수 있고, 이 경우에 있어서 그 차용권의 양수인이 가옥의 소유자에 대하여 소정의 기간 그 가옥을 사용할 권리를 갖는 동시에 기간만료 후 또는 소유자의 변경 기타의 사정으로 인하여 가옥의 명도를 하여야 할 경우에는 직접 가옥의 소유자에 대하여 이의 반환을 청구할 수 있다. …… 그러므로 전대(轉貸)의 경우에는 전차(轉借)를 한 자는 가옥의 소유자에 대하여 세금(貰金)의 반환을 청구할 수 있음은 물론이다."[31)라고 회답을 하였다.

이와 같이 전세 관습법이 일제에 의하여 조사된 뒤에 그것이 판례에 의하여 어떻게 관습법으로 형성되었는가의 일면을 볼 수 있다. 이것은 어디까지나 일제의 한국관습법조사사업에 의한 관습법 정책에 합치되도록 전세 관습법이 형성된 것을 의미하는 것이다.

제3절 '朝鮮民事令'[32)의 施行과 傳貰慣習法의 變容

제1. '朝鮮民事令'에 의한 日本民法의 強制移植과 傳貰慣習法의 歪曲

1. '朝鮮民事令' 제12조와 傳貰慣習法

일제에 의하여 한국에 있어서의 민사기본법령으로 '조선민사령'

---

30) 가옥전세금반환청구사건, 明治 45 民上 第15號 明治 45年 3月 8日 判決.

31) 조선총독부 중추원, 전게서(1933), 94〜95면. [52]傳貰二關スル件 참조.

이 시행됨에 따라서 일본 민법을 비롯한 일본의 민사법령이 강제
로 시행되었다. 따라서 일제의 관습법정책에도 변화가 올 수밖에
없었다. 즉, ‘조선민사령’이 허용하는 관습에 국한하여 이를 인정하
게 되었다.

이 ‘조선민사령’ 제12조를 보면, “不動産에 關ᄒᆞᄂᆞᆫ 物權의 種類
及 效力에 對ᄒᆞ야ᄂᆞᆫ 第1條의 法律에 定ᄒᆞᆫ 物權을 除ᄒᆞᄂᆞᆫ 外 慣習
에 依홈”이라고 규정함으로써, 한국에 있어서 부동산에 관한 물권의
종류 및 효력은 ‘조선민사령’ 제1조에 의하여 강제 이식된 일본 민
법 등 법률에 정한 물권으로 하고, 그 밖에 관습에 의한다고 하였다.
이에 따라서 한정된 범위에서이지만 한국의 관습법에 의한 부동산에
관한 물권을 인정하였다. 한편, ‘조선민사령’ 제10조[33]에 의하여 한
국의 민사관습법에 의한 법률행위가 그런대로 인정되었다.

그러나 일본제국주의의 식민지시대가 경과됨에 따라서 한국의
관습법은 여러 가지의 방법에 의하여 점차 한국 국민의 법 생활로
부터 물러나게 되고 그 대신에 일본 민법의 적용범위가 넓어지게
되었다.[34] 이것은 결국 한국의 민사관습법을 일본 민법에로 동화시
키는 것으로 이어졌던 것이다. 이러한 일제의 식민통치가 경과하는
가운데 전세 관습법도 일본 민법에 의한 왜곡이 이뤄지게 되었다.
즉,『관습조사보고서』에 의한 초기적 전세임대차론의 맹아가 일제

---

32) 일제는 한일합병조약을 공표한 1910년 8월 29일에 긴급칙령 제324호로 ‘조선에 시행할
법령에 관한 건’(明治 44년 3월 25일, 법률 제30호)을 공포하여, 조선총독에게 한국의 입법
사항을 규정하는 권한, 즉 제령권(制令權)을 부여하였다. 이 제령권에 의하여 1912년 3월
18일에 제령 제7호로 일제하의 한국에 있어서 민사기본법령인 ‘조선민사령’이 공포되어 시
행되었다.
33) ‘조선민사령’ 제10조 “朝鮮人 相互間 法律行爲에 對ᄒᆞ야ᄂᆞᆫ 法令 中 公의 秩序에 關치
아니ᄒᆞᄂᆞᆫ 規定에 異ᄒᆞᆫ 慣習이 잇ᄂᆞᆫ 場合에서ᄂᆞᆫ 그 慣習에 依홈.”
34) 윤대성, 전게서(1988), 91〜95면.

의 식민통치가 경과함에 따라서 전세임대차론의 발전을 가져왔다.

2. 判例에 의한 傳貰慣習法의 歪曲

한편 전세에 관한 판례에 의하여 전세 관습법이 왜곡된 실상을 통하여 전세임대차론의 발전을 살펴 볼 수 있다. 일제의 식민통치 시대에 있어서 전세에 관한 판례의 법리를 보면 다음과 같다. 즉, ① 전세계약이라 함은 가옥 대차에 있어서 차주는 차가를 사용함에 있어서 일정한 금액(통례는 목적물의 시가 3분의 2 이내)을 대주에게 맡기고 대주는 이 맡긴 돈에서 생기는 이자를 취득함으로써 매월 받을 가임을 충당하며, 대차계약이 종료하면 가옥 명도 시에 맡긴 돈(預金)의 원금만을 반환하는 것이라고 한다.[35] ② 전세권자는 가옥 소유자에 대하여 일정한 금원을 기탁하고서 가옥을 차주하고 그 권리의 존속기간 내에는 기탁금의 이자와 가옥 사용의 대가를 상계하고 기간 만료의 경우에는 가옥 명도와 동시에 기탁금의 반환을 받는 것이므로 일면 임대차의 성질을 갖고 한편 소비기탁의 성질을 갖는 일종의 결합계약이라고 한다.[36] ③ 전세권자는 전세계약의 내용인 소비기탁에 대하여 전세의 목적물 위에 저당권을 취득할 수 있고, 이 경우에는 저당권자가 저당물을 점유하는 결과가 생기지만 그 점유는 별개의 권원에 기한 것이 되어서 저당권의 성질에 반하지 않는다고 한다.[37]

먼저 판결 ①은, 전세금의 지급을 가옥의 대주에게 맡기는 소비

---

35) 전세금청구사건, 判決, 昭和 9年度 11册 449丁.

36) 京城覆審法院 大正 7年 民控 제174호 同年 4月 15日 判決.

37) 京城覆審法院 大正 7年 民控 제174호 및 同院 大正 7年 民控 제122호 同年 5月 20日 判決.

임치로 구성하고서, 그 금액의 이자를 차임에 충당하고 기간이 만료되면 돌려주는 것으로 전세에 관한 법리를 구성하였다. 따라서 전세금의 고유성을 일본 민법의 임대차에 있어서 보증금과 동일하게 법리를 구성하려 하였던 것이다. 그러나 전세금을 가옥의 차주가 대주에게 소비 임치한 것이 아니라 가옥의 대주가 그 차주로부터 소비 대차한 것으로 법리를 구성하는 것이 전세금의 고유성에 맞았을 것이다. 그럼에도 불구하고 판결은 전세금을 소비임치로 구성한 것은 전세 관습법을 일본 민법의 임대차와 동일하게 법리를 구성하려는 것이었음을 알 수 있다. 그리고 판결 ②는, 전세를 일종의 임대차와 소비기탁(임치)의 결합계약으로 법리를 구성하였다. 이 판결은 기본적으로 판결 ①과 다름이 없지만, 일종의 임대차라고 함으로써 임대차라는 것을 직접 내세워서 법리를 구성하여 더욱 일본 민법의 임대차에 가까운 것으로 하였다. 또한 판결 ③은 전세금의 지급을 소비기탁으로 구성하여 온 다른 판결과 같은 입장에 서 있기 때문에, 소비 기탁된 전세금의 반환을 확보하기 위하여 가옥의 차주는 전세 목적물 위에 저당권을 취득할 수 있는 것으로 법리를 구성하였다. 이것은 판결 ①에서 본 바와 같이 전세금의 지급이 가옥의 대주가 그 차주로부터 소비 대차한 것으로 법리를 구성하였더라면 전세 관습법의 실제에도 부합하고, 이와 같은 무리한 법리의 구성도 없을 것이다. 그럼에도 불구하고 이렇게 법리를 구성함으로써 이에 따른 무리를 극복하기 위하여, 가옥의 차주가 저당권자로서 가옥을 점유하는 결과가 생기지만 그것은 다른 권원에 의한 것으로 저당권의 성질에 반하지 않는다는 기이한 논리를 전개하고 있다.

이와 같이 판례에 의한 전세 관습법의 왜곡은, 1943년 6월 22일의 조선고등법원 판결[38]에 이르러서 전세 관습법에 관한 확립된 판례로 완결되었다고 할 수 있다. 즉, 조선고등법원은, "조선에서의 전세계약은 전세권자로부터 상대방에 대하여 전세금을 교부하고 소정 기간 상대방 소유의 가옥을 점유 사용하므로 그 家賃 및 전세금의 이자는 서로 이를 相計하는 것을 내용으로 하는 雙務契約으로서 그 계약에 기한 전세권자의 지위는 임의로 이를 이전하고 그 기간 만료 후에 있어서는 당사자의 일방이 상대방에 대하여 가옥 또는 전세금의 반환을 청구할 수 있고, 상대방의 반환의무이행의 제공이 있을 때까지 자기의 의무 이행을 거절할 수 있음은 말할 것도 없는 것이다."고 판시하였다. 이 판결에 의하여 지금까지 전세 관습법의 고유성이 완전히 퇴색하고, 전세는 일본 민법의 임대차와 동일하게 되어서, 쌍무계약으로 법리를 구성하여 동시이행의 항변을 할 수 있을 뿐 유치권이 인정되지 않는다고 하였다.[39]

3. 學說에 의한 傳貰慣習法의 歪曲: 吉田平治郎의 傳貰賃貸借論

일제의 식민통치시대에 경성복심법원 부장판사였던 吉田平治郎은 그의 논문[40]을 통하여, 전세 관습법에 관한 법리를 서술하고 있다.

첫째로, 전세의 성질에 대하여 다음과 같이 법리를 구성하고 있다. 즉, 전세라 함은 타인의 소유에 속하는 가옥을 점유하여 사용하는 법률관계로서, 가옥 소유자는 전세자에 대하여 가옥의 점유

---

38) 가옥명도청구사건, 昭和 18年 6月 22日 高等法院判決, 司協 22卷 7號, 120면.

39) 이 판결에 대한 상세한 검토는, 윤대성, 「전세임대차론의 재검토」, 『재산법연구』(남범 이영환 교수 화갑기념), 제7권 제1호(한국재산법학회, 1990), 99~101면.

40) 吉田平治郎, 「朝鮮に於ける慣習と民事法規の關係」, 『司法協會雜誌』, 제2권 제4호(1923), 1~28면.

사용을 하도록 약속하고 전세자는 그 대가로 가옥 소유자에게 일정한 금액(통상 가옥의 가액의 반액 내외)을 기탁하여 그 소비를 허락함으로써 효력이 있다고 한다. 따라서 가옥 사용의 임금과 기탁금의 이식과는 서로 이를 청구할 수 없다는 것이다. 또한 옛날에는 가옥에 대하여 가계(家契)라는 문서를 가지고서 소관 관청에 출두하여 이에 전세의 기입을 한 경우에 전세자의 권리는 제3자에게 대항을 할 수 있었으나 지금에는 가계제도가 폐지되어서 전세자의 권리는 새로이 가옥의 소유권을 취득한 자, 기타 제3자에 대하여 자기의 권리를 대항할 수 없게 되었다. 다만 민법(일본)의 임대차와 달라서 전세자는 가옥 소유자의 승낙이 없이 권리를 타인에게 양도할 수 있고, 또 가옥의 소수선은 전세권자에게 이를 부담시키는 것이 통례라고 지적하고 있다.[41] 여기에서 吉田 판사는, 전세를 타인이 소유하는 가옥을 점유하여 사용하는 관계로 파악하고서 전세의 대항력을 부인함에 있어서 가계제도의 폐지를 들고 있다. 이 점은 다음에서 논하는 전세의 물권성과 함께 검토되어야 할 것이지만, 판례의 태도와 같다. 그러나 전세자의 권리를 양도함에 있어서 가옥 소유자의 승낙을 요하지 않는다는 점이나 가옥의 소수선을 전세권자가 부담한다는 것은 전세 관습법의 실체를 파악한 것이라고 할 수 있다.

둘째로, 전세와 담보물권과의 관계에 대하여 다음과 같이 설명하고 있다. 즉, 전세자는 가옥 소유자에게 기탁한 금액의 반환을 담보하기 위하여 당해 가옥에 저당권을 설정하고 등기를 받는다고 하면서, 이와 같은 것은 오직 전세와 담보물권이 동시에 설정된 것

---

41) 吉田平治郎, 상게논문(1923), 14~15면.

이기 때문에 전세의 성질이나 효력에 영향을 미치지 않는다고 한다. 그러면서도 만약에 전세계약과 동시에 질권을 설정한 경우에는 전세자가 가옥을 점유 사용하는 것이 전세에 기한 경우로도 또한 질권에 기한 것으로도 해석되는 점을 주의하여야 한다고 한다. 일본 민법 제356조 이하의 규정에 의하면, 부동산질권자는 질권의 목적인 부동산의 용법에 따라서 그 사용 및 수익을 할 수 있음과 동시에 해당 부동산 관리의 비용을 지급하거나 기타 부동산의 부담으로 인한 채권에 대하여 이자를 청구함이 원칙이지만, 당사자의 설정행위로 특별한 정함이 있는 때에는 반드시 이 원칙에 따를 필요는 없는 것이라고 설명하면서, 전세자가 전세계약과 동시에 해당 가옥에 대하여 질권을 설정한 때에는 묵시적으로 설정계약으로써 질권의 원칙상의 효력을 배제한 것으로 해석하여야 한다는 것이다. 따라서 전세자가 가옥을 점유하여 사용하는 것은 전세의 효력에 기한 것으로 질권의 효력에 기한 것이 아니라고 해석하는 것이 타당하다고 한다. 그러므로 당사자가 명백히 질권의 효력으로 가옥의 점유 사용을 할 의사표시를 한 경우에는 전세계약은 질권의 존속기간 내에는 그 효력의 일부가 정지된 것으로 해석하여야 하므로, 오직 가옥 소유자가 받은 금액을 반환하고 질권을 소멸시키고 가옥의 명도를 청구한 경우에 전세자는 관습상 또는 법률상의 유예기간 내에 전세의 효력으로 당해 가옥을 점유 사용할 수 있을 뿐이라고 한다.[42] 이와 같이 吉田 판사는 전세와 담보물권과의 관계에 있어서 특히 부동산질권과의 구별에 노력하고 있지만, 결국 전세가 점유질로서의 가사전당으로 볼 때에 바로 근대법의 부동산질권에

---

42) 吉田平治郎, 상게논문(1923), 15∼16면.

유사한 것임을 의식적으로 피하려 한 논리적 조작으로밖에 볼 수 없다. 오히려 역설적으로 전세가 부동산질권이라는 것을 증명하였다고 할 수 있다.

셋째로, 전세의 물권성에 대하여 다음과 같이 주장함으로써 전세관습법에 대한 일제의 관습법정책이 무엇이었는가를 갈파하고 있다. 즉, 전세는 임대차와 소비대차의 결합인 일종의 채권관계로서 이를 물권으로 인정할 수 없다고 단정하고 있다. 그 논거를 보면, 어쨌든 물권의 본질인 직접 물건을 지배하는 절대권인 성질을 갖지 않는다면서, 옛날에 전세를 가계(家契)에 기입하면 제3자에 대항할 수 있는 효력은 임대차의 경우에도 등기를 하면 그 이후의 물권 취득자에게 대항할 수 있는 것과 대비할 때에 반드시 전세에만 특수한 효력이라고 볼 수 없다는 것이다. 또한 전세자가 가옥 소유자의 승낙 없이 그 권리를 양도하거나 가옥을 전대할 수 있고, 가옥의 소수선을 부담하는 것도 임대차에서도 특약으로 이를 할 수 있는 것이므로 이들 역시 전세에 특유한 효력으로 해석할 수 없는 것이라고 한다. 따라서 전세를 특수한 물권으로 인정할 근거가 없으므로, 전세에 대해서는 공공질서에 반하지 않는 한 '조선민사령' 제10조에 의하여 먼저 관습법을 적용하고, 또 민법(일본) 중 임대차 및 임치에 관한 규정을 적용하면 과오가 없을 것이라고 한다.[43] 이와 같은 吉田 판사의 법리가 전세를 채권관계로 함과 동시에 임대차와 비교하여 특별한 효력을 인정할 필요가 없다고 한 것은 어디까지나 일제의 관습법정책이 한국의 고유한 관습법을 말살하여 일본 민법과 동화시키려는 것이었음을 그대로 대변하고 있는 것이다.

---

43) 吉田平治郎, 상게논문(1923), 17~18면.

특히 전세의 가계현록을 본 법적 관점은 공시의 여부에 따라서 물권성을 판단하려는 스스로의 형식논리에도 모순이 있다.

넷째로, '조선민사령' 제12조에 규정한 관습상의 부동산물권과 관련하여 다음과 같이 이 조항의 폐지를 주장하였다. 즉, 吉田 판사는, 지금에 있어서 제12조에 규정하는 관습상의 부동산물권은 존재하는 것이 거의 없으며, 민법(일본)이 인정하는 종류에 속하는 부동산물권으로도 한국의 특유한 관습에 의하는 것이 적지 않다고 하더라도 이를 커버하지 않는 것이 없으므로, 이 조항을 폐지하여야 한다고 하였다.[44] 따라서 전세 관습법의 고유성은 완전히 부인되고 말았다.

이상과 같은 吉田 판사의 전세 관습법에 대한 법리는, 일제의 한국관습법조사사업과 관습법정책이 일관하여 종국적으로 일본 민법에의 동화를 실현하는 과정이었음과 그 궤를 같이하여서 이뤄진 것으로 보아야 할 것이다.

제2. 『傳貰慣行의 實證的 研究』[45]와 傳貰慣習法

1. 傳貰의 槪念 및 性質

이 보고에 의하면, 전세의 개념이나 성질은 『관습조사보고서』나, 조선고등법원의 판결이나, 경성복심법원의 판결이 모두 대동소이하였다고 한다. 그러나 이 조사가 민법의 전형계약으로 환원하는 것

---

44) 吉田平治郎, 상게논문(1923), 26~28면.

45) 京城帝國大學 社會調査部 法律學班, 「傳貰慣行の實證的研究」, 『司法協會雜誌』, 제23권 제4,5,7호(1944). 이 연구는 경성제국대학 사회조사부 법률학반이 1943년도 사업의 하나로서, 한국에 독특한 가옥대차의 관행을 조사한 내용을 보고한 것이다. 이에 대한 상세한 검토는, 윤대성, 전게서(1988), 104~116면.

도 의의가 있겠지만, 관습을 관습으로서의 독특한 내용을 고찰하려
했다는 것이다.

2. 傳貰契約의 現況과 社會的 機能

이 조사에서, 전세의 관행은 전국에 걸쳐 행하여졌지만 도시에서
많이 보였으며, 특히 서울에 있어서 가장 널리 행하여진 관습이라
고 하였다. 특히 일부 전세가 많았으며, 이것은 근래 서울의 인구
증가로 주택난이 있었지만 가옥 구조와 생활양식이 이에 적합하였
던 것으로 지적하였다. 따라서 일부 전세와 1동의 전세가 구별 없
이 행하여지는 것이 전세의 입법적 해결을 매우 어렵게 한다고 하
였다.[46]

이 조사는, 전세의 사회적 기능에 따라서 3유형화하였다. 즉, 임
대차형, 부동산금융형 및 중간형으로 나눴다. 특히 담보제도로서의
부동산금융형이라는 사회적 기능에 대하여 상론하고 있다. 결론적
으로 비록 전세가 담보권으로서의 효력이 부인되었음에도 그 구성
자체에서 또는 이를 이용하는 사람의 관념에서도 담보권적 성격은
다분히 보유하고 있다고 하였다.[47]

3. 傳貰關係의 成立과 그 內容

이 조사는, 전세관계의 성립에 대하여, 전세계약은 양 당사자의
합의에 의하여 성립하고, 계약의 체결에 있어서 전세금의 1할인 계
약금을 교부하고 잔금과 가옥의 명도가 동시에 행하여지는 것이
보통이며, 전세의 목적물은 가옥에 한하지만 가옥의 임차인이 그

---

46) 경성제국대학 사회조사부 법률학반, 상게논문, 제23권 제4호(1944), 57면.
47) 경성제국대학 사회조사부 법률학반, 상게논문, 제23권 제5호(1944), 70~71면.

대지도 사용할 수 있는 것과 마찬가지로 전세입자도 그 토지를 사용할 수 있는 것은 당연하다고 하였다.

또한 이 조사에서 전세계약의 성립에 전세문기에 의하지 않고 보통 전세계약서가 작성되었다는 것이 밝혀졌다. 그 내용은 전세문기보다 상세하지만 7개의 계약사항은 대체로 종래의 것을 그대로 하고 있는 것을 확인할 수 있다.[48]

4. 傳貰關係의 終了와 當事者의 交替

이 조사는, 전세계약은 기간의 경과에 의하여 종료하지만, 기간 내에도 당사자의 해지에 의하여 종료하기도 한다고 하였다.[49]

한편, 전세권의 양도, 전세권자의 전대 및 가옥 소유권자의 교체 등이 자유롭게 인정되고, 전부의 전전세(轉傳貰), 일부의 전전세(轉傳貰), 전부의 전대(轉貸) 및 일부의 전대(轉貸) 등도 행하여지고 있다는 것이다.[50]

제4절 傳貰에 관한 慣習法의 檢討

지금까지 일제의 한국관습법조사사업과 관습법정책이 전세 관습법을 어떻게 왜곡하여 일본 민법과의 동화를 시키려고 했는가를 살펴보았다. 일제의 식민통치시대를 경과하면서 판례나 학설이 한국의 고유한 관습법의 영역에 속하였던 전세 관습법을 일본 민법

---

48) 경성제국대학 사회조사부 법률학반, 상게논문, 제23권 제5호(1944), 72면. '土地家屋傳貰契約書'의 문례(文例)를 살펴보면 그 내용을 비교할 수 있다.

49) 경성제국대학 사회조사부 법률학반, 상게논문, 제23권 제7호(1944), 99~100면.

50) 경성제국대학 사회조사부 법률학반, 상게논문, 제23권 제7호(1944), 104면.

의 전형계약인 임대차나 임치에 의한 법리의 구성을 함으로써, 관습법으로서의 독특한 물권성을 부인하고 채권관계로 하여 가옥임대차와 동일시하는 왜곡을 시켰던 것이다. 이와 같은 일제의 전세 관습법에 대한 왜곡에도 불구하고 '조선민사령'이 시행된 30여 년 후에도 실지조사에 의한 보고에서 보는 바와 같이 전세 관습법은 실체적으로 소유자 측에서 보면 여전히 부동산질권이 아닐 수 없음이 확인되었던 것이다.[51]

그럼에도 불구하고, 일제에 의하여 왜곡된 전세 관습법은, 본래의 전세 관습법이 점유질로서의 가사전당(家舍典當) = 전세(傳貰) = 부동산질권(不動産質權)인 것으로부터 점유질로서의 가사전당(家舍典當) = 전세(傳貰) = 임대차(賃貸借) + 소비임치(消費任置)[채권관계] = (가옥)임대차(賃貸借)로 변용되었다. 그것이 한국 민법전의 제정과정에서뿐만 아니라 개정과정 및 주택임대차보호법의 제정, 개정과정에서도 전세제도에 관한 입법의사뿐만 아니라 해석론을 지배하여 왔음을 반성하지 않을 수 없다.[52]

---

51) 경성제국대학 사회조사부 법률학반, 상게논문, 제23권 제4호(1944), 57〜62면.
52) 윤대성, 전게논문(1990), 103〜115면.

제12장 多數當事者債權關係慣習法의 內容分析

제1절 日帝의 韓國慣習法調査事業에 의한 多數當事者債權關係慣習法의 概要

제1. 『慣習調査報告書』의 多數當事者債權關係에 관한 慣習法

일제는 한국관습법조사사업을 실시함에 있어서 '관습조사문제' 206문을 선정하고, 이 가운데 다수당사자채권관계에 관한 관습법에 대해서는 [문 60]～[문 67]의 8개 항목에 걸쳐서 제1편 민법 제3장 채권 사항으로 조사하여 보고하고 있다. 즉, [문 60]은 채권자 또는 채무자가 수인인 경우에 각자의 권리의무는 어떠한가이고, [문 61]은 불가분채무에 관한 관습은 어떠한가이고, [문 62]는 연대채무에 관한 관습은 어떠한가이고, [문 63]은 보증인의 책임은 어떠한가이고, [문 64]는 보증인이 2인 이상 있는 경우에 각자의 책임은 어떠한가이고, [문 65]는 채권자와 주된 채무자 사이의 행위는 그 효력이 보증인에게 미치는지 아닌지이고, [문 66]은 보증인이 변제를 한 때 주된 채무자에게 어떠한 권리를 갖는가이며, [문 67]은 보증인이 수인 있는 경우에 그 1인이 전액의 변제를 한 때에는 다른 보증인에 대하여 어떠한 권리를 갖는가이다.[1]

---

1) 조선총독부 참사관실, 『관습조사보고서』(1913), 목차 4～5면.

이와 같이, 일제가 다수당사자채권관계관습법에 대하여 조사하고
자 한 관습법의 내용은, 첫째로 다수당사자채권관계의 통칙, 둘째
로 불가분채무, 셋째로 연대채무, 넷째로 보증채무에 관한 것이었
음을 알 수 있다.

제2. 『民事慣習回答彙集』과 多數當事者債權關係에 관한 慣習法

이 『민사관습회답휘집』에는 총 324건에 걸친 민사관습법의 조회
에 대한 회답을 수록하고 있다.

그 가운데 다수당사자채권관계에 관한 것은, [1] 소비대차 외 5
건에 관한 건에서, 1) 소비대차에 대하여 2인 이상의 채무자가 있
는 때는 각 채무자는 평등한 비율로 의무를 부담하지만 채무자
중 의무를 이행할 수 없는 자가 있는 때는 다른 채무자가 이를
이행하지 않으면 안 된다는 것이고, 2) 보증인이 수인 있는 경우
보증인은 평등한 비율로 일부 담보의 책임이 있다는 것이며, 3)
보인(保人)은 보증인을 의미하고 물상담보가 있는 경우에도 다름
이 없으나 증인(證人)은 보인(保人)과 그 의의를 달리한다고 하였
다.[2] [4] 보증채무자의 책임에 관한 건에서, 1) 보증채무자는 주된
채무자에게 이행할 자력이 없는 때 또는 도망한 때에만 그 책임
이 있다 하고, 2) 검색의 항변 및 분별의 이익은 보증채무자가 주
장할 수 있는 것이고, 3) 분별의 이익에 대해서는 공동보증채무자
중 무자력 또는 도망자가 있는 경우 그자의 부담부분은 잔여 보
증채무자에게 이행의 책임이 있다 하며, 4) 물상담보가 있는 때는

---

2) 조선총독부 중추원, 「민사관습회답휘집」(1933), 목차 1면 및 요지색인 37면, 38면.

그 부족분에 대해서만 이행의 책임이 있다고 하였다.3) [22] 보증어음(保證於音) 등에 관한 건에서, 1) 조선에서는 보증채무자를 보인(保人)이라 부르고 주된 채무자에게 변제의 자력이 없는 경우에 이행의 책임을 지고 최고 및 검색의 항변권을 갖는다 하고, 2) 채무의 담당자는 채무자가 변제를 하지 않을 때 이를 이행하지만 최고의 항변권을 갖고 검색의 항변권을 갖지 않는다 하였다.4) [66] 담당(擔當)의 특약을 한 보인(保人)의 책임에 관한 건에서, 1) 보증인이 채권자에 대하여 한도를 초과하면 보주(保主)가 담당한다는 특약을 한 경우에도 보증인은 최고의 항변권을 갖고, 2) 전당 있는 채무의 보증인이 채권자에게 한도를 초과하면 보주(保主)가 담당한다는 특약을 한 경우에 주된 채무자가 행방불명이 된 때는 채권자는 먼저 전당권을 실행하고 부족이 있는 때에 보증인에 대하여 이를 청구할 수 있다고 하였다.5) [162] 신원보증의무의 상속에 관한 건에서, 신원보증채무의 상속으로 인한 승계에 대해서는 명확한 관습이 없다고 하였다.6) [245] 사음(舍音)에 관한 건에서, 사음(舍音)의 신원보증에 대해서는 관습이 보이지 않는다고 하였다.7)

이와 같이, 다수당사자채권관계관습법에 관한 관습법의 조회와 회답은, 주로 보증채무에 관한 것임을 알 수 있다.

---

3) 조선총독부 중추원, 상게서(1933), 목차 1면 및 요지색인 38면.
4) 조선총독부 중추원, 상게서(1933), 목차 2면 및 요지색인 37~38면.
5) 조선총독부 중추원, 상게서(1933), 목차 5면 및 요지색인 38면, 39면.
6) 조선총독부 중추원, 상게서(1933), 목차 11면 및 요지색인 39면.
7) 조선총독부 중추원, 상게서(1933), 목차 17면 및 요지색인 39면.

제2절 多數當事者債權關係에 관한 慣習法의 內容分析

제1. 多數當事者債權關係의 通則 - 分割債權關係에 관한 慣習法

이에 대하여, 『관습조사보고서』는, 채권자 또는 채무자가 수인 있는 경우에는 각자의 권리의무는 어떠한가. 예컨대, 그 채권 채무는 1개로 보는가, 수 개로 보는가, 만약 1개로 본다면 각 당사자는 어떠한 권리의무를 갖는가, 예컨대 모두 공동으로 하지 않으면 변제를 청구할 수 없는가, 아니면 각자 독립으로 이를 청구할 수 있는가, 위 어느 경우에도 변제를 받은 후 채권자 사이의 관계는 어떠한가, 또 1인의 채권자와 채무자 사이의 행위의 효력은 어떠한가, 또 채무자가 수인 있는 경우에는 모두 공동으로 이행하여야 하는가, 아니면 각자 독립으로 이를 하여야 하는가, 위 어느 경우에도 이행을 한 후 채무[자] 사이의 관계는 어떠한가, 또 1인의 채무자와 채권자 사이의 행위의 효력은 어떠한가, 만약 채권 채무가 당사자에게 분속(分屬)하는 것으로 보는가, 채무자가 채권자의 1인에 대하여 또는 채무자의 1인이 채권자에 대하여 이행을 한 때는 어떠한가 등을 묻고서,[8] 다음과 같이 보고하고 있다.

1. 債權者 또는 債務者가 數人 있는 例

채권자 또는 채무자가 수인 있는 것은 주로 계(契) 또는 동사(同事)의 경우이지만, 이들의 경우에는 그 채권 채무의 관계는 계(契) 및 동사(同事)에 관한 관습에 의하여 정하여지는 것이므로 오직 채

---

8) 조선총독부 참사관실, 상게서(1913), 184～185면.

권자 또는 채무자가 수인 있는 경우와 동일시할 수 없다. 그러므로 제101문9) 및 제185문10)의 설명에 미루고, 여기에서는 그 이외의 경우에 대해서만 기술한다고 하였다.11)

2. 債權者가 數人 있는 경우

채권자가 수인 있는 것은, 예컨대 수인이 공동으로 금전, 미곡 등을 대여한 경우에 그 반제(返濟)를 받을 권리에 대하여, 혹은 수인이 공유물을 매각하거나 또는 공동으로 물건을 매입하는 경우에 대금의 지불을 받는 권리 또는 물건의 인도를 받는 권리 등에 대하여 그 예를 볼 수 있는 것으로, 이들 경우에는 그 채권은 각 채권자 사이에 분할되는 것으로 보지 않고 수인의 채권자가 공동으로 1개의 채권을 갖는 것으로 간주함으로써, 그 변제의 청구는 모든 채권자가 공동으로 이를 하여야 하지만, 채권자 중 부재 기타의 사유로 인하여 이에 포함시킬 수 없는 때는 잔여 채권자만으로 이를 청구하여도 된다. 또 변제를 받은 후에 있어서 채권자 사이의 관계는 경우에 따라서 똑같지 않다. 혹은 그 권리의 지분에 의하여 이를 분할하거나, 혹은 공유를 하는 것으로 하거나, 혹은 처음부터 그 취득부분을 정함으로써 채권자의 1인과 채무자와의 사이에서 행위, 예컨대 면제, 갱개, 상쇄 등은 그 채권자의 권리의 지분인 부분에 대해서만 효력이 생기고 채무자는 그 부분에 대하여 채무를 면하는 것이라고 하였다.12)

---

9) 제101문 組合에 관한 慣習은 어떠한가. 조선총독부 참사관실, 상게서(1913), 258~263면.
10) 제185문 會社에 관한 慣習은 어떠한가. 조선총독부 참사관실, 상게서(1913), 371~373면.
11) 조선총독부 참사관실, 상게서(1913), 185면.
12) 조선총독부 참사관실, 상게서(1913), 185~186면.

3. 債務者가 數人 있는 경우

채무자가 수인 있는 것은, 수인이 공동으로 물건을 매입하고 그 대금지불의 의무를 부담하는 경우, 혹은 수인이 공동으로 물건을 매각하고 그 인도의 의무를 부담하는 경우 등에서 이를 볼 수 있는 것으로, 이들 경우에는 그 채무는 수인이 공동으로 부담하는 1개의 채무로 간주되는 것이므로, 채권자는 채무자 전원에 대하여 그 이행을 청구하여야 하는 것이다(다만, 채무자 중 부재자가 있는 때는 잔여의 채무자에 대하여 청구할 수 있음은 말할 것 없다). 그렇지만 채무자 간에 있어서는 정하여진 부담부분이 있으므로 만약 그 1인이 자기의 부담부분 이외로 변제를 한 때에는 각 채무자의 부담부분에 따라서 구상을 할 수 있고, 만약 채무자 중 무자력, 도망 등으로 인하여 상환을 할 수 없는 자가 있는 때에는 다른 채무자에게 그자의 부담부분을 분담할 필요가 있으므로, 변제를 한 채무자는 그 부분에 대해서도 역시 구상자[권]를 행사할 수 있으며, 또 채권자와 채무자의 1인과의 사이에 행위, 예컨대 갱개(更改), 상쇄(相殺), 면제(免除) 등은 다른 채무자에 대해서도 효력을 미치므로 갱개, 상쇄 등으로 인하여 채무를 소멸시킨 채무자는 다른 채무자에 대하여 그 출연(出捐)의 범위 내에서 구상을 할 수 있음은 변제의 경우와 다르지 않다고 하였다.13) 이와 관련하여, 『민사관습회답휘집』에 의하면, 明治 42년(1909) 2월 9일 경성공소원 민사부가 조회한 "소비대차에 대하여 2명 이상의 차주(借主)가 있는 경우에 특별한 합의가 없는 때에는 당연히 평분하여야 하는 관습이 없는지 또는 연대의 관습이 없는지"에 대하여,14) 동년 2월 18일 法 제1호

---

13) 조선총독부 참사관실, 상게서(1913), 186면.

법전조사국의 회답은, 소비대차에 대하여 2인 이상의 채무자가 있는 때에는 각 채무자는 평등한 비율로 의무를 부담하지만, 만약 채무자 중 의무를 이행할 수 없는 자가 있는 때에는 다른 채무자가 이를 이행하여야 한다고 하였다.[15]

4. 그 밖에 債務의 目的이 分割履行할 수 없는 경우

위의 것 이외에 채무의 목적이 분할 이행하는 것이 허용되지 않는 경우에는 보통 수인의 채권자 또는 채무자가 있더라도, 이는 다음의 문항[16]에서 기술하기로 하고, 조선에는 동대(同貸)라는 것이 있어서 수인의 채무자가 있는 경우의 적례이지만 연대채무에 흡사하므로 제62문[17]의 설명으로 미룬다고 하였다.[18]

제2. 不可分債務에 관한 慣習法

이에 대하여, 『관습조사보고서』는, 불가분채무에 관한 관습은 어떠한가. 예컨대, 하나의 특정물의 인도를 채무의 목적으로 하는 경우와 같이 채권자 또는 채무자가 수인이 있는 때는 어떠한가, 이하 전항[문] 전단과 같다고 하면서 이를 묻고,[19] 다음과 같이 보고하고 있다.

---

14) 조선총독부 중추원, 전게서(1933), 2면.

15) 조선총독부 중추원, 상게서(1933), 2~3면.

16) 이하의 문항은 제61문 이하로 다수당사자채권관계에 관한 관습법의 보고가 있다. 조선총독부 참사관실, 상게서(1913), 187면 이하.

17) 제62문 연대채무에 관한 관습은 어떠한가. 조선총독부 참사관실, 전게서(1913), 188면 이하.

18) 조선총독부 참사관실, 상게서(1913), 186면.

19) 조선총독부 참사관실, 상게서(1913), 187면.

1. 채무의 목적이 그 성질상 분할이행이 허용되지 않는 경우는 드물게 그 사례를 볼 수 있다. 예컨대, 수인이 1동의 건물 또는 1마리의 우마(牛馬)를 인도하는 의무를 부담하거나 또는 수인이 공동으로 1개의 물건을 매입하고 이를 인도받는 권리를 갖는 경우와 같은 것이 그러하다. 그러나 당사자의 의사표시로 인한 불가분채무는 아직 적절한 사례를 접하지 못했다고 한다.[20]

2. 不可分債務에 대하여 債權者가 數人 있는 경우

불가분채무에 대하여 채권자가 수인이 있는 경우에는 채권자의 1인이 모든 채권자를 위하여 이행을 청구할 수 있고, 따라서 채무자도 역시 채권자의 1인에 대하여 모든 채권자를 위하여 이행을 할 수 있다. 또한 조선인의 관념에서는 이 경우에 채권자의 1인은 다른 채권자의 대리를 겸하는 것이 된다고 생각된다. 그러므로 채권자의 1인이 변제를 받은 때에는 채권자 모두가 공동으로 변제를 받은 것과 동일하므로 채무는 모든 채권자에 대하여 소멸하고, 각 채권자 간에서는 그 수령한 물건이 일단 공유의 상태로 되어서 그 취득분에 따라서 적당한 처리를 하는 것이다. 또 채권자의 1인과 채무자와의 사이에 채무의 면제 또는 갱개가 있는 때일지라도 다른 채권자가 전부의 이행을 청구함에 아무런 방해를 받지 않고, 오직 변제를 받은 후 면제 또는 갱개를 한 채권자의 취득분에 따라서 채무자에게 상환을 하는 것이 필요할 뿐이라고 하였다.[21]

---

20) 조선총독부 참사관실, 상게서(1913), 187면.
21) 조선총독부 참사관실, 상게서(1913), 187면.

3. 不可分債務에 대하여 債務者가 數人 있는 경우

불가분채무에 대하여 채무자가 수인이 있는 때에는 채권자는 채무자의 1인에 대하여 전부의 이행을 청구할 수 있고, 반드시 그 전원에 대하여 이를 청구하여야 한다. 또 채무자의 1인이 모든 채권자를 위하여 전부의 이행을 할 수 있고, 따라서 채무자의 1인이 전부의 이행을 한 때에는 다른 채무자의 대리를 겸하여 이를 한 것으로 볼 것이므로 각 채무자는 채무를 면하고 이행을 한 채무자는 자기의 출연(出捐)의 범위 내에서 다른 채무자에 대하여 그 부담부분에 대한 구상을 할 수 있으며, 만약 채무자 중 무자력, 도망 등의 사정으로 인하여 상환을 할 수 없는 자가 있는 때에는 나머지 채무자에게 그 부담부분을 분담하는 것을 요하므로 그 부분에 대해서도 역시 구상권을 행사할 수 있다고 하였다.[22]

제3. 連帶債務에 관한 慣習法

이에 대하여, 『관습조사보고서』는, 연대채무에 관한 관습은 어떠한가. 당사자 간에 연대 또는 이에 유사한 특약을 하는 것이 있는가, 또 관습상 이와 같은 관계가 있는 경우가 있는가, 예컨대 수인의 채무자가 있는 경우에 보통 그 각자는 일부의 채무를 부담하는 것에 지나지 않는 것이지만 특약이 있는 경우 기타 특별한 경우에 채권자가 채무자의 1인에 대하여 전액의 청구를 할 수 있는 것이 있는가, 또 채권자와 채무자의 1인과의 사이의 행위의 효력은 다른 채무자에게 미치지 않는 것이 통례이지만 특약 또는 관습으로 다

---

22) 조선총독부 참사관실, 상게서(1913), 187~188면.

른 채무자에게 미치게 하는 경우가 있는가, 만약 이것이 있다면 그
효력의 상세한 내용을 밝히시오. 또 채무자의 1인이 전부의 변제를
한 때에는 다른 채무자에 대하여 어떠한 권리가 있는가 등을 묻고
서,[23] 다음과 같이 보고하고 있다.

    1. 조선에서는 수인이 금전, 미곡 같은 것을 차용하는 것을 동대
(同貸)라고 부르며, 각 차주는 대개 연대와 같은 관계에 서는 것이
다. 그렇지만 이 경우에는 수인이 공동으로 1개의 채무를 부담하는
것으로 간주하고, 각 채무자는 각 1개의 채무를 부담하는 것으로
본다. 따라서 채무자 간에 있는 부담부분은 채권자에 대하여 아무
런 관계가 없고 채권자는 그 수인에 대하여 1개의 채권을 가지며
채무자의 1인으로부터 변제를 받는 것과 그 전원으로부터 변제를
받는 것을 논하지 않는다. 결국 그 수인의 채무자에 의하여 전부의
변제를 받는 것을 기대할 수 없으므로 이행의 청구를 한 경우에는
채무자의 전원에 대하여 청구를 할 수 있음은 물론 그중 1인 또는
일부의 자에 대해서도 전부의 이행을 청구하는 것을 방해받지 않
는다. 또 채무자에게도 그 채무는 전원에 있어서 이행하여야 하는
동시에 1인에 있어서도 역시 이행을 하지 않으면 아니 되므로 전
원에 대하여 청구하지 않거나 또는 자기 1인에 대한 청구가 있음
을 이유로 하여 이행을 거절할 수 없다. 그렇지만 수인의 채무자에
대하여 동시에 각 전부의 이행을 청구하는 것은 관습이 인정하지
않는 바이므로 채권자가 수인의 채무자에 대하여 동시에 청구를
하는 경우에는 그 총액이 채무의 전액을 초과하지 않음을 필요로

23) 조선총독부 참사관실, 상게서(1913), 188면.

한다. 따라서 채무자의 1인 또는 일부의 자로서 변제를 한 때에는 채무는 채무자 전원을 위하여 소멸하고 그 채무자는 다른 채무자에 대하여 각자의 부담부분에 대하여 상환을 청구할 수 있고, 만약 상환할 채무자 중 무자력, 도망 등의 사정으로 인하여 상환을 할 수 없는 자가 있는 때에는 나머지 채무자로 그 부담부분에 따라서 분담을 하는 것은 다른 다수당사자의 채무에 있어서와 다르지 않으며, 또 채권자와 채무자의 1인과의 사이에 있어서 행위, 예컨대 청구(請求), 연기(延期), 면제(免除), 갱개(更改), 상쇄(相殺) 등은 다른 채무자에게도 효력을 미치므로 그 채무자는 자기가 출연을 한 한도에서 다른 채무자에 대하여 구상권을 갖는 것은 변제의 경우와 같다고 하였다.[24]

2. 특약으로 연대 또는 이에 유사한 채무를 발생시키는 것은 근래 수년에 드물게 그 사례를 볼 수 있다고 하지만 옛날에는 이와 같은 특약을 한 것은 절대로 없었다고 말한다고 하였다.[25]

3. 동대(同貸)의 경우에 있어서 증서의 서식은 다음과 같다.

<其一>[26]

```
    年    月    日          某    處    票
右票段矣要用次同人處錢文幾兩貸出爲去乎生殖(利息)則依十三例(月三分ノ例)某月
某日竝本利照數還報之意如是成票事
                          票主        姓      名 (印)
                                      姓      名 (印)
                          證筆        姓      名 (印)
```

---

24) 조선총독부 참사관실, 상게서(1913), 188~189면.
25) 조선총독부 참사관실, 상게서(1913), 190면.
26) 조선총독부 참사관실, 상게서(1913), 190면.

<其二>27)

<table>
<tr><td colspan="4" align="center">年　　月　　日　　某　　處　　手　　票</td></tr>
<tr><td colspan="4">右手票段要用所致仍乙于右員前錢文幾百兩債用是矣邊則每朔每兩頭(一兩二付キ)</td></tr>
<tr><td colspan="4">三分式且邊限則來明年何月何日準數報給次成票事</td></tr>
<tr><td></td><td align="right">同貸主</td><td>姓</td><td>名 (印)</td></tr>
<tr><td></td><td></td><td>姓</td><td>名 (印)</td></tr>
<tr><td></td><td align="right">執筆證人</td><td>姓</td><td>名 (印)</td></tr>
</table>

4. 또 조선에서는 수인이 공동으로 금전, 미곡 등을 차수(借受)하는 경우에 그중 신용 있는 자 1인의 명의로 수표(手票)를 차입(差入)[발행]하는 것이 있다. 이 경우에는 채권자에 대한 관계에서 말하면 그 명의인만이 채권[무 - 필자 주]자이지만, 각 채무자 간에서는 동대(同貸)의 경우와 동일한 관계를 발생하는 것이라고 하였다.28)

제4. 保證債務에 관한 慣習法

이에 대하여, 『관습조사보고서』와 『민사관습회답휘집』은 (1) 보증인의 책임, (2) 보증인이 2인 이상 있는 경우 각 보증인의 책임, (3) 채권자와 주된 채무자 간에 한 행위의 보증인에 대한 효력, (4) 변제한 보증인의 주된 채무자에 대한 권리, (5) 보증인이 수인 있는 경우 그중 변제한 보증인의 다른 보증인에 대한 권리 등에 관하여 각각 보고하고 있다.

1. 保證人의 責任

이에 대하여, 『관습조사보고서』는, 보증인의 책임은 어떠한가.

---

27) 조선총독부 참사관실, 상게서(1913), 191면.
28) 조선총독부 참사관실, 상게서(1913), 191면.

예컨대, 채권자는 주된 채무자에게 최고를 하지 않고서 바로 보증인에 대하여 청구를 할 수 있는가, 주된 채무자에게 최고를 한 후가 아니면 보증인에 대하여 청구를 할 수 없는가, 아니면 주된 채무자에게 자력이 없는 때에 한하여 보증인에 대하여 청구를 할 수 있는가를 묻고서,[29] 다음과 같이 보고하고 있다.

(a) 조선에서는 보증채무를 부담하는 자를 보인(保人)이라고 부르고, 종래의 관습상 주된 채무자가 채무의 이행을 할 수 없는 경우에 그 이행을 할 책임을 지는 것이었다. 그러므로 주된 채무자가 기한을 지나서 이행을 할 수 없는 사실만으로 바로 보인에게 이행의 책임이 있다고 말할 수 없다. 보인이 이행을 하여야 함을 요하는 것은 주된 채무자에게 변제의 자력이 없는 경우 또는 이에 준하는 경우(뒤에 본다)에 한하는 것이라고 하였다.[30] 이와 관련하여, 『민사관습회답휘집』에 의하면, 明治 42년(1909) 2월 9일 경성공소원 민사부가 조회한 "물상담보가 있는 대차에 있어서 보인(保人)의 의의"에 대하여,[31] 동년 2월 18일 法 제1호 법전조사국의 회답은, 보인(保人)이란 문자는 관습상 보증인의 의의로 사용되고, 물상담보, 예컨대 전당(典當)이 있는 경우에 있어서 다시 보인을 세우는 것은 거의 그 실례를 들고 있지만, 이와 같은 경우에 있어서도 보인의 의의에 차이가 없는 것 같고, 따라서 증인(證人)의 문자는 보인과 그 의의를 달리하지 않는다고 하였다.[32]

---

29) 조선총독부 참사관실, 상게서(1913), 192면.
30) 조선총독부 참사관실, 상게서(1913), 192면.
31) 조선총독부 중추원, 전게서(1933), 2면.
32) 조선총독부 중추원, 상게서(1933), 3면.

(b) 보인(保人)은 위와 같이 주된 채무자가 이행을 할 수 없는 경우에 그 이행을 할 책임을 지는 것이므로 채권자가 기한에 이르러 바로 보인에게 청구를 하는 때에는 보인은 먼저 주된 채무자에게 청구할 것을 요구할 수 있고, 또 채권자가 주된 채무자에 대하여 이미 청구를 한 경우일지라도 주된 채무자에게 자력이 있는 때에는 보인은 소송 내지 강제이행의 방법으로 변제를 받을 수 있음을 요구하여 그 청구에 응하지 않을 수 있다. 그렇지만 주된 채무자가 도망을 하였거나 또는 원지(遠地)로 이거(移居)를 한 경우에는 채권자는 바로 보인에게 청구를 할 수 있고, 보인은 채무자에게 자력이 있음을 이유로 하여 그 청구를 거절할 수 없다. 다만 주된 채무자가 남겨 놓은 재산이 있는 때에는 관매(官賣: [公賣])를 요구하여 채권자로 하여금 변제를 받게 하고 부족액에 대해서만 스스로 그 책임을 지는 것이라고 하였다.[33] 이와 관련하여, 『민사관습회답휘집』에 의하면 (가) 明治 42년(1909) 2월 9일 경성공소원 민사부가 조회한 "보증인에게 이행을 청구하려면 주 채무자에 대하여 최고, 강제집행, 기타 절차를 다한 후에 할 수 있는 것이 관습인지 또는 변제기의 도래와 동시에 보증인은 이행할 책임을 지는가, 이는 물상담보의 유무에 따라 구별되는지"에 대하여,[34] 동년 2월 18일 法 제1호 법전조사국의 회답은, 보증채무의 이행을 청구하려면 미리 주된 채무자에게 청구를 하는 것이 요구되지만 주된 채무자에게 이행의 자력이 없는 경우에는 그렇지 않기 때문에 보증인에게 이행을 청구할 수 있으므로, 물상담보가 있는 경우에는 통상 보증인

---

33) 조선총독부 참사관실, 전게서(1913), 192면.
34) 조선총독부 중추원, 전게서(1933), 2면.

을 세웠더라도 만약 그러하다면 먼저 물상담보에 의하여 변제를 받는 것을 요함은 물론이고 그 부족액에 대하여 보증인에게 이행의 책임이 있다는 것은 당연하지만 사례가 없으므로 아직 관습이 분명하지 않다고 하였다.[35] (나) 明治 44년(1911) 2월 10일 평양지방재판소 민사부 재판장이 조회한 "조선에서는 보증채무와 유사한 담당채무(擔當債務)라는 것이 있는 것 같은데 조선에서도 관습상 내지 민법 규정과 마찬가지로 보통의 보증채무자는 선소(先訴)의 항변권과 함께 검색(檢索)의 항변권을 갖는 것을 전제로 하고 담당채무자(擔當債務者)도 역시 이 두 개의 항변권을 갖는지 아닌지 혹은 조선 관습상 보증채무자도 담당채무자도 앞의 두 항변권을 갖는지 아닌지"에 대하여,[36] 동년 동월 22일 調發 제113호 취조국장관의 회답은, 조선에서는 보증채무자를 보인이라고 부르고, 보인은 주된 채무자에게 변제의 자력이 없는 경우에 그 이행을 책임지는 것이다. 그러므로 채권자가 주된 채무자에게 청구를 하지 않고서 바로 보인에게 청구를 한 때에는 보인은 먼저 주된 채무자에게 청구를 할 것을 요구할 수 있고, 또 채권자가 주된 채무자에게 청구를 한 뒤일지라도 주된 채무자에게 변제의 자력이 있는 때에는 보인은 먼저 주된 채무자의 재산에 의하여 변제를 받을 것을 요구할 수 있고, 따라서 채무를 담당한 자는 채무자가 변제를 할 수 없는 때 그 이행을 할 책임을 지는 것이므로 가령 채무자에게 변제의 자력이 있다면 이를 이유로 거절할 수 있다. 이 점에서 보인의 책임과 다르다. 다만 채권자가 채무자에게 청구하지 않고서 바로 담당

---

35) 조선총독부 중추원, 상게서(1933), 3~4면.
36) 조선총독부 중추원, 상게서(1933), 40면.

자에게 청구를 한 때에는 일응 채무자에게 청구할 것을 요구할 수 있음은 물론이라[37]고 하였다. (다) 明治 42년(1909) 5월 1일 경성지방재판소가 조회한 "보증채무자는 어떠한 경우에 변상의 책임을 지는지, 상언하면 주 채무자가 무자력이거나 또는 이에 대하여 강제집행을 할 수 없음이 명료한 경우가 아니면 채권자로서 변상을 청구할 수 없는지, 아니면 기간이 도래하였는데도 주 채무자가 변제하지 않는 때에는 바로 청구를 할 수 있는가, 검색(檢索) 및 분별(分別)의 이익은 항변에 의하여 비로소 생기는 것인지, 주채무자 또는 제3자가 담보물을 제공한 경우에 담보물을 처분한 뒤가 아니면 보증채무자에게 소구할 수 없는가"에 대하여,[38] 동년 5월 6일 法 제4호 법전조사국의 회답은, 종래의 관습에서는 보증채무자는 주된 채무자에게 이행의 자력이 없거나 또는 주된 채무자가 도망한 경우에 비로소 그 채무를 이행할 책임이 있는 것이므로 종전에는 강제집행의 제도가 완비되지 않았고 근래에 이르러 이에 관한 규칙의 제정이 있지만 실제에서는 거의 행하여지지 않으므로 강제집행을 한 뒤에 아니면 보증채무자에게 이행의 책임이 없다고 말하는 것같이 정한 관행은 없고, 검색의 항변 및 분별의 이익은 보증채무자로부터 주장되는 것임은 말할 것이 없으므로 분별의 이익에 대해서는 공동보증채무자 중 무자력 또는 도망한 자가 있는 때에 나머지의 보증채무자로서 그 부담부분을 이행할 책임이 있으며, 주된 채무자에게 물상담보가 있는 때에는 먼저 그 담보물에 의하여 변제를 받을 것을 요하고 그 부족액에 대해서만 보증채무자에

---

37) 조선총독부 중추원, 상게서(1933), 41～42면.
38) 조선총독부 중추원, 상게서(1933), 8면.

게 이행의 책임이 있는 것이다[39]고 하였다.

(c) 채권자가 보인(保人)으로부터 주된 채무자에게 청구하거나 또는 집행할 것을 요구받았음에도 불구하고 이를 태만하였기 때문에 전부의 변제를 받을 수 없게 된 경우에 있어서 그 과실을 이유로 보인이 책임의 감면을 할 수 있는 관습이 있는지 없는지에 대해서는 변제를 받을 수 있는 한도에서 감면을 할 수 있는 것이라는 관념을 가진 자가 적지 않지만, 아직 관습으로 판연하게 정해진 바는 없는 것 같다[40]고 하였다. 이와 관련하여, 『민사관습회답휘집』에 의하면, 大正 11년(1922) 11월 28일 평양지방법원 정주지원이 조회한 "보증채무에 있어서 '약과한, 즉보주담당'('若過限, 則保主擔當')의 약속이 있는 때 기한을 도과하면 채권자는 주된 채무자를 제치고 바로 보증인에게 청구를 하면 보증인은 이에 응할 의무가 있는지, 보증채무에 있어서 채무자가 그 소유 부동산을 전당(典當 規則에 의거하지 않은 것)하고서 수표(手標) 중 '약과한, 즉보주담당'('若過限, 則保主擔當')의 약속이 있는 때 기한을 도과하면 주된 채무자가 행방불명된 경우에 채권자는 바로 보증인에게 소를 제기하고 보증인은 이에 응할 의무가 있는지 또는 주된 채무자가 행방불명이 아니더라도 전집(典執) 부동산을 집행한 뒤에 부족이 있는 때 그 부족의 부분에 대해서만 보증인에게 청구할 수 있는 것인지, 보증채무에 있어서 수표 중 '약과한, 즉보주담당'('若過限, 則 保主擔當')의 약속이 있는 때 주된 채무자는 그 소유부동산이 있더

---

39) 그리고 이와 같은 관습은, 京城 및 京城 이남의 각 地方에 걸쳐서 다른 점이 없는 것 같다고 하였다. 조선총독부 중추원, 상게서(1933), 8~9면.

40) 조선총독부 참사관실, 전게서(1913), 193면.

라도 행방불명인 경우에 채권자는 보증인에 대하여 바로 소를 제기한 경우 보증인은 주된 채무자에게 변제의 자력이 있으므로 또한 집행이 용이함을 증명하면 채권자는 먼저 주된 채무자의 재산에 대하여 집행을 할 것을 요하는 것인지”에 대하여,[41] 동년 12월 18일 參 제20호 정무총감의 회답은, 보증채무에 있어서 수표 중에 ‘약과한, 즉보주담당’(‘若過限, 則保主擔當’)의 문언이 있을지라도 채권자는 일응 주된 채무자에게 청구를 하고 주된 채무자가 변제를 할 수 없는 경우에 비로소 보증인에게 청구를 할 수 있는 것이고, 전당이 있는 채무를 보증한 자가 수표 중에 ‘약과한, 즉보주담당’(‘若過限, 則保主擔當’)의 문언을 기재한 경우에 기한을 도과하고 채무자의 행방불명이 된 때는 채권자는 먼저 전당물에 의하여 변제를 받고 부족이 있는 때에 보증인에 대하여 청구를 할 수 있으며 보증인은 주된 채무자에게 자력이 있고 또한 집행이 용이함을 이유로 그 청구를 거절할 수 없다[42]고 하였다.

(d) 주된 채무자와 보인(保人)을 동시에 제소할 수 있는지 아닌지에 대해서는 옛날에 있어서는 동시에 제소하는 것이 오히려 많았던 것 같지만 보인이 주된 채무자와 동시에 청구를 받는 것으로 이를 제소라 하지 않고 편의상 보충채무자를 함께 제소하는 것에 지나지 않으므로 이와 같은 경우에는 관(官)은 먼저 주된 채무자에게 변제를 명하고 만약 응하지 않는 때에 그 재산을 관매(官賣)[공매]하여 채권자에게 변제를 받게 하고 부족이 있는 경우에 비로소 보인에게 그 이행을 명한다고 말한다[43]고 하였다.

---

41) 조선총독부 중추원, 전게서(1933), 113면.
42) 조선총독부 중추원, 상게서(1933), 113면.

(e) 보인(保人)의 연서가 있는 수표(手標)의 한 예를 보면 다음과
같다.[44]

己酉二月十五日　　　　　　　標
右標段同前錢七千兩債用而二朔邊文二百八十兩竝以來四月同日備報事

債用主　　韓　永　輔
保　人　　成　元　道

2. 保證人이 2人 이상 있는 경우

이에 대하여, 『관습조사보고서』는, 보증인이 2인 이상 있는 경우
에 각자의 책임은 어떠한가. 예컨대, 그 각자에 대하여 전액의 청
구를 할 수 있는가 아니면 그 액수에 따라 일부의 청구를 하는 것
에 그치는가를 묻고서,[45] 다음과 같이 보고하였다.

보인이 2인 이상 있는 경우에는 그 전원이 채무의 총액을 담보
하는 것으로 보는 것이므로 그 각자의 책임은 일응 그 인원수에 따
라서 분할되고, 예컨대 보인이 3인인 때에는 채권자는 각 보인에
대하여 채권액의 3분의 1의 이행을 청구할 수 있는 것에 그치고, 1
인의 보인에 대하여 전액의 이행을 청구할 수 없다. 만약 채권자가
그 비율을 초과하여 청구를 한 때에는 그 청구를 받은 보인은 그
초과된 부분에 대하여 다른 보인에게 청구할 것을 요구함으로써
그 이행을 거절할 수 있다. 그렇지만 만약 보인 중 무자력이거나

---

43) 조선총독부 참사관실, 전게서(1913), 193면.
44) 조선총독부 참사관실, 상게서(1913), 193~194면.
45) 조선총독부 참사관실, 상게서(1913), 194면.

또는 도망하여 이행을 할 수 없는 자가 있는 때에는 채권자는 나머지 보인으로 하여금 그자가 이행할 부분도 분담시킬 수 있으므로 채권자는 가령 보인 중에 불이행자가 생기더라도 나머지 보인에게 자력이 있는 때에는 결국 전부의 이행을 받을 수 있다. 이에 반하여 보인이 일응 그 인원수에 따라서 그 책임을 분할할 수 있지만 불이행자가 있는 때에는 그 책임의 범위가 증대하는 경우로 인하여 전부의 책임을 부담하는 결과를 보이게 된다. 그러므로 보인이 2인 이상 있는 경우에서도 그 결과에서 보면 동대(同貸) 기타 채무자가 수인이 있는 경우와 거의 다름이 없는 것이다. 오직 처음부터 그 전액의 청구를 받지 않는 점에서 다른 경우와 서로 같지 않을 뿐이라고 하였다.[46]

3. 債權者와 主된 債務者間의 行爲의 保證人에 대한 效力

이에 대하여, 『관습조사보고서』는, 채권자와 주된 채무자와의 사이에 한 행위는 그 효력을 보증인에게 미치는지 아닌지. 예컨대, 채권자가 주된 채무자에 대하여 청구를 한 때에는 마치 보증인에 대해서도 이를 한 것과 같은 효력을 발생하는지 아닌지를 묻고서,[47] 다음과 같이 보고하였다.

채권자와 주된 채무자와의 사이에 있어서 한 행위는 그 효력을 보인에게 미치는 것이 많다. 예컨대, 주된 채무의 변제, 갱개, 상쇄, 면제, 혼동과 같은 것은 주된 채무를 소멸하는 동시에 당연히 보증 채무를 소멸시킨다. 그렇지만 주된 채무자와 채권자와의 사이에 한

---

46) 조선총독부 참사관실, 상게서(1913), 194~195면.
47) 조선총독부 참사관실, 상게서(1913), 195면.

채무의 연기는 보인에게 효력을 미치는지 아닌지에 대하여 관습이 불명하므로 채무의 연기를 한마디로 채무자의 이익이 된다고 생각하는 자는 움직일 수 없이 그 효력이 보인에게 미치는 것이라고 말하지만, 이것은 오직 보인의 책임을 중하게 하지 않는 경우에만 그렇다고 하여야 하고 보인에게 불리한 경우에는 오직 그 효력을 미치지 않는 것으로 함이 일반의 관념으로 보이는 것 같다. 또 이행의 청구는 기한의 정함이 없는 채무에 대하여 보인에게도 그 효력을 미치고, 채권자가 주된 채무자에게 청구를 한 때에는 보인도 역시 그 기한의 도래를 인정하여야 한다. 그렇지만 보인을 세운 경우에는 확정기한임을 보통으로 하고 기한의 정함이 없는 채무에 대하여 보인을 붙이는 것은 거의 그 예를 찾아볼 수 없다. 이 밖에 이행의 청구로 인하여 주된 채무자가 지체의 책임을 부담하는 경우에는 보인도 역시 그 책임을 면할 수 없다는 것은 같다[48]고 하였다.

4. 保證人의 辨濟와 主債務者에 대한 權利

이에 대하여, 『관습조사보고서』는, 보증인이 변제를 한 때에는 주된 채무자에 대하여 어떠한 권리를 갖는가. 예컨대, 변제한 금액의 상환을 구하는 것에 그치는가, 아니면 이자 기타의 손해배상을 청구할 수 있는가를 묻고서,[49] 다음과 같이 보고하였다.

(a) 主된 債務者의 委託에 의한 保證人인 경우: 주된 채무자의 위탁으로 인하여 보인이 된 자가 변제를 하고, 만약 자기의 출연으

---

48) 조선총독부 참사관실, 상게서(1913), 195～196면.
49) 조선총독부 참사관실, 상게서(1913), 196면.

로 채무를 소멸시킨 때에는 주된 채무자에 대하여 이의 상환을 구할 수 있다. 따라서 그 구상권을 행사할 수 있는 범위는 변제를 한 금액, 또는 출연한 금액 및 이에 대한 변제 또는 출연일 이후에 있어서 보통 이율에 의한 이자와 함께 이행에 요한 비용 등이며, 손해배상에 대해서는 관습이 보이지 않는다[50]고 하였다.

(b) 主된 債務者의 委託 없는 保證人인 경우: 주된 채무자의 위탁을 받지 않거나 또는 그 의사에 반하여 보인이 된 것 같은 사례는 거의 존재하지 않는 것 같고, 따라서 이들의 경우에서의 관습에 대해서는 조사의 결과 아무런 얻은 바가 없다[51]고 하였다.

5. 共同保證人 1인의 辨濟와 다른 保證人에 대한 權利

이에 대하여, 『관습조사보고서』는, 보증인이 수인 있는 경우에 그 1인이 변제를 한 때에는 다른 보증인에 대하여 어떠한 권리를 갖는가. 예컨대, 그 1인에 대하여 자기의 부담부분을 제한 잔액의 전부를 청구할 수 있는가, 아니면 그 두수(頭數)에 따라 각자에 대하여 일부의 상환만을 구할 수 있는가를 묻고서,[52] 다음과 같이 보고하였다.

수인의 보인(保人)이 있는 경우에 있어서는 그 책임은 일응 각 보인 간에 분할되는 것이지만, 보인 중 불이행자가 있는 때에는 그 자의 부분도 분담하여야 하는 것은 앞에서 말한 바와 같다. 그리고 보인이 다수인 경우는 매우 적고 다수이더라도 2인 또는 3인인 것이 통례이므로, 1인 내지 2인의 불이행자가 있는 때에는 부득이 1

---

50) 조선총독부 참사관실, 상게서(1913), 196면.
51) 조선총독부 참사관실, 상게서(1913), 196면.
52) 조선총독부 참사관실, 상게서(1913), 196면.

인이 전액의 이행을 하여야 하는 경우가 생긴다. 또 전액의 변제를 할 필요가 없는 경우에도 1인이 다른 보인의 부담부분을 함께 이행하는 것은 조금도 방해받지 않는 바이므로, 보인의 1인이 나아가 전액의 변제를 하는 것 역시 예가 없지 않다. 따라서 이와 같은 경우에는 변제를 한 보인은 다른 보인에 대하여 각자의 부담부분에 대해서만 상환을 구할 수 있다. 그 1인에 대하여 자기의 부담부분 이외의 총액을 청구할 수 있다. 그렇지만 만약 무자력, 도망 등으로 인하여 상환을 할 수 없는 자가 있는 때에는 그 자의 부담부분에 대하여 나머지 보인과 함께 평등한 비율로 이를 분담하는 것이 관습이므로, 그 분담액에 대해서도 역시 구상권을 행사할 수 있다[53]고 하였다.

6. 身元保證의 相續性 등

이에 대하여, 『민사관습회답휘집』은, 大正 4년(1915) 6월 12일 경상북도장관의 조회인 "조선인의 친족 상속에 관하여 관습에 의하는 것이 있는지에 타인의 신원보증을 한 자가 사망한 경우에 그 상속인은 당연히 피상속인의 신원보증의 의무를 계승하는 관습이 있는지"에 대하여,[54] 동년 9월 18일 調樞發 제133호 정무총감의 회답은, 조선에서는 신원보증의 의무에 대하여 상속인에게 승계되는 것인지 아닌지 명확한 관습이 없더라도, 면 이원[면 서기]의 결포(缺逋)[도망]에 대한 신원보증의무와 같은 것은 피상속인의 생존 중에 이미 사실이 발생한 것은 상속인에게 그의 의무를 이행시키고,

---

53) 조선총독부 참사관실, 상게서(1913), 197면.
54) 조선총독부 중추원, 전게서(1933), 246면.

만약 피상속인의 사후에 생긴 것인 때에는 상속인에게 이행의 책임이 없는 것으로 해석함이 타당할 것이다[55]고 하였다. 그 밖에 사음(舍音)의 신원보증에 대해서는 관습이 보이지 않는다[56]고 하였다.

제3절 多數當事者債權關係에 관한 慣習法의 檢討

지금까지 일제의 한국관습법조사사업에 의하여 조사 보고된 다수당사자채권관계에 관한 관습법의 내용을 살펴보았다.

여기에서 다수당사자채권관계에 관한 관습법으로 우리나라에 존재한 것은, 동대('同貸')와 보인('保人')이라는 것이 있었음을 알 수 있다. 그러나 이러한 관습법에 대하여 일제의 한국관습법조사사업은 근대법의 다수당사자채권관계로서의 연대채무와 보증채무로 재구성하여, 우리나라의 관습법으로 보고하였던 것이다. 즉, 『관습조사보고서』의 [문 60]은 일본 민법 제427조에서 취한 분할주의를 확인하였고,[57] [문 61]은 일본 민법 제428조 이하의 규정 내용을 확인하였고,[58] [문 62]는 일본 민법 제432조 이하의 규정 내용을 확인하였고,[59] [문 63]은 일본 민법 제446조 이하를 확인하였고,[60]

---

55) 조선총독부 중추원, 상게서(1933), 246면.

56) [245]舍音ニ關スル件(大正 7년(1918) 9월 17일 大邱覆審法院 民事 제1부 裁判長 照會, 동년 12월 11일 調樞發 제284호 政務總監 回答) 참조. 조선총독부 중추원, 상게서(1933), 354~357면.

57) 梅謙次郎, 「民法要義 卷之三 債權編」(東京: 有斐閣, 1985, 覆刻版), 91~92면 참조.

58) 梅謙次郎, 상게서(1985), 93~102면 참조.

59) 梅謙次郎, 상게서(1985), 103면 이하 참조. 특히 債務者 1人이 全部辨濟를 하면 다른 債務者에 대하여 어떠한 權利가 있는가에 대해서는 日本民法 제442조를 확인하고 있다.

60) 梅謙次郎, 상게서(1985), 138면 이하 참조. 특히 債權者가 保證人에게 請求할 수 있는 경우에 대해서는 日本民法 제446조를 확인하고 있다.

[문 64]는 일본 민법 제456조를 확인하였고,[61] [문 65]는 일본 민법 제457조를 확인하였고,[62] [문 66]은 일본 민법 제459조 내지 464조의 규정 내용을 확인하였으며,[63] [문 67]은 일본 민법 제465조를 확인하였다.[64]

그렇지만 우리나라의 관습법인 동대('同貸')는, 2인 이상이 공동으로 상업 또는 상거래를 하는 경우인 동사(同事)[65]에 있어서 제3자에 대하여 채무를 부담하는 것을 말하는 것으로, 동사원(同事員) 각자가 전부 이행의 책임을 부담하므로 오히려 불가분채무와 같은 것이다. 그러나 이와 같은 관계를 일본 민법이 분할주의를 취한 태도에서 연대에 유사한 것으로 구성하였던 것이다.[66] 이와 같은 것은 일본에서도 원래 채권자 또는 채무자가 수 명이 있는 경우에는 그 총원이 또는 그 총원에 대하여 채무의 이행을 청구하는 것을 원칙으로 하였던 것이지만, 명치민법에서 분할주의를 취한 것을 확인하여 구성한 것이라 할 것이다.[67] 또한 보인('保人')은, 중국을 비롯한 동양법제에 있어서 인적 담보인 보('保')에서 비롯된 관습법으로,[68] 연좌제도(連坐制度)와 관련하여 파악되어야 할 특수성이 있

---

61) 梅謙次郎, 상게서(1985), 166~168면 참조.

62) 梅謙次郎, 상게서(1985), 168~173면 참조.

63) 梅謙次郎, 상게서(1985), 156~199면 참조.

64) 梅謙次郎, 상게서(1985), 199~203면 참조.

65) 조선총독부 참사관실, 전게서(1913), 258면 이하 및 372~373면; 윤대성, 「日帝의 韓國 慣習法調査事業에 의한 商慣習法의 分析」, 『商事法의 基本問題』(해암 이범찬 교수 화갑기념)(서울: 삼영사, 1993. 5), 72면 이하 참조.

66) 조선총독부 참사관실, 상게서(1913), 260면.

67) 梅謙次郎, 전게서(1985), 91~92면.

68) 이와 함께 「典」에 대해서는, 윤대성, 『韓國傳貰權法硏究』(서울: 삼지원, 1988), 118면 이하 참조.

는 것임에도 불구하고, 근대법을 수용한 일본 민법의 보증채무에 관한 내용을 확인하여 구성함으로써 왜곡되고 말았다.

그럼에도 불구하고, 우리 민법전의 제정과정에서 다수당사자채권관계에 관한 규정을 입법함에 있어서 초안이 일본 민법의 내용을 그대로 받아들인 것을 원안에 합의하는 형식으로 심의를 마친 것[69]은 일제의 한국관습법조사사업이 지향하는 바에 일치되고 말았다는 반성을 하지 않을 수 없다. 여기에서 이와 같은 반성을 바탕으로 한 다수당사자채권관계법에 대한 새로운 입론이 필요하고, 그에 따른 우리의 해석론이 나와야 할 것으로 본다.

---

69) 민의원법제사법위원회 민법안심의소위원회, 『민법안심의록(상)』(1957), 243~265면.

제13장 賣買慣習法의 內容分析

제1절 日帝의 韓國慣習法調査事業에 의한 賣買慣習法의 槪觀

제1. 『慣習調査報告書』와 賣買에 관한 慣習法

일제의 통감부시대에 설치된 법전조사국이 관습조사활동을 함에 있어서 작성된 '관습조사문제' 206문 가운데 매매에 관한 관습법은 제3장 채권 54문에 포함되어서 보고되었고,[1] 조선통독부 취조국은 한일합병에 의하여 법전조사국에 의한 민상사관습조사의 내용을 정정 보완하는 수준으로 『관습조사보고서』를 간행하였다.[2] 그 후 조선총독부 참사관실에 의하여 취조국에서 발간한 『관습조사보고서』를 재간하게 되었다.[3] 이 『관습조사보고서』에 보고된 매매관습법은, 1) 수부(手附)에 관한 관습은 어떠한가, 2) 매매의 비용은 누가 이를 부담하는가, 3) 타인의 물(건)의 매매에 관한 관습은 어떠한가, 4) 매매의 목적물 위에 타인이 권리를 가짐으로써 매수인이 손해를 받은 때는 어떠한가, 5) 매매의 목적물에 숨은 하자가 있는 때는 어떠한

---

1) 조선총독부 중추원, 『조선구관제도조사사업개요』(1923), 19면.
2) 조선총독부 중추원, 상게서(1933), 23~24면. 조선총독부 취조국의 『관습조사보고서』(1912)
   는, 발문, 범례, 목차 14면, 본문 404면 및 부록(친족도 등)으로 되어 있다. 윤대성, 「일제의
   한국관습조사사업에 관한 연구」(1992), 55면 참조.
3) 조선총독부 중추원, 『조선구관제도조사사업개요』(1923), 19면.

가, 6) 매매의 목적물의 과실은 누구의 소득으로 돌아가는가, 7) 매
수인은 대가의 이자를 지불하여야 하는가, 8) 매려(買戾)에 관한 관
습은 어떠한가 등 5개 조사사항의 관습법으로 되어 있다.[4]

제2. 『民事慣習回答彙集』과 賣買에 관한 慣習法

한편 일제는 한국에서 『경국대전』의 체제에 의하여 민사관계에
있어서 아직 그 불비와 관습의 불명확으로 갑오개혁 이후의 변천
이나 정치의 추이에 따라야 할 필요에 의하여, 1909년 2월에 경성
공소법원 민사부에서 관습조사의 조회가 최초로 있은 후 재판소뿐
만 아니라 그 밖의 관청에서도 조회가 있어서 조선총독부 취조국,
동 참사관실을 거쳐서 중추원에 이르기까지의 조회에 대한 회답이
누적된 것을 정리하여 편찬을 하게 되었다. 그것이 『민사관습회답
휘집』이다.[5] 이것에 의하면, 매매관습법은, 제3편 채권의 제2장 계
약 가운데 제3절 매매로 7건이 있다.[6]

제2절 賣買에 관한 慣習法의 內容分析

제1. 手附에 관한 慣習法

일제의 한국관습조사사업에 의한 결과로 간행된 『관습조사보고

---

4) 조선총독부 참사관실, 『관습조사보고서』(경성: 조선총독부, 1913), 목차 6~7면. 여기에서
　 인용하는 것은 성균관대학교 소장본에 의한다.

5) 이 『민사관습회답휘집』은, 1909년 2월 이후 1933년 9월까지 관습조사의 조회에 대한 회답
　 을 조선고등법원 野村調太郎과 喜頭兵一 두 판사에 의하여 정리 편찬하여서, 조선총독부 중
　 추원에서 1933년 12월 25일에 국판 총 700여 면으로 출간한 것이다.

6) 조선총독부 중추원, 『민사관습회답휘집』(경성: 조선총독부, 1933), 「민사관습회답휘집요지색
　 인」 39~41면.

서』에 의하면, 수부(계약금)에 관한 관습법을 조사함에 있어서, 먼저 "예를 들면 매수인이 매도인에게 수부를 교부한 때에는 그 수부를 포기하면 자유로이 계약을 해제할 수 있는지 아닌지, 매도인도 역시 수부 또는 그 배액을 반환하면 자유로이 계약을 해제할 수 있는지 아닌지, 계약을 해제하는 경우에는 수부는 매수인의 이득으로 돌아가는가, 아니면 이를 대가의 일부로 충당할 수 있는가"[7]를 묻고 있다.

이에 대하여, 한국에서는 매수인으로부터 매도인에게 대금지급의 시기에 앞서 대금의 일부를 교부하는 것이 있으며, 이것을 선급(先給)이라고 부른다고 하였다. 반드시 매수인이 파약을 하지 않을 증거로 이를 교부하는 것이므로, 매도인도 역시 파약을 않을 증거로 이를 수취하는 것이므로 매수인이 이를 포기하고서 해약을 하거나, 또는 매도인이 이를 반환하거나 또는 그 배액을 반환하고서 해약을 할 수 있는 관습이 없다고 하였다. 따라서 매수인이 해약을 하는 경우에는 매도인은 이를 반환하여야 한다는 것이다. 매도인이 해약을 하는 경우에도 그 액을 반환하면 되는 것 같다고 하였다. 그러므로 선급금은 대금의 일부에 지나지 않기 때문에 매매의 해제를 하지 않는 경우에는 대금의 내도(＝內金)로 되는 것이라고 하였다.[8]

그러므로 우리나라에는 그 당시에 일본 민법 제557조와 같은 수부(手附)에 관한 관습이 존재하지 않았고, 매매에 있어서 매매대금의 일부를 대금지급 시기에 앞서 지급하는 선급(先給)이라는 관습법이 있었다는 것을 확인할 수 있다. 그럼에도 불구하고 일제의

---

7) 조선총독부 참사관실, 『관습조사보고서』(1913), 220면.
8) 조선총독부 참사관실, 상게서(1913), 220~221면.

'조선민사령'[9]에 의하여 일본 민법의 강제적 시행에 따라서 일본 민법 제557조의 규정에 의한 관습법이 인위적으로 형성된 것으로 보지 않을 수 없다. 이와 같은 계약금에 관한 논의는 우리나라의 현행 민법에서도 그대로 나타나게 된다. 민법초안 제554조(해약금)는 일제가 한국관습법조사사업에서의 수부(手附)와 같은 내용으로 보게 되었고,[10] 민법초안의 심의경과에서 "본 조는 현행법(일본 민법 - 필자 주, 이하 같음)과 달리하여 계약 당시 수수한 금전 기타 물건을 해약수부금으로 하지 않고 위약금(손해배상의 예정으로 추정 - 본 초안 제389조)으로 하였다."고 함으로써, 일본 민법의 수부와 다름을 인식하였다. 그럼에도 "그러나 우리나라의 매매거래의 실제가 이미 계약금 보증금 등의 명목으로 매매 당시 수수한 경우에는 이를 포기 또는 배액 상환함으로써 계약을 해제할 수 있는 약정해제권보류를 의미하는 것으로 관습에 익어졌기 때문에 현행법과 동 취지로 본 조를 수정함이 가하다. 따라서 이 경우는 약정해제권이므로 현행법 제557조 제2항과 같은 취지도 아울러 규정함이 타당할 것이다."고 함으로써,[11] 민법초안보다도 일본 민법에 일치시키려는 것이었음이 입법자의 의사였음을 발견할 수 있다. 그 결

---

9) 이 '조선민사령'은 한일합병 후에 긴급칙령 제324호에 의하여 조선총독에게 제령권이 부여된 2년 후 1912년 3월 18일에 제령 제7호로 발포된 일제의 한국식민통치기에 있어서 한국의 민사기본법령이 되었다. 이에 의하여 일본의 '민법'을 비롯하여 23종의 일본 법령이 강제 이식되어서 시행되었다. 이에 대해서는, 윤대성, 「일제의 한국관습법조사사업에 관한 연구」(1992), 60면 이하 참조.

10) 민법초안 제554조(해약금)는 "매매의 당사자 일방이 계약 당시에 금전 기타 물건을 상대방에게 교부한 때에는 이를 계약금 또는 보증금으로 추정한다. 계약금 또는 보증금은 위약금의 약정으로 본다."고 함으로써, 그 취지는 다르지만 내용에 있어서는 거의 일치함을 발견할 수 있다. 민의원법제사법위원회 민법안심의소위원회, 『민법안심의록(상권)』(서울: 민의원, 1957), 329면 하단 참조.

11) 민의원법제사법위원회 민법안심의소위원회, 상게서(1957), 329면 하단 및 330면 상단 참조.

과 민법초안 제554조(해약금)는 "매매의 당사자 일방이 계약 당시에 금전 기타 물건을 계약금 보증금 등의 명목으로 상대방에게 교부한 때에는 당사자 간에 다른 약정이 없는 한 당사자의 일방이 이행에 착수할 때까지 교부자는 이를 포기하고 수령자는 그 배액을 상환하여 매매계약을 해제할 수 있다. 제540조의 규정은 전항의 경우에 이를 적용하지 아니한다."고 수정되어서 합의를 보았다.[12] 그것이 현행 민법 제565조(해약금)로 된 것이다.

그렇다면 우리나라의 계약금에 관한 관습법은 당초에 '선급'으로 대금의 일부가 대금지급 시기에 앞서 지급되는 것이었으나, 일제식 민통치기를 경과하면서 일본 민법의 '수부'와 같이 변용되어서, 현행 민법의 입법자에게 영향을 주어 결국은 일본 민법의 그것과 일치되게 되었음을 알 수 있다. 따라서 현행 민법의 계약금에 관한 해석론[13]에 있어서 이와 같은 경과를 간과하고 일본 민법의 해석론을 그대로 받아들이는 것은 반성되어야 할 것으로 본다.

제2. 賣買費用에 관한 慣習法

1. 『관습조사보고서』와 매매비용관습법

매매비용을 누가 부담할 것인가에 대하여, 『관습조사보고서』는,

---

12) 민의원법제사법위원회 민법안심의소위원회, 상게서(1957), 330면 상단 참조.

13) 金基善 교수는 계약금을 교부하는 목적에 따라서 효력도 다르고 따라서 목적과 효력에 따라 성약계약금, 증약계약금, 위약계약금 및 해약계약금으로 그 종류를 나누면서, 어떠한 종류의 계약금계약인가는 당사자의 의사표시 또는 거래관습에 의하여 정할 것이지만, 민법은 당사자 간에 다른 약정이 없는 한 해약계약금으로 추정할 것을 규정하였다고 한다. 김기선, 『한국채권법각론』(서울: 법문사, 1988), 125～126면. 그러나 계약금과 내금은 구별되는 것이고, 우리나라의 '선급' 관습법은 내금에 해당하는 것이므로, 현행 민법 제565조(해약금)의 해석을 여하히 하는 것이 본래의 관습법과 입법과의 괴리를 좁힐 수 있는가의 문제가 있다.

"매도인이 부담할 것인가, 매수인이 이를 부담할 것인가, 아니면 양자가 이를 분담할 것인가"를 묻고 있다.[14]

이에 대한 조사보고의 내용을 보면, 매매비용의 부담에 대하여 매도인의 부담으로 할 것인가, 매수인의 부담으로 할 것인가, 아니면 양자가 평등하게 나눠서 부담하는 것인가에 대하여 일반으로 통하는 관습은 없다고 하였다. 다만 우마(牛馬)의 매매에서는 축하주를 나누는 관례가 있어서 그 비용을 매수인이 부담하는 것 같고, 토지 가옥의 매매는 거간 또는 가쾌라는 중개인의 손을 거치는 것이 많고 그 주선료인 구전은 의뢰자가 부담하며, 결국 당사자 쌍방으로부터 이를 받는 것이 많다고 한다. 증명을 요하는 비용은 매수인이 이를 부담하고, 상품의 위탁판매를 업으로 하는 객주의 구전은 위탁자가 이를 부담한다고 하였다. 그 밖에 은진 지방을 조사한 보고서에 의하면, 시장에서의 미곡 매매에 대해서는 거매(居買)라는 중립인(도매상 - 필자 주)의 구전은 매수인이 부담하고 농민이 미전(싸전 - 필자 주)에 와서 쌀을 매도하는 경우에는 승간군(升看軍)이라는 자(쌀을 되는 것을 업으로 하는 자)에게 구전으로서 약간의 쌀을 주는 관습이 있다고 말한다 하였다.[15]

2. 『민사관습회답휘집』과 매매비용관습법

1915년 9월 21일 경성지방법원장이 "매매중개의 수수료액(구전)에 대하여 당사자 간에 정함이 없는 경우에는 매매대금의 100분의 2의 구전을 교부하는 관습이 있는지 아닌지"를 조회하였다.[16] 이에

---

14) 조선총독부 참사관실, 『관습조사보고서』(1913), 221면.
15) 조선총독부 참사관실, 상게서(1913), 221면.
16) 조선총독부 중추원, 『민사관습회답휘집』(1933), 250면.

대하여 같은 해 10월 14일 調樞發 제150호로 정무총감은 다음과 같이 매매비용에 관한 관습법을 회답하였다. 즉, 매매중개의 구전은 경성에 있어서는 포목에 대해서는 매주(賣主)가 대가의 100분의 1, 토지 가옥에 대해서는 매주(賣主)와 매주(買主)가 각각 100분의 1을 지불하는 관례이지만, 다른 물품에 대해서는 100분의 1 내지 2 사이에서 협정함을 예로 한다. 다른 지방에 있어서는 그 액이 구구하지만, 대개 대가의 100분의 1 내지 2의 범위에서 정하여진다고 하였다.[17]

이와 같이 당시의 우리나라에는 매매의 비용에 관한 관습법이 일반적으로 존재하지는 않았지만, 소나 말을 매매하는 경우라든지 토지 가옥의 매매를 하는 경우 등에는 그 매매비용의 부담에 관한 관습법이 존재하였음을 알 수 있다. 그러나 부담자와 부담비율은 일정하지 않았음을 확인할 수 있다. 그럼에도 불구하고, 일본 민법 제558조는 매매비용은 당사자 쌍방이 균등히 나눠서 부담하는 것으로 하였으므로, 우리나라의 관습법과 일치되지 않았다. 이러한 사정은 일제식민통치기를 경과하면서 일본 민법의 규정이 적용됨에 따라서 결국 일치하게 되었던 것이다. 우리나라 민법의 제정과정을 살펴보면, 민법초안 제555조(매매계약의 비용의 부담)는 "매매계약에 관한 비용은 당사자 쌍방이 평균 부담한다."고 함으로써, 일본 민법 제558조를 그대로 받아들였던 것이다.[18] 그리고 이 민법초안의 심의경과를 보면, "본 조의 '매매에 관한 비용'은 매매계약 체결에 요하는 비용을 의미하고 그 이행에 필요한 비용, 예컨대 등기비용, 인도비용 등은 본 조에 규정하는 바가 아니다."고 하면서,

---

17) 조선총독부 중추원, 상게서(1933), 250~251면.
18) 민의원법제사법위원회 민법안심의소위원회, 『민법안심의록(상)』(1957), 30면 상단.

한편 판례가 등기비용을 매매비용으로 본 것을 밝혔다.[19] 그 결과 원안에 합의를 하여, 현행 민법 제566조로 되었다.

그러나 앞에서 본 바와 같이 우리나라의 매매비용에 관한 관습법이 존재하였고, 그 내용이 각 경우에 달랐지만 이것을 일반화 내지 추상화를 하여 입법을 하여야 하였을 것이다. 그러나 민법초안의 기초자 내지 입법자는 일본 민법의 규정을 그대로 받아들이고 말았음을 반성하여 매매비용에 관한 해석론이 나와야 할 것으로 본다.

제3. 賣渡人의 擔保責任에 관한 慣習法

매도인의 담보책임에 관하여 『관습조사보고서』는, 1) 타인의 물(건)을 매매한 경우, 2) 매매의 목적물 위에 타인이 권리를 갖기 때문에 매수인이 손해를 입는 경우, 3) 매매의 목적물에 숨은 하자가 있는 경우에 대하여 관습법을 조사 보고하였다.[20] 그러나 『민사관습회답휘집』에는 매도인의 담보책임에 대한 관습법에 관한 사항이 없다. 따라서 여기에서는 『관습조사보고서』에서 보고한 관습법의 내용을 분석하고자 한다.

1. 他人의 物(건)을 賣買한 경우

이에 대한 관습조사사항은, "타인의 물(건)의 매매는 유효한지 아닌지, 매매의 목적물이 타인에게 속하는 것을 발견한 경우에는 매도인은 매수인에 대하여 어떠한 의무가 있는가"를 묻고 있다.[21]

---

19) 민의원법제사법위원회 민법안심의소위원회, 상게서(1957), 330면 하단.

20) 조선총독부 참사관실, 『관습조사보고서』(1913), 221~225면.

21) 조선총독부 참사관실, 상게서(1913), 221면.

이 조사사항에 대하여 다음과 같이 보고하였다. 즉, 조선의 관습에서는 동산의 매매에 있어서는 물(건)의 인도로 소유권이 비로소 이전하고, 또 부동산 및 선박의 매매의 경우에서는 문권(文券)의 인도로 물(건)의 소유권이 이전한다고 하였다. 그러므로 매매의 경우에는 물(건)의 소유권의 이전이 있으려면 그 물(건) 또는 문권의 인도가 있음을 필요로 하는 것은 물론이지만, 매매계약과 그 목적인 권리의 이전과는 이를 분리하여 관찰하는 것을 요한다고 하면서 다음과 같이 보고하였다. 매매의 계약은 합의로 성립하고, 그 목적인 권리는 물(건)의 인도 또는 문권의 인도로 이전하는 것이라고 말하기 때문이다. 따라서 물(건)의 매매의 경우에 동시에 그 물(건)의 소유권이 이전되지 않는 것이 하나의 일로 되었더라도 곧 그 매매계약을 무효라고 할 수 없다. 그러므로 이를 실제로 살펴보면 그 물(건)의 소유권이 타인에게 속하는 것을 알지 못하고 매매계약을 체결하는 것이 거의 없지 않다. 또 타인에게 속하는 것이 명백한 물(건)일지라도 매도인이 이를 매취하여서 매수인에게 인도할 의사로 매매를 하는 것도 가끔 있다. 이와 같은 경우에는 물(건)의 인도 또는 문권의 인도가 없는 것이 많다. 또 가령 물(건) 또는 문권의 인도가 있더라도 그 물(건)의 소유권은 매수인에게 이전되지 않았음에도 불구하고 그 매매계약을 무효로 하지 않는다. 오직 매도인에게 그 목적물의 소유권을 취득하여 이를 매수인에게 이전할 의무가 있다고 한다. 그렇지만 매도인이 그 의무를 이행할 수 없는 경우에는 매수인은 해약을 할 수 있음은 물론 매도인에게도 그 사정이 있으면 해약을 구할 수 있다고 말한다. 그러므로 해약으로 매수인이 손해를 입는 경우일지라도 매도인이 선의인 경우 또는 매수인이 악의인 경우에는 매도인은 배상의 책임을 부담하지 않는 것 같다고 하였다. 또 매도인이 악의이고 매수인이 선의인 경우에 대해서는 매도인에게 배상의 책임이 있을지라도 그 책임의 범위는 매수인이 입은 손해의 전부에 미치지 않는다. 매도인이 대가를 받은 후에는 이를 반환하고, 또 매수인이 비용을 지출한 경우에는 그 비용을 배상할 뿐이라고 하였다.[22] 그러면서 『대명률』(大明律), 호율(戶律), 전택(田宅), 도매전택조(盜賣田宅條)[23]와 『형법대전』 제612조를 들고[24] 있다.

2. 賣買의 目的物 위에 他人이 權利를 갖는 경우

이에 대한 관습조사사항은, "예컨대 타인이 차지권을 갖기 때문에 매수인이 손해를 받는 경우, 타인이 질권, 저당권을 갖기 때문에 매수인이 결국 그 소유권을 잃거나 또는 이것을 취득하지 못하고 채무를 변제한 경우와 같으면 매수인은 어떠한 권리를 갖는가"를 묻고 있다.[25]

이 조사사항에 대하여 『관습조사보고서』는 다음과 같이 관습법을 보고하고 있다. 즉, 매매의 목적물 위에 타인이 권리를 갖고 이 때문에 매수인이 손해를 입은 경우, 예컨대 토지매매의 경우에서 그 토지 위에 영소작권의 성질을 갖는 차지권이 존재함에도 불구하고 매도인이 이를 알리지 않았기 때문에 매수인이 이를 알지 못

---

22) 조선총독부 참사관실, 상게서(1913), 222~223면.

23) 大明律 戶律 田宅 盜賣田宅條, "凡盜賣換易 及冒認 若虛錢實契典買 及侵占他人田宅者 (중략) 係官者各加二等"

24) 刑法大全 제612조는, 田宅을 冒認하거나 換易하거나 契券을 僞造하여 人에게 典買한 者는 田 1結 屋 5間 以下 笞 50하되, 每 1結과 5間에 1等을 加하여 懲役 2年에 止하고, 係官한 者은 2等을 加하여 懲役 3年에 止함이라고 규정하였다.

25) 조선총독부 참사관실, 상게서(1913), 223면.

한 경우, 그 토지가 화리부 전답임에도 불구하고 매도인이 이를 알리지 않았기 때문에 매수인이 이를 알지 못한 경우, 그 토지가 지상권 또는 지역권의 목적이 되었음에도 불구하고 매도인이 지상권 또는 지역권이 존재하지 않는 것을 알려서 매수인이 실지를 답사하지 않았기 때문에 이를 알지 못한 경우, 또 예컨대 우마를 매매하는 경우에 그 우마가 전당의 목적이 되었음에도 불구하고(소유자의 점유에 있는 경우에 대하여 말함) 매도인이 이를 알리지 않았기 때문에 매수인이 알지 못한 채 매수한 경우, 또 예컨대 가옥매매의 경우에 그 가옥이 전세되었음에도 불구하고 매도인이 이를 숨기고 매수인 역시 특히 조사를 하지 않았기 때문에 이를 알지 못한 경우 등으로서, 이들의 경우에는 조선인의 관념에 의하면 매수인은 혹은 해약을 하고, 혹은 대가의 감액을 청구할 수 있는 것 같을지라도 실례는 매우 적은 것 같다고 하였다. 따라서 관습이 보이는 것은 거의 없는 것 같고, 또 매매의 목적인 토지에 매수인이 알지 못한 보통소작권이 있는 경우와 같으면 경작기를 지날 때까지 그 소작권을 인정하여야 하기 때문에, 특히 소작지가 아님을 확인하고서 이를 매수한 경우가 아니면 해약 또는 대가감액의 이유로 하지 않는 것 같다고 하였다. 그러므로 토지, 가옥 또는 선박의 매매의 경우에서 그 토지가 전당이 되었음에도 불구하고 매수인이 이를 알지 못하는 것 같은 것은 거의 있지 않다고 하였다.[26]

3. 賣買의 目的物에 숨은 瑕疵가 있는 경우

이에 대한 관습조사 사항은, "예컨대 매수인이 가축이 병든 것을

---

26) 조선총독부 참사관실, 상게서(1913), 223~224면.

알지 못하고서 매취한 경우에 그 가축이 병이 들었기 때문에 끝내 죽게 되었다면 매수인은 어떠한 권리를 갖는가"를 묻고 있다.[27]

이 조사사항에 대한 관습법에 관하여 『관습조사보고서』는 다음과 같이 관습법을 보고하였다. 즉, 매매의 목적물에 숨은 하자가 있는 경우에 있어서 매수인의 권리에 대해서는, 예컨대 우마의 매매에서 그 우마에 질병이 있는 것을 발견하지 못한 때는 매수인은 그 인도를 받은 후 일정한 기간 내에 한하여 해약을 할 수 있는 관습이 있다고 하였다. 다만 함경남도 갑산지방을 조사한 보고서에 의하면, 매도인이 병든 것을 알고서 알리지 않은 경우에 한하여 그 책임이 있다는 것이 관례라고 말하고, 또 함경북도 회령지방에서는 특약이 있는 경우에는 매도인에게 책임이 없다고 말한다고 하였다. 그러므로 대부분의 지방에서는 그 기간을 5일로 하지만, 경성, 황해도 해주, 전라북도 군산 등의 지방에서는 이를 3일로 하고, 함경북도 경흥지방에서는 그 기간을 10일로 하고, 또 평안북도지방에서는 말(馬)에 한하여 그 기간을 15일이라고 말한다고 하였다. 또 그 기간 내에는 [제83문][28]에 기술한 바와 같은 어떠한 이유를 요하지 않고서 해제권을 인정하는 지방이 많다고 하였다. 한편 『경국대전』, 『속대전』 및 『형법대전』의 규정을 들고 있다. 즉, 『경국대전』 및 『속대전』에서 우마의 환매기한을 5일로 하고, 역마(驛馬)의 환퇴기한을 3삭(朔)으로 하고 있으며, 『형법대전』 제27조에는 우(牛), 마(馬), 노새의 환퇴기한을 3일로 하였지만, 병든 것을 발견한 경우에

---

27) 조선총독부 참사관실, 상게서(1913), 224면.

28) 이 관습조사 사항 [제83문]은, 계약당사자의 일방이 그 채무를 이행하지 않는 때에 그 상대방은 그 계약을 해약할 수 있는가에 관한 관습을 조사한 것이다. 조선총독부 참사관실, 상게서(1913), 217～219면 참조.

환퇴를 허용하는 취지에서 나온 것일지라도 이를 분명히 하기 위하여 관습에서는 병들었는가 아닌가를 묻지 않고서 해약을 허용하게 된 것이 아닌가. 그렇다면 그 기간 내에 우마가 질병으로 인하여 죽었을 때는 매수인은 매도인으로 하여금 그 대가를 반환토록 할 수 있을 것이라고 하였다. 한편 경상북도 대구지방에서는 말은 15일간, 다른 군에서는 3개월간이라고 말한다고 하면서, 다만 병든 것을 이유로 하는 해약을 할 수 있는지 없는지에 대해서는 불분명하다고 하였다. 또 평안북도 용천지방에서는 매도인으로 하여금 대가의 반액을 반환토록 하는 예가 있다고 말하고 있다. 그렇지만 우마 이외의 물(건)에 대해서는, 혹은 하자 없는 물(건)과 바꿀 수 있다고 말하는 자가 있고, 혹은 해약을 할 수 있다고 말하는 자가 있지만, 물(건)을 매수한 자는 이를 수취할 때에 충분히 검사를 하여야 하는 것이므로 일단 이를 수취한 뒤에 비록 숨은 하자가 있음을 발견하였더라도 대가의 감액을 청구하거나 계약의 해제를 할 수 없다고 말하는 자가 많다고 하였다.29)

이상과 같이, 매도인의 담보책임에 관한 관습법을 『관습조사보고서』는 보고하고 있다. 그러나 1) 타인의 물(건)을 매매한 경우에 관하여 보면, 일본 민법 제560조를 확인하고자 하였으나, 이미 『경국대전』 등에 의하여 시행되고 있는 내용을 보고하는 것에 그치고 말았다. 2) 매매의 목적물 위에 타인의 권리가 있는 경우에 대하여 보면, 일본 민법 제566조 및 제567조에 의한 용익물권 내지 담보물권에 의한 제한 있는 경우를 관습법으로 확인하고자 하였지만, 권리의 종류와 개념의 일치를 보지 못한 것을 알 수 있다. 그러므

---

29) 이상의 내용은, 조선총독부 참사관실, 상게서(1913), 224~225면.

로 오히려 관습법이 존재하지 않는 것으로 하려는 의도를 발견할 수 있다. 그리고 3) 물(건)에 숨은 하자가 있는 경우는 소위 매도인의 하자담보책임에 관한 관습법으로, 일본 민법 제570조를 확인하고자 하였음을 알 수 있다. 그러나 그와 같은 관습법의 존재를 확인할 수 없음에 따라서『경국대전』등에 규정된 환퇴기한을 유추하여 관습을 확인하려고 하였던 것을 알 수 있다. 그렇다면, 일제의 한국관습법조사사업에 의한 매도인의 담보책임에 관한 관습법은 일본 민법의 규정하는 바를 억지로 맞추기 위한 내용에 지나지 않는 것이라고 할 수 있다.

우리나라의 민법초안에 있어서 매도인의 담보책임에 관한 초안을 검토하여 보면,『관습조사보고서』에 의한 관습법에 해당하는 것으로, 1) 타인의 물건을 매매한 경우에 대한 것을 초안 제558조(타인의 권리의 매매)에 "매매의 목적된 권리가 타인에게 속한 경우에는 매주는 그 권리를 취득하여 매주에게 이전하여야만 한다."고 규정하여 일본 민법 제560조와 동일한 취지를 규정하게 되어서 현행 민법 제569조로 되었다.[30] 또한 2) 매매의 목적물 위에 타인의 권리가 있는 경우에 대한 것을 초안 제564조(제한물권 있는 경우와 매주의 담보책임)와 초안 제565조(저당권 전세권의 행사와 매주의 담보책임) 및 초안 제566조(저당권의 목적된 지상권 전세권의 매매와 매주의 담보책임)로 각각 일본 민법 제566조, 제567조와 동일한 취지를 규정하게 되어서 현행 민법 제575조, 제576조 및 제577조로 되었다.[31]

---

30) 민의원법제사법위원회 민법안심의소위원회,『민법안심의록(상)』(1957), 331면 하단 참조.

31) 민의원법제사법위원회 민법안심의소위원회, 상게서(1957), 334면 상단 내지 335면 하단 참조. 특히 초안 제565조에 전세권을 규정한 것은 만주민법과 달리 전세권에 경매청구권이 있기 때문에 담보물권과 같이 이를 입법하게 되었다고 하였다. 민의원법제사법위원회 민법안심

결국 매도인의 담보책임에 관한 관습법은 일제의 한국관습법조사사업에 의하여 일본 민법의 규정을 확인하고, 일제의 식민통치기에 '조선민사령'에 의하여 적용된 일본 민법의 규정과 동일한 취지인 민법초안을 거쳐서 현행 민법의 규정이 된 것이다. 그러나 이와 관련하여 일본 민법에는 없는 종류매매와 매도인의 담보책임을 초안 제570조를 거쳐서 현행 민법 제581조로 규정한 것은 주의를 요하지 않을 수 없다. 따라서 매도인의 담보책임에 관한 해석론에 있어서 일본 민법의 해석론을 그대로 받아들일 수 없는 특수성을 갖는다고 할 것이다.

제4. 果實의 歸屬 및 代金의 利子에 관한 慣習法

일제의 한국관습법조사사업에 의한 『관습조사보고서』에 의하면, 1) 매매의 목적물의 과실은 누구의 소유로 돌아가는가와 2) 매수인은 대가의 이자를 지불하고 있는가에 관하여 관습을 조사 보고하고 있다.

먼저 이들의 관습법을 살펴보면 다음과 같다.

1. 果實의 歸屬에 관한 관습법

『관습조사보고서』는 조사사항에 있어서, "예컨대 인도 전의 과실은 매도인의 소득으로 돌아가는가 아니면 매수인의 소득으로 돌아가는가"를 묻고서, 이에 대하여 다음과 같이 보고하고 있다. 즉, 매매의 목적물로부터 생긴 과실의 귀속에 대해서는 대개 매매를 할 때에 이를 특약을 함으로써 많은 경우 그 특약에 의하여 귀속을 정

의소위원회, 상게서(1957), 335면 하단.

하지만, 특약이 없는 경우에는 거의 대금지불의 유무를 표준으로
하여 그 귀속을 결정하고, 대금의 지불이 있은 후에는 매수인의 소
득으로 하는 것 같다. 또 대금의 지불이 없는 경우에도 매매의 목
적인 권리가 매수인에게 이전한 때는 그 과실은 매수인의 소득으
로 돌아가는 것 같다. 다만 가옥의 매매에 있어서는 그 소유권은
문권의 수수로 인하여 이전하고, 문권의 수수를 하는 경우에는 대
금을 지불하는 것이 통례이지만 가옥을 인도하기 전의 가임은 매
도인의 소득으로 돌아가는 것이 관례이고, 가축의 매매에 있어서는
그 인도 전에 생긴 새끼이더라도 보통 매수인의 소득으로 돌아가
는 것이다. 토지의 수확 또는 임료에 대해서는 특약으로 그 귀속을
정하는 것이 통례이지만, 만약 특약이 없는 때는 경작지에 있어서
는 그 작물이 성숙한 때에 매도인의 소득으로 돌아가고 성숙에 이
르지 않은 경우에는 매수인의 소득으로 하는 것 같다. 도전(稻田;
벼를 심은 논)에 있어서는 보통 백로(白露)를 전후하여 이를 정함
은 이미 기술한 바와 같다. 또 경작지에 지나지 않는 때는 그 지불
기일이 도래한 때에 매도인의 소득이지만, 아직 지불 기일에 이르
지 않은 때는 매수인의 소득으로 한다. 다만 이들의 경우에 있어서
그 수득을 예상하여 그 가액을 정함으로써 특약이 있는 경우와 다
를 바가 없다고 하였다.[32]

2. 代金의 利子에 관한 관습법

일제의 한국관습법조사사업에 의한 『관습조사보고서』에 의하면,
대금의 이자에 관한 조사사항에 있어서 "매수인은 대가의 이자를

---

32) 조선총독부 참사관실, 『관습조사보고서』(1913), 225~226면.

지불하고 있는가"를 묻고서, "만약에 이것이 있다면 어느 때부터 이를 지불하는가, 또 그 이율 여하"를 덧붙여서 묻고 있다. 이 조사사항에 대하여 다음과 같이 조사 보고를 하고 있다. 즉, 물(건)의 대금지불이 심하게 지연된 경우에 있어서는 이를 차용금으로 바꿔서 상당한 이자를 붙일지라도 이것은 원래 당사자의 계약에 의한 것이므로 당사자가 특히 이와 같은 계약을 하지 않는 한 대금에 이자를 붙이는 관습은 없으므로, 매도인은 그 지불의 지연을 이유로 하여 이를 이자로 청구할 수 없다. 이것은 한국에 물가무변(物價無邊)이라는 말이 존재하는 때문일 뿐만 아니라, '이식규례'(利息規例) 제6조에도 "(전략) 價格이五十圓未滿하는日用品의代價에는利息이無함"이라고 규정한다고 하였다.[33]

이상과 같이 매매에 있어서 과실의 귀속과 대금의 이자에 관한 관습법을 조사 보고하고 있지만, 이것도 역시 일본 민법 제575조 (과실의 귀속, 대금의 이자)의 규정을 한국에서의 관습법으로 확인하려는 것이었음을 알 수 있다. 그럼에도 불구하고 이와 같은 한국에서의 관습법을 밝히지는 못하고 있다. 그러나 일제의 지배기가 경과함에 따라서 일본 민법의 시행에 의한 거래가 이뤄져서 관습법으로 고정화되었다고 할 수 있다. 그 이후 우리나라 민법의 제정과정에서도 민법초안 제576조(과실의 귀속, 대금의 이자)는 일본 민법 제575조의 규정을 그대로 받아들여서, "매매계약 있는 후에도 인도하지 아니한 목적물로부터 생긴 과실은 매주(賣主)에게 속한다. 매주(買主)는 목적물의 인도를 받은 날로부터 대금의 이자를 지급하여야 한다. 그러나 대금의 지급에 대하여 기한이 있는 때에는 그

---

33) 조선총독부 참사관실, 상게서(1913), 226~227면.

러하지 아니하다.”고 규정하기에 이르렀다. 이 민법초안의 심의경과에서 아무런 논의가 없이 원안에 합의를 보았다.[34] 그래서 과실의 귀속과 대금의 이자에 관하여 현행 민법 제587조로 규정을 하게 된 것이다.

제5. 買戻에 관한 慣習法

일제의 한국관습법조사사업에 의하여 한국의 환퇴(還退)에 관한 관습법을 조사 보고함을 보면, 이를 일본 민법의 매려(買戾)로 이해하고 있어서, 『관습조사보고서』에서도 이를 매려에 관한 관습법으로 조사 보고되고 있다. 한편 『민사관습회답휘집』에서는 환퇴의 관습에 대한 질의에 대한 회답이 3건이 있다.

1. 『관습조사보고서』와 매려관습법

일제의 『관습조사보고서』에 있어서 매려에 관한 관습조사사항을 보면, “매매에 매려의 특약을 붙이는 관례가 있는가, 만약 있다면 동산에 대해서도 부동산에 대해서도 같은가, 또 매려의 조건은 여하한가, 예컨대 대가만을 반환하면 매려를 할 수 있는가, 이에 이자를 붙이는가, 그렇지 않으면 대가에 불구하고 일정한 금액을 지불하는 것인가, 매려는 수십 년 후에도 이를 할 수 있는가, 그렇지 않으면 일정한 기간 내에 하지 않으면 이를 할 수 없는가” 등을 묻고 있다.[35] 이 조사사항에 대하여 조사 보고된 관습법의 내용을 보면 다음과 같다. 즉, 물(건)의 매매에서 매주(賣主)는 매려의 권리를

---

34) 민의원법제사법위원회 민법안심의소위원회, 상게서(1957), 341면.
35) 조선총독부 참사관실, 『관습조사보고서』(1913), 227면.

유보한 특약을 붙이는 것은 오래 이전부터 존재하는 관습으로서
환퇴(還退) 또는 권매(權賣)라고 부른다. 평안북도 강계, 용천 등의
지방에서는 매려특약부인 경우에 고위매매(姑爲賣買) 또는 고위방
매(姑爲放賣)라고 부른다. 주로 토지, 가옥 혹은 선박의 매매에 대
하여 행하여지고, 동산의 매매에 대해서는 거의 그 예를 볼 수 없
다(영동, 경주, 울산, 옥구, 공주 등의 지방에서는 동산에 대해서도
적게 이 특약을 하고 있다고 말하지만, 의문이 있다). 또 함경북도
회령, 경흥, 함경남도 갑산지방에는 그 관습이 없다고 말한다. 따라
서 매려를 할 수 있는 기간은 반드시 이를 분명히 약정하고 관습상
제한을 하지 않더라도 실제상 10년 이상의 기간을 약정하는 것은
거의 없고, 1년 내지 5년으로 하는 것이 보통이다. 또 때로는 매주
(賣主)가 자력을 회복하였을 때에 매려를 한다는 취지를 특약하는
것이 있다. 이것을 대서력환퇴(待舒力還退)라고 말한다. 또 소작료
의 환퇴매매에 대해서는, 『속대전』(續大典)에 "退賭地賣買以十年
爲限:滿十年則無價還退五年以後半額價還退若準本價則雖一二年
亦許還退"36)라는 규정이 있다. 다만 지금에는 이 점에 관한 관습
이 분명하지 않다. 매려의 특약은 매매문기에 기입함을 예로 하고,
이를 문권에 첨부하여 매주(買主)에게 교부하는 것이다. 따라서 그
기입이 있는 문기를 환퇴문기라고 부른다. 그 양식은 반드시 일정
하지 않다고 하면서, 4개의 예(還退, 權賣, 姑爲放賣, 待舒力還退)
를 들고 있다.37) 매주(賣主)는 매려를 함에 약정을 한 기간 내 혹

---

36) 이 규정은, 퇴도지매매는 10년을 기한으로 한다고 하고, 10년이 차면 무가로 환퇴를 하고,
　　5년 이후에는 반가로 환퇴를 하며, 본가에 준하여 1, 2년에도 환퇴를 허용한다는 내용이다.
37) 조선총독부 참사관실, 상게서(1913), 228~230면 참조.

은 기한 후, 또는 기간의 정함이 없는 때는 어느 때라도(다만 수확
기를 경과함을 요한다고 말하는 자가 있음) 원가를 반환하고 문기
를 되돌려받는 것이므로, 특히 매려의 가액을 약정하며, 시가(時價)
에 의하는 것 같은 것은 없다. 또 원가에는 이자를 붙이는 관습이
없음으로 환퇴를 하지 않는 경우에는 매주(買主)는 다시 영영방매
(永永放賣)의 문기를 작성하여 환퇴문기와 바꾸는 것이 통례이다.
매려권이 부착된 토지 또는 가옥은 이를 전매할 수 있는지 아닌지
에 대해서는 『관습조사보고서』 제21문에서 기술하고 있다.[38] 또
함경남도 갑산, 원산 등의 지방에서는 환퇴 또는 권매라 부르고,
환퇴의 특약이 붙은 토지의 매매일지라도 그 성질이 다른 지방에
서 행하여지는 것과 같지 않은 것이 있다(함경북도 경흥지방에서도
역시 존재하는 것 같음). 즉, 다른 지방에서는 환퇴문기를 매주(買
主)에게 교부하는 동시에 문권도 인도하는 것이 보통 매매의 경우
와 다르지 않을지라도, 갑산지방 등에서는 환퇴문기만을 매주(買主)
에게 교부하고 문권은 매주(賣主)에게 이를 악유(握有: 소지)시켜
매주(買主)에게 교부하지 않는다. 또 다른 지방에서는 매주(賣主)가
환퇴를 하지 않는 경우에 영영방매의 문기를 작성 교부하는 것에
불과할지라도, 갑산지방 등에서는 그 토지의 가격을 평정하여 먼저
지불한 대금과 그 가격과의 차액을 매주(賣主)에게 지불하고서 다
시 방매문기를 작성 교부하고서 환퇴문기를 반환케 하는 예이므로,
이 두 가지의 점에서 다른 지방에 행하여지는 것과 전혀 그 취지를
달리한다고 하면서, 그 환퇴문기의 양식을 들고 있다.[39] 이와 같은

36) 조선총독부 참사관실, 상게서(1913), 230면 및 62면 참조.
39) 조선총독부 참사관실, 상게서(1913), 231면 참조.

갑산지방 등에서 행하여지는 환퇴부 매매(還退附 賣買)의 성질에
대해서는 다시 상세한 조사를 한 뒤가 아니면 단정을 내릴 수 없다
고 하면서, 한국의 관습에서는 토지소유권의 이전은 문권의 수수에
의하여 행하여지는 것임에도 불구하고, 이 경우는 문권을 매주(買
主)에게 교부하는 것이 아니다. 또 매려부 매매에 있어서는 매주(賣
主)가 환퇴를 하지 않는 때에는 다시 대금의 보충을 하여야 하는
것이므로 아직 완전하게 그 소유권을 이전한 것이라고 말할 수 없
다(매려부 매매에 있어서는 매주(賣主)에게 매려권이 있을 뿐이므
로 소유권은 전혀 이전되는 것이 아님). 그럼에도 불구하고 이를
환퇴 또는 권매라고 부르고, 문기에도 방매의 문언을 기입할 뿐만
아니라 토지의 점유를 매주(買主)에게 이전하고, 그 사용수익을 하
도록 하는 점에서 보면 토지의 전당은 아니라고 말할 수 있다(전당
의 경우에는 토지의 점유를 이전하는 예가 없음). 아마도 신탁매매
라고 부를 수 있을 것이라고 하였다.40)

  2. 『민사관습회답휘집』과 환퇴관습법

  한편 『민사관습회답휘집』에 나타난 환퇴에 관한 관습법을 보면,
1) 환퇴는 매주(賣主)가 환퇴문기를 작성하고 구문기를 첨부하여
매주(買主)에게 교부함을 보통으로 한다 하고, 2) 함경북도 명천지
방에서는 환퇴의 특약을 붙여서 토지의 매매를 하는 경우에 특히
원가에 의할 것인가 시가에 의할 것인가를 정하는 것이 통례라 하
고, 3) 가전환퇴(加錢還退) 또는 가문환퇴(加文還退)라고 부르면 시
가에 의한 환퇴를 하는 취지라고 하였다. 이들에 대하여 자세히 살

____

40) 이와 같은 매려, 즉 환퇴에 관한 관습법의 내용은, 조선총독부 참사관실, 상게서(1913), 227
    ~232면.

펴보면 다음과 같다.

첫째로, 1917년 4월 6일 大塚 참사관이 계약서의 해석에 관하여 조회를 한 것에 대하여 같은 해 4월 13일 調樞發 제87호로 중추원이 회답을 한 내용이다. 즉, 조회내용을 보면, 계약서에 관하여 (1) 매려약관부 매매인지, (2) 질(質)의 성질을 갖는 전당권의 설정인지, (3) 5년간에 있어서 수확물의 매매인지, (4) 이상의 어느 것에 속하는 계약이라면 어떠한 성질의 계약인지를 조회하면서, 계약서를 들고 있다. 그 계약서를 보면, "契約證, 一金九拾圓也, 一畓八斗落三石十斗賭租也, 所在 彦州面大嶹面屹坪, 右本寺所有畓을限五個年還退하기로右金九拾圓에權賣이되若期限內라도還退를亦可함但移作을不得함, 再此契約證을二通을作하야雙方에留置함, 大正四年陰十月二十三日, 錢主 金今甫(印), 畓主奉恩寺 御中"으로 되어 있다. 이에 대한 회답의 내용을 보면, 본 계약서에는 환퇴 권매의 문자가 있어서 언뜻 보기에 매려약관부 매매인 것 같아도 종래의 환퇴는 보통 좌기 문례와 같이 매주(賣主)가 증인연서의 환퇴문기 1통을 작성하여 이를 문권에 첨부하여(만약 구문권이 없는 때는 그 취지를 환퇴문기에 부기함) 매주(買主)에게 교부함으로써 소유권이전의 요건으로 한다. 그러므로 본 계약과 같이 증인연서 없이 증서 2통을 작성하여 서로 소지한 것 같으면 토지의 환퇴매매에는 그 예가 없고, 또 이작 허부의 사항을 환퇴문기 가운데 기재하는 예도 아직 들은 바가 없다고 회답하였다.[41]

둘째로, 1920년 1월 23일 경성복심원 민사 제2부 재판장이 토지의 환퇴매매에 관하여 조회한 것에 대하여 같은 해 4월 27일 調樞

---

41) 조선총독부 중추원, 『민사관습회답휘집』(1933), 305~306면.

發 제86호로 정무총감이 회답한 내용이다. 즉, 조회내용을 보면 (1) 함경북도 명천군 지방에서 토지의 환퇴매매에 대하여 특히 매려의 가격을 약정하거나 또는 매려 당시의 시가에 의할 것을 약정하는 관습이 있는지, (2) 환퇴문기에 가문환퇴('加文還退') 또는 가전환퇴('加錢還退')의 문구를 기재한 경우 가문('加文') 또는 가전('加錢')이라 함은 매매원가의 뜻인지 아니면 매려 당시의 시가를 의미하는 것인지를 조회하였다. 이에 대한 회답의 내용을 보면, 함경북도 명천지방에서는 환퇴의 특약을 붙여서 토지의 매매를 하는 경우에는 계약을 할 때에 원가로 반환할 것인가 시가로 반환을 할 것인가를 약정하는 것이 통례이다고 하였다.[42]

셋째로, 앞의 둘째에서 본 조회에 대하여 회답을 한 것으로, 문기에 가전환퇴(加錢還退) 또는 가문환퇴(加文還退)라고 기재한 경우는 시가에 의하여 환퇴를 한다는 취지를 약정한 것으로 해석된다고 하였다.[43]

이상과 같이 한국의 환퇴관습법을 조사 보고하였지만, 이것은 이미 많은 연구[44]가 보여 주는 바와 같이, 한국에 있어서 특수한 부동산담보법으로서 발전한 관습법으로 그 유형도 다양한 것이었다. 그러나 일제의 한국관습법조사사업에 의한 환퇴관습법의 내용은, 일본 민법 제579조 이하의 매려(買戾)에 관한 것을 확인하면서 그

---

42) 조선총독부 중추원, 상게서(1933), 373면.

43) 조선총독부 중추원, 상게서(1933), 374면.

44) 지금까지의 환퇴관습법에 관한 연구로서 중요한 것은, 박병호, 「부동산담보법」, 『한국법제사특수연구』(서울: 한국연구도서관, 1960); 동, 「부동산담보법」, 『한국법제사고』(서울: 법문사, 1974)가 있고, 김재문, 「조선왕조의 담보제도에 관한 연구」, 박사학위논문, 동국대학교 대학원, 1983. 및 윤대성, 「전세권법의 연구」, 박사학위논문, 성균관대학교 대학원, 1987; 동, 『한국전세권법연구』(서울: 삼지원, 1988) 등이 있다.

차이점을 밝히는 정도의 것에 불과하였다고 할 것이다. 그러나 한 국 민법의 제정과정에서 민법초안 제579조 내지 제584조에 환매를 규정함으로써 일본 민법의 매려와는 달리 규정을 하게 되었다. 그 것이 현행 민법 제590조 내지 제595조로 되었다. 그럼에도 불구하 고 환매의 해석론에 있어서 일본 민법의 매려에 관한 해석론을 받 아들인다면, 일제의 한국관습법조사사업이 목적하였던 바와 다름이 없는 일본 민법에의 동화를 스스로 하는 것이 되고 말 것이다.

제6. 기타 賣買에 관한 慣習法

일제의 한국관습법조사사업에 의한 『민사관습회답휘집』에 있어 서 매매에 관한 몇 가지의 관습법이 나타나고 있다. 그것의 공통점 은 매매계약의 성립에 관한 관습법이라는 점이다. 이에 대하여 살 펴보면 다음과 같다.

첫째로, 양반이 노복에 의하여 부동산을 매매하는 계약에 관하 여, 1909년 6월 29일 구대심원이 조회한 것에 대하여 같은 해 8월 5일 法 제5호로 법전조사국이 회답을 한 것이다. 즉, 한국 경성 부 근에서 양반이 자기 소유의 부동산을 매매할 때는 하인에게 명하 여 이를 함이 관례이므로 명을 받을 때 패지(牌旨)라는 것을 교부 한 취지에 대하여, 일설에는 이 패지를 받았다는 것은 주인으로부 터 매매 일체의 권리를 위탁받은 것으로서 매수인으로부터 대금 수수를 끝내면 매매의 계약은 이미 성립된 것이라 하고, 일설에는 주인으로부터 받은 패지라는 것은 주인이 자기의 소유 부동산을 표시하여 매수인을 탐색함에 지나지 않으므로 가령 하인이 매수인과 매매의 약속조로 대금의 수수를 끝냈더라도 주인으로부터 매매증서를 받지 못한 동안은 매매계약이 성립하지 않는다고 한다. 이 양설에 대하여 귀국에서 조사한 관례 등을 비춰서 참고되도록 알려 달라고 한 것이다. 이에 대하여 회답을 한 내용을 보면, 종래 양반이라 부르는 일종의 계급에 있는 사람이 토지 또는 가옥을 매매함에는 자기의 이름으로 하지 않고 노복의 이름으로 함을 예로 하고, 그것이 매주(賣主)인 경우에는 패지라고 부르는 서면을 작성하여 이를 노복에게 교부하므로 매주(買主)를 탐색하게 함으로써 패지의 교부를 받은 노복은 이를 휴대하여 스스로 매주(買主)를 탐색하거나 혹은 가쾌 또는 거간에게 이를 부탁하여 매주(買主)를 탐색케 하여 적당한 매주(買主)가 있는 때는 보통 이에게 패지를 교부하고 그 뜻을 주인에게 보고한다. 이로써 주인은 그의 노복의 이름으로 매도증서(新文記)를 작성케 하여 이에 권리이전증(舊文記)을 첨부하여 대금과 상환하여 매주(買主)에게 교부하는 것이다. 즉, 매매계약의 신구문기와 대금과의 수수에 의하여 완성되고, 이에 그 목적인 토지 또는 가옥의 소유권도 역시 이전하는 것이다. 패지의 효용은 위에서와 같으므로 이로써 대리권을 수여하는 위임장과 동일시할 수 있다. 따라서 패지의 교부를 받아 토지 또는 가옥의 매각을 명을 받은 노복은 특별한 위임이 없는 한 스스로 매매계약을 체결할 권한은 없고, 또 대금을 수령할 권한이 없는 것이라고 말한다. 패지의 교부를 받아 토지 또는 가옥의 매각을 명을 받은 노복은 신구문기(다만 구문기가 없는 때는 입지라 부르는 증명서를 첨부하여야 함)의 교부 전에 매주(買主)로부터 대금을 수취하는 것 같음은 종래의 습례에 보이는 바이므로, 만약 이와 같은 사실이 있다고 하면 그 노복의 주인과 매주(買主)와의 사이에 특별한 약정이 있는 경우는 격별하고, 오직 그 노복과 매주(買主) 간의 담합에 의하여 된 것인 때는 매매계약은 아직 성립되지 않은 것으로 보아야 할 것이라고 하였다.[45]

둘째로, 절반된 매매문기에 관하여, 1929년 3월 4일 임야조사위원회가 조회한 사항에 대하여 같은 해 3월 19일 調樞 제238호로 중추원 서기관장이 회답한 내용이다. 즉, 매매문기가 존재하는 1필의 토지를 매도함에 있어서 이 문기를 절반하여 매수인에게 교부한 사실이 있다. 이는 한국의 관습으로 인정할 수 있는지 아닌지를 조회하였다. 이에 대하여, 매매문기에 2필 이상의 토지가 기재되어 있는 경우에는 그 가운데 어느 필을 매매한 경우 이 문기를 양단하여 그 한 조각(매매의 목적인 토지가 기재되어 있는 부분)을 신문기와 함께 매수인에게 교부하는 것은 가끔 있지만, 매매문기가 있는 1필의 토지를 매도함에 있어서 이 문기를 절반하여 이를 매수인에게 교부하는 것 같은 관습이 있다고 함은 아직 듣지 못한 바이라고 하였다.[46]

셋째로, 노명(奴名)에 관하여, 1929년 6월 27일 임야조사위원회가 조회한 것에 대하여 같은 해 7월 3일 調樞 제450호로 중추원 서기관장이 회답한 내용이다. 즉, 노명(奴名)은 하나 또는 여러 개로 정하여 사용됨으로써 호주(戶主) 또는 택호(宅號)를 변경하였음에도 이를 변경하지 않고서 그대로 계속 사용할 수 있는지, 노명은 金義典宅奴'全'逸福 또는 宋奴'朴'老味와 같이 성명을 같이 기재

---

45) 조선총독부 중추원, 『민사관습회답휘집』(1933), 10~11면.
46) 조선총독부 중추원, 상게서(1933), 456~457면.

하는 예가 있는지를 조회하였다. 이에 대한 회답의 내용을 보면, 옛날에 양반집에서 법률행위 또는 소송행위를 하는 경우에 사용하는 노명은 그의 소유 노의 이름으로 하는 경우와 가장한 노명으로 하는 경우를 묻지 않고 1인의 이름을 정하여 사용하고, 미리 여러 개의 노명을 정하여 두는 것 같지는 않다. 이 노명은 호주 또는 택호의 변경 또는 명의노의 존부에 관계없이 몇 대에 걸쳐서 계속 사용하고 있고, 혹은 명의노가 사망 기타로 인하여 변경되고 있어서 일정한 관습이 없다. 그렇지만 어떤 노(奴)의 이름으로 매수한 토지 가옥 등 부동산을 매각하는 경우에는 실제 그 노(奴)의 유무에 불구하고 그 노명으로 매각함을 통례로 한다. 이 경우 사용하는 노명은 金義典宅奴'才得', 宋奴'貴金' 등과 같이 주인의 택호 혹은 성 아래에 그의 이름만을 씀을 통례로 하지만, 성명을 병기하는 것 같음도 전혀 없지 않다고 하였다.[47]

이상과 같이 매매계약을 체결함에 있어서 노명을 사용하거나 노복에게 패지를 줘서 계약을 체결하는 경우에 대하여 일제의 한국 관습법조사사업에 의한 일본 민법의 확인은 어려움이 있었을 것이다. 최근에 조선시대의 거래문서를 분석하여 노명으로 매매가 이뤄진 것을 밝힌 연구[48]에 의해서도 한국의 매매에 있어서 노복에 의하여 노명으로 이뤄지고 있음은 특이한 관습이 아닐 수 없다. 이와

---

47) 조선총독부 중추원, 상게서(1933), 459∼460면.

46) 김재문, 「조선왕조의 매매계약서에 관한 연구(기 1)」, 『정신문화연구』, 가을호(성남: 한국정신문화연구원, 1986), 152∼153면에 의하면, 노명이 매수인으로 기재된 것이 171매로 전체의 21%이고, 이 가운데 주인명과 노명이 병기된 것이 137매, 단순히 노명만이 기재된 것이 34매였고, 노가 매수인명으로 된 것을 연대별로 보면, 1500년대 16매, 1600년대 7매, 1800년대에 11매가 있었다고 한다. 이 연구가 현존하는 매매문기 가운데 수집된 것에 의한 분석이더라도 조선시대에 노명에 의하여 매매가 이뤄졌음은 확인할 수 있다.

같은 관습법에 대하여, 朴秉濠 교수는 우리나라에만 존재한 독특한 것으로 그 근원을 허례 형식적이고 거래행위를 천시하는 사상의 결과로 보고 있고,[49] 崔承熙 씨도 매매행위를 천시하는 사대부 사회의 관행이었다고 보고 있다.[50] 그러나 金在文 교수는 노비도 전(田), 지(地), 가사(家舍) 및 노비를 소유할 수 있었기 때문에 노명의 매매문기를 모두 사자로 볼 것이 아니고 당사자인 매도인, 매수인으로서의 지위로 기재할 수 있었을 것이라는 의문을 제기하고 있다.[51] 그렇다면 한국에서의 매매계약 체결에 있어서 이와 같은 관습법은 좀 더 연구되어야 할 분야로 남아 있다고 할 것이다.

제3절 賣買에 관한 慣習法의 檢討

지금까지 일제의 한국관습법조사사업에 의한 매매 관습법에 관하여, 어떠한 관습법이 어떻게 조사되어서 관습법으로 보고되었으며, 그 매매 관습법의 내용은 어떠한 것이었는가에 대하여 분석을 하였다.

일본제국주의는 우리나라를 영구히 식민 통치하기 위하여 법제적으로 관습법조사사업을 통하여 우리의 민사관습법을 일본 민법에로의 동화작업을 하였음은 이미 지적된 사실이다.[52] 이와 같은 일제에 의하여 조사 보고된 매매 관습법에 관하여 『관습조사보고서』 및 『민사관습회답휘집』에 의한 내용을 원문에 가깝게 접근하

---

49) 박병호, 전게서(1974), 19～20면.

50) 최승희, 『한국고문서연구』(성남: 한국정신문화연구원, 1981), 327면.

51) 김재문, 전게논문(1986), 153면.

52) 윤대성, 「일제의 한국관습법조사사업에 관한 연구」(1992), 66～68면.

면서 분석함으로써, 이에 대한 역사적 반성을 할 수 있다고 본다.

따라서 지금까지 매매 관습법의 내용분석을 통하여, 그것이 일본 민법의 매매에 관한 규정을 한국에서의 관습법으로 확인하려 하였음을 알 수 있었고, 또한 일본 민법의 매매와 전혀 동화될 수 없는 관습도 존재하였다는 사실을 알 수 있었다. 그러므로 일제의 한국관습법조사사업은, 우리나라가 갑오개혁에 의하여 새로운 법제도가 시행됨에 따른 관행이 아직 이뤄지지도 못하고, 한편으로는『경국대전』의 법체계에서의 관행이 그대로 유지되고 있음에 대하여, 사적인 거래에 있어서 가장 중요한 매매의 관습법을 인위적으로 형성할 필요에 따라서 일본 민법의 매매에 관한 내용을 관습법으로 형성하려고 하였음을 인식하여야 할 것이다. 그럼에도 불구하고 우리나라가 독립하여 현행 민법을 제정하는 과정에 있어서 매매에 관한 입법이 관습법으로서의 매도인의 하자담보책임과 환매를 일부 받아들인 것을 제외하고는 일본 민법을 그대로 받아들였음을 볼 때에 입법적으로 결국은 일제의 한국관습법조사사업이 목적한 바에 스스로 이르고 만 결과를 초래하고 말았다. 이와 같은 결과가 초래된 것은 민법전을 제정하기에 앞서 우리 스스로 민사관습조사를 하지 못한 것에도 있는 것이다. 더욱이 매매법의 해석론에 있어서 일본 민법의 해석론을 무비판적으로 받아들인다는 것은 매매법에 있어서 더욱 일본 민법에의 동화를 하는 것으로서 역사적 반성을 요구한다고 볼 것이다.

제14장 雇傭慣習法의 內容分析

제1절 日帝의 韓國慣習法調査事業에 의한 雇傭慣習法의 槪觀

제1. 우리나라의 勞動의 歷史와 雇傭

먼저 우리나라의 노동의 역사를 통하여 고용, 즉 타인의 노동을 어떻게 이용하여 왔는가를 살펴보고자 한다. 우리나라의 노동의 역사를 분석하는 일은 경제사적인 문제를 다루는 것이 아닐 수 없다. 그러므로 여기에서는 경제사의 분야에서 연구한 결과를 바탕으로 한다. 이에 대한 기존의 연구 가운데 崔虎鎭 교수는, 우리나라의 노동은 이미 원시사회에서 생산력의 발전과 함께 사유재산제의 확립을 가져왔고, 이와 더불어 사회적 계급관계가 형성되었으며, 그와 같은 생산력의 발전과 더불어 타인의 노동, 즉 노예노동에 대한 필요와 노예의 노동력을 이용하기에 이르렀다고 말하고 있다.[1] 일반적으로 노예는 독립적인 자기경영부분이나 가계를 갖지 못하고 노동급부자로서 존재할 뿐만 아니라 그 자체가 일반재화와 마찬가지로 거래의 대상이 되는 존재라고 한다면, 이와 같은 의미의 노예는 우리나라의 고대사회에 존재하였다고 보기 어렵다고 하면서, 당시 지배적 생산노동을 담당한 계층은 어디까지나 일반 피지배계층으로서의 농민이었다고 한다.[2] 그리고 삼국시대의 노예는, 그 소속에

---

1) 최호진, 『한국경제사』(서울: 박영사, 1991), 26~28면.
2) 최호진, 상게서(1991), 46~47면.

따라서 공노예와 사노예로 구분되었고, 이들 노예는 가사노예 내지 사치노예의 성격이 강하여 생산노동에는 커다란 역할을 담당하지 못하였다고 한다.3) 그러나 농민의 예속관계에 있어서 변화가 일어 났다. 즉, 삼국시대에는 농민들이 지배공동체에 의하여 집단적으로 예속되어 있었기 때문에 모든 의무도 공동체를 매개로 부담하고 있 었지만, 통일신라시대에는 농민이 토지와 더불어 집단적인 지배관 계에서 벗어나 국가 및 봉건지배층에 개별적으로 예속됨으로써 그 들의 농노적 지위가 강화되었던 것이다. 따라서 개별적으로 분산된 농민은 토지에 긴박되어 토지지배자인 국가 및 봉건지배층의 개별 적 수탈을 당하게 되었다고 한다.4) 고려시대에는 부역노동이 중심 을 이뤘다. 이 부역노동은, 그 자체가 생산적인 노동에 징발된 것보 다 불생산적인 노동에 징발되었고, 그 부역기간이 부정기적이었으 며, 그 기간이 일반적으로 길었기 때문에 부역노동에 대한 급보제 (조역제)를 인정하였다. 특히 수공업조직에 있어서, 관영수공업에서 는 예속수공업자들의 노동급부 그 자체가 임노동에 가까운 성격을 가졌고, 이에는 선상공(상번공)과 전업적인 수공업자의 임공이 있었 다. 이들은 당시 사회적 관념에 의하여 천인의 대우를 받았지만, 국 가로부터 별사를 받거나 국가가 요청하는 작업에 종사한 뒤에 타인 을 위한 고객노동에도 종사할 수 있었다. 그 밖에 所를 중심으로 한 사영수공업도 발달하였고, 소의 주민은 신분적으로 천인에 속하 였지만 노예적 노동급부를 한 것은 아니었다.5) 조선시대에 있어서

---

3) 최호진, 상게서(1991), 47~48면.
4) 최호진, 상게서(1991), 68면. 즉 개별적으로 분산된 농민은 토지에 고착되어 토지지배자인 국 가 및 봉건지배층에 현물지대를 납부하지 않으면 안 되었다.
5) 최호진, 상게서(1991), 104면 및 106면 이하.

의 부역노동은 고려시대와 마찬가지였지만, 점차 관영수공업이 붕괴되고 사영수공업이 성장함에 따라서 조선후기에는 분업노동이 발전하고 공장조합이 형성되었으며, 이와 같은 사영수공업의 성장과정에서 선대제도(putting out system)에 의한 새로운 공업경영 형태가 보급되었다.[6] 그러나 기본적인 고용 형태는 노예노동에 의하였던 것이지만, 갑오개혁에 의하여 노비제도의 혁파가 이뤄지고 일제의 식민지배시대를 맞게 되었다.

제2. 雇傭에 관한 慣習法의 概要

조선시대에 종래의 강제노동인 노예노동을 담당한 노비를 규율하는 노비 관계법은 성문법과 불문법으로 존재하였다. 조선 초기의 노비 관계 성문법으로는 『경국대전』(經國大典)과 경국대전에 의하여 의용된 『대명률』(大明律), 『경제육전』(經濟六典), 『속전』(續典), 『등록』(謄錄) 등이 있었다. 한편 불문법으로서의 노비 관계법은 노비에 관하여 옛날부터 내려오는 관습률을 말한다.[7]

일제의 한국관습법조사사업에 의한 결과인 『관습조사보고서』와 『민사관습회답휘집』을 중심으로 고용관습법에 관한 개요를 보면 다음과 같다. 즉, 『관습조사보고서』는 조사문제 총 206문 가운데 제97문 한 문항에 의하여 고용관습법을 조사 보고하였다. 그러나 『민사관습회답휘집』은, 총 324항목 가운데 직접 고용관습법에 관한 것은 없지만, 고용에 관련된 사항이 다른 항목과 더불어 나타나고 있다.

---

6) 최호진, 상게서(1991), 156면 이하.

7) 조선시대 초기의 노비법제에 관한 상세한 내용에 대해서는, 연정열, 『한국법제사』(서울: 학문사, 1984), 88~213면 참조.

그러므로 일제의 한국관습법조사사업에 의한 고용관습법은 극히
제한된 내용이었음을 알 수 있다.

제2절 雇傭에 관한 慣習法의 內容分析

제1. 『慣習調査報告書』와 雇傭에 관한 慣習法

일제의 한국관습법조사사업에 의한 결과로 나온 『관습조사보고
서』는, 고용에 관한 관습법에 대하여, 다음과 같은 조사문항에 대
하여 조사하여 보고하고 있다. 즉, 우선 조사문항을 보면, "예컨대
보수의 지불 시기는 여하한가. 또한 정기보수와 일시로 지불되는
보수를 구별하여 조사하시오. 고주(사용자)는 그 권리를 타인에게
양도할 수 있는지 아닌지. 또 고인(고용된 노무자)은 타인으로 자기
를 대신하게 할 수 있는지 아닌지. 당사자는 언제라도 해약을 할
수 있는가. 아니면 일정기간 해약을 할 수 없는가. 또한 해약의 경
우에는 일정기간 전에 예고를 하여야 하는가. 또 특히 기간을 정한
것이 있는가. 만약 이것이 있다면 그 기간은 보통 몇 년 또는 몇
개월로 하는가. 또 관습상 최장기의 정함이 없는가"8)를 묻고 있다.
이 조사문항을 분석하면, 1) 보수에 관한 관습법에 있어서, 그 지급
시기를 중심으로 정기급인 경우와 일시급인 경우가 구별되는가를
조사하고자 하였고, 2) 사용자와 노무자의 권리의무에 전속성이 있
는가를 조사하고자 하였으며, 3) 고용의 해지에 관한 관습법에 있
어서, 해약의 자유와 해지예고가 있는가에 대하여 조사하고자 하였

---

8) 조선총독부 참사관실, 『관습조사보고서』(1913), 250면. 문[제97] 雇傭ニ關スル慣習如何 참조.

음을 확인할 수 있다.

　이와 같은 조사문항에 대한 고용에 관한 관습법의 보고내용을 보면 다음과 같다. 즉, 1) 고용의 종류에 대하여, 고용에는 여러 종류가 있다고 하면서, 상가(商家)의 번두(番頭: 지배인)는 이를 차인(差人)이라고 부르고, 기장(記帳)을 담당하는 자는 이를 서기(書記)라고 부르고, 정치(丁稚: 견습생)와 같은 것을 사환(使喚)이라고 부르며, 하남하녀(下男下女: 머슴 등과 같은 일을 하는 자)를 하인(下人)이라고 부른다고 하였다. 그리고 임시고인은 모군(募軍)이라고 부르고, 그 밖에 대공(大工: 〔木手〕) 기타 직공의 견습이 있다고 하였다.[9) 여기에서 고용의 종류는 주로 상인의 상업사용인을 들고 있으며,[10) 그 밖에 하인과 목공 등의 견습자를 들고 있는 것을 확인할 수 있다. 그리고 그 명칭에 대해서도 일본의 그것을 사용함으로써 고유 의미의 명칭과 일치하지 못한 것을 발견할 수 있다. 2) 보수의 지급시기에 대하여, 보수의 지불기는 농가의 고용인은 연 1회를 수확계절로 하는 것이 보통이고, 상가의 고용인은 대개 매 월 말이지만 지방에 따라서 연말에 지불하는 것이 있으며, 대개 정기의 보수이므로 일시에 지불하는 경우는 없다고 하였다.[11) 따라서 보수의 지급 시기는 매월 말 또는 매년 말에 정기로 지급하고 있으며, 일시불로 하는 것이 없다는 것을 알 수 있다. 3) 권리의무의 전속성에 대하여, 고주(사용인)는 고인(노무

자)의 승낙이 있는 경우 이외에 그 권리를 타인에게 양도할 수 없
고, 고인도 역시 질병 기타 사고로 인하여 스스로 할 수 없는 경
우에 한하여 고주의 승낙을 얻어 일시 대인(代人: 대행인)을 보낼
수 있지만 마음대로 타인으로 하여금 자기를 대신하게 할 수 없
다고 하였다.[12] 따라서 고용에 있어서 권리의무의 전속성이 인정
되고 있음을 알 수 있다. 4) 고용의 해지와 해지예고에 대하여, 당
사자는 언제라도 해약을 할 수 있으며(상당한 사유를 요한다고 말
하는 자가 있음), 다만 지방에 따라서 예컨대 농가의 고인과 같으
면 농사가 바쁜 계절에는 적당한 대인을 보내지 않으면 해약을
할 수 없다고 말한다고 하였다. 따라서 해약에는 별도로 예고기간
이 정하여진 것은 없고, 고용기간도 농가에 있어서는 대개 1년이
지만 상공업의 견습은 3년 내지 5년으로서, 관습상 최장기의 제한
은 없다고 하였다.[13] 그러므로 고용의 해지는 자유롭게 인정되었
지만 농가의 고용에는 일정한 제한이 있음을 확인할 수 있고, 고
용의 해지에 있어서 별도의 예고기간을 두지 않았음을 알 수 있
다. 그 밖에 고용기간에 있어서도 대개 1년으로 하고 상공업의 견
습자는 3년 내지 5년의 장기간으로 하였으며, 관습상 고용기간의
최장기에 대한 제한은 없었음을 확인할 수 있다.

한편『관습조사보고서』는, 고용관습법과 함께, 노비에 관한 관습
법을 보고하고 있다. 즉, 조선에는 종래 노비(奴婢)를 인정하였고,
개국 503년 6월 28일 의안 '노비의 전을 혁파하는 건'(공사노비의
典은 일체 혁파하고 인구의 매매를 금할 사)으로 모든 노비를 해방

---

12) 조선총독부 참사관실, 상게서(1913), 251면.
13) 조선총독부 참사관실, 상게서(1913), 251면.

하였지만, 지금도 아직 현상을 유지하는 것이 많으며, 이에는 2종이 있어서 하나는 영매(永賣)라 부르고, 다른 하나는 자매(自賣)라 부른다고 하면서,14) 그 문기의 서식15)을 들고 있다. 그러나 노비에 의한 노동은 강제적 노동으로 보아야 할 것이고, 고용에 포함될 수 없다고 할 것이다.

제2. 『民事慣習回答彙集』과 雇傭에 관한 慣習法

일제의 한국관습법조사사업에 의한 『민사관습회답휘집』에 의하면, 고용에 관한 관습법에 대한 조회와 그 회답을 찾아볼 수 없다. 그러나 차인(差人)을 고용의 일종으로 『관습조사보고서』에서 보고함에 따라서16) 이에 대한 관습법의 조회와 회답이 1건이 있지만, 그것은 고용에 관한 직접적인 것은 아니고, 동사(同事)에 있어서 차인동사(差人同事)에 관한 것이다.

그러나 『민사관습회답휘집』에 있어서의 차인동사에 관한 조회와 회답에 의하여 고용에 관한 관습법을 간접적으로 발견할 수 있다. 즉, 차인동사에 관하여, 大正 4년(1915) 3월 1일 경성지방법원장이 조회한 것에 대하여 같은 해 4월 24일 參 제17호로 정무총감이 회답을 한 것으로 다음과 같다. 경성지방법원장은, '갑'이 상업의 자본주이고 '을'이 영업의 실행자로 상업을 영위하는 관계를 동사업이라 부르고 '갑'을 물주라 부르고 '을'을 차인이라 부르는지.

---

14) 조선총독부 참사관실, 상게서(1913), 251면.

15) 그 문기의 서식에 대하여, 첫째 婢永賣文記, 둘째 奴自賣文記, 셋째 使婢轉賣文記 등을 들고 있다. 이에 의하여 당시의 노비매매에 관한 관습법을 확인할 수 있다. 조선총독부 참사관실, 상게서(1913), 251~253면.

16) 조선총독부 참사관실, 상게서(1913), 250면.

동사업자에게 있어서 물주의 출자금액에 일정한 이자를 계산하고 그 결과에 따라서 손익을 정하면 그 손익은 물주와 차인이 평균하여 분배하는지. 동사업이 폐지되는 경우를 파장(罷掌)이라 부르고, 다음의 경우에, 물주는 자기의 차인의 제3자에 대한 의무의 전부를 부담하는지, 물주는 자기의 차인의 제3자에 대한 권리도 이를 행사할 수 있는지에 대하여 조회를 하였다. 이 관습법의 조회에 대하여, 정무총감은, 1인이 자본을 내놓고 1인이 업무집행자로 하여 영업을 하는 경우에 있어서는 이를 차인동사(差人同事)로 부르고, 자본을 내놓은 자를 물주, 업무를 집행하는 자를 차인이라 부르고 있다고 하고, 차인동사의 경우에 있어서는 물주의 출자에 대하여 이식을 정산한 뒤에 손익계산을 하고 물주와 차인 간에 이를 평분함을 통례로 한다고 하였다. 그리고 동사를 해산하는 것을 파장(罷掌)이라고 부르고, 동사를 해산하는 경우에는 동사의 영업으로 생긴 차인의 제3자에 대한 권리의무에 대하여 물주는 그 권리를 행사할 수 있고, 또 의무를 이행할 책임이 있다고 하였다.[17]

제3절 '雇傭에 관한 實態調査'[18]에 의한 雇傭慣習法의 分析

제1. 概要

이 고용에 관한 실태조사는, 아직 우리의 관습법이 비교적 크게

---

17) 조선총독부 중추원, 『민사관습회답휘집』(1933), 230면. 그러나 이 관습법의 내용은 차인이라는 호칭을 사용하였을 뿐 고용이라기보다 오늘날의 匿名組合에 관한 내용을 보고한 것으로 보인다(상법 제78조 이하 참조).

18) 이 고용에 관한 실태조사는, 엄영진 교수(전주대학교 전임총장)에 의하여, 1961년 8월에 조사되어서, 그의 「민법상의 고용에 관한 연구」, 석사학위논문. 성균관대학교 대학원, 1961.11에 보고된 것이다.

변화하지 않은 시기인 1960년대 초의 것으로, 조사지역이 전라북도 김제, 전라남도 영광군 법성포, 충청북도 제천으로 농, 어, 산촌에 걸친 것으로서, 그 대상이 머슴살이(雇工)라는 특수성을 가진 것으로,[19] 일제의 한국관습법조사사업에 의한 고용관습법의 연구에 있어서 실증적으로 비교할 수 있는 주요자료로 평가할 수 있다.

제2. '머슴살이' 慣習法의 內容分析

1. 연령 및 학력에 있어서, 연령은 일반적으로 60세에 가까운 머슴과 미성년자인 머슴이 있었으며,[20] 학력은 한글을 해독하는 것이 46.4%이고 전혀 해독할 수 없는 것이 15.5%로 나타났다.[21]

2. 배후관계에 있어서, 1) 고향과의 관계를 보면, 현 거주지에서의 머슴살이는 36.6%로 나타나서 대개 다른 부락이나 다른 도, 군, 면에서 머슴살이를 하는 경향이었다고 한다.[22] 2) 주택 및 주거형태를 보면, 자기 집에서 거주하는 머슴은 37.8%였고, 주인집에서 거주하는 머슴은 44%였으며, 셋집에서 거주하는 머슴은 13.8%, 사랑방에서 거주하는 머슴이 3.6%로 나타나므로, 대개 주인집이나 셋집 등에서 거주하는 경향으로 나타났다.[23] 3) 경작상황을 보면, 논을 1평도 갖지 못한 머슴이 76.4%였고, 밭을 1평도 갖지 못한

---

19) 엄영진, 「민법상의 고용에 관한 연구」(1961.11), 47면 이하 참조.

20) 미성년자인 머슴은, 농촌의 경우 8.6%였고, 어촌의 경우 3.23%였으며, 산촌의 경우 5.5%였다. 한편 56세 이상의 머슴은, 농촌의 경우 없음에 대하여, 어촌의 경우 6.45%였고, 산촌의 경우 9.1%였다고 한다. 엄영진, 상게논문(1961), 58면.

21) 한글을 해독할 수 없는 머슴으로, 농촌의 경우 14.4%였고, 산촌의 경우 14.5%였으나, 어촌의 경우 19.35%로 어촌이 가장 문맹률이 높았다고 한다. 엄영진, 상게논문(1961), 59면.

22) 엄영진, 상게논문(1961), 60면.

23) 엄영진, 상게논문(1961), 61면.

머슴이 60.4%였으며, 대체로 경제적으로 가난하여 육체적 노동인 머슴을 직업으로 선택하였다고 한다.[24)]

3. 머슴계약의 체결에 있어서, 1) 계약방식을 보면, 구두에 의한 것이 99.6%였고, 성문으로 하는 것이 0.4%로, 거의 전부가 불요식 구두계약에 의하였다고 한다.[25)] 2) 보증인 또는 중개인의 유무를 보면, 보증인이 있는 경우는 4%였고, 보증인이 있더라도 보증계약을 하지 않는 것이 96%였으며, 중개인에 의한 머슴계약은 72.4%였고, 전혀 없는 것이 27.6%였다. 따라서 보증인은 없어도 머슴계약이 성립하지만, 중개인이 없이 머슴계약이 성립하는 것은 어렵다고 하였다.[26)]

4. 머슴계약의 고용조건에 있어서, 1) 고용기간을 보면, 단기간으로 하는 '철 머슴'과 1년으로 하는 머슴이 있으며, '철 머슴'에는 한 철(한 계절, 3월)인 경우가 11.1%, 두 철(6월)인 경우와 세 철(9월)인 경우가 각각 0.4%로 나타났으며, 1년인 경우는 85.8%로 가장 보편적이었다고 한다. 한편 계약의 갱신이 없이 계속하여 머슴살이를 하는 경우도 2.2%로 나타났다.[27)] 2) 휴일제를 보면, 고용기간이 1년인 경우와 한 철 머슴인 경우에 있어서 공통으로 명절은 머슴의 자유일이었고, 1년 머슴인 경우에 있어서 한 철에 1일의 휴일인 경우가 54.5%, 한 달에 1일의 휴일인 경우가 35%, 1주일에 1일의 휴일인 경우가 5.5%, 보름에 1일의 휴일인 경우가 5%로 나타났다.

---

24) 엄영진, 상게논문(1961), 62면.

25) 엄영진, 상게논문(1961), 69면.

26) 엄영진, 상게논문(1961), 70~71면.

27) 엄영진, 상게논문(1961), 71~72면. 따라서 『관습조사보고서』에서의 고용기간에 관한 관습법이 조사 당시에도 존재함을 알 수 있다. 그러나 당사자 간의 계약갱신이 없이도 계약이 계속되는 것은 머슴살이에 있어서 특수성을 나타내고 있다고 할 것이다.

그러나 국경일이라고 하여 휴일로 하는 예는 농, 어, 산촌 어느 곳에서도 찾을 수 없다고 하였다.[28] 3) 휴게시간을 보면, 근로시간이 일출로부터 일몰까지이므로, 계절에 따라서 다르며, 이 조사에 나타난 것을 보면, 4~5시간인 경우가 41.8%, 3~4시간인 경우가 38.7%, 2~3시간인 경우가 18.7%였고, 전혀 없는 경우가 0.9%로 나타났다.[29] 4) 타인에 의한 노무제공을 보면, 머슴이 질병, 개인사정 등으로 노무를 제공하지 못하는 경우에 다른 사람으로 하여금 노무를 제공하여야 하는가에 대하여, 그렇지 않은 경우가 77.8%였고, 타인에 의한 노무제공을 하여야 하는 경우가 22%로 나타났다.[30] 5) 보수(새경, 쇠경)를 보면 (a) 새경의 종류는, 백미인 경우가 84.0%, 벼인 경우가 15.1%, 금전인 경우가 0.4%이고, 기타의 경우가 0.4%로 나타남으로써, 금전보다도 현물로 지급하는 것을 알 수 있다.[31] (b) 새경의 액은, 고용기간에 따라서 달랐으며, 철 머슴인 경우 백미 3가마인 것이 51.9%, 백미 4가마인 경우가 22.2%로, 대개 1월에 백미 1가마 정도인 것을 알 수 있다.[32] 그러나 1년 머슴인 경우에는 백미인 경우와 벼인 경우에 따라서 달랐으며, 백미인 경우 8가마인 것이 31.7%로 가장 많았고, 7가마인 것이 19.5%로 다음으로 나타났다. 그리고 2가마, 3가마, 4가마인 것은 미성년자인 머슴의 새경으로 나타났다. 벼인 경우 18가마인 것이 26.5%로 가장

---

28) 엄영진, 상게논문(1961), 73면 이하.

29) 엄영진, 상게논문(1961), 76면.

30) 엄영진, 상게논문(1961), 78면. 따라서 머슴살이에 있어서는, 타인에 의한 노무제공을 하지 않는 것이 대체로 관습인 것을 알 수 있다. 그렇다면 『관습조사보고서』에서의 고용관습법은 조사 당시에도 잔존함을 알 수 있다.

31) 엄영진, 상게논문(1961), 79면.

32) 엄영진, 상게논문(1961), 80면.

많았고, 다음으로 15가마인 것과 12가마인 것이 각각 14.7%로 나타났다.[33] (c) 새경의 지급 시기는, 철 머슴인 경우와 1년 머슴인 경우를 구분하지 않고, 전불, 후불 및 절충지불로 나눠서 조사한 결과, 절충지불인 것이 77.3%로 가장 많았고, 다음으로 후불인 것이 21.3%, 전불인 것이 0.9%의 순으로 나타났다.[34] (d) 새경 이외의 대우는, 지급을 받는 것이 56.4%이고, 지급을 받지 않는 것이 43.6%였으며, 지급을 받는 경우에 있어서 삼베옷인 것이 19.7%, 광목옷인 것이 85.8%, 작업복인 것이 0.8%, 이발인 것이 71.7%, 고무신인 것이 81.9%로 나타났다. 그리고 그 지급받는 횟수를 보면, 삼베옷은 1벌인 것이 96%로 가장 많고, 광목옷은 2벌인 것이 38.5%로 가장 많고, 이발은 10번 이상인 것이 37.6%로 가장 많고, 고무신은 2~3컬레인 것이 63.5%로 가장 많았다.[35] 6) 후생복지를 보면 (a) 치료비의 부담은, 업무상으로 부상인 경우의 치료비 부담은 주인의 부담인 것이 91.6%로 가장 많고, 우연한 사고의 치료비 부담은 머슴의 부담인 것이 55.6%로 가장 많았다. (b) 주인과의 음식관계는 거의 같다고 한 것이 74.7%로 가장 많았지만, 동등하게 해 준다고 한 것이 12.0%로 나타남으로써, 인격적으로 평등관계에 있었다고 할 수는 없다. (c) 주인과의 친화관계는, 잘해 준다는 것이 48.4%로 가장 많고, 그만하면 보통이라는 것이 28.4%로 나타남으로써, 대개 친화관계임을 알 수 있지만, 구박이 심하다는 것이 4.9%

---

33) 엄영진, 상게논문(1961), 82면 이하.

34) 엄영진, 상게논문(1961), 84면 이하. 이 점에서 『관습조사보고서』에서의 보수의 지급시기와 대조된다고 할 것이다.

35) 엄영진, 상게논문(1961), 86면 이하. 따라서 정해진 보수 이외의 대우가 현물 등에 의하여 이뤄졌음을 알 수 있다.

로 나타나서 아직도 개선될 점으로 지적되었다.[36]

제4절 雇傭에 관한 慣習法의 檢討

지금까지 일제의 한국관습법조사사업에 의한 고용관습법이 어떠한 내용인가를 살펴보았다. 그리고 고용 가운데 머슴살이라는 고유한 관습법의 실태조사를 통하여 일제의 한국관습법조사사업에 의한 고용관습법과의 실증적인 비교를 할 수 있었다.

여기에서 다음과 같은 결론을 얻을 수 있다. 즉, 첫째로, 전통사회에 있어서는 고용법제가 발달하지 않았다는 것이다. 특히 공업이나 상업의 발달이 없는 상태에서 타인의 노무를 이용하는 고용보다도 노비 등에 의하여 강제적 노동에 의한 농업의 노동력을 확보하였음을 알 수 있다. 둘째로, 전통사회에서는 인구가 토지에 정착되어 있어서 노동력의 이동이 자유롭지 못하였다는 것이다. 따라서 노동력이 상품화될 수 없었고, 고용관계가 생성될 수 없었다. 셋째로, 일제에 의한 한국관습법조사사업에 의한 『관습조사보고서』에 의하여 조사 보고된 고용관습법은 일본의 명치민법에 있어서의 고용계약에 관한 내용을 확인하는 것에 지나지 않았다는 것이다. 즉, 보수의 지급시기, 권리의무의 일신전속성, 고용의 기간 및 해약 등에 관한 근대법으로서의 고용계약에 관한 내용을 확인하고 있음을 알 수 있다.

그러나 일제의 식민통치가 경과하는 동안에 초기에는 식민통치

---

36) 엄영진, 상게논문(1961), 92면~96면.

의 기초적 공작에 의하여 농민층의 분해를 가져왔고, 광공업의 초기적 발달로 이농 농민을 저임금의 근로자로 흡수하기에 이르렀다.[37] 점차 일제의 식민경제관계가 강화됨에 따라서 한국인의 광산노동자와 공장노동자의 증가를 가져왔고, 이들의 육체연마적인 노동조건으로 노동력의 재생산도 보장받지 못할 뿐만 아니라 일제의 전쟁의 부담을 한국의 노동자층에 전가시킨 것이었다.[38] 이러한 사정에서는 근대적인 노동관계법은 커녕 올바른 고용관습법의 형성을 기대할 수 없었다고 할 것이다. 이와 같은 일제의 노동력 착취에 대한 저항은, 1922년 일본에서의 한국노동자 학살사건이 발견되었고, 1923년 소작쟁의를 비롯하여 1924년 조선노농총연맹이 창립되었고, 1925년 제1차 공산당사건, 1926~28년 제2차, 제3차 공산당사건이 일어났고, 1929년 원산 부두노동자 대파업의 단행과 제4차 공산당사건이 일어났으며, 1930년 장풍 탄광노동자 폭동이 일어났다.[39] 이와 같은 한국 노동자의 일제에 대한 노동쟁의는 일제가 식민통치를 함에 있어서 한국에서의 고용법제의 발전이 없는 것을 이용하여 노동력을 착취한 것에 대한 생존적 저항으로 보지 않을 수 없다.

그렇다면 일제의 한국관습법조사사업에 의한 고용관습법은 한국에서의 불완전한 관습법을 일본 민법의 고용법에 의하여 확인하고서, 이를 한국의 고용관습법이라고 하여 고용에 관한 분쟁을 해결하는 규범으로 하였다는 역사적 반성을 하지 않을 수 없다. 이와

---

37) 최호진, 『한국경제사』(1991), 218면 이하, 244면 이하.
38) 최호진, 상게서(1991), 272면 이하, 299면 이하.
39) 최호진, 상게서(1991), 부록 주요경제년표, 354~355면 참조.

같은 추론은 1960년대 초의 고용관습법의 실태조사에서 고유한 관습인 '머슴살이'에 관한 관습법에서도 일제의 한국관습법조사사업에 의한 고용관습법이 어느 정도 관습법으로 고착화되었음을 발견할 수 있음에서 나온 것이다.

제15장 商慣習法의 內容分析

제1절 日帝의 韓國慣習法調査事業에 의한 商慣習法의 槪觀

일제의 한국관습법조사사업에 의한 상관습법에 관한 조사보고서
는 『관습조사보고서』가 있고, 한국의 상관습법에 관한 질의에 대한
회답을 수록한 것으로 『민사관습회답휘집』이 있다.

제1. 『慣習調査報告書』와 商事에 관한 慣習法

일제의 한국관습법조사사업에 의하여 조사 보고된 상관습법을 『관
습조사보고서』의 조사문항에 의하여 개관하면, 다음과 같다.[1]

제2편 상법 // 제1장 총칙 // 181, 상호에 관한 관습은 어떠한가.
182, 상업장부에 관한 관습은 어떠한가. 183, 상업사용인에 관한
관습은 어떠한가. 184, 대리상에 관한 관습은 어떠한가. // 제2장
회사 // 185, 회사에 관한 관습은 어떠한가. // 제3장 상행위 // 186,
상인이 계약의 청약을 받고서 바로 낙부(諾否)의 통지를 발하지 않
은 때에는 승낙을 한 것으로 간주할 수 있는가. 187, 상인이 금전

---

1) 조선총독부 참사관실, 『관습조사보고서』(경성: 조선총독부, 1913), 목차 12~14면 및 본문
   368~404면 참조. 여기에서 인용하는 것은 성균관대학교 소장본에 의한다.

의 대차 또는 입체를 한 경우에 이자를 청구할 수 있는가. 188, 교
호(交互: 상호 - 필자 주) 계산에 관한 관습은 어떠한가. 189, 익명
조합에 관한 관습은 어떠한가. 190, 중립(仲立: 중개 - 필자 주) 영
업에 관한 관습이 있는가. 191, 문옥(問屋: 도매상 - 필자 주)에 관
한 관습은 어떠한가. 192, 운송취급인(운송주선업자 - 필자 주)에 관
한 관습은 어떠한가. 193, 물품운송(물건운송 - 필자 주)에 관한 관
습은 어떠한가. 194, 여객운송에 관한 관습은 어떠한가. 195, 기탁
물(임치물 - 필자 주)에 관한 관습은 어떠한가. 196, 창고영업에 관
한 관습은 어떠한가. // 제4장 수형(手形: 어음 - 필자 주) // 197,
수형(手形)에 관한 관습이 있는가. // 제5장 해상(海商) // 198, 선박
의 등기 및 국적증서가 있는가. 199, 선박소유자의 책임은 어떠한
가. 200, 선박공유에 관한 관습이 있는가. 201, 선박의 임대차에 관
한 관습이 있는가. 202, 선장에 관한 관습은 어떠한가. 203, 해원
(海員: 선원 - 필자 주)에 관한 관습은 어떠한가. 204, 해운에 관한
관습은 어떠한가. 205, 해손(海損)에 관한 관습이 있는가. 206, 선
박채권자에 관한 관습이 있는가 등이다.

제2. 『民事慣習回答彙集』과 商事에 관한 慣習法

한국에서는 그동안 『경국대전』(經國大典)의 체제에 의한 법제가
행하여졌지만, 상사관계에 있어서는 민사관계와 함께 아직도 그 불
비와 관습의 불명확으로 갑오개혁 이후의 사회의 변천이나 정치의
추이에 따라야 할 필요가 컸던 것이다. 특히 실제의 상사분쟁을 포
함한 민사분쟁에 있어서 불명확한 민사관습이 문제가 되었다.

일제의 한국관습법조사사업의 일환으로 이뤄진 『민사관습회답휘집』에 있어서 상관습법에 관한 사항을 살펴보면, 다음과 같다.[2]

    상법 // 제1편 총칙 // 제5장 상업장부 / 상업장부의 비치 및 기재의 방식에 대하여 정한 관습은 없다. / 기장(記帳)에 대하여 거래선(去來先: 상행위자 – 필자 주)의 표시를 전주(錢主)로 하는가 차인(差人: 상업사용인 – 필자 주)으로 하는가에 대하여 정한 관습은 없다. // 제6장 상업사용인 // 상업사용인으로서의 차인(差人)의 권한은 관습상 정하여진 것은 없고 동사(同事: 동업 – 필자 주)에 있어서 차인은 조합원인 듯하다. // 제3편 상행위 // 제3장 교호계산(交互計算: 상호계산 – 필자 주) / 교호계산에 있어서 기한 내의 상거래에 의하여 생긴 채권 채무에는 거래가 있는 날로부터 이자를 붙이는 것이다. / 전항의 이자는 특약이 없는 경우에는 1분 5리로 한다. / 교호계산의 잔액은 지불 없는 경우에 당연 차기(次期)의 계산에 포함되는 것이다. / 전 3항의 관습은 객주(客主) 또는 여각(旅閣)을 업으로 하는 상인 간에만 행하여지는 것이 아니다. // 제5장 중립(仲立: 중개 – 필자 주) / 매매중개의 구전(口錢: 수수료 – 필자 주)은 경성에서는 포목(布木)에 대해서는 매주(賣主: 매도인 – 필자 주)는 대가의 백분의 일을 지급하고, 토지 가옥에 있어서는 매주(賣主)와 매주(買主: 매수인 – 필자 주)가 각각 대가의 백분의 일을 지급하는 관습이지만, 기타 물건에 대해서는 당사자의 협정에 의하거나 또는 지방에 따라서 대개 대가의 백분의 일 내지 이의 범위에서 정한다. / 경상남도 거창지방의 시장에서 생우(生牛: 살아 있는 소 – 필자 주)의 매매에 대하여 중개인이 부탁을 받은 경우에 생우(生牛)의 보관은 당연히 중개인에게 속한다는 관습은 없다. // 제6장 문옥(問屋: 도매상 – 필자 주) / 객주(客主)가 고객으로부터 상품 구입할 금전의 기탁(寄託: 임치 – 필자 주)을 받는 것은 그 영업의 범위에 속한다. // 제4편 수형(手形: 어음 – 필자 주) // 환간(換簡: 환표 – 필자 주)은 금전의 지급을 위탁하는 경우에 쓰이고 위체수형(爲替手形: 환어음 – 필자 주)과 마찬가지의 효용을 한다. / 환간은 금전의 지급에 갈음하여 이를 수수함을 통례로 한다. 환간에 의하여 금전지급의 위탁을 받은 자가 그 지급을 하지 않는 경우에 환간의 소지인은 환간 발급자에 대하여 그 금전의 지급을 청구할 수 있다. / 환간에 의하여 금전지급의 위탁을 받은 자가 그 지급에 갈음하여 어음을 교부한 경우는 금전의 지급에 갈음하여 약속수형(約束手形: 약속어음 – 필자 주)을 교부한 것과 마찬가지의 관계에 서는 것이다. 금전지급에 갈음하여

---

2) 조선총독부 중추원, 『민사관습회답휘집』(경성: 조선총독부, 1933), 민사관습회답휘집요지색인 목차 129〜133면 참조.

환간을 수수한 경우는 조건부로 채무의 갱개(更改)를 한 것이라고 할 수 있다. / 어음에 기한 채권의 양도는 어음의 교부에 의한다. / 구한국수형조례(舊韓國手形條例)에 의하여 어음의 발행 수여가 금지된 뒤에도 관습상 아직 유효하게 이를 발행할 수 있다 할 것이다. // 제5편 해상(海商) // 제4장 해손(海損) / 조선에서 선박이 해난에 조우하여 그 위험을 피하기 위하여 선장이 적하(積荷)에 대하여 행한 처분으로 인하여 생긴 손해는 각 하주(荷主)의 분담에 속한다. / 선박위험의 지경에 이르지 않았음에도 불구하고 선원(船員)이 공포심을 갖고서 적하(積荷)를 투기함으로 인하여 생긴 손해는 해난의 예에 의하지 않고 선주(船主)가 부담하여야 한다. / 해난에 조우한 선박에 하주(荷主)가 편승하였든지 아니든지 선박이 예정에 반하여 도중에 정박을 하든지 않든지 선주(船主)의 책임에 증감이 없는 것이다 등이다.

이 『민사관습회답휘집』에 의한 상관습법에 관한 사항을 살펴보면, 제1편 총칙 제5장 상업장부에 관한 것이 2건, 제6장 상업사용인에 관한 것이 1건, 제3편 상행위 제3장 교호계산에 관한 것이 4건, 제5장 중립(仲立)에 관한 것이 2건, 제6장 문옥(問屋)에 관한 것이 1건, 제4편 수형(手形)에 관한 것이 5건, 제5편 해상 제4장 해손(海損)에 관한 것이 3건이었음을 알 수 있다.[3]

제3. 商事慣習調査와 商事에 관한 慣習法

일제의 한국관습법조사사업에 있어서 상사관습조사는 종래 민사관습과 함께 구관습 조사에 포괄적으로 조사되었다.[4] 그러나 1923년부터 조선총독부 중추원에서는 이를 바꿔서 상사관습조사에 중요성을 인정하여 '상사관습조사항목'을 편성하여 독립조사를 하게

---

3) 여기에서의 편, 장의 구별은, '조선민사령'의 시행에 따라서 일본 상법이 의용되고 있었기 때문에 일본 상법의 편, 장의 구별에 의한 것으로 보인다. 윤대성, 「일제의 한국관습법조사사업에 관한 연구」(1992), 63면 참조.

4) 조선총독부 참사관실의 조사문제항목에서도 상사관습항목을 민사관습항목과 함께 입안하였음에서도 알 수 있다. 조선총독부 중추원, 『조선구관제도조사사업개요』(1938), 63~66면 참조.

되었다. 그 조사항목의 편성은 민사관습과 거의 동일한 방법으로 일본 상법의 편별을 모방하여 한국 특유의 것을 더하였고, 필요한 것은 절 다음에 관·항을 두었다.[5]

이 '상사관습조사항목'을 살펴보면, 일제의 한국관습법조사사업에 의한 상 관습법의 조사가 어떤 내용이었는가를 알 수 있다.

일제의 한국관습법조사사업에 있어서 '상사관습조사항목'의 내용을 보면, 다음과 같다.[6]

제1장 상업단체(商業團體) // 제1절 육의전(六矣廛) / 제2절 보부상(褓負商) / 제3절 각전도중(各廛都中) / 제4절 시장(市場) // 제2장 상인(商人) // 제1절 상인의 종류 / 제2절 영업소 / 제3절 상업장부 // 제3장 상업사용인 // 제1절 사용인의 종류 / 제2절 사용인의 권리의무 // 제4장 대리상 // 제5장 회사(會社 ; 合股(합고)) // 제6장 상행위 // 제1절 매매 / 제2절 교호계산 / 제3절 동사(同事) / 제4절 중립영업(仲立營業) / 제5절 문옥영업(問屋營業) / 제6절 운송영업 / 제7절 창고영업 // 제7장 수형(手形) // 제1절 어음(於音) / 제2절 환간(換簡) // 제8장 해상(海商) // 제1절 선박 급 선박소유자 / 제2절 선원 / 제3절 수상운송(水上運送) / 제4절 해손(海損) / 제5절 해난구조.

그러나 조선총독부 참사관실이 편성한 조사문제에 대한 조사는 이미 거의 이뤄져서 1921년 말까지 조사를 마치고, 1922년에는 보충조사를 함으로써 보고서를 인쇄에 붙이게 되었다. 그럼에도 불구하고 조선총독부 중추원에서는 1923년 말에 조사항목 내의 상업의 주체 및 보조, 상업장부, 각종의 상행위 및 수형(手形: 어음)에 관한 조사를 마치고, 다시 1925년 말에는 객주(客主) 및 여각(旅閣), 거간(居間) 및 가쾌(家儈), 어음 및 환간(換簡), 동사(同事), 상업장부, 상업사용

---

5) 조선총독부 중추원, 상게서(1938), 85~86면.
6) 조선총독부 중추원, 상게서(1938), 86~88면.

인, 교호계산, 창고영업 등에 대하여 보고서의 편찬에 착수하였다. 그러나 1928년에는 세부에 걸쳐서 아직 불비한 점이 있으므로 보충조사가 필요함을 인정하고 계속하여 조사하기로 하였지만, 1931년 말에 이르러 이 조사의 완벽을 기함에는 아직 많은 시간을 요할 뿐만 아니라 '조선민사령'의 시행으로 일본 민법 기타 일본법의 적용이 점차 확장되었고, 특히 상사에 대하여 거의 관습법이 적용될 여지가 없으므로 1932년부터 상사관습의 조사를 중지하고 말았다.[7]

그럼에도 불구하고 일제의 한국관습법조사사업에 있어서 상사관습조사는 처음에는 민사관습과 함께 구관습 조사에 포괄하여 조사하였으나, 그 중요성을 인정하여 독립조사를 실시하다가 중지되고 말았던 것이다. 일제의 한국통치가 진행됨에 따라서 '조선민사령'에 의한 일본 상법이 의용됨에 따라서 상사에 관하여 한국의 관습법이 적용될 여지가 없어졌기 때문에 상사관습법조사의 필요성이 없었던 것이 관습법조사의 중지사유로 중요성을 갖게 한다. 이 점은 민사관습법조사에서도 마찬가지였다.[8] 결국 일제의 한국관습법조사사업은 민사관습법뿐만 아니라 상사관습법에 대해서도 일본법과의 동화를 위한 식민통치의 기초사업이었음을 확인할 수 있다.

제2절 商事에 관한 慣習法의 內容分析

제1. 商號에 관한 慣習法

우리나라에 있어서의 상호(商號)에 관한 관습법에 대하여, 상인

---

7) 조선총독부 중추원, 상계서(1938), 88~89면.
8) 윤대성, 「일제의 한국관습법조사사업에 관한 연구」(1992), 62~63면.

이 상업상으로 사용하는 명칭이 있는가, 성명을 쓰는 경우일지라도 이를 상업상의 명칭으로 상속하거나 영업과 함께 이를 양도할 수 있는가, 성명 이외의 명칭(예컨대, 당(堂), 루(樓), 사(舍), 행(行), 호(號)와 같음)을 쓴다면 가장 보통인 것은 어떠한 것인가, 다른 사람이 동일한 영업을 하기 위하여 동일한 명칭을 쓸 수 있는가, 영업과 함께 이를 양도한 경우에 다시 동일한 영업을 할 수 있는가, 오직 동일한 명칭을 사용하지 않으면 이를 하는 것을 방해받지 않는가, 만약 동일한 영업을 할 수 없다면 일정한 기한이 있는가, 어떠한 경우에도 동일한 영업을 할 수 없는 지역은 어느 것인가 등을 조사하였다. 이와 같은 조사사항에 대하여 『관습조사보고서』는, 한국인은 종래 상호(商號)를 쓰지 않고 보통 성명을 사용하였으며, 오직 영업의 종류를 표시하는 명칭을 붙임에 그침으로써, 동일한 상업을 경영하는 사람은 모두 동일한 점명(店名)을 붙였다. 예컨대, 마포(麻布), 목면(木棉) 같은 것을 판매하는 점포는 모두 포목전(布木廛)이라 하고, 약종상은 건재국(建材局), 질옥(質屋)은 전당국(典當局)이라고 칭하는 것과 같았으며, 오늘날에는 상호를 사용하는 사람이 적게 있지만 그것은 최근의 현상으로서 상호에 대해서는 아무런 관습을 볼 수 없었고, 또 영업을 양도하는 것 같은 관례는 없다고 보고하였다.[9]

일제는 明治 14년 4월에 독일 로스톡 대학의 교수였던 로에스렐에게 상법전의 기초를 위촉하여 明治 17년 1월에 초안을 완성하고 이유서를 발표하였다.[10] 이렇게 제정되어서 1890년에 공포된 명치

---

9) 조선총독부 참사관실, 『관습조사보고서』(1913), 368면.
10) 로에스렐은 그의 상법초안탈고보고서에서 초안 작성에 2년 9개월이 걸렸고, 처음의 예정을

상법 제23조에 의하면, 각 상인은 상호를 갖고 모든 상법상에 있어서 자기를 표시하기 위하여 이를 사용하며, 만약 한 사람이 자본을 나눠서 여러 개의 영업을 하는 경우 그 영업에 대하여 각각 다른 상호를 가져야 한다고 규정하였고, 또한 제26조에는 상호는 등기를 함으로써 동일한 영업에 대하여 한 지역 내에서 전유하는 권리를 취득하고 다른 사람은 이를 사용할 수 없다고 하였다. 따라서 상호단일의 원칙을 받아들였던 것이다.[11] 그러나 일본에서는 이에 앞서 1888년 1월에 법률취조위원회가 동경상공회에 대하여 '상호전용규칙'(商號專用規則)이라는 원안을 붙여서 자문을 구하여 압도적으로 다수의 의결을 받았었다.

따라서 일제는 한국에 있어서도 명치유신법의 입법경험에 따른 상호에 관한 관습법을 확인하고자 하였던 것이다. 그럼에도 불구하고 한국에서는 근대적인 상호에 관한 관습법을 확인할 수 없었다. 그렇다면 한국에서의 상호에 관한 관습법은 일제의 지배 이후 상거래에 있어서 형성된 것으로 보아야 할 것이다.

제2. 商業帳簿에 관한 慣習法

우리나라에 있어서의 상업장부(商業帳簿)에 관한 관습법에 대하여, 상인은 관습상 어떠한 장부를 비치하는가, 상업에 따라서 차이가 있으면 그 차별은 어떠한가에 대하여 조사를 하였다. 이에 대하

넘어서 상세한 설명서를 작성하였다고 하였으며, 그의 일본상법에 관한 그의 저술은, *Entwurf eines Handelsgestzbuchs fur Japan mit Kommentar*, 3 Bde., 1884; 동, 商法草案 4권(1884)이 있다. 福島正夫, 『日本資本主義の發達と私法』(東京 : 東京大學出版會, 1988), 75면 및 주 9) 참조.

11) 福島正夫, 상게서(1988), 85〜86면.

여 『관습조사보고서』는, 한국에서는 상인이 비치하는 장부로서 관습상 인정한 것은 없고, 또 상인은 반드시 상업장부를 비치하여야 하는 관습이 없다. 따라서 상인은 영업에 관한 장부를 비치하는 자가 없다. 그 종류, 명칭 등은 반드시 일정하지 않더라도 보통 사용하는 것은 일기책(日記冊) 및 장책(帳冊)이 있다. '일기책'은 매일의 거래 기타 영업에 관한 사항을 수시로 기입하는 장부를 말하고, '장책'으로 통하는 명칭에는 그 종류 및 명칭이 사람에 따라서 일정하지 않다. 현재의 장책(帳冊) 일반을 보면, 괘매(掛賣: 외상판매)를 기입하는 것을 '외상장책'이라 부르고, 괘매(掛買: 외상구매)를 기입하는 것을 '타급장책'이라 부르고 있고, 혹은 상책(上冊), 하책(下冊)이라 부르고, '상책'에는 현금판매를 기입하고, '하책'에는 외상판매를 기입하고 있다. 그 밖에 '물출입책'은 상품의 출입을 기입하고, '명심록'은 시대(時貸: 일시적으로 돈을 빌려 줌), 시차(時借: 일시적으로 돈을 빌려 씀) 등 다른 장부에 기재할 사항을 기입한다. '거래책'이라는 것은 금전의 지출 및 수입을 기입하는 것이고, 판매를 기입하는 것을 '방매책', 구입을 기입하는 것을 '매득책'이라 부르는 것이 있어서 모두를 들 수가 없다. 또 '회계책'이라는 수지의 계산을 기입하는 장부를 비치하는 사람이 많다. 특히 객주업을 경영하는 사람은 대개 '도객기'라 부르고, 하주 또는 매수객의 거래를 기입하는 장부를 비치하는 것이 보통이다. 이들도 모두 총칭하여 '장책'이라 부르며, 상업의 종류에 따라서 장부의 종류 및 명칭에 다소 차이가 없지 않지만 원래 일정하지 않았다. 또한 장부의 기재방식, 보존기한 등에 대한 관습이 없다고 말할 수 있다. 오직 실제의 필요로 오래 이를 보존하는 것은 힘들고, 뒷날 분쟁이

생긴 경우는 상인 간에 장부의 기재를 대조하여 이를 결정하는 것이 많다고 말한다고 보고하였다.[12]

한편 상업장부에 관한 관습법의 존부에 대하여, 1909년 8월 25일에 平壤控訴院에서 조회한 것에 대하여, 法典調査局이 같은 해 9월 23일에 法 제8호로 회답한 것이 있다. 즉, 조회내용을 보면, ① 전주(錢主: 물주)가 그 사용인이 상업거래의 상대방에 대한 영업상의 채무변제의무는 상대방인 상인이 만든 상업장부가 있는가 없는가, 또는 그 상업장부의 기재방식은 어떤 형식으로 하는가에 관계없이 현실로 전주(錢主: 물주)의 사용인이 그 상업거래의 상대방에 대하여 영업상의 채무가 현존하고 있는 사실 확정이 있는 이상 그 영업상의 채무는 당연히 전주 또는 물주에게 변제의무가 있으므로 거래상대방인 상인의 상업장부의 유무 및 그 상업장부의 기재방식은 어떻더라도 전주(물주)는 그 사용인의 행위에 대한 책임의무에 아무런 영향을 미치지 않는지, ② 光武 7, 8, 9년에 경성상인이 지방상인과 상거래를 함에 있어서 그 거래당사자가 전주(물주)와 그 사용인이 있는 경우에 경성상인의 상업장부에는 사용인만의 성명을 표시하고 전주(물주)의 성명은 상업장부에 표시가 생략되는 관습이 있는지, 상세히 말하면 지방에 있는 전주(물주)는 거리가 멀리 떨어져서 경성에 가는 것을 보통 그 사용인만을 경성에 파견한 경우에 경성상인의 상업장부에는 사용인만의 성명을 장부에 표시하고 전주(물주)의 성명은 이를 표시하지 않는 관습이 존재하는가에 관한 것이었다. 이 조회에 대하여 법전조사국은, 첫째로 상업장부의 비치 및 그 기재방식에 대하여 정한 관습이 없다고 하고,

---

12) 조선총독부 참사관실, 『관습조사보고서』(1913), 369~370면.

둘째로 자기의 상업장부에 거래당사자인 전주의 성명을 기재하지 않고 사용인의 성명을 기재하는지 않는지 분명하지 않을 뿐 아니라 관습으로 인정되는 것도 없다고 회답을 하였다.[13]

여기에서 상업장부에 관한 관습법에 대하여, 『관습조사보고서』와 『민사관습회답휘집』은 한국의 상거래에 있어서 실제로 작성되고 있는 상업장부에 대한 관습을 올바르게 인식하지 못한 것을 드러내고 있다. 일제는 명치유신상법에서의 상업장부에 관한 근대법(제1편 제4장)의 관점에서 파악한 것이 아닐 수 없다. 따라서 우리나라에는 『관습조사보고서』에서 간략하게 보고된 것과 같이 상거래의 관습에 있어서 상업장부가 작성되어서 비치되었음을 일제는 근대법적으로 재구성을 못 한 것으로 보아야 할 것이다.

제3. 商業使用人에 관한 慣習法

우리나라에 있어서의 상업사용인에 관한 관습법에 대하여, 예컨대 지배인 또는 이에 유사한 자가 있는가, 만약 있다면 그 권한은 어떠한가, 번두(番頭: 고용인의 우두머리), 수대(手代: 우두머리의 대리인) 등의 권한은 어떠한가, 상업사용인의 고용계약에 대하여 특별한 관습이 있으면 그 관습은 어떠한가를 조사하였다. 이 조사사항에 대하여 『관습조사보고서』는, 상업사용인에는 차인(差人), 서기(書記), 사환(使喚)의 3종이 있으며, '차인'은 주인에 갈음하여 영업상의 행위를 하는 자로서 점포에서 집무를 하는 자 또는 지방에 파견되는 자로서, 그 권한은 관습상 일정하지 않아서 혹은 영업을

---

13) 조선총독부 중추원, 『민사관습회답휘집』(1933), 17~19면.

일체 담임하고, 혹은 일일이 주인의 지휘를 받아 행위를 하고, 혹은 특정한 행위를 하는 권한을 위임받은 자로서 재판상 당연히 주인을 대리하지만, 차인 이외의 상업사용인을 고용하거나 해고하는 권한은 없다. 차인의 보수는 정기로 받는 정액의 급료로 하거나 매 연말에 이익의 배당을 받는 것이거나 주인으로부터 의식(衣食)을 급여받아 이를 자변하는 것이 있어서 반드시 한 가지가 아니다. '서기'는 기장 및 계산의 일을 하는 자로서, 의식을 급여받거나 급료를 받는 것이 통례이며, '사환'은 영업에 관한 잡용에 사역되는 자로서 이 역시 의식을 급여받고 급료를 받는 것이 보통이다. 상업사용인의 고용계약에 대해서는 특별한 관습이 없고 오직 사환으로서 충실한 자는 상당한 연령에 이른 뒤에 차인으로 하고, 또 차인이 오래 주인집을 위하여 바친 경우에는 상당한 자금을 줘서 독립영업을 하게 할 수 있지만, 원래 주인의 의사에 따른 것이라고 관습법을 보고하였다.[14]

한편 상업사용인에 관한 관습법의 존부에 대하여, 1909년 8월 25일 평양공소원의 조회에 대한 같은 해 9월 23일에 법전조사국이 法 제8호로 회답한 것이 있다. 즉, 평양공소원이, 광무 7, 8, 9년에 경성상인과 지방상인과의 거래에서 전주(錢主: 물주)는 그 차인의 영업상의 채무를 당연히 지변할 책임이 있는지 그 관습법의 존재는 어떠한가, 상세히 말하면 전주(또는 물주)의 차인이 상업에 실패하여 영업상의 거래에서 영업상의 채무를 갚아야 할 경우에 그 차인의 전주(또는 물주)는 당연히 그 영업상의 채무를 갚아야 할 의무가 있다는 관습이 존재하는가를 조회하였다. 이에 대하여, 법전조사국

---

14) 조선총독부 참사관실, 전게서(1913), 370면.

은, 첫째로 전주 및 차인이라는 말은 동사(同事)에 있어서 출자자를 전주라 하고, 노무자를 차인이라 한다. 또 상업주를 전주라 부르고, 상업사용인을 차인이라고 함으로써, 전주와 차인과의 관계는 경우에 따라서 같지 않다. 차인의 행위에 대한 전주의 책임은 동사(同事)의 경우에 그 영업행위인가 아닌가에 따라서 정하여지고, 주인인가 차인인가는 경우에 따라서 그 권한의 유무로 정하여지는 것이다. 즉, 앞의 경우에는 동사의 영업행위에 대하여 차인의 행위일지라도 전주는 차인과 공동책임을 지고, 뒤의 경우에는 권한 내의 행위가 아닌 때는 전주는 차인의 행위에 대하여 스스로 책임을 부담하지 않으므로 주인이 타지에 차인을 보내는 경우에는 그 차인이 할 수 있는 권한의 범위를 상대방에게 통지하는 것이 보통이라고 하였다. 둘째로 상업사용인인 차인의 권한은 광협이 일정치 않고, 각 수여된 권한의 범위에 의하여 정하여지는 것이다. 따라서 동사(同事)에 있어서 차인은 조합원에 지나지 않는다고 회답을 하였다.[15]

여기에서 한국에 존재하는 특별한 상거래에 있어서의 관습법을 일제는 이미 수용한 근대법의 상업사용인이라는 개념으로 인식을 함에 따라서 실제의 관습법을 있는 그대로보다는 근대법적으로 재구성한 것으로 볼 수 있다.

제4. 會社에 관한 慣習法

우리나라에 있어서 회사에 관한 관습법에 대하여, 그 종류(합명회사, 합자회사, 주식회사 등과 같음)는 어떠한가, 어떠한 영업을

---

15) 조선총독부 중추원, 전게서(1933), 17~19면.

목적으로 하는 것이 가장 많은가, 자유롭게 회사를 설립할 수 있는가, 장래 관허를 얻으면 회사를 설립할 수 있는가, 만약 영업의 종류에 따라서 구별한다면 그 구별은 어떠한가, 사원총회에 관한 관습은 어떠한가, 사원의 책임은 모두 무한한가 아닌가, 만약 유한책임인 자가 있다면 그 자의 권리 의무는 어떠한가, 사원의 권리를 증권에 기재하는 등의 절차는 없는가, 이 경우에는 각 증권의 금액은 균일한가 아닌가, 만약 그렇다면 그 금액은 얼마로 하는 것이 많은가, 사원총회 이외에 감사역 같은 기관이 있는가, 사채 또는 이에 유사한 것을 인정하는가, 정관의 변경에 관한 관습은 없는가, 관청에서 회사의 해산명령을 할 수 있는가, 사원이 1인인 때는 회사는 해산되는 것이 물론인데 2인 이상이더라도 일정한 수로 감소하면 해산하는 관습은 없는가, 기타 해산에 관한 관습은 없는가, 그 밖에 조합에 관한 관습과 같은가, 만약 그렇지 않다면 그 차이는 어떤가, 또 회사의 종류에 따라서 차별이 있다면 그 차별은 어떠한가를 조사하였다. 이와 같은 조사사항에 대하여, 『관습조사보고서』는, 옛날에는 회사를 설립하여 상업을 경영한 것 같지 않으므로 이에 관한 관습의 기록이 없지만 최근에 번화한 곳에 회사의 설립을 보게 되었더라도 그 수가 아직 많지 않다. 이에 '회사령'(會社令)[16]의 시행 전에 이미 설립된 회사는 2, 3을 들 수 있다. 경기도

---

16) 일제는 한일합병을 하고 1910년 12월에 '조선회사령'을 시행세칙과 함께 제정 공포하여 1911년 1월부터 시행하였다. 이 회사령의 주요내용은, 조선에서의 회사설립 및 조선 외에 설립된 회사가 조선에 지점을 설치하고자 할 때에는 조선총독부의 허가를 받아야 한다는 것으로, 한국에서의 회사설립은 허가주의로 채택한 점이다. 그러나 이 '회사령'의 시행에 대하여, 한국의 산업발전을 위한다는 표면적 이유를 내세워 일제가 한국의 개발정책에 따라서 한국 내에서의 근대 공업건설을 견제하기 위한 것이었다는 비판이 있다. 조기준, 『한국자본주의성립사론』(서울: 대왕사, 1985), 350~351면.

개성에는 직물, 면사 및 외국산물의 수입을 목적으로 한 합명조직의 회사가 있고, 관허를 받아서 설립한 것으로서 사원은 모두 무한책임을 부담한다. 또 경상북도 경주에는 光武 6년(1902)에 설립한 잠상합자회사라는 것이 있고, 양잠과 뽕나무의 재배를 목적으로 한 명칭은 합자회사일지라도 사원 모두가 유한책임으로 무한책임을 부담하는 자가 없고 지분은 1구 10원으로 125구로 나눠서 자본액 1,250원으로 설립할 때에 관허를 받았다. 연 2회의 정기총회를 개최하여 결산보고, 역원의 선정, 사업의 방침 등을 의결하고, 증권을 발행하여 지분 양도 시에는 신구증권의 교환을 하고, 역원은 사장, 부사장, 총사무원, 회계원 등으로 하고, 정관이 있어서 그 변경은 사원총회에서 이를 결의하고, 총회는 총사원의 10분의 1 이상 출석하지 않으면 개의할 수 없다. 기타 지분의 상속, 결의의 방법, 잔여재산의 분배 등은 조합에 관한 관습(조사문항 제101문)에서 기록한 동사(同事)[17)에서와 별로 차이가 없다. 또 경상남도 울산에는 일본인과 한국인이 공동경영으로 세운 주식조직의 어업회사가 있고, 또 초량에도 약 10년 전에 회흥사라는 것이 설립되어서 자본금 2,800원을 갖고 14인의 사원이 각 200원을 출자하여 창고업을 경영하여 화물의 보관료를 받을 목적으로 하였다. 그 설립은 관허를 거친 것으로 매년 1회의 총회를 개최하고 사원은 모두 무한책임을 부담하며 지분에 대해서는 따로 증권을 발행한다. 그 양도는 총사원의 동의를 요하고 양도의 경우에는 사원명부에 기입하고 역원으로는 총무 1명, 간사 1명, 고문 1명이다. 정관을 작성하였고 그 변경은 총사원의 출석으로 총회에서 의결한다. 기타의 점에 대해서는 동사와

---

17) 조선총독부 참사관실, 전게서(1913), 258~260면.

다른 것이 없다. 또 전라남도 무안에는 조사 당시에 목포상업주식회사가 설립의 청원 중이었으므로 이미 설립한 것은 없었다. 또 전라남도 광주에는 光武 10년(1906) 8월에 설립한 목물, 피규, 선자, 유물, 철물 및 여러 물화제조에 관한 업무를 목적으로 한 합자광주공업회사라는 것이 있다. 사원 6명으로 자본금 6,000원을 각 사원 2구를 갖고 무한책임을 부담한다. 사장 1명, 총무 1명, 사무원 1명을 두고, 사장 이하의 역원으로 회사에 손해를 생기게 한 때에는 이를 배(倍)로 변상할 책임이 있다. 또 광주주식잠농사라는 것이 있다. 융희 2년(1908) 1월에 발기한 잠농의 개량을 목적으로 하여 자본금 2,000원으로 이를 400주로 나눠서 매 주 5원으로 하고, 주금의 납입은 1회에 전부를 완납하는 것으로 하였다. 사원은 유한책임을 부담하고, 이를 취득한 경우에는 소유부동산의 반액 이하를 담보로 하여 사채를 발행할 수 있다. 연 2회의 총회를 개최하고 역원은 사장 1인, 부사장 1인, 간사장 1인, 재무원 1인, 회계원 1인, 사무원 1인으로 하고, 사장은 회사를 대표하고, 사원은 임의탈퇴를 허용하지만, 지분은 이를 회사에 몰수하는 것이다. 이 외에 평양에 사기제조주식회사가 있다. 모두 1, 2가 회사라고 하지만 동사(同事)에 불과하다. 회사의 설립에 대해서는 종전에도 출원을 한 때에는 폐해가 없는 때에 한하여 일정한 조건 아래 인허를 하여 주는 방침이었지만, '회사령'이 시행된 뒤에는 인허를 받는 것이 필요하게 되었다고 보고하였다.[18]

그러나 한국에 있어서의 회사제도에 관해서는 兪吉濬이 1882년에 '상회규칙'(商會規則)을 소개하고, 1883년에 『한성순보』(漢城旬

---

18) 조선총독부 참사관실, 상게서(1913), 371∼373면.

報) 제3호에 「회사설」(會社說)이라는 논문을 통하여 서구의 회사제도를 소개함으로써, 한국에 있어서 근대 상업에 회사설립의 필요성과 그 조직 및 설립절차를 상세히 소개하여 개항 후 민족상인의 회사설립에 대하여 지침이 되었다. 따라서 한국에서의 상사, 공사 혹은 회사 등의 명칭을 갖는 새로운 상업조직이 1880년 초부터 나타났던 것이다. 서울을 비롯한 대도회지 및 개항장에 서구의 상사회사를 본떠서 각종의 회사가 설립되었으며, 갑오개혁 이전에 설립된 회사만도 40여 개에 이르렀다.[19] 그 밖에 전통적인 상인단체들이 개항장에 유입된 근대적 상업질서를 받아들임으로써 점차 근대적인 상인단체로 발전을 하였던 것이다.[20] 한편 금융업에 있어서도 1896년에 조선은행이 설립되었고, 1897년에 한성은행, 1899년에 대한천일은행이 설립되었으며, 1906년에 한일은행이 설립되었던 것이다. 그리고 기타 금융기관으로서 농공은행, 지방금융조합, 한성공동창고회사, 수형조합 등이 설립을 하였다.[21] 그렇다면 일제의 회사에 관한 관습법 조사보고는 당시 한국에 있어서의 회사에 관한 실태도 제대로 파악하지 못한 것이라고 할 것이다.

제5. 商行爲에 관한 慣習法

우리나라에 있어서 상행위에 관한 관습법에 대하여, 상사계약(商

---

19) 조기준, 전게서(1985), 286~295면.

20) 그 예로 객주조합 및 객주회로서 원산상의소, 인천객주상회, 부산상업회사, 목포상객주 등, 한국인 상업회의소로서 한성상업회의소 등이 설립되어서 활동을 하였다. 조기준, 상게서(1985), 296~307면.

21) 조기준, 상게서(1985), 308~324면; 정희철, 「고본회사」, 『법학』, 제21권 제1호(서울대학교 법학연구소, 1980), 217~222면.

事契約), 상사이자(商事利子), 익명조합(匿名組合), 중개영업(仲介
營業), 문옥(問屋), 운송취급인(運送取扱人), 물품운송(物品運送),
여객운송(旅客運送), 임치물(任置物) 및 창고영업(倉庫營業) 등에
관한 관습을 보고하였다. 이 가운데『관습조사보고서』와『민사관
습회답휘집』에 함께 보고된 교호계산(交互計算: 상호계산), 중립
(仲立: 중개) 및 문옥(問屋: 도매상)에 국한하여 살펴보고자 한다.

1. 交互計算에 관한 慣習法

한국의 상거래에 있어서 교호계산에 관한 관습에 대하여, 2인 사
이에 일정한 기간 내의 거래에서 발생한 채권, 채무의 총액에 대하
여 상쇄하고 그 잔액을 지불하는 것을 약정할 수 없는가, 만약 이것
이 있다면 그 통상 기간은 어떠한가, 특약이 없어도 계산폐쇄일로
부터 이자를 붙일 수 없는가, 이 계약은 당사자 쌍방으로부터 언제
라도 해제할 수 있는 관습은 없는가를 조사하였다. 이 조사사항에
대하여,『관습조사보고서』는, 한국에서도 평상 계속하여 거래를 하
는 상인 간에는 일정한 기간을 한정하여 그 사이에 생긴 채권, 채무
의 총액에 대하여 상쇄를 하고, 그 잔액만을 지불하는 것을 약정한
예가 있다. 그 기간은 혹은 1년으로 하고, 혹은 6개월로 하고, 혹은
3개월로 하고, 짧게는 1개월마다 계산을 하는 것이 있어서 반드시
일정하지 않다. 따라서 이와 같은 특약을 하는 것은 서로 신용 있는
경우에 한하므로, 당사자 쌍방이 언제라도 해약을 할 수 있고, 또
이자는 계산 전에는 물론 계산 후에도 이를 대차로 바꾸어 이자를
약정한 경우 이외에 이자를 붙이지 않는 것이 통례일지라도 객주와
의 거래에 대해서는 거래일로부터 이자를 붙이고 계산 후에는 그

잔액에 이자를 붙이는 관례가 있다고 한다고 보고하였다.[22]

한편 교호계산에 관한 관습법의 존재에 대하여, 1920년 2월 3일 조선고등법원장 대리가, 상인 간에 교호계산의 약속을 한 때에는 기간 내의 거래로부터 생긴 채무에 대하여 거래가 있은 날로부터 쌍방이 모두 이자를 붙이는 관습이 있는지, 이와 같은 관습은 특수한 상인 간에 한하여 있는지, 이와 같은 관습이 있으면 당사자 간에 특약이 없는 때에는 그 이자율은 얼마인지, 상인 간에 교호계산의 약속이 있은 경우에 상쇄계약으로 생긴 잔액을 지불하지 않은 때 그 잔액은 당연히 차기 계산에 산입되는 관습이 있는지, 이와 같은 관습은 상인의 종류에 따라서 구별이 있는지를 조회하였다. 이에 대하여, 같은 해 4월 28일에 정무총감은 調樞發 제84호로, 첫째로 교호계산의 계약을 한 때에는 기간 내의 상거래로 생긴 채권, 채무에 대하여 거래가 있은 날로부터 이자를 붙이고, 둘째로 이자는 당사자 간에 특약이 없는 때에는 월 1푼 5리로 하고, 셋째로 교호계산의 잔액을 지불하지 않은 때에는 그 잔액은 당연히 차기 계산에 산입되고, 이와 같은 것은 객주 또는 여각을 업으로 하는 상인 간에서 행하여지는 관습으로서 일반상인에는 행하지 않는다고 회답을 하였다.[23]

2. 仲立에 관한 慣習法

우리나라의 상거래에 있어서 중립에 관한 관습법에 대하여, 타인 간의 거래를 매개하는 것을 업으로 하는 자(仲立人: 중개업자)가 없는가, 만약 있다면 그 권리 의무는 어떠한가, 중립인은 당사자의

---

22) 조선총독부 참사관실, 전게서(1913), 375~376면.
23) 조선총독부 중추원, 전게서(1933), 374－375면.

일방이 누구인가를 상대방에게 표시하는가 않는가, 만약 이를 표시하지 않았다면 상대방에 대한 책임은 어떠한가를 조사하였다. 이 조사사항에 대하여, 『관습조사보고서』는, 한국에는 거간(居間)이라는 것이 있어서 타인 간의 거래를 매개하는 것을 업으로 하는 자로서 오직 상거래의 매개를 하는 것만이 아니라 토지, 가옥의 매매, 대차, 전당 등의 매개도 하는 것이다. 따라서 거간은 이를 전업으로 하는 자가 있고, 또 부업으로 하는 자가 있고, 또 상거래만을 매개하는 자가 있다. 그러한 자는 시장에서 이를 경영하는 자가 있고, 객주의 점포에서 이를 경영하는 자가 있다. 어느 경우도 구전(口錢), 즉 수수료를 받을 목적으로 하고, 그 비율은 일정하지 않다. 경성에서는 대개 거래액의 100분의 1 내지 2로 하더라도 실제는 구구하여, 혹은 당사자의 일방으로부터 이를 받기도 하고, 혹은 이를 쌍방으로부터 받기도 하지만, 매도인으로부터 받는 것이 통례이고 많은 경우에 상거래 종료 시에 이를 받는 예도 있고, 계약 성립과 동시에 이를 받는 것이 없지 않다. 거간이 거래의 매개를 함에는 당사자의 일방이 누구인가를 상대방에게 알리는 것이 통례이고, 그 매개방법은 상대방이 확실함을 보증하여 이를 하는 것이 있고, 혹은 단순히 이를 소개하는 데 지나지 않는 것이 있다. 상대방이 확실함을 보증한 경우에는 당사자의 일방에 대하여 상대방이 의무 불이행을 한 경우에 책임을 질 것이라고 말할 수 있을지라도, 단순이 소개를 한 경우에는 아무런 책임을 부담하지 않는다. 그렇지만 때로는 당사자의 일방이 누구인가를 알리지 않은 경우에는 거간은 당사자의 다른 일방에 대하여 스스로 당사자인 것과 마찬가지로 그 책임을 져야 할 것이다. 거간은 장부를 비치하고 있더라도 관습

상 이것을 비치할 것을 필요로 하지 않는다. 또 당사자가 바로 이
행을 하지 않는 경우이더라도 특히 서면을 작성하여 각 당사자에
게 교부하는 것 같은 관행은 없다. 또 경성(평양도 있음)에는 가쾌
(家儈)라는 것이 있어서 가옥의 매매, 전당, 대차의 중개를 하는 것
을 업으로 한다(敷地에 대해서도 같음). 가쾌가 되기 위하여 옛날
에는 아무런 절차를 요하지 않았지만, 개국 502년(1893) 이후 한성
부의 인허를 받을 것을 요하고, 한성부에서는 출원에 의하여 그 신
원을 조사한 뒤에 상당하다고 인정된 자에 한하여 인허를 하여 준
다고 말한다(1909년 9월 이후 이 제도가 폐지되어서 자유영업을
하게 되었음). 그 인허장은 세속에서 첩장(帖帳)이라고 부르고, 그
양식24)을 들고 있다. 가쾌는 일정한 사무소를 가지며 이를 복덕방
(福德房)이라고 부른다. 대개 여러 사람이 공동사무소로 하여 경성
내에 100개소가 있다. 가쾌의 수는 500명에 이른다고 말하고, 가쾌
가 그 영업행위를 하는 구역에는 별로 제한이 없다. 그 매개에 의
하여 가옥의 매매, 대차, 전당 등이 성립된 경우에는 매매증서에
증인으로 연서하고 함께 보증의 책임을 부담하는 것이다. 수수료는
구전(口錢)이라고 말하고, 매매의 경우에는 매도인 및 매수인으로
부터 각각 대금의 100분의 1, 즉 합하여 100분의 2를 받고, 전당의
경우에는 출전자(出典者)로부터 1개월분의 이자액을 받고, 또 대차

---

24) 첩장(帖帳)의 양식

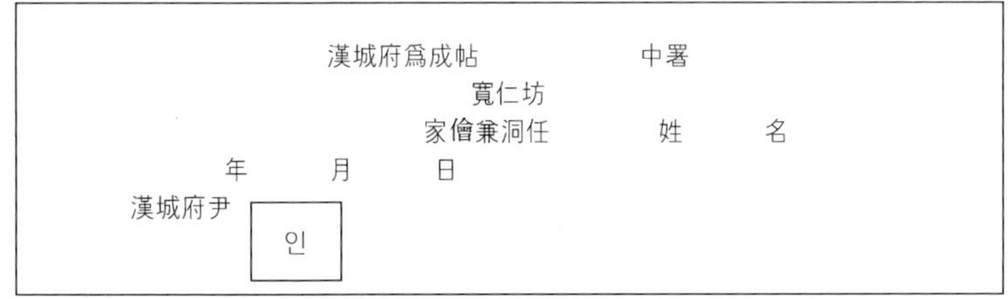

의 경우에는 전세(傳貰)에 있어서는 대주 및 차주로부터 세금(貰金)의 100분의 1(즉, 일방으로부터 200분의 1)을 받는 관례이고, 월세(月貰)의 경우에는 그 액이 일정하지 않아서 세금(貰金) 1개월분의 10분의 2 내지 5로 하는 것을 통례로 하는 것 같다고 보고하면서, '가계발급규칙'(家契發給規則) 제2조와 '전당포규칙'(典當鋪規則) 제10조를 인용하고 있다.[25]

한편 한국의 매매중개수수료에 관한 관습법에 대하여, 1915년 9월 21일에 경성지방법원장이, 매매중개의 수수료액(구전)에 대하여 당사자 간에 정하지 않은 경우에는 매매대금의 100분의 2를 구전으로 교부하는 관습이 있는지 아닌지를 조회하였다. 이와 같은 조회에 대하여, 같은 해 10월 14일에 정무총감이 調樞發 제150호로, 매매중개의 구전을 경성에서는 포목(布木)에 대해서는 매도인으로부터 대가의 100분의 1을, 토지 가옥에 대해서는 매도인 및 매수인으로부터 각각 100분의 1을 지불하는 관례이지만, 다른 물품에 대해서는 100분의 1 내지 2 사이에서 협정함을 관례로 한다. 또 다른 지방에서는 그 액이 구구하지만, 대개 대가의 100분의 1 내지 2의 범위에서 정하여진다고 회답하였다.[26] 또한 1919년 11월 17일에 부산지방법원 거창지청이, 시장에서 생우(生牛) 매매의 중개인(중개인이 되는 것은 인수가 일정함으로 매상액에 따라서 일정한 수수료를 받게 됨)은 매도인으로부터 생우 매매의 의뢰와 동시에 그 생

---

25) 조선총독부 참사관실, 전게서(1913), 377~379면. 그리고 '가계발급규칙' 및 '전당포규칙'에 관해서는, 윤대성, 『한국전세권법연구』(서울: 삼지원, 1988), 52~54면 및 70면 이하; 동, 「일제의 초기적 한국관습조사사업과 부동산입법」, 『사법의 제문제』(경허 김홍규 박사 화갑기념2)(서울: 삼영사, 1992), 116~131면.

26) 조선총독부 중추원, 전게서(1933), 250~251면.

우는 중개인의 보관에 속하는 것인지, 그렇다면 매수인으로서 그 소를 인도할 때까지 그 소를 절취당하거나 그 소가 도망하여 행방불명이 된 때에는 중개인에게 이를 손해배상 할 책임이 있는지 아닌지, 혹은 중개인의 보관에 돌아가지 않고 여전히 매도인 의뢰인의 보관에 속하는지를 조회하였다. 이에 대하여, 다음 해 1월 21일에 정무총감은 調樞發 제16호로, 경상남도 거창지방의 시장에서는 생우(生牛)가 중개인의 보관에 속하는 것 같은 관습은 없고, 그 매매가 이뤄져서 매수인에게 인도될 때까지 매도인의 보관에 있는 것이므로 도망간 경우에 중개인이 그 책임을 지는 것 같은 관습은 없다고 회답하였다.[27]

그러나 한국에 있어서의 중개업이 관습상으로 존재한 형태는 일제가 조사 보고한 것보다 더욱 복잡하게 존재하였음이 金基洙 교수에 의하여 연구되었음[28]을 볼 때에 중개에 관한 일제의 한국관습법조사사업의 결과에 대하여 재검토를 요한다고 본다.

3. 問屋에 관한 慣習法

우리나라의 상거래에 있어서 문옥(問屋: 위탁중개인)에 관한 관습법에 대하여, 문옥과 위탁자와의 관계와 함께 문옥의 상대방에 대한 권리의무는 어떠한가, 상대방이 채무를 이행하지 않는 경우에 문옥의 위탁자에 대한 책임은 어떠한가, 문옥은 스스로 매수인 또는 매도인이 될 수 있는가 아닌가, 만약 이를 할 수 있다면 이 경우에도 수수료를 청구할 수 있는가 아닌가를 조사하였다. 이 조사사

---

27) 조선총독부 중추원, 상게서(1933), 369~370면.

28) 특히 복덕방을 중심으로 우리나라의 고유한 중개업에 관하여 연구한 것으로, 김기수, 『한국민사중개계약론: 복덕방을 중심으로』(서울: 법문사, 1973), 19~53면.

항에 대하여, 『관습조사보고서』는 객주 또는 여각이라고 말한다. 문옥 영업에 상당한 것으로서의 객주와 여각과의 구별은, 전자는 모든 상품을 취급하고, 후자는 소금, 생선, 해조 등 주로 해산물을 취급하는 점에서 다를 뿐이다(여각에서도 미곡을 취급하는 것이 있음). 문옥의 영업은 상품의 위탁매매로서 한국에서는 상품의 거래는 대개 객주 또는 여각(원문에는 '여객'(旅客)이라고 하였지만 오자인 것임)의 손을 거쳐서 이를 한다. 객주 또는 여각이 위탁으로 상품매매를 함에는 자기의 이름으로 하고 상대방에 대해서는 스스로 권리를 취득하고 의무를 부담하며, 위탁자에 대해서는 대략 대리관계에 서는 것이다. 그러므로 객주 또는 여각이 수탁품을 매각한 경우에는 상대방에 대하여 매도인의 지위에 서게 되지만, 위탁자에 대해서는 대리인과 동일한 관계에 서게 된다. 또 위탁으로 물품을 매입한 경우에는 상대방에 대하여 매수인의 지위에 서게 되지만, 위탁자에 대해서는 이 역시 대리인과 동일한 관계에 서는 것이다. 따라서 만약 위탁자가 채무를 이행하지 않는 때에는 객주는 상대방에 대하여 이행의 책임을 지고, 또 상대방이 채무를 이행하지 않는 때에는 위탁자에 대하여 객주가 스스로 그 채무를 이행하지 않으면 안 된다. 또 객주가 위탁으로 물품을 판매 또는 매입을 함에는 시가를 표준으로 함으로써 위탁자에게 이익이 되는 거래를 하여야 하지만, 객주는 위탁자가 지정한 금액보다 염가로 판매하거나, 혹은 고가로 매입한 경우에 위탁자가 이를 수긍하지 않는 때에는 그 차액을 부담함을 요한다고는 하지 않는다. 객주의 수수료는 객주와 위탁자의 사이에 특히 약정을 하고 있다. 혹은 객주가 미리 수수료를 정하여 점포에 게시하는 것이 있다. 그 비율은 반드시 일정하지 않지만, 대개 대가의 100분의 1 내지 5라고 말한다(지방에 따라서는 상업회의소 또는 객주 여각 업자 간에 일정하지 않음). 객주는 스스로 매수인 또는 매도인이 될 수 있다. 이 경우에는 지정가격 또는 시가에 의하는 것이 많지만, 위탁자와 그 대가를 협정하거나 또는 스스로 그 액을 정함에는 반드시 시가에 의할 것을 요하는 것은 아니다. 구전(口錢)에 대해서는 다른 경우와 다르지 않다.[29]

한편 한국에 있어서 객주영업에 관한 관습법에 대하여, 1915년 12월 18일에 평양지방법원이, 객주영업을 하는 자가 고객으로부터 상품구입(상품구입이라 함은 고객이 지정하지 않고 객주의 의사에 의하여 적당한 것을 매입할 것을 말함)할 금전의 소비기탁(소비임치)을 받는 행위는 객주영업의 부류에 속하는지 아닌지, 여러 사람이 동사(同事)로 객주영업을 하는 경우에 고객이 종래 그 객주 영업자와 상거래를 함에 있어서 고객이 제1문에 표시되어 의뢰를 하고서 금원을 그 객주 영업자에게 송부하여 온 것을 객주 영업자의 1인이 이를 횡령하여 소비한 경우에 다른 동사(同事) 영업자는 이를 반환함에 연대책임이 있는지 아닌지, 이에 관한 일반관습 및 평안남도에서의 지방 관습을 조회하였다. 이에 대하여, 다음 해 1월 13일 정무총감은 調樞發 제12호로, 첫째로 객주가 고객으로부터 상품구입을 위한 금전의 기탁(임치)을 받는 것은 그 영업의 범위에 속하고, 둘째로 동사(同事) 조직의 객주에 대하여 상품구입을 위하여 고객으로부터 송부되어 온 금전을 동사원(同事員)의 1인이 소비한 경우에는 각 동사원이 평등하게 분담하여 이를 배상할 책임이 있다. 만약 자력이 없거나 혹은 소재불명 등으로 이행을 할 수 없

---

29) 조선총독부 참사관실, 전게서(1913), 379∼381면.

는 자가 있는 때에는 나머지의 사람에게 분담시키는 것이 관례이
므로 연대의 관계를 인정한다. 평안남도에서 이와 다른 관습이 존
재함을 듣지 못했다고 회답을 하였다.[30]

그러나 한국에 있어서의 객주를 비롯한 중간상인에 관한 관습법
에 관한 연구가 朴元善 교수 등에 의하여 많이 이뤄져 있는 것[31]
에 의하면, 일제에 의한 한국의 중간상인에 관한 관습법의 조사 보
고를 재검토할 필요가 있음을 알 수 있다.

제6. 手形에 관한 慣習法

우리나라의 상거래에 있어서 수형(手形)에 관한 관습법에 대하여,
만약 이것이 있다면 그 종류는 어떠한가, 이것에 기재하는 사항은
어떠한가, 그 유통방법은 어떠한가, 발행인 기타 서명자의 책임은
어떠한가, 인수 또는 이에 관한 것이 있는가, 수형의 지급이 없으면
어떻게 하는가를 조사하였다. 이 조사사항에 대하여, 『관습조사보고
서』는, 한국에서는 종래 어음(於音)이라는 것이 있고 또 어험(魚驗)
이라고 썼다. 어음은 금전의 지불을 약속하는 표권으로서 물건의 대
가를 하는 경우에 이를 작성 교부하였다. 또 차용금에 대해서도 이
로써 차용증서인 수표(手標)에 갈음하였다. 그 양식은 대략 일정하
여 대개 장방형인 작은 종이쪽지를 사용하여 중앙에 채무액과 함께

---

30) 조선총독부 중추원, 전게서(1933), 262~263면.

31) 이의 연구 성과를 보면, 박원선, 『객주』(연세대학교출판부, 1968); 동, 「객주에 관한 연구
」, 『법정』, 제24권 제4호(1969.4); 동, 「거간」, 『연세논총』, 제10집(연세대학교, 1973); 동,
「한국중간상인에 관한 연구」, 『성곡논총』, 제4집(1973); 동, 「상인」, 『한국사론』, 제11호
(1982); 황범철, 「한국의 수산물객주에 관한 소고」, 『농광』, 제7권 제2호(1985.6); 박수경,
「개항기 인천항 객주에 관한 연구」, 석사학위논문, 이화여자대학교 대학원, 1983; 홍순권,
「'개항기' 객주의 유통지배에 관한 연구」, 『한국학보』, 제39호(1985) 등이 있다.

지불의 약속을 기재하고, 좌측 위쪽에 작성연월일, 아래쪽에 채무자의 성명을 기재하고 날인함을 통례로 한다. 때로는 채무액과 지불의 약속과의 중간에 지불 기일을 기입하고 우측에 채무자의 성명을 기재하였다(이렇게 쓰는 것이 보통임). 또 적게는 채무의 원인을 기재하였다. 지난날에는 이를 중앙에서 양쪽으로 나누어서 채무자의 기명을 하고 한쪽을 채권자에게 교부하고 다른 한쪽을 채무자 자신이 보존하는 예가 있었지만 근래에는 절단을 하지 않고 전지를 모두 채권자에게 교부하게 되었다(채권자와 원인을 기재함. 옛날에는 오직 채무자만의 비고에 지나지 않은 것 같지만 이렇게 어음을 양단하여 그 부분을 채무자의 손에 남겨 둬서 의심이 없게 하였음. 그러므로 이를 기명식으로 볼 수 있음). 어음에 지불 기일을 기재하는 경우에는 그 기일 또는 그 후에 지불을 구할 수 있음은 물론이지만, 지불 기일을 기재하지 않은 경우에는 어느 때라도 그 지불을 구할 수 있으므로 지불기일은 대개 한 장일 간(5일간, 즉 6일) 또는 2 장일 간으로 하고, 길게는 1개월을 넘는 것도 적지 않았다고 한다. 어음의 양도는 채권자의 성명을 기재한 경우와 아닌 것을 묻지 않고 어음의 교부로써 효력이 생기고, 이서(裏署: 배서)를 하는 것 같은 관습은 없으므로 양도에는 채무자의 승낙을 요하지 않지만 이를 양수한 자로서는 일응 채무자에게 정시(呈示)하여서 채무자가 작성 교부한 것인지 아닌지, 기한에 이르러 지불할 것인지 아닌지를 확인함이 통례이다(이를 답음(踏音)이라고 함. 적게는 채무자로 하여금 어음의 여백 또는 이면에 날인을 하도록 함). 만약 채무자가 그 성립을 부인하거나 혹은 지불을 승낙하지 않을 때에는 양수인은 이를 양도인에게 되돌려주고 그 양수를 취소할 수 있는 것이다. 이와 같이 어음은 순차로 전전하는 것일지라도 지불기한이 길지 않으므로 1회 또는 2회의 양도에 지나지 않음이 통례이다. 특히 그 양도를 금하는 것 같은 것은 전혀 없다. 기한에 이르러 어음 소지인이 그 지불을 구하려면 어음을 채무자에게 보이고 이와 상환하여 지불을 받는 것이다. 이 경우에 채무자는 답음(踏音)의 절차를 거치지 않았음을 이유로 지불을 거절할 수 없다. 또 일부의 변제이면 소지인은 이를 거절할 수 있다. 그 지불을 받은 때는 수령증서를 교부하고 또는 어음에 이를 기입함을 예로 한다. 채무자가 지불을 하지 않는 때는 소지인은 직접 양도인에 대하여 그 지불을 구할 수 있고, 만약 그 양도인이 지불을 하지 않는 때는 그 전 양도인에 대하여 청구를 할 수 있다. 양도인이 지불을 하지 않는 때는 그 양도인은 다시 직접의 양도인에게 청구하여 결국 채무자에게 소급하는 것이다. 그러나 기한 후의 이자를 청구하는 관습은 없다. 어음의 인수 또는 담보에 대해서는 관습이 보이지 않는다. 어음을 전당의 목적으로 함에는 이를 채권증서인 수표에 첨부하여 채권자에게 교부하고 또 수표가 없는 경우에는 어음만을 교부한다(채무자의 승낙을 요하지 않고 또 답음을 하고 양도하는 경우에도 같음). 따라서 채권의 기한에 이르러 채무자가 채무를 변제하지 않는 때는 전당권자는 직접 어음의 지불을 청구할 수 있고, 그 지불을 받은 때는 초과액은 이를 채권자에게 반환하고 부족액은 이를 추가로 청구할 수 있지만 처음부터 액면에 채권액에 부족한 어음을 전당으로 승낙하지 않고서 어음 이외에 따로 환간(換簡)이라는 것이 있다. 금전의 지불을 위탁하는 수간(手簡)으로서, 예컨대 부산 사람이 경성에서 수취할 금전을 부산에 휴대하는 불편을 피하기 위해 이를 경성의 객주(客主)에게 기탁하고 부산의 객주에게 수취인으로 하여 환간을 수취시켜서 부산에서 현금을 수취하는 것이다. 또 경성의 상인 갑(甲)이라는 자가 인천의 상인 을(乙)이라는 자로부터 수취할 금전이 있고 동시에 병(丙)이라는 자에 대하여 금전을 지불할 필요가 있는 경우에 을(乙)로 하여금 이를 지불하게 하기 위하여 을(乙)을 수취인으로 하여 환간을 작성하여 병(丙)에게 교부하는 것이다. 따라서 환간은 보통 봉서(封書)로서 단지 서간만을 봉입하는 경우와 서간 이외에 어음을 봉입하는 경우가 있다(어음을 봉입하는 경우에는 환간에 의하여 지불하여야 할 자는 어음의 수취인이 되는 것이 많지만 환간의 작성자가 그 명의인에 대하여 채무를 갖지 않는 경우에 이를 봉입하는 것 같음). 또 그 지불에 기한을 붙이는 것이 있고 붙이지 않는 것이 있다. 기한의 정함이 있는 것을 기한환(期限換)이라고 하고, 기한의 정함이 없는 것을 무기한환(無期限換)이라고 한다. 환간을 수취한 자는 기한의 정함이 있는 경우에는 기한이 도래한 후에 또 기한의 정함이 없는 경우에는 어느 때라도 이를 수취인에게 제시하여 그 지불을 구할 수 있다. 만약 지불인으로서 이의 지불을 거절하는 경우에는 봉피에 [퇴(退)] 자를 쓰고 날인하는 관례가 있다. 이 경우에 환간의 수취인은 환간의 작성자인 채무자에 대하여 그 금액과 비용을 변상받을 수 있다. 그리고 환간의 양도는 많으며 교부 양도를 인정하고 또 양도인에게 소급하여 상환을 구할 수 있는 것 같다. 이와 함께 어음과 환간의 양식32)을 들고 있다.

이상은 종래에 행하여진 수형(手形)으로서 光武 10년(1906) '수형조례'(手形條例)가 제정된 후에 경성 기타 번화지에서 적지 않게

어음(於音) 일(一)

錢文幾(印)兩出次	何　某 (印)

기이(其二)

	何　某條
錢文幾(印)兩出給印	何　某 (印)

기삼(其三)

錢文幾(印)兩何月何日出給事	何　某 (印)

기사(其四)

	何　某條
錢文幾兩何月何日出給次	
年　　月　　日	何　某 (印)

기오(其五)

	何　某條
錢文幾(印)兩出次	
年　　月　　日	何　某 (印)

기육(其六)

	何　某處　　某物代
錢文幾(印)兩出給事	
	何　某 (印)

기칠(其七)

	何　某條
－ 錢文幾(印)兩卽出給 － － － － － － － － － － － － － － －	
年　　月　　日	何　某 (印)

기팔(其八)

	某　　物代
－錢文幾兩某月日出給印 － － － － － － － － － － － － － － － －	
年　　月　　日	何　某 (印)

환간(換簡)(표면)

仁川港杻峴	
金生員子一宅	入納
木浦南橋洞	黃文九緘

위체수형(爲替手形), 약속수형(約束手形), 소절수(小切手) 등의 유통을 보게 되었다. 오히려 이 조례는 어음의 유통을 금지하였지만, 실제에서는 오히려 행하여지고 있다고 보고하였다.[33]

한편 한국의 어음에 관한 관습법에 대하여, 1911년 2월 10일 평양지방재판소 민사부 재판장이, 한국에서 관습상 출환(出換)이라는 것이 있는데 그 법률상의 성질은 어떠한가, 예컨대 갑(甲)이 을(乙)에 대하여 금전채권을 갖고 병(丙)은 갑(甲)에 대하여 역시 금전채권을 가졌다고 가정하고, 갑(甲)이 스스로 병(丙)에게 변제를 대신하도록 병(丙)에게 환간(換簡: 갑으로부터 을에게 서면으로 을이 갑에 대하여 부담한 채무액을 병에게 지불하라는 취지를 기재한 것)을 출급하고, 병(丙)은 이를 수취하여 을(乙)에게 제시함으로써 을(乙)은 그 글 뜻을 알았더라도 현금을 소지하지 않았으므로 병(丙)에게 어음을 출급하고 그 어음에는 금액 아래에 갑조로 기재한 경우에 갑(甲)의 채권은 병(丙)에게 양도된 것이라고 말할 수 있는지 아닌지,

---

(이면)

<table>
<tr><td>謹封   [退](印)
錢文參阡五百兩此去人處無疑出給事
               庚戌五月二十七日</td></tr>
</table>

(退자의 기입 및 날인은 지불거절의 경우에 이를 함)

간문일(簡文一)

<table>
<tr><td>除煩適有債錢五佰圓故執用到卽出給事
      年   月   日   姓名 (印)</td></tr>
</table>

간문이(簡文二)

<table>
<tr><td>謹詢日來
兄候萬重仰朔區區弟依昔而己耳弟以某事某地居住某許錢文幾千兩執換上
送同錢到卽出給後回示如何餘留不備候上
      年   月   日
               追換錢於音胎送相去施行焉</td></tr>
</table>

33) 조선총독부 참사관실, 전게서(1913), 386~394면.

다만 을(乙)은 환간을 받은 때는 반드시 병(丙)에게 지불할 의무를 부담하는 관습이 있는 것 같으면 이 경우에 채권이 양도되면 출환 (出換)은 관습상 반드시 채권양도의 효력을 발생하는지 아닌지, 앞의 예와 같이 어음금액 아래에 갑조라고 기재한 경우에 조라는 문자는 관습상 어떤 의미로 쓰인 것인지(이 어음금액의 수취인은 갑이라는 뜻을 표시한 것인지)를 조회하였다. 이에 대하여, 같은 해 2월 22일에 취조국장관은 調發 제113호로, 첫째로 환간은 금전의 지불을 위탁받은 경우에 쓰인다. 위체수형(爲替手形)과 거의 마찬가지의 효용을 하게 된다. 따라서 환간에 의하여 지불의 위탁을 받은 자는 보통 지불의무가 있다고 한다. 이를 지불할 것을 요하는가 아닌가는 수탁자의 위탁자에 대한 거래관계가 어떠한가에 인한 것이고, 둘째로 환간은 금전의 지불에 갈음하여 이를 수수하는 것이 통례이다. 만약 환간에 의하여 위탁을 받은 자가 그 지불을 하지 않는 때는 환간을 수취한 자는 환간을 발급한 자에 대하여 그 금액의 지불을 청구할 수 있기 때문에 금전의 지불에 갈음하여 환간을 수수한 경우는 조건부로 채무를 갱개한 것이라고 말할 수 있지만 이로써 채권의 양도가 되었다고 말할 수 없는 것 같으며, 셋째로 환간에 의하여 금전지불의 위탁을 받은 자가 그 지불에 갈음하여 어음을 교부한 경우에는 금전의 지불에 갈음하여 약속수형(約束手形)을 교부한 것과 거의 마찬가지의 관계에 서는 것으로 어음에 '모조'(某條)라고 하는 뜻으로서 이를 수취한 자에게는 아무런 관계가 없고 오직 이를 교부한 자가 비고하기 위하여 부기하는 것에 지나지 않는다고 회답하였다.[34] 또한 1909년 2월 9일에 경성공소원 민사부가, 음표

---

34) 조선총독부 중추원, 전게서(1933), 39~42면.

(音標)에 기한 권리의 이전은 진출인의 합의를 요하지 않으므로 수취인 단독으로 유효하게 할 수 있는 관습이 있는지를 조회하였다. 이에 대하여, 같은 해 2월 18일 법전조사국은 法 제1호로, 어음에 기한 채권의 양도는 어음의 교부만에 의하여 이를 하고 진출인의 동의를 요하지 않는다. 오직 수취인이 진출인에게 조합함을 보통으로 하고 또 적게는 진출인의 날인을 구할 뿐이라고 회답하였다.[35] 그리고 1914년 8월 12일에 조선고등법원장이, 구한국의 수형조례 제35조에 어음의 발행 수여를 할 수 없다고 규정되었어도 실제로 동 조례의 시행 후에 유효하게 어음을 발행 수여를 하는 관습이 있는지를 조회하였다. 이에 대하여, 같은 해 8월 26일 정무총감은 參 제61호로, 구한국 수형조례에는 어음의 발행, 수여를 할 수 없다는 취지의 규정이 있어도 실제로 동 조례 시행 후에도 관습상 유효하게 어음의 발행 유통을 할 수 있다고 회답하였다.[36]

여기에서 일제가 한국에서의 어음에 관한 관습법을 조사함에 있어서 명치유신법시대에 '위체수형약속수형조례'(爲替手形約束手形條例)를 제정 실시한 경험을 바탕으로 한국의 상거래에서 행하여지고 있는 관습법을 재구성하려는 것이었음을 인식하여야 한다.[37]

제7. 海商에 관한 慣習法

1. 船舶의 登記 및 國籍證書가 있는가

이에 대하여, 『관습조사보고서』는, 만약 이러한 것이 있으면 모

---

35) 조선총독부 중추원, 상게서(1933), 1〜4면.
36) 조선총독부 중추원, 상게서(1933), 205〜206면.
37) 福島正夫, 전게서(1988), 32면 이하 참조.

든 선박에 대하여 이것이 있는가, 또는 일정한 용적 혹은 구조의 것에 한하여 이것이 있는가, 등기부와 국적증서에 기재하여야 할 사항은 어떠한가, 선박양도에 있어서 어떻게 하는가를 묻고서, 다음과 같이 보고하였다. 옛날에는 선박의 등기 및 국적증서에 대한 제도가 없고, 오직 징세의 필요상 대소 선박의 조사를 하여 부책(簿冊)에 등록을 하는 데 지나지 않았다. 따라서 光武 3년(1899) '국내선세규칙'(國內船稅規則)을 제정하여, 光武 4년(1900)에 이르러 통신원의 소관으로 되었지만, 光武 10년(1906)에 동원의 폐지와 함께 농공상공부의 소관에 속하여 재무관서로 하여금 징세를 하게 되었다. 따라서 이 규칙 및 부속법령에 의하면, 선안(船案)을 갖추어 선표(船票)를 교부토록 하였다면서,[38] 그 양식[39]을 들고 있다. 그러나 隆熙 3년(1909) 법률 제1호 '선박법'(船舶法)으로 선박의 등록절차와 함께 선박의 국적증서를 규정하게 되었다.[40]

2. 船舶所有者의 責任은 어떠한가

이에 대하여, 『관습조사보고서』는, 선박소유자는 선장 등의 행위에 대하여 어떠한 책임을 부담하는가를 묻고서, 다음과 같이 보고하였다. 선박소유자와 선장 기타 선원의 관계는 고용의 관계인 것이고, 또 공동영업인 것이 있고, 혹은 선박소유자와 선장이 동일인인 것이 있다. 따라서 선장 기타 선원의 행위에 대해서는 항상 선박소유자가 이의 책임을 부담하는 것이다. 그렇지만 선박소유자가 선박의 소유권 기타 권리를 채권자에게 위부(委付)하여서 책임을

---

38) 조선총독부 참사관실, 전게서(1913), 394면.
39) 조선총독부 참사관실, 상게서(1913), 394~396면.
40) 조선총독부 참사관실, 상게서(1913), 396면.

면하는 것 같은 관습은 없다[41]고 하였다.

3. 船舶의 共有에 관한 慣習이 있는가

이에 대하여, 『관습조사보고서』는, 만약 이것이 있다면 그 일반의 공유에 관한 관습과 다른 점은 어떠한가를 묻고서, 다음과 같이 보고하였다. 선박의 공유는 이를 통례로 '선동사'(船同事)라 부르고, 공유자의 선박 이용에 관한 권리는 평등한 것이 통례이고, 때로는 평등하지 않은 것이 있지만, 대개 공동 사용을 한다. 예컨대 오직 지분의 비율에 따라서 이익의 분배액을 달리하는 것에 지나지 않는다. 그 이용의 방법을 결정함에 대해서는 다소 지분의 가격을 표준으로 하는 것이지만, 그렇지 않으면 대개 공유자 과반수의 의견에 의한다. 또 그 이용에 대한 비용, 세과 등은 지분의 비율에 따라서 부담하고, 이익의 분배, 손실의 부담도 지분의 비율에 의하는 것이다. 따라서 손익의 계산은 한 항해를 끝낼 때마다 이를 함을 보통으로 한다. 공유자는 다른 공유자의 승낙을 얻어서 지분을 양도할 수 있지만, 만약 다른 공유자가 양도를 승낙하지 않는 때에는 그 지분을 매취(買取)할 것을 청구할 수 있다. 이를 요약하면 그 공유관계는 보통의 공유의 경우와 다른 것이 없다[42]고 하였다.

4. 船舶의 賃貸借에 관한 慣習이 있는가

이에 대하여, 『관습조사보고서』는, 만약 이것이 있다면 그 일반의 임대차에 관한 관습과 다른 점은 어떠한가를 묻고서, 다음과 같이 보고하였다. 선박의 임대차에 대해서는 뚜렷한 특수한 관습은

---

41) 조선총독부 참사관실, 상게서(1913), 397면.
42) 조선총독부 참사관실, 상게서(1913), 397면.

없다. 임차기간은 혹은 한 항해인 것이 있고, 혹은 1개월 내지 수 개월인 것이 있지만, 1년을 초과하는 것은 없다. 차임은 이를 '세전'(貰錢)이라 부르고, 금전으로 지불하는 것이 통례이고, 기간의 종료에 지불하는 것이다. 기간이 장기에 걸쳐 있는 때에는 드물게 매월 지불하는 것이 있다. 경상남도 동래 지방에서는 해상을 항행하는 선박의 임차에 대해서는 그 반액을 선불하고, 하천을 항행하는 선박에 대해서는 전부 선불하는 관습이 있다고 말한다. 그리고 차주(借主)는 대주(貸主)의 승낙이 있지 않으면 선박의 전대(轉貸)를 할 수 없다. 대차의 기간 내에는 서로 해약을 할 수 없고, 차주가 도중에 해약을 하고자 할 때에는 일정 기간에 대한 차임의 전액을 지불함을 요한다. 또 임차인의 권리는 이를 제3자에게 대항할 수 없는 것 같고, 그 기간 내에 소유자가 변경된 때에는 그 대차를 계속할 것인지 아닌지는 신소유자의 마음에 달렸지만, 항해 중에는 해약을 할 수 없다. 또 선박의 수선은 임차인의 부담으로, 오직 임대인은 선박을 인도하기 전에 사용에 필요한 장치를 함을 요하는 것에 지나지 않는다. 대차 중 선박이 파손 멸실된 경우에는 그 천재로 인한 것인지 아닌지를 묻지 않고 모두 차주의 책임으로 돌아가는 것이다[43]고 하였다.

5. 船長에 관한 慣習은 어떠한가

이에 대하여, 『관습조사보고서』는, 예컨대 선장의 책임은 어떠한가(일본 상법 제558조 내지 제561조 및 제563조를 참조), 또 선장이 갖추어야 할 서류는 없는가(동 제562조를 참조), 선장의 권한은

---

43) 조선총독부 참사관실, 상게서(1913), 398면.

어떠한가(제566조 내지 제572조를 참조), 또 선박소유자는 언제라도 선장을 해임할 수 있는가 아닌가를 묻고서, 다음과 같이 보고하였다. 선장은 사공(沙工)이라 부르고, 선장은 자기의 고의 또는 과실로 인한 선박소유자, 용선자, 송하인 기타의 자에게 손해를 가한 때에는 이를 배상할 책임이 있지만, 선장인 자는 통례로 자력이 없는 자이므로 오직 책임이 있다고 말하는 데 그친다. 실제로 배상을 하는 것 같지 않다. 또 선원의 행위에 대해서는 선장에게 책임이 있는지 아닌지 관습상 분명하게 정한 바가 없지만, 통례는 그 책임을 부담하지 않는 것 같다. 선장이 선중에 비치하는 서류에 대해서도 관습상 일정한 바는 없고, 오직 통례로 선원명부, 선박부속품목록, 선표(船票), 적하(積荷)에 관한 서류 등을 비치하는 것 같다. 선장의 권한에 대해서도 분명한 관습이 있는 것은 아니지만, 선원의 고입(雇入), 고지(雇止)를 하고, 또 선박의 수선, 구원구조의 비용 기타 항해를 계속함에 필요한 비용을 지변(支辨)하기 위하여 선박을 전당(典當)하며, 적하를 매매한다. 또는 이를 항해의 사용으로 제공하고, 선박이 항행에 견딜 수 없는 경우에 이를 매각하는 등의 권한은 없는 것 같다[44]고 하였다.

6. 海員에 관한 慣習은 어떠한가

이에 대하여, 『관습조사보고서』는, 예컨대 해원의 권리 의무는 어떠한가, 그 가운데 해원의 식료는 선박소유자의 부담에 속하는지 아닌지, 해원의 질병, 부상의 경우에 선박소유자의 의무는 어떠한가, 해원의 급료를 정하는 방법은 어떠한가, 한 항해에 대한 급료

---

44) 조선총독부 참사관실, 상게서(1913), 398~399면.

를 정하는 경우에 항해일수의 증감으로 인하여 급료를 증감할 수 없는가, 해원이 사망한 경우에 선박소유자의 의무는 어떠한가, 해원의 고지원인은 어떠한가(일본 상법 제581조 내지 제583조를 참조), 해원의 고입기간은 어떠한가, 해원의 고지 기타 계약이 종료된 경우에 선박소유자는 그 해원을 고입항까지 송환할 의무가 있는가를 묻고서, 다음과 같이 보고하였다. 해원은 통례로 수부(水夫) 또는 격군(格軍)이라 부르고, 해원이 많은 경우에는 영좌(領座: 수부의 수좌로서 회계를 처리함이 보통이다), 취장(炊掌: 취사계), 이좌(二座), 삼좌(三座) 등의 구별을 하고 있다. 그리고 해원(海員)은 급료로서 일정한 금액을 받는 것은 거의 없고, 대개 수익의 몇 분을 받는 것이 예이므로, 한 항해에 그 수익을 구별하여 그 2를 선박소유자의 소유로 하고, 그 1을 선장 이하 해원의 소득으로 함이 보통이다. 따라서 항행일수의 증감으로 인하여 이를 증감하지 않고, 또 해원의 식료는 선박소유자 또는 용선자(傭船者)의 부담으로 하며, 수익의 계산에 있어서 먼저 운임에서 이를 공제하는 것이 보통이다. 해원의 질병, 부상 등의 경우에 선박소유자는 덕의상 치료비를 내는 것이 있지만, 관습상 이를 지출함을 필요로 하는 것은 아니다. 또 해원이 사망한 경우에는 한 항해간의 급료를 지불하고 시신(屍身)을 그 집으로 보내는 것이 통례이다. 해원 고지(雇止)의 원인에 대해서는 일정한 관습이 없고, 해원이 질병 때문에 직무를 집행할 수 없거나 직무를 태만하거나 기타 비행이 있는 경우 등에 고지를 할 수 있음은 물론 이와 같은 원인이 없는 경우에도 이를 고지하는 것을 방해하지 못한다. 다만 실제로 약정기간 내에는 부득이한 사정이 아니면 고지를 하지 않는 것이 보통이다. 그리고 해원의 고입

기간은 한 항해로 하는 것이 있고, 1개년인 것이 있어서 반드시 일
정하지 않다. 만약 정박항 이외에서 고지를 당한 경우에는 정박항
까지 귀환하는 비용을 청구할 수 있다[45]고 하였다.

7. 海運에 관한 慣習은 어떠한가

이에 대하여, 『관습조사보고서』는, 육운(陸運: 육상운송)과 차이
가 있는가, 만약 있다면 그 상세를 조사하시오 하면서, 다음과 같
이 보고하였다. 해상에서의 여객운송에는 대개 물품운송을 하는 선
박에 편승하는 것으로, 이에 관한 관습은 볼만한 것이 없고, 하천
의 운송에 대하여 기록한 바와 큰 차이가 없는 것 같다. 해상에서
의 물품운송에는 송하인으로부터 수하인에게 보내는 서간(書簡)을
운송인에게 탁송하는 것은 육상운송의 경우와 다르지 않다. 그리고
운송인으로부터 하주(荷主)에 대하여 선재기(船載記)라는 것을 작
성하여 교부하는 것이 예이므로, 이에 하물(荷物)의 품목, 수량, 운
임, 도달지, 작성 연월일 등을 기재하고 하주 명의로 하여 서명날
인을 한다. 그렇지만 이와 상환하여 운송품을 하수인 기타의 자에
게 인도하는 관례는 없으며, 그 서식의 일례[46]를 들어 보이고 있
다.[47] 운임의 지불은 반액을 선불하고 잔액은 저하(著荷) 위에 이

---

45) 조선총독부 참사관실, 상게서(1913), 399~401면.

46) 조선총독부 참사관실, 상게서(1913), 401~402면.

```
        船  載  票
一荷物數量幾許(印)船價幾何作定是遣仁川港到着而右物下陸之時若有缺縮
之弊則船主自爲擔當事
    年    月    日
                        船主居住        姓名 (印)
                        沙工居住        姓名 (印)
        某        前
```

를 지불함을 예로 한다. 운송인의 책임에 대해서는 자기 또는 사용인의 과실로 인하여 하주에게 손해를 가한 경우에 이를 배상하는 것을 요하고, 불가항력으로 인하여 하주에게 손해를 가한 경우에는 배상의 책임을 부담하지 않는다. 또 화폐 기타 고가품에 대해서는 하조인(荷造人: 송하인)이 그 품목, 가격 등을 명고(明告)한 경우에 한하여 과실로 인한 책임을 부담하는 것 같다. 그리고 운송 중 불가항력으로 인하여 운송품이 멸실된 경우에는 운송임을 청구할 수 없다. 또 2인 이상이 상차(相次: 순차)로 운송하는 것 같은 예는 매우 적지만 이와 같은 경우에는 과실 있는 운송인 및 제1차 운송인이 그 책임을 지는 것 같다. 하조인(송하인)은 운송의 중지를 청구할 수 있으나, 그렇지만 이 경우에는 운임의 전액을 지불함을 요하는 것이다. 선박의 전부 또는 일부를 운송계약의 목적으로 하는 것이 없는 것은 아니다. 이 경우에는 선박소유자가 자기의 과실, 선원 기타 사용인의 악의, 중대한 과실, 만약 선박이 항해를 감당할 수 없음으로 인하여 용선자 또는 하주에게 가한 손해에 대해서는 이를 배상할 책임을 부담하고, 용선자는 운송품의 전부를 선적하지 못하였더라도 그 발항(發港)을 청구할 수 있는 동시에 이로 인하여 발생한 손해를 선박소유자에게 배상하게 할 수 있다. 또 용선자가 발항 전에 그 계약을 해제한 때에는 운송임의 반액을 지불하여야 하고, 중도에 용선계약을 해제한 경우에는 그 전액을 지불하여야 한다. 따라서 선박소유자는 선적기간 경과 후일지라도 하물의 적재를 마치는 동안은 발항을 할 수 없다. 용선료는 하물 적입(積入) 시에 반액을 지불하고 양육(揚陸) 시에 잔액을 지불함을 예로 한다[48]

---

47) 조선총독부 참사관실, 상게서(1913), 401면.

고 하였다.

8. 海損에 관한 慣習은 있는가

이에 대하여, 『관습조사보고서』는, 예컨대 해난(海難)의 경우에 선박 또는 적하의 일부의 위험을 면하기 위하여 해중에 투기한 적하의 대가는 위험을 면한 선박 및 적하의 소유자가 이를 분담하는 것 같은 관습은 없는지, 만약 이것이 있다면 그 상세를 조사하시오 하면서, 다음과 같이 보고하였다. 조선의 관습에는 선박이 해난에 조유하여 적하의 위험을 면하기 위하여 부득이하지만 적하의 일부를 해중에 투기한 경우에 그 투기한 적하의 대가는 각 하주(투기된 하물의 소유자도 포함) 간에 분담하여야 한다. 그리고 선박 및 적하의 공동위험을 피하기 위하여 적하의 일부를 투기한 경우에도 그 손해의 부담은 하주에게 그치고, 선박소유자는 이를 분담하지 않는다고 말한다. 그렇지만 한편으로 선박의 위험을 피하기 위한 비용은 선박소유자만의 부담이고, 또 하물의 위험을 면하기 위하여 투기된 하물의 운임은 선박소유자의 손실이 되는 것이므로, 실제로 다소 분담을 하는 결과를 보게 된다[49]고 하였다.

한편 해손(海損)에 관한 관습법에 관하여, 明治 44년(1911) 9월 2일 평양공소원 민사부 재판장이 조회한 것에 대하여 같은 해 9월 21일 調發 제301호로 취조국장관이 회답한 내용을 보면, 조선에서는 선박이 해난에 조우하여 선박의 위험을 피하기 위하여 적하를 투기하여 선박이 이를 보존할 수 있는 경우에 적하의 손해는 많은

---

48) 조선총독부 참사관실, 상게서(1913), 402~403면.
49) 조선총독부 참사관실, 상게서(1913), 403면.

지방에서 각 적하주의 분담에 속하는 것 같고, 선박소유자의 부담에 속하지 않는 것 같으며, 선박이 위험한 지경에 이르지 않았음에도 불구하고 선원이 공포심을 갖고 적하를 투기함으로 인하여 생긴 손해는 해난의 예에 따르지 않고 선주로 하여금 그 책임을 부담하게 하는 것 같고, 해난에 조우한 선박에 하주가 편승하여 있느냐 아니냐에 따라서 또 예정에 반하여 도중에 정박을 하였기 때문에 해난에 조우하였는지 아닌지에 따라서 선박소유자의 책임이 구별되는 것 같다[50]고 하였다.

9. 船舶債權者에 관한 慣習은 있는가

이에 대하여, 『관습조사보고서』는, 예컨대 선취특권을 갖는 채권자는 없는가, 또 선박으로 질권 또는 저당권의 목적을 할 수 있는가, 만약 이를 할 수 있다면 다른 물건을 목적으로 하는 경우와 다르지는 않는가를 묻고서, 다음과 같이 보고하였다. 선박채권자에게 선취특권을 인정하는 관습은 없다. 그리고 선박은 이를 전당의 목적으로 할 수 있으며, 그 절차 및 효력에 대해서는 가옥을 전당하는 경우와 거의 동일하므로, 이미 기술한 바[51]와 같다[52]고 하였다.

제3절 商事에 관한 慣習法의 檢討

지금까지 일제의 한국관습법조사사업에 의하여 조사 보고된 상

---

50) 조선총독부 중추원, 전게서(1933), 73~75면.
51) 제1편 제2장 제38문 이하. 조선총독부 참사관실, 전게서(1913), 137면 이하 참조.
52) 조선총독부 참사관실, 상게서(1913), 404면.

사관습법을 살펴보았다. 이것이 일제에 의하여 비록 제한적인 상사
관습법을 조사한 것이지만, 한국의 상사관습법을 최초로 조사 보고
한 것으로 상법사(商法史)에 있어서 중요성을 갖지 않을 수 없다.
그러나 일제의 한국관습법조사사업이 일본제국주의가 한국을 통치
함에 있어서 법제 면에서 기초사업이었다는 점은 다른 관습법에서
와 다름이 없다.

 일제의 한국관습법조사사업에 의한 상사관습법은, 민사관습법과
함께, 한국이 갑오개혁 이후에 근대화라는 새로운 변화를 추구하면
서도 아직 사회, 경제에 있어서 그에 따른 관행 내지 관습이 형성
되지 않은 상태에 있었다. 즉, 아직도 『경국대전』의 체제 속에서
행하여진 관습법과 새로운 개혁에 의한 법관습의 부재가 접촉하는
면에 새로운 관습법의 형성을 요구하였던 것이다. 이와 같은 기존
의 법질서와 새로운 개혁 사이에 불연속선적 와류[53]가 형성되어
있는 것을 일제는 한국관습법조사사업이라는 것을 통하여 일본 상
법의 규정 내용을 상사관습법에 있어서 개혁에의 관습법을 인위적
으로 조작을 하여 이를 형성하였음[54]을 확인할 수 있다.

---

53) 末弘嚴太郎, 「法律と慣習」, 『民法雜記帳 上』(東京 : 日本評論社, 1980), 202~305면.
54) 윤대성, 「일제의 한국관습법조사사업에 관한 연구」(1992), 68면.

제3편

結論

제1절 日帝의 韓國慣習法調査事業이 우리나라의 民事慣習法에 미친 影響

지금까지 일제가 한국에서 한 세대에 걸쳐서 전개한 관습법조사사업—일제의 한국관습법조사사업—을 실시하는 과정에서 민사관습법, 특히 재산법적인 민사관습법이 어떤 기관에 의하여 어떻게 조사되어 어떠한 관습법으로 인정되었는가를 살펴보았다.

일제의 한국관습법조사사업은 그 조사사항이나 규모가 제한적이었던 것이 일반적인 특색이라고 할 수 있다. 이 점은 일제의 '대만관습법조사사업'(臺灣慣習法調査事業)과 비교되는 것이다. 즉, 일제는 청일전쟁의 결과에 의하여 대만을 식민지로 획득한 뒤에 19세기 말부터 대규모의 구관조사사업(舊慣調査事業)을 전개하였다. 그러나 일제의 한국관습법조사사업은 그렇지 않았다. 그것은 일본이 한국을 식민지로 획득하는 데는 반세기에 걸친 공략을 통하여 이미 각종의 기관이나 단체가 기초조사를 하였기 때문이다.[1]

이와 같은 일제의 한국관습법조사사업이 한국의 민사관습법에 어떠한 영향을 미쳤는가에 대하여 살펴보면 다음과 같다.

이에 대한 일반적인 평가를 보면, 朴秉濠 교수는 다음과 같이 말하고 있다. 즉, "일제는 구한국시대인 1906년에 설치된 부동산법조사회를 계승하여 1908년에 일본인으로 구성된 법전조사국을 설치하여 1908년부터 1910년에 걸쳐 민상사관습을 조사하여 ……

---

1) 박현수, 「일제의 침략을 위한 사회·문화 조사활동」, 『한국사연구』. 제30호(1980), 460~461면.

관습조사사업은 중추원에 계승되었는데, 당시의 관습조사는 불완전 부정확한 대로 관습법의 법원의 역할을 하였다. 일제는 이러한 관습조사에 입각하여 조선민사령에서는 일본 민법을 의용하되 능력 친족 상속에 관하여서는 한국인의 관습에 따르도록 하였다. …… 그러나 동화론이 강조되면서부터 전통적인 법관습의 말살 내지 적극적 동화가 1939년부터 본격화되었다. …… 여기에 이르러 우리의 고유한 성명을 말살하여 일본식인 창씨개명(創氏改名)을 강제하고 전통적인 이성불양(異姓不養)의 원칙을 파괴하고 이성양자(異姓養子) 서양자(壻養子) 제도를 이식하였다. …… 사법(私法) 영역에 있어서의 내선일체(內鮮一體)를 구현하기 위하여 씨명의 공통, 내선통혼, 내선연조를 내세운 것이다. …… 이들 결의(決議) 통첩(通牒) 등에는 정책적으로 동화하려는 의도에서 나온 것이 적지 않았으며, 전체적으로는 1939년의 민사령 개정을 고비로 동화가 간접적으로 추진되었다. …… 고유법관습을 존중하는 척하면서 동화＝민족말살정책을 밀고 나간 데에 통치방식의 한 특징을 간취할 수 있다."[2]고 하면서, 일제는 동화정책을 실현하기 위하여 한국의 고유법인 민사관습법을 왜곡시켰다고 평가하였다.

최근에는 일제의 한국관습법조사사업이 민사관습법, 특히 재산법적인 민사관습법에 미친 영향에 대하여 재검토를 통하여 일제에 의하여 왜곡된 민사관습법을 바로잡으려는 시도가 행하여지고 있다. 이를 분야별로 살펴보면, 다음과 같다.

---

2) 박병호, 『한국법제사고』(서울: 법문사, 1974), 441～443면.

1. 토지소유권에 관한 관습법

한국에 있어서 토지사유제가 이미 조선조시대에 확립되었다는 법제사적 연구인 朴秉濠 교수의 「근세의 토지소유권에 관한 연구」[3]를 기점으로 한 沈羲基 교수의 「조선후기 토지소유에 관한 연구: 국가지주설과 공동체소유설비판」[4]은, 일제의 관학파에 의하여 주창되었던 토지국유설(왕토사상)에 대한 비판을 통하여 일제의 초기적 한국관습법조사사업에 의한 부동산관습법에 대하여 새롭게 재평가를 하도록 하였다. 한편 토지의 단체적 소유에 관해서는 특히 종중(宗中)을 중심으로 일제의 한국관습법조사사업에 의한 결과로 왜곡된 재산법적인 민사관습법에 대하여 검토함으로로써 이를 비판적으로 재평가한 연구[5]는 우리에게 일제의 한국관습법조사사업에 대한 새로운 인식을 갖게 한다.

2. 특수소작에 관한 관습법

한국에 있어서 특수한 토지이용관계인 원도지(元賭地)·전도지(轉賭地)·중도지(重賭地)·개간도지(開墾賭地) 및 화리도지(禾利賭地) 등을 중심으로 일제의 한국관습법조사사업의 결과로 왜곡된 재산법적인 민사관습법에 관한 연구[6]에 의하여 비판적 인식을 갖

---

3) 박병호, 상게서(1974), 107~236면.

4) 심희기, 「조선후기 토지소유권에 관한 연구: 국가지주설과 공동체소유설비판」, 박사학위논문, 서울대학교 대학원, 1991.

5) 이러한 연구로서는, 이호규, 「한국전통사회에 있어서 단체적 소유: 특히 종중의 경우를 중심으로」, 석사학위논문, 서울대학교 대학원, 1987; 정귀호, 「종중법에 관하여」, 『민법논총』(후암 곽윤직 교수 화갑기념)(서울: 박영사, 1985), 78면 이하 등을 들 수 있고, 동계(洞契, 촌락공동체) 재산에 관한 연구로서는, 심희기, 「계유재산의 소유이용관계와 총유: 동계(촌락공동체)를 중심으로」, 『법과 사회』, 제4호(서울: 창작과비평사, 1991), 198~230면을 들 수 있다.

6) 정종휴, 『韓國民法典の比較法的研究』(東京: 創文社, 1989), 121~131면.

게 하고 있다.

3. 전세에 관한 관습법

한국에 있어서 가옥을 중심으로 물적 담보인 전당(典當)의 일종
으로 발전한 전세(傳貰)에 관하여 일제의 한국관습법조사사업에 의
한 왜곡을 비판적으로 검토하여 한국 민법의 전세권을 새롭게 구
성하려는 연구[7]가 시도됨으로써, 일제의 한국관습법조사사업이 재
산법적인 민사관습법에 미친 영향을 재인식하게 하고 있다.

이와 같은 일제의 한국관습법조사사업이 민사관습법, 특히 재산
법적인 민사관습법에 영향을 미친 경로는 크게 두 가지로 나눌 수
있다. 즉, 하나는 판례에 의하여 관습법으로 확인됨으로써 고정화
된 것이고, 다른 하나는 한국 민법전의 제정과정에서 관습법을 성
문화한 것이다.

첫째, 판례에 의하여 민사관습법에 영향을 미친 것을 보면, 일제
의 한국관습법조사사업에 의하여 왜곡된 민사관습법이 조선총독부
의 예속기관이었던 조선고등법원의 판결을 통하여 관습법으로 확
인되었고, 광복 후에도 한국 민법전이 제정되기 전에 대법원의 판

---

7) 윤대성, 「근대법의 수용과정에 있어서 전세관습의 변용」, 『재산법연구』, 제1권 제1호(한국재
   산법학회, 1984), 85~100면; 동, 「우리나라 고유법으로서의 전세제도에 관한 연구」, 『논문
   집』, 제6권 제1호(마산대학, 1984), 91~118면; 동, 「전세제도에 관한 판례에 있어서 법이
   론의 전개」(한국법학교수회학술대회 주제발표, 1986), 『한국판례형성의 제문제』(서울: 동국
   대학교출판부, 1989), 83~115면; 동, 「전세권법전사소고: 전세문기의 연구를 중심으로」,
   『민법학의 현대적 과제』(매석 고창현 박사 화갑기념)(서울: 박영사, 1987), 250~274면;
   동, 「전세권의 비교법사적 고찰: 만주국민법전의 전권이 전세권에 미친 영향」, 『현대재산법의
   제문제』(동은 김기선 박사 고희기념)(서울: 법문사, 1987), 107~132면; 동, 「전세권법의
   연구」, 박사학위논문, 성균관대학교 대학원, 1987; 동, 『한국전세권법연구』(서울: 삼지원,
   1988), 83~116면; 동, 「일제의 한국관습조사사업과 전세 관습법」, 『한국법사논총』(박병호
   교수 환갑기념2)(서울: 박영사, 1991), 331~347면 등.

결을 통하여 그대로 계승됨에 따라서 한국 민법전이 제정 시행된 이후에 있어서도 판례에 의하여 그대로 계승되어서, 일제의 한국관습법조사사업에 의한 민사관습법이 우리의 관습법으로 고정화되었다는 점이다.[8]

둘째, 한국 민법전의 제정과정에서 일제의 한국관습법조사사업에 의한 민사관습법이 재산법적인 민사관습법에 영향을 미친 것을 보면, 전세권의 입법을 들 수 있다.[9]

제2절 韓國民事法制史에서의 論議

그렇다면 이와 같은 일제의 한국관습법조사사업에 의한 민사관습법이 우리의 민사관습법에 미친 영향을 어떻게 평가하여야 할 것인가. 이것은 한국의 민사법제사에서 해결하여야 할 중요한 문제가 아닐 수 없다. 이에 대해서는 '단절론'(斷切論)과 '연속론'(連續論)이 대립될 수 있다. 그러나 어느 하나로 단정하기 어려운 문제가 있다. 그것은 『경국대전』(經國大典)의 체제 속에서 한국의 민사관습법이 갑오개혁 이후의 새로운 사회적·경제적 변혁기를 맞아서, 전통적으로 따라서 고정적 경향을 갖는 기존의 질서와 날로 생성 발전하여 이미 그것이 아닌 새로운 사회형성력과의 접촉 면에

---

8) 윤대성, 「전세제도에 관한 판례에 있어서 법이론의 전개」(1989), 87~101면; 특히 대판 1955.1.27. 4287민상236; 대판 1961.7.6. 4294민재항291; 대판 1966.6.28. 66다771; 대판 1966.7.5. 66다850; 대판 1967.4.25. 67다328; 대판 1968.7.24. 68다895; 대판 1969.12.23. 69다1745 등 참조.

9) 윤대성, 『한국전세권법연구』(1988), 182~222면; 동, 「전세권의 입법과 법리」, 『민법학의 회고와 전망』(민법전시행30주년기념논문집)(서울: 한국사법행정학회, 1993), 388~425면.

'불연속선적 와류'10)가 발생하여 아직 새로운 법적 관행이 존재하지 않은 실상을, 일제의 한국관습법조사사업은 이를 인위적으로 조작한 것이라고 보아야 할 것이다. 따라서 일제는 초기적 한국관습법조사사업에 의하여 과도적 입법으로서의 부동산입법을 함으로써 그 변혁의 원칙적인 방향을 제시하였고,11) '조선민사령'의 시행 이후에는 일본 민법의 강제이식에 따른 혼돈상황을 인위적으로 민사관습법의 일본 민법에의 동화에 의하여 해결하기 위한 것이었음을 알 수 있다. 그러므로 일제는 일제의 한국관습법조사사업에 의하여 한국의 재산법적인 민사관습법을 포함한 민사관습법을 왜곡시켜서 종국적으로 일본 민법과 동화시키기 위한 것이었다고 할 수 있다.

제3절 展望

일제가 연합군에 항복하고 우리나라가 광복을 찾은 지 50여 년이 되었다. 광복 50주년을 맞아서 각 분야에서 일제의 잔재를 청산하고 우리의 민족정기를 회복하려는 노력이 활발하게 전개되었다. 우리의 이와 같은 노력은 유형적인 것을 제거하는 것도 중요하지만 무형적이고 정신적인 분야에 있어서 그 잔재를 청산하는 것이 더욱 중요하지 않을 수 없다.

우리의 노력은 오직 감정에 사로잡혀서 해결될 것이 아니다. 더

---

10) 末弘嚴太郎, 「法律と慣習」, 『民法雜記帳 上』(東京: 日本評論社, 1980), 292~305면.
11) 일본도 명치유신 이후 경제적 변혁기에 있어서 과도적 입법인 유신법, 특히 유신사법(維新私法)의 변혁에의 원칙적 방향을 제시한 경험이 있었음을 상기할 수 있다. 福島正夫, 전게서 (1988), 21~46면.

욱이 해방 직후의 혼란 속에서 민사관습법에 관하여 대법원의 판
례가 형성된 것이라든지, 민법전의 제정이 이뤄진 것에 대해서도
우리가 냉정한 자기반성을 바탕으로 하지 못한 것을 스스로 인식
하여야 할 것이다. 그렇다면 우리의 민사관습법에 대하여, 앞으로
판례와 입법 등에 의하여 바로잡아 나갈 수 있겠으나, 먼저 현행
민사관계법의 해석에 있어서 일제의 한국관습법조사사업이 이뤄
놓은 결과로부터 냉정한 반성을 통하여 벗어나야만 우리의 진정한
민법학이 발전할 수 있다고 본다. 그러한 의미에서 이 한국민사법
제사연구가 일제의 한국관습법조사사업에 관한 실증적 연구로서
비록 완벽하지는 못한 점이 있지만, 우리에게 새로운 인식을 갖게
할 수 있음에는 충분하다고 생각된다.

이 연구에서 일제의 한국관습법조사사업에 관한 방대한 내용을
모두 다루는 것은 여러 가지 제약이 따랐다. 그러므로 이 연구는 일
제의 한국관습법조사사업에 의한 민사관습법의 내용분석에 있어서
현행 민사법, 특히 재산법에 영향을 끼친 것을 중심으로 하였고, 이
와 함께 당시의 민사판결례를 모두 분석하지 못한 것이 아쉽다고
할 것이다. 따라서 앞으로 그 영역을 확대시키면서 일제의 한국관습
법조사사업에 관한 연구가 계속하여 이뤄져야 일제가 우리나라에
정신적으로 왜곡시켜 놓은 민사관습법을 바로잡을 것으로 본다.

참고문헌

[자료]

三國史記
高麗史
大明律
經國大典
文獻備考
受敎輯錄
新補受敎輯錄
大典通編
大典會通
六典條例
謄錄
刑法大典
부동산법조사회, 韓國不動産ニ關スル調査記錄, 1906.
부동산법조사회, 調査事項說明書, 1906. 9.
부동산법조사회, 韓國不動産ニ關スル慣例 第一綴, 1907. 4.
부동산법조사회, 韓國不動産ニ關スル慣例 第二綴, 1907. 6.
부동산법조사회, 韓國不動産ニ關スル權利一斑, 1907. 6.
부동산법조사회, 韓國土地所有權ノ沿革ヲ論ス, 1907.
부동산법조사회, 不動産法調査要錄, 1908.
조선총독부, 施政報告, 1910.
조선총독부 취조국, 韓國慣習調査報告書, 경성: 조선총독부, 1910.
조선총독부 취조국, 慣習調査報告書, 경성: 조선총독부, 1912.

조선총독부 참사관실, 慣習調査報告書, 경성: 조선총독부, 1913.

조선총독부 중추원, 民事慣習回答彙集, 경성: 조선총독부 중추원, 1933.

조선총독부 중추원, 朝鮮舊慣制度調査事業槪要, 경성: 조선총독부 중추원, 1938.

조선총독부 중추원 조사과 편, 朝鮮田制攷, 경성: 조선총독부 중추원, 1940.

민의원 법제사법위원회 민법안심의소위원회, 民法案審議錄, 上卷, 1957.

한국사회과학협의회, 日帝植民政策資料目錄, 1979.

정종휴 감수/정긍식 편역, 慣習調査報告書, 서울: 한국법제연구원, 2000 (개정판).

Boissonade, M. G., *Projet de Code Civil pour l'émpire du Japon accompagné d'un commentaire par M. G. ve Boissonade*, tome 1~4, Tokio: X annee de Maiji, 1889.

廣中俊雄 편, 第9回 帝國議會の民法審議, 東京: 有斐閣, 1986.

[저서]

권병탁, 韓國經濟史, 서울: 박영사, 1984.

김기수, 韓國民事仲介契約論: 福德房을 중심으로, 서울: 법문사, 1973.

김병화, 韓國司法史(中世編), 서울: 일조각, 1974.

김용섭, 朝鮮後期農業史研究(I), 서울: 일조각, 1970.

김운태, 日本帝國主義의 韓國統治, 서울: 박영사, 1986.

김홍식 외, 大韓帝國期의 土地制度, 서울: 민음사, 1990.

박병호, 韓國法制史攷, 서울: 법문사, 1974.

박병호, 韓國法制史特殊研究, 서울: 한국연구도서관, 1960.

박원선, 客主, 서울: 연세대학교출판부, 1968.

신용하, 朝鮮土地調査事業研究, 서울: 지식산업사, 1982.

연정열, 韓國法制史, 서울: 학문사, 1984.

윤대성, 韓國傳貰權法研究, 서울: 삼지원, 1988.

이영훈, 朝鮮後期社會經濟史, 서울: 한길사, 1988.

정긍식, 국역 관습조사보고서, 서울: 한국법제연구원, 1992.

조기준, 韓國資本主義成立史論, 서울: 대왕사, 1985.

최승희, 韓國古文書研究, 성남: 한국정신문화연구원, 1983.

최종고, 韓國法學史, 서울: 박영사, 1990.
최호진, 韓國經濟史, 서울: 박영사, 1991.
피터 두으스 저/ 김용덕 역, 日本近代史, 서울: 지식산업사, 1983.

旗田魏, 朝鮮中世社會史の硏究, 東京: 法政大學出版局, 1972.
渡邊洋三, 土地, 建物の法律制度(上), 東京: 東京大學出版會, 1970.
梅謙次郎, 民法要義 卷之三 債權編, 東京: 有斐閣, 1985(復刻板).
梅謙次郎, 民法要義 卷之二 物權編, 東京: 有斐閣, 1985(復刻板).
梅謙次郎, 民法要義 卷之一 總則編, 東京: 有斐閣, 1985(復刻板).
福島正夫, 日本資本主義の發達と私法, 東京: 東京大學出版會, 1988.
星野英一, 民法槪論 Ⅰ(序論 總則), 東京: 良書普及會, 1971.
鄭鍾休, 韓國民法典の比較法的硏究, 東京: 創文社, 1989.
和田一郎, 朝鮮土地地稅制度調査報告書, 東京: 宗高書房, 1967(復刻板).

[논문]
구병삭/정문길, 「日帝植民地下의 韓國社會法制史硏究」, 문교부연구보
　　　고서, 제22집, 1970.
김재문, 「朝鮮王朝의 擔保制度硏究」, 박사학위논문, 동국대학교 대학
　　　원, 1983.
김재문, 「朝鮮王朝의 賣買契約書에 관한 硏究(其一)」, 정신문화연구,
　　　가을호, 한국정신문화연구원, 1986.
김희수, 「開化期 不動産에 관한 法律關係 小考」, 법사학연구, 제9집,
　　　한국법사학회, 1989.
독립기념관 부설 한국독립운동사연구소, 「韓國近代史에서 日帝의 侵略
　　　論理와 實相」, 학술심포지엄자료, 1992. 8. 12.
박병호, 「法制面에서 본 日帝의 統治方式」, 신동아, 9월호, 1971. 9.
박병호, 「法治主義 實現에의 歷史的 敎訓」, 법제연구, 창간호, 한국법
　　　제연구원, 1991. 12.
박수경, 「開港期 仁川港 客主에 관한 硏究」, 석사학위논문, 이화여자
　　　대학교 대학원, 1983.
박원선, 「客主에 관한 硏究」, 법정, 제24권 제4호, 1969. 4.
박원선, 「居間」, 연세논총, 제10집, 연세대학교, 1973.

박원선, 「商人」, 한국사론, 제11호, 1982.

박원선, 「韓國中間商人에 관한 研究」, 성곡논총, 제4집, 1973.

박현수, 「日帝의 侵略을 위한 社會, 文化 調査活動」, 한국사연구, 제
　　30호, 1980.

신용하, 「日本植民統治期의 時代區分問題: 植民地 商業資本主義論」,
　　한국근대사론 Ⅰ, 지식산업사, 1977.

심희기, 「契有財産의 所有利用關係와 總有: 洞契(村落共同體)를 중심
　　으로」, 법과 사회, 제4호, 창작과 비평사, 1991.

심희기, 「朝鮮後期 土地所有權에 관한 研究: 國家地主說과 共同體所
　　有說批判」, 박사학위논문, 서울대학교 대학원, 1991.

엄영진, 「民法上의 雇用에 관한 研究」, 석사학위논문, 성균관대학교 대
　　학원, 1961. 11.

윤대성, 「『土地調査綱要』의 研究: 大韓帝國의 土地調査事業에 대한
　　日本帝國主義의 觀點」, 憲法과 社會(최대권 교수 정년기념), 철
　　학과현실사, 2003. 9. 20.

윤대성, 「大韓帝國期(1905 - 1910) 日帝의 統監府에 의한 不動産法에
　　관한 研究」, 사회과학연구, 제2권 제1호, 한국사회과학회, 2002.
　　8. 31.

윤대성, 「大韓帝國期의 土地法制와 土地所有權: 大韓帝國의 詔則, 法
　　律, 議案, 勅令을 중심으로」, 現代民事法學의 課題(관원 정조근
　　교수 화갑기념), 동남기획, 2001. 9. 20.

윤대성, 「大韓帝國의 光武量案과 建物所有權: 戶籍에서 家屋證明簿
　　에 의한 所有權 法認을 중심으로」, 21世紀韓國商事法學의 課
　　題와 展望(심당 송상현 선생 화갑기념), 박영사, 2002. 1. 14.

윤대성, 「大韓帝國의 光武量案에 의한 近代的 所有權의 確立」, 法史
　　學研究, 제24호, 한국법사학회, 2001. 10. 30.

윤대성, 「일제강점기 토지조사사업의 법적 근거」, 法學論叢, 제30권 제
　　1호, 단국대학교 부설 법학연구소, 2006. 6. 25.

윤대성, 「日帝의 韓國慣習法調査事業에 의한 雇傭慣習法의 分析」,
　　노동법과 사회정의(정파 배병우 박사 화갑기념), 지학사, 1994.

윤대성, 「日帝의 韓國慣習法調査事業에 의한 共同所有慣習法의 分析」,
　　현대민법의 과제와 전망(남송 한봉희 교수 화갑기념), 도서출판

밀알, 1994.

윤대성, 「日帝의 韓國慣習法調査事業에 의한 多數當事者債權關係慣
　　習法의 分析」, 民事 裁判의 諸問題(上)(송천 이시윤 박사 화갑
　　기념), 박영사, 1995. 10.

윤대성, 「日帝의 韓國慣習法調査事業에 의한 賣買慣習法의 分析」, 채
　　권법에 있어서 자유와 책임(김형배 교수 화갑기념), 박영사, 1994.

윤대성, 「日帝의 韓國慣習法調査事業에 의한 相隣關係慣習法의 分析」,
　　私法學의 再照明(송촌 박영우 교수 화갑기념), 한림원, 1994.

윤대성, 「日帝의 韓國慣習法調査事業에 의한 土地用益權慣習法의 分
　　析」, 現代民法의 展望(범주 서영배 박사 화갑기념), 경상대학교
　　법학연구소, 1995.2.

윤대성, 「朝鮮時代의 初期 典當制度: 朝鮮王朝實錄(太祖 – 成宗)에 나
　　타난 典當을 중심으로」, 新世紀의 民事法課題(인제 임정평 교
　　수 환갑기념), 법원사, 2001. 9. 21.

윤대성, 「한국의 토지법률제도의 과거・현재・미래」, 韓國法學 50年 –
　　過去 現在 未來(Ⅱ)(대한민국 건국 50주년 기념 제1회 한국법학
　　자대회 논문집), 한국법학교수회, 1998. 12.

윤대성, 「『韓國不動産ニ關スル調査記錄』의 研究: 日帝의 初期的 韓
　　國慣習調査事業(1905~1910)에 의한 不動産慣習法의 分析」,
　　논문집, 제14권, 창원대학교, 1992. 7.

윤대성, 「近代法의 受容過程에 있어서 傳貰慣習의 變容」, 재산법연구,
　　제1권 제1호, 한국재산법학회, 1984.

윤대성, 「우리나라 固有法으로서의 傳貰制度에 관한 研究」, 논문집,
　　제6권 제1호, 마산대학, 1984.

윤대성, 「日帝의 初期的 韓國慣習調査事業과 不動産立法」, 사법의
　　제문제(경허 김홍규박사 화갑기념Ⅱ), 삼영사, 1992.

윤대성, 「日帝의 韓國慣習法調査事業에 관한 研究」, 재산법연구, 제9
　　권 제1호, 한국재산법학회, 1992.

윤대성, 「日帝의 韓國慣習法調査事業에 의한 代理慣習法의 分析」,
　　家族, 社會, 法의 變動(혜당 고정명 교수 강단35주년기념), 교문
　　사, 1995. 2.

윤대성, 「日帝의 韓國慣習法調査事業에 의한 商慣習法의 分析」, 상사

법의 기본문제(해암 이범찬 교수 화갑기념), 박영사, 1993. 5.

윤대성, 「日帝의 韓國慣習調査事業과 民事慣習法」, 논문집, 제13권 제1호, 창원대학교, 1991. 6.

윤대성, 「日帝의 韓國慣習調査事業과 傳貰慣習法」, 한국법사학논총(박병호 교수 환갑기념 Ⅱ), 박영사, 1991.

윤대성, 「傳貰權法의 硏究」, 박사학위논문, 성균관대학교 대학원, 1987. 12.

윤대성, 「傳貰權法前史小考: 傳貰文記의 硏究를 중심으로」, 민법학의 현대적 과제(매석 고창현 박사 화갑기념), 박영사, 1987.

윤대성, 「傳貰權의 比較法史的 考察: 滿洲國民法典의 典權이 傳貰權에 미친 影響」, 현대재산법의 제문제(동은 김기선 박사 고희기념), 법문사, 1987.

윤대성, 「傳貰權의 立法과 法理」, 한국민사법학회 편, 민법학의 회고와 전망(민법전시행30주년기념논문집), 한국사법행정학회, 1993.

윤대성, 「傳貰賃貸借論의 再檢討」, 재산법연구(남범 이영환 교수 화갑기념), 제7권 제1호, 한국재산법학회, 1990.

윤대성, 「傳貰制度에 관한 判例에 있어서 法理論의 展開」, 한국법학교수회 편, 한국판례형성의 제문제, 동국대학교출판부, 1989.

이상욱, 「韓國相續法의 成文化過程」, 박사학위논문, 경북대학교 대학원, 1986. 12.

이철우, 「土地調査事業과 土地所有法制의 變遷」, 한국법사학논총(박병호 교수 환갑기념 Ⅱ), 박영사, 1991.

이호규, 「韓國傳統社會에 있어서 團體的 所有: 특히 宗中의 경우를 중심으로」, 석사학위논문, 서울대학교 대학원, 1987.

이희봉, 「韓末法令小考」, 학술원논문집(인문사회과학편), 제19집, 대한민국학술원, 1980.

정귀호, 「宗中法에 관하여」, 민법논총(후암 곽윤직 교수 화갑기념), 박영사, 1985.

정긍식, 「韓末法律起草機關에 관한 小考」, 한국법사학논총(박병호 교수 환갑기념 Ⅱ), 박영사, 1991.

조종식, 「大韓帝國의 土地所有權制度」, 재산법연구, 제7권 제1호, 한국재산법학회, 1990.

최종고, 「韓國의 法律家像: 石鎭衡」, 사법행정, 한국사법행정학회,
    1984. 5.

홍순권, 「'開港期' 客主의 流通支配에 관한 研究」, 한국학보, 제39호,
    1985.

황범철, 「韓國의 水産物客主에 관한 小考」, 농광, 제7권 제2호, 1985. 6.

岡孝, 「梅謙次郎著書及び論文目錄: その書誌學的研究」, 法學志林,
    제82권 제3, 4합병호(제659호), 東京: 法政大學, 1985.

岡孝, 「明治民法と梅謙次郎: 歸國100年を機にその業績を振り返る」,
    법학지림, 제88권 제4호, 東京: 法政大學, 1991. 3.

岡孝, 「明治民法と法政大學: 歸國百年を紀念して」, 法政, 東京: 法政
    大學, 1991.

岡孝, 「書評: 鄭鍾休,『韓國民法典の比較法的研究』」, 創文, 제308호,
    東京: 創文社, 1990. 2.

京城帝國大學 社會調査部 法律學班, 「傳貰慣行の實證的研究」, 司法
    協會雜誌, 제23권 제4, 5, 7호, 1944.

吉田平治郎, 「朝鮮に於ける慣習と民事法規の關係」, 司法協會雜誌, 제
    2권 제4호, 1923.

末弘嚴太郎, 「法律と慣習」, 民法雜記帳 上, 東京: 日本評論社, 1980.

梅謙次郎, 「韓國の法律制度に就て(下)」, 東京經濟雜誌, 제1514호, 1909.
    10.

梅謙次郎, 「韓國の合併論と立法事業」, 國際法雜誌, 제8권 제9호, 1910.

尹大成, 「傳貰權の歷史と解釋」, 21世紀の日韓民事法學: 高翔龍先生
    日韓法學交流記念, 東京: 信山社, 2005. 11. 19.

익명, 「朝鮮の法典調査」, 東京經濟雜誌, 제1346호, 1906. 7.

淺見倫太郎, 「朝鮮法系ノ歷史的研究」, 法學協會雜誌, 제32권 제8호,
    1921.

윤대성

▌경 력

성균관대학교 법률학과 졸업
성균관대학교 대학원 법학박사
창원대학교 법학과 교수
창원대학교 학생처장, 기획연구실장
창원대학교 사회과학대학 학장
행정대학원 대학원장, 노동대학원 대학원장
(현) 창원대학교 법학과 명예교수

▌주요저서 및 논문

한국전세권법연구(1988)
한국민사법제사연구(1997)
주석민법[물권(3)](공저, 2001)
한국민법학사서설(2009)
한국전세권법연구(2009, 수정증보판)
한국민사법제사연구(2009, 수정판)
미군정시대(1945~1948)의 한국민법전편찬사업(2009)
근대법의 수용과정에 있어서 전세관습의 변용(1984), 일제의 한국관습법조사사업에 관한 연구(1992), 미군정시대(1945~1948)의 한국민법전편찬사업과 로빈기어의 <한국민법전초안>에 관한 연구(1997), 대한제국의 광무양안에 의한 근대적 소유권의 확립(2001), 傳貰權の歷史と解釋(2005), 전세권과 미등기전세와의 관계: 입법론적 검토(2007), 전세권과 전권의 비교연구(2007), 조망이익침해의 위법성(2008), 기업도산과 임금채권의 보장(2008) 등

한국민사법제사연구

초판인쇄 | 2009년 7월 10일
초판발행 | 2009년 7월 10일

지은이 • 윤대성 / **펴낸이** | 채종준 / **펴낸곳** • 한국학술정보㈜ / **주소** • 경기도 파주시 교하읍 문발리 파주출판문화정보산업단지 513-5 / **전화** • 031)908-3181(대표) / **팩스** • 031)908-3189 / **홈페이지** • http://www.kstudy.com / **E-mail** • 출판사업부 publish@kstudy.com

등 록 | 제일산-115호(2000. 6. 19)
가 격 | 39,000원
ISBN 9.   (Paper Book)
      978-89-268-0124-6 98360 (e-Book)